Inteligência Artificial no Contexto do Direito Público

Inteligência Artificial no Contexto do Direito Público

PORTUGAL E BRASIL

2023

Coordenadores

Ricardo Pedro
Paulo Caliendo

ALMEDINA

INTELIGÊNCIA ARTIFICIAL NO CONTEXTO DO DIREITO PÚBLICO
PORTUGAL E BRASIL

COORDENADORES
Ricardo Pedro
Paulo Caliendo

EDITOR
EDIÇÕES ALMEDINA, S.A.
Avenida Emídio Navarro, 81, 3D
3000-151 Coimbra
Tel.: 239 851 904 • Fax: 239 851 901
www.almedina.net • editora@almedina.net

DESIGN DE CAPA
EDIÇÕES ALMEDINA, S.A.

EDITOR
EDIÇÕES ALMEDINA, S.A.

IMPRESSÃO E ACABAMENTO

Abril, 2023

ISBN
978-989-40-1069-2

DEPÓSITO LEGAL
....

ALMEDINA | GRUPOALMEDINA

ÍNDICE

PREFÁCIO

É com o maior gosto pessoal e Académico que, a pedido dos coordenadores, prefacio a obra de investigação coletiva *Inteligência Artificial no Contexto do Direito Público: Portugal e Brasil.*

Em primeiro lugar pela grande atualidade do tema no universo do Direito Público e Privado, sendo certo que a ordem jurídica do Brasil está alguns passos adiantada em relação à portuguesa no que respeita aos impactos da inteligência artificial em domínios jurídicos fundamentais: é o caso da ordenação e regulação da comunicação no ciberespaço; da proteção de dados; da gestão empresarial; da investigação científica; da organização dos tribunais superiores; da comunicação entre operadores judiciais; e da responsabilidade civil por danos causados pelos meios tecnológicos.

Em segundo lugar pelo facto de catalisar o diálogo jurídico entre académicos e investigadores de Portugal e do Brasil, diálogo ao qual tenho dedicado os últimos vinte anos da minha vida académica na órbita do Direito Público. E, precisamente quanto ao tema da inteligência artificial, relembro saudosamente a marcante intervenção de Danilo Doneda, um dos grandes especialistas na matéria no Brasil e no plano internacional, no workshop *"Regulation of Artificial Inteligence"* realizado em Novembro de 2022, na Faculdade de Direito da Universidade de Lisboa, feita pouco antes de bruscamente nos deixar e deixar igualmente este novo domínio científico mais só. A ele dedico estas linhas.

Em terceiro lugar, porque o Centro de Investigação de Direito Público da Faculdade de Direito da Universidade de Lisboa (*"Lisbon Public Law"*), que presentemente é o centro de pesquisa mais bem classificado das Faculdades de direito portuguesas, criou um grupo de investigação, o *"Lisbon Digital Rights and Freedoms"*, responsável por várias iniciativas, como o workshop referido no parágrafo anterior, o qual estabeleceu importantes relações de cooperação internacional e que tem integrado um eixo dinâmico e permanente de diálogo com o Brasil.

Em quarto lugar porque os autores dos relevantes trabalhos ora publicados integram instituições universitárias muito diversas em Portugal e no Brasil o que demonstra que os coordenadores da obra, os doutores Ricardo Pedro e Paulo Caliendo, procuraram garantir pluralismo, diversidade científica e institucional e diálogo interacadémico entre os investigadores que tornaram esta obra possível.

Uma palavra particular de apreço ao doutor Ricardo Pedro que é investigador do CIDP e que projetou a sua intervenção nesta obra ao abrigo do Projeto UIDP/04310/2020, credenciado pela FCT.

Lisboa, 24 de fevereiro de 2023

CARLOS BLANCO DE MORAIS
Professor Catedrático da Faculdade de Direito da Universidade de Lisboa
Coordenador Científico do CIDP (*Lisbon Public Law*)
Consultor Sénior da Presidência do Conselho de Ministros
Jurisconsulto.

NOTA PRÉVIA

A Inteligência Artificial (IA) "invadiu" a nossa Sociedade. Importa, por isso, apurar quais os efeitos deste fenómeno, desde logo, no contexto público ou numa semântica mais próxima dos ordenamentos em estudo – Portugal e Brasil – no exercício de funções públicas.

Trata-se de um tema que impõe a interdisciplinaridade. Por isso, são convocadas outras ciências para a sua compreensão, nomeadamente, algumas ciências sociais. Nos textos apresentados nesta obra coletiva, apesar do enfoque que é dado às ciências jurídicas de dimensão pública, são ainda incluídos, nomeadamente contributos das ciências da administração, financeiras e fiscais, legística, de dados e das neurociências – sempre na sua relação com o Direito.

O uso de sistemas de IA no contexto público revela particularidades em relação ao uso destes sistemas no exercício de funções privadas. Acresce ainda que cada uma das funções públicas – administrativa, jurisdicional e legislativa – tende a revelar problemas específicos. Em síntese, para além das preocupações gerais de regulação da IA surge ainda a necessidade de uma nova camada regulatória de modo a acautelar os princípios fundamentais de cada uma das funções públicas em que tais sistemas de IA são aplicados.

Para a compreensão do estado da arte, desde logo, das tendências, das dúvidas, dos limites e das preocupações relativas ao uso de sistemas de IA no contexto público foi lançado e aceite este desafio por mais de uma dúzia de autores (incluindo os coordenadores) e que resultou numa obra composta por duas partes. A Parte I, dedicada à realidade portuguesa e a Parte II, dedicada ao Brasil.

Aos que colaboram neste livro é devido um agradecimento pela disponibilidade e contributos.

Espera-se que as reflexões apresentadas permitam uma maior discussão em torno de um tema que ainda não atingiu maturidade, como, por um lado, revela a falta de regulação da IA pela maior parte dos países e, por outro, pelo facto de o setor público ainda se encontrar numa fase de amadurecimento no que tange aos sistemas de IA que pode e deve (ou não) usar no exercício das suas funções.

Lisboa, Novembro de 2022

Os coordenadores

RICARDO PEDRO
PAULO CALIENDO

PARTE I

PORTUGAL

INTELIGÊNCIA ARTIFICIAL E POLÍTICAS PÚBLICAS

PEDRO CORREIA[1]

BRUNO C. GARCIA[2]

Resumo: Este capítulo explora a interligação entre a Inteligência Artificial e as Políticas Públicas. É apresentada uma breve história da Inteligência Artificial, bem como algumas das suas principais aplicações, particularmente na esfera pública. São também explorados os riscos e ameaças tipicamente associados a esta nova tecnologia. É realizada uma análise comparativa de três quadros regulatórios relacionados com a Inteligência Artificial, no contexto americano, europeu e chinês. São assinaladas algumas áreas de incerteza em políticas públicas e IA que carecem de investigação adicional, realçando-se a necessidade de educar agentes no governo e administração pública e o público em geral como forma de ultrapassar estes desafios.

Sumário: 1. Introdução; Inteligência artificial: Breve quadro histórico; 3. Inteligência artificial: Definições e exemplos práticos; 4. Inteligência artificial: A influência da IA nas políticas públicas; 5. Inteligência artificial: Principais riscos e ameaças; 6. A influência das políticas públicas na IA; 7. Conclusão

[1] Professor da Faculdade de Direito da Universidade de Coimbra. Consultor da Política Legislativa e Planeamento da Direção-Geral da Política de Justiça, Ministério da Justiça de Portugal. Investigador Integrado do Instituto Jurídico da Faculdade de Direito da Universidade de Coimbra. Doutor em Ciências Sociais na Especialidade de Administração Pública pela Universidade de Lisboa. Licenciado em Estatística e Gestão de Informação pela Universidade NOVA de Lisboa. Licenciado em Direito pela Universidade de Lisboa.

[2] Responsável de Risco Não Financeiro em empresa multinacional. Doutor em Ciências Sociais na especialidade de Comportamento Organizacional pela Universidade de Lisboa. Licenciado em Estatística e Gestão de Informação pela Universidade NOVA de Lisboa.

1. Introdução

Algumas das grandes empresas de serviços e tecnologias preveem que a inteligência artificial (IA) terá um impacto económico na ordem dos 13 triliões de dólares a 16 triliões de dólares em 2030. Sundar Pichai, diretor na empresa tecnológica Google, antevê que o impacto dos desenvolvimentos em IA serão mais profundos do que a descoberta do fogo ou a eletricidade (An understanding of AI's limitations, 2020). Uma aclamação tão veemente requer escrutínio, mas justifica-se em parte pelo domínio crescente da IA em áreas de conhecimento tão díspares como a gestão de empresas, automatizando processos de tomada de decisão, área da saúde, otimizando diagnósticos, nos mercados financeiros, determinando o momento certo de venda e compra de ações, no sector bancário, suportando as decisões de concessão de crédito e no setor industrial na geração e tratamento de informação a partir de sensores de alta precisão – como por exemplo os modelos meteorológicos. Estes exemplos constituem uma amostra reduzida das amplas aplicações que a inteligência artificial tem demonstrado, sendo difícil encontrar áreas de conhecimento em que não se tenha imiscuído (Fountaine, McCarthy & Saleh, 2019; Sanchez-Céspedes, Rodríguez-Miranda & Salcedo-Parra, 2020).

Também na esfera pública tem aumentado significativamente o interesse nas tecnologias baseadas em IA, havendo vários fatores a explicar este entusiasmo. Por um lado, na vertente técnica, há a considerar a disponibilidade de maior quantidade de dados, e o aumento da capacidade computacional. Na vertente administrativa há 3 aspetos a considerar: existem exigências crescentes aos serviços fornecidos pelos governos, existem limitações de custo e de tempo, e a qualidade do serviço, ou seja, valor público. Todos estes fatores podem ser melhorados e é este potencial de otimização que os governos estão a considerar ao dar atenção à IA. Um dos potenciais benefícios desta tecnologia ao nível do governo e administração pública espelha-se no conceito da cidade inteligente, com diversos serviços interconectados, com sensores em sistemas físicos que permitem fornecer informação aos cidadãos em tempo real e poupar na despesa – por exemplo um sistema que otimize a utilização de energia em determinadas áreas. Importa vincar que estes desenvolvimentos podem ser embargados por dois fatores, a saber: desafios técnicos inerentes, ou um quadro regulatório desajustado (Valle-Cruz, et al. 2019; Allam & Dhunny, 2019).

Considerando o potencial avassalador desta nova tecnologia e os riscos que lhe são inerentes, a forma como a sociedade tem respondido a esta nova realidade tem sido alvo de bastante atenção. Um aspeto com menos exposição mediática, mas a ganhar proeminência, tem a ver com o impacto da inteligência artificial no desenho de políticas públicas, essencialmente enquanto mecanismo de apoio à tomada de decisão. O objetivo deste capítulo é precisamente explorar a interligação entre a inteligência artificial e as políticas públicas, por duas vertentes distintas: por um lado, elucidar de que modo a inteligência artificial pode suportar ou já suporta o desenho e aplicação de políticas públicas; por outro, explorar de que modo as políticas públicas podem vir a ser aplicadas para regular a utilização da inteligência artificial, e mitigar os seus efeitos negativos. Posto de outro modo, propomos explorar a interligação das políticas públicas e da inteligência artificial em ambos os sentidos, ou seja, aferir de que modo a IA pode influenciar as políticas públicas, e por outro, de que modo as políticas públicas podem influenciar o desenho, o desenvolvimento e a aplicação da inteligência artificial.

Com este propósito começaremos por delimitar claramente o tema em análise, definindo nas duas secções seguintes o que é a inteligência artificial no quadro do seu desenvolvimento histórico. Na quarta secção do capítulo iremos explorar alguns exemplos em que a inteligência artificial já é aplicada, ou está em vias de ser aplicada em políticas públicas, particularmente enquanto suporte de tomada de decisão. Na secção subsequente iremos centrar-nos nas principais ameaças e riscos da IA, com ênfase nos impactos sociais e económicos desta tecnologia na atualidade. Na 6ª secção iremos explorar de que modo as políticas públicas podem influenciar a IA, tendo por referência três quadros regulatórios relacionados com a IA, aplicados nos EUA, na UE e na China. Em conclusão, iremos apresentar algumas incertezas e desafios inerentes à interligação entre IA e políticas públicas.

2. Inteligência artificial: Breve quadro histórico

O estudo da IA remonta aos anos 50 do século XX quando John McCarthy e outros cientistas cunharam esta expressão no contexto da sua pesquisa em Dartmouth College, sendo que muitos dos conceitos que lhe subjazem remetem para as ideias de gerações anteriores de pensadores e matemáticos. Destaque-se a título de exemplo Ada Lovelace, que na primeira metade do século XIX ajudou a definir os requisitos de funcionamento da máquina analítica de Charles Babbage, sendo por essa razão encarada com a primeira programadora, sendo também autora do célebre princípio de que as máquinas apenas fazem o que lhes dizemos para fazer. Este é um princípio filosófico que queremos reter, já que está na base do atual debate do papel das políticas públicas na IA. No rescaldo da segunda guerra mundial surgem os primeiros trabalhos ligados à cibernética e a primeira máquina de aprendizagem tendo subjacente uma rede neuronal é construída por Marvin Minsky – alguns destes conceitos mais técnicos, como as redes neuronais, serão explorados na secção seguinte, sendo que não será nossa pretensão sobrecarregar o texto com jargão técnico. Não podemos deixar de mencionar também Alan Turing, matemático e criptoanalista que formalizou os conceitos de algoritmo e computação e foi um dos primeiros cientistas a abordar seriamente a questão de se as máquinas poderiam pensar, tendo concebido o *teste de Turing* (Nilsson, 2009; Calo, 2017; Martins, 2022). Este princípio filosófico das máquinas pensantes, é também uma noção a reter.

Efetivamente, foi o trabalho de McCarthy, que marcou o início do estudo da inteligência artificial, tendo concebido uma linguagem computacional específica para desenvolver aplicações de inteligência artificial, o LISP. Na conferência de Dartmouth de 1956, McCarthy juntou um conjunto de cientistas, com o propósito grandiloquente de "resolver o problema da IA". Em 1963 é publicado um influente livro dedicado á IA, intitulado *Computers and Thought*, com 20 artigos de cientistas e investigadores de renome, incluindo Alan Turing, Herbert Simon, e Marvin Misnky.

Em 1958 Minsky e McCarthy mudam-se para o MIT onde criam um laboratório de Inteligência Artificial. Contudo, estes investigadores seguem correntes de estudo distintas e dá-se uma cisão: Minsky privilegia sobretudo o estudo das redes neuronais, e McCarthy dedica-se a trabalhar em problemas de representação e de lógica. Este período é também marcado pela intensificação da Guerra Fria entre os EUA e a URSS. Alguns cientistas prometeram que a IA iria ser determinante neste conflito, tendo anunciado que em breve seria possível traduzir e decifrar automaticamente as comunicações russas – e de facto surgiram sistemas automáticos que permitiam traduções palavra a palavra. Porém, em 1965 tinha-se tornado evidente que a tradução automática era mais cara, mais lenta e menos precisa do que a tradução humana – a tradução exige conhecimento. Em paralelo Minsky publica um trabalho em que reconhece os limites das redes neuronais. Dá-se o primeiro designado Inverno da Inteligência Artificial – períodos de estagnação de inovação no domínio da Inteligência Artificial, ou em que há um reconhecimento de que os avanços prometidos pelos cientistas, ficam muito aquém do resultado prático dos seus avanços. Surgem pouco depois as primeiras aplicações para reconhecimento de letras, figuras geométricas e primeiras tentativas de reconhecimento facial – desenvolvimentos importantes, mas uma vez mais com efeito prático limitado num primeiro momento (Calo, 2017; Nilsson, 2009).

Em 1965 o filósofo Hubert Dreyfus publicou uma análise crítica da IA, mais tarde elaborada num livro intitulado *What Computers Can't Do*, em que defendia que computadores programados para manipular representações simbólicas nunca seriam capazes de completar tarefas que requeiram inteligência (Dreyfus, 1976). A sua tese não foi popular na altura, mas no virar do século várias décadas de desapontamentos tinham levado muitos a aceitá-la. Uma das diferenças que Dreyfus identificou entre a inteligência humana e a computação digital é a de que os humanos interpretam informação em contextos que não são explicitamente e exaustivamente representados. Alguém que leia frases como 'a menina apanhou a borboleta com manchas,' ou 'a menina apanhou a borboleta com uma rede' não regista a sua ambiguidade. A nossa interpretação intuitiva nestes casos parece surgir da associação de ideias interligadas, e não por intermédio da inferência lógica baseada em factos conhecidos sobre o mundo. A ideia de que os computadores podem ser programados para funcionar de forma semelhante – aprendendo a interpretar dados sem que o programador tenha de fornecer uma representação explícita de todas as regras e conceitos que a interpretação possa requerer – tem estado presente desde que emergiu a IA baseada em símbolos – em relação à qual Dreyfus foi tão mordaz – mas só recentemente viria a ser possível pôr em prática (Taylor, 2016). Como aparte, saliente-se que é este tipo de aprendizagem automática que está por trás do recente ressurgimento de interesse pela IA.

Perto dos anos 60 realiza-se em Inglaterra uma conferência sobre a mecanização de processos de pensamento que iria lançar as raízes da IA na Europa. Note-se, porém, que a Europa Continental apenas viria a dedicar-se ao estudo da IA mais tarde. Este desinteresse justifica-se em parte pela publicação do designado relatório de Lighthill em 1973. Neste relatório, a pedido do *British Science Research Council*, James Lighthill faz uma aferição do conhecimento académico acumulado na disciplina de Inteligência Artificial, concluindo, de modo pessimista, que em nenhum domínio desta nova área de estudo ocorreram descobertas que tenham produzido os grandes impactos prometidos pelos seus proponentes (Calo, 2017; Martins, 2022). Não obstante, nos anos 70 e 80 continuam a ser desenvolvidas novas máquinas a incorporar mecanismos de IA, especificamente em áreas que integram conhecimento humano especializado. Neste âmbito surgem os primeiros sistemas que permitem apoiar o diagnóstico de doenças infecciosas, surgem sistemas de apoio a prospeção geológica, sistemas meteorológicos mais avançados. Novamente renova-se a promessa de que a IA iria resolver todos os problemas da humanidade. Perante o peso desta expectativa, e a insuficiência efetiva destes sistemas, a IA entrou num novo período de estagnação, dando-se um novo Inverno (Nilsson, 2009).

Nos anos 90 dá-se uma alteração de abordagem, os cientistas tornam-se mais prudentes. Em vez de almejarem uma solução holística, a designada inteligência artificial geral, com vista a resolver todos os problemas, surgem linhas de investigação mais discretas e criam-se áreas de especialização. É já neste contexto que surge um sistema de IA – o DeepBlue – com sofisticação suficiente para derrotar o campeão do mundo em xadrez, desenvolvimento significativo no ramo das redes neuronais (Hsu, 2002).

Já no nosso século, a DARPA cria o *Urban Challenge*, uma competição lançada para desenvolver veículos que pudessem circular, de forma segura, fiável e robusta, entre tráfego urbano e que viria a relançar a IA enquanto pilar essencial para a tecnologia de condução autónoma, esforço que culminaria em 2009 com o lançamento do Google Car (Buehler, Iagnemma & Singh, 2009).

A partir de 2010 consolida-se uma nova fase de inovação explosiva na área de IA, sobretudo no ramo de aprendizagem automática em ciência de dados, preconizada por algoritmos mais robustos, aumento de dados disponíveis e aumento da velocidade de processamento computacional. Importa reter que a evolução deste domínio específico da IA foi tão impressionante, que atualmente quando falamos de inteligência artificial, estamos quase sempre a referir-nos a aprendizagem automática, ou no termo em inglês – *machine learning* (Pisner & Schnyer, 2020; Jordan & Mitchell, 2015).

Em 2011, um dos concorrentes a ganhar o conhecido programa de televisão americano, *Jeopardy*, foi um sistema de AI denominado Watson. As regras do jogo são relativamente simples: há três concorrentes em frente a um painel com categorias. Cada categoria contém 5 temas de valor crescente. Cada tema tem uma pequena janela, que quando aberta mostra uma resposta. Os concorrentes competem entre si, para carregar no botão primeiro e poder dizer a pergunta que corresponde à resposta. A regra central do programa, é que a resposta do concorrente, tem sempre de ser formulada na forma de uma pergunta. Após três noites consecutivas de jogo, o Watson tinha conseguido ganhar aos seus dois concorrentes humanos – escolhidos entre os melhores para jogar com Watson. Importa vincar que, mesmo tendo ganho, o Watson falhou em algumas respostas que pareceriam bastante óbvias para um humano. O Watson não tem conhecimento de factos e informações de algum modo embutidos como conhecimento especializado. Em vez disso, o Watson aprende as perguntas elegíveis para uma resposta a partir de milhões de textos na sua base de dados. Para cada combinação de pergunta-resposta, também aprende os tipos de evidência que permitirão reconhecer perguntas para aquela resposta, evidência na forma de caraterísticas sintáticas e pistas semânticas, em que estas pistas incluem referências a determinados conceitos e relações. O Watson também aprende a determinar o nível de confiança que tem nos tipos de evidência associados aos textos (Ashley, 2017; Chesterman, 2021).

Em paralelo surgem aplicações que nos percebem e falam connosco, baseadas em tecnologia de aprendizagem sequencial semi-supervisionada – sub-domínio da aprendizagem automática também em voga na disciplina de IA. Em 2017, um outro sistema de IA, o designado *AlphaGo* derrotou um campeão humano no jogo Go – um jogo de tabuleiro considerado significativamente mais complexo do que o xadrez – o que motivou a China a lançar um programa que fizesse com que esta potência passasse de uma posição secundária na inovação em IA, para a posição de principal concorrente. Surgem em pouco tempo grandes empresas tecnológicas na China, de onde se destaca a Alibaba, a competir com as grandes empresas tecnológicas americanas. Esta tendência leva a prever que a próxima década será de acesa competição entre as superpotências da IA – a China e os EUA. Quanto ao ramo da IA que provavelmente será alvo de atenção, os especialistas hesitam em previsões precisas, mas muitos mencionam o foco crescente na noção de criatividade computacional (Taylor, 2016; Knight, 2017; Chesterman, 2021).

Em Portugal estes desenvolvimentos tiveram um impacto tardio. A IA surge naturalmente associada à disciplina de informática. Enquanto nos EUA há cursos universitários dedicados a estudos informáticos desde 1953, em Portugal a informática é uma área de nicho, ensinada em contexto laboral por grandes fabricantes, sendo que a primeira licenciatura especializada surge em 1975. O grande impulsionador do estudo da IA em Portugal terá sido António Gouveia Portela, que criou o centro de estudos de cibernética no departamento de engenharia mecânica do Instituto Superior Técnico. Em 1973 surge o centro de investigação de IA no LNEC, sendo que os primeiros doutorados em Portugal em áreas ligadas à IA surgem no final dos anos 70 e década de 80 – sendo cimeiros nesta fase inicial, nomes como Luis Moniz Pereira, Hélder Coelho, João Pavão Martins e Ernesto Morgado. A primeira licenciatura em Portugal com especialização em IA surge apenas em 1989. Em listas ordenadas de publicações académicas, designadamente a compilada pelo *AI institute*, a universidade de Lisboa surge na posição 161 em termos de importância, e nos *CS Rankings*, surge na posição 118. Instituições de ensino dos EUA e da China, surgem sempre nas posições de topo. Estas listas são naturalmente controversas e dão uma perspetiva redutora do valor académico das instituições listadas, mas torna-se evidente que Portugal não ocupa uma posição de vanguarda em estudos de IA (Martins, 2022). Este fator ajuda a perceber porquê que, quando nos referimos a políticas públicas, optamos por fazê-lo em âmbito geral, e não tanto em contexto nacional.

A próxima secção será dedicada a explicitar a que nos referimos quando falamos em IA, para que mais facilmente possamos compreender as implicações da IA nas políticas públicas, e de que forma estas podem influenciar os desenvolvimentos em IA.

3. Inteligência artificial: Definições e exemplos práticos

Surgem na literatura académica diversas definições para a IA. Os seus proponentes originais, o grupo de McCarthy definiu-a como a ciência e engenharia da criação das máquinas inteligentes, com o objetivo de emular as funções cognitivas humanas através de sistemas computacionais. Outros autores definem a IA como o estudo e desenho de agentes inteligentes, entendendo que um agente atua em ambiente inteligente quando realiza ações de acordo com as circunstâncias e objetivos propostos (Thierer, Castillo O'Sullivan & Russell, 2017). Numa aceção mais específica, a IA é definida como o ramo da ciência computacional que estuda os requisitos computacionais para tarefas como a perceção, o julgamento e a aprendizagem para permitir o desenvolvimento de sistemas que desempenhem estas competências (Russell & Norvijg, 2016). Outra definição interessante é a de que a IA é o entendimento científico dos mecanismos subjacentes ao pensamento e ao comportamento inteligente, e a sua incorporação em máquinas (Bar-Cohen, 2005) – este elemento de incorporar, ou dar corpo a estes sistemas é relevante por ser assinalado por alguns cientistas como o elo em falta para amplificar o potencial da IA: aparentemente, a inteligência precisa de um corpo.

Decorre daqui que a definição de IA não é consensual, referindo-se habitualmente a um conjunto de técnicas desenhadas com o objetivo de se aproximarem de algum aspecto da cognição animal ou humana por intermédio de *software* ou máquinas inteligentes; sendo que uma conceptualização mais avançada remete para uma máquina capaz de resolver problemas e que pode inclusivamente obter conhecimento ou aprender (Calo, 2017).

Já mencionámos antes que foi precisamente o desenvolvimento rápido da 'aprendizagem automática' que esteve por trás do recente ressurgimento de interesse pela IA, tanto assim é, que na maioria das ocasiões em que falamos de IA estamos a referir-nos à aplicação de algum mecanismo de aprendizagem automática. A aprendizagem automática ou *machine learning*, corresponde ao processo pelo qual um computador pode treinar e melhorar um algoritmo ou modelo sem intervenção passa-a-passo de um humano. Um dos exemplos mais simples de algoritmo de aprendizagem automática é a regressão linear, em que o computador faz a interpolação de uma relação linear entre dados de entrada conhecidos e dados de saída conhecidos. O resultado, incorporando uma lógica de minimização de erros, corresponde à melhor previsão de observações futuras. Um conceito associado é o de mineração de dados, ou *datamining*, que se refere ao processo pelo qual as máquinas podem aprender, gerando conclusões úteis ou modelos através da análise de grandes conjuntos de dados (Sanchez--Céspedes, Rodríguez-Miranda & Salcedo-Parra, 2020; Thierer, Castillo O'Sullivan & Russell, 2017).

Como que para dar corpo a estes conceitos inerentemente complexos, iremos recorrer a algumas aplicações práticas de IA, precisamente no domínio da aprendizagem automática.

O exemplo mais célebre de aprendizagem automática nos seus primórdios foi o Perceptron, construído em Cornell em 1957 para simular o neurónio humano. Os neurónios funcionam como unidades computacionais simples: cada um recebe múltiplos contributos de entrada, mas tem apenas um único contributo de saída – ligado ou desligado. Se lhe fossem fornecidos dados numéricos sobre exemplos de um fenómeno particular o Perceptron poderia aprender uma regra e usá-la para organizar outros exemplos em grupos. Imagine-se que o Perceptron era treinado com dados sobre transações de cartões de crédito, algumas que se sabia serem fraudulentas e as restantes legítimas. Para começar, a cada elemento de informação introduzido no Perceptron – que poderia ser o volume da transação, o tempo decorrido desde a transação anterior, a localização ou informação sobre o fornecedor – é atribuído um peso aleatório. A máquina submete os valores ponderados dos elementos em cada caso a um algoritmo – no caso mais simples, o algoritmo poderá apenas somar os elementos. Em seguida classifica os casos (fraudulento ou não fraudulento) consoante o total atinja um limiar arbitrário. Os resultados podem então ser verificados para averiguar se a máquina atribuiu o exemplo ao lado correto ou errado do limiar. Os pesos dados aos vários contributos de entrada podem então ser gradualmente ajustados para melhorar a taxa de sucesso da máquina. Se lhe fossem fornecidos dados suficientes e um problema bem estruturado o Perceptron conseguia aprender uma regra que poderia depois ser aplicada a novos exemplos. Infelizmente, mesmo problemas muito simples revelaram ter uma estrutura demasiado complexa de aprender desta forma. Imagine-se que apenas duas coisas se sabem sobre transações com cartões de crédito: o volume de transação, e onde tiveram lugar (dado que ambos os elementos devem se representados por números assumamos que a localização é representada como a distância a partir da morada de casa do portador do cartão). Se se descobrir que ocorre fraude apenas em compras de grande volume ou apenas em compras distantes, o Perceptron pode ser treinado para distinguir as transações fraudulentas das autênticas. Contudo, se ocorre fraude em pequenas compras distantes e em grandes compras locais, a tarefa de classificação torna-se demasiado complexa. A abordagem apenas funciona com problemas que sejam 'linearmente separáveis', mas nestes problemas não existe necessariamente uma linha reta única que separe os casos de fraude dos restantes (Taylor, 2016; Somers, 2017).

O interesse por esta abordagem esmoreceu por algum tempo, mas no final dos anos 70 houve quem tenha descoberto como lidar com tarefas de classificação mais complexas recorrendo a redes de neurónios artificiais organizados em camadas, de tal modo que os contributos de saída de uma camada constituíam os contributos de entrada da seguinte. Por algum tempo as redes de múltiplas camadas foram um tema quente, especialmente porque as pessoas estavam entusiasmadas pela analogia explícita com a perceção humana, que depende de uma rede de células que computa elementos numa hierarquia de abstração crescente. Mas, tal como dantes, um início promissor deu lugar ao desapontamento. Redes superficiais não podiam ser programadas para completar tarefas exigentes de reconhecimento de imagem ou de voz e quando sujeitas a tarefas mais simples eram ultrapassadas por outras abordagens de aprendizagem automática. O desafio da aprendizagem automática não é tanto encontrar a regra que classifique corretamente determinado conjunto de dados, mas sim encontrar a regra que seja mais passível de funcionar em exemplos futuros. Uma abordagem possível para um problema linearmente separável seria dividir os dois conjuntos usando a linha reta que maximize a distância entre a linha e o ponto mais próximo em cada um dos dois conjuntos. Encontrar esta linha é relativamente simples matematicamente. Mas os problemas mais interessantes tendem a não se prestar a uma separação linear. Uma solução matematicamente elegante será projetar os dados num espaço dimensional superior em que uma separação simples pode ser descoberta por um processo de procura iterativa. Esta representação de transações de cartão de crédito como pontos numa superfície a duas dimensões ou num volume a três dimensões constitui, obviamente, uma metáfora. Na realidade cada transação é apenas um conjunto de números, e na maioria dos problemas haverá muito mais do que três números com que lidar. Um espaço a duas dimensões é dividido por uma linha, um espaço a três dimensões por um plano. Um espaço com mais do que três dimensões é dividido por um hiperplano. Os algoritmos de classificação que têm vindo a ser descritos no texto são conhecidos por máquinas de vetores de suporte ou *support vector machines* (SVM). O trabalho dos SVM é identificar o hiperplano que otimiza a separação de pontos num espaço de n dimensões. Os SVM dominaram a aprendizagem automática desde os anos 90 até muito recentemente por terem a propriedade almejada, não partilhada pelas redes neuronais, de que se a computação converge numa solução, será garantidamente a melhor disponível (Taylor, 2016; Pisner & Schnyer, 2020; Chesterman, 2021).

Entre aproximadamente 1990 e 2010 grande parte da investigação em aprendizagem automática estava centrada em técnicas estatísticas como as máquinas de vetores de suporte e na tentativa de derivar espaços de caraterísticas que tornassem a classificação mais simples. À medida que os computadores se tornaram cada vez mais potentes e os conjuntos de dados cada vez maiores, tornou-se mais prático deixar os computadores perceberem qual seria o espaço de caraterísticas correto a aplicar (Nilsson, 2009; Chesterman, 2021). É isto que parece mágico nestes sistemas de IA: determinar o espaço de características que aplicam é similar a aprender um conceito (Taylor, 2016; Chesterman, 2021).

Analisemos outro exemplo que ajuda a apreender esta noção. A *Google* construiu um computador que constitui na prática uma enorme rede neuronal e um exemplo da aplicação da aprendizagem em profundidade – chamou a este sistema *Inception*. Este sistema foi treinado em milhares de máquinas a correr em paralelo ao longo de três dias, e alimentada com milhares de imagens. Ao fim de algum tempo, o sistema conseguiu distinguir corretamente as imagens que tinham faces de gatos, das que não tinham. Note-se que não se tratou de um processo de treino tradicional, em que a máquina tinha algumas imagens classificadas como contendo gatos, e outras indicando que não continham, e através do ajuste de milhões de parâmetros conseguiu prever o resultado nas restantes – isso já seria em si mesmo impressionante. O facto interessante, e algo desconcertante, é que as imagens não tinham sido alvo de qualquer classificação prévia – o sistema tinha conseguido destilar o conceito de face de gato a partir dos dados, autonomamente, sem qualquer orientação (Taylor, 2016).

Estes exemplos demonstram de forma contundente, que a IA tem o potencial de resolver problemas complexos se tiver acesso a muitos dados. Este princípio ajuda a perceber diversos acordos recentes entre empresas de IA e o sistema nacional de saúde inglês, para desenvolver mecanismos de diagnóstico de doenças mais eficientes e rápidos. A indústria da saúde é uma das maiores a nível mundial, e uma em que a IA pode revelar-se revolucionária. Os constrangimentos impostos a estes acordos são bastante rígidos e a margem para exposição indevida de informação é limitada, mas a grande controvérsia em redor deste tipo de acordo tem a ver com o facto de envolverem a transferência de um ativo público valioso – dados pessoais clínicos – para entidades privadas (Jordan & Mitchell, 2015; Shead, 2017; Buch, Ahmed & Maruthappu, 2018).

Na próxima secção iremos explorar alguns exemplos adicionais da interligação entre IA, e as políticas públicas.

4. Inteligência artificial: A influência da IA nas políticas públicas

Aferir a interligação entre IA e políticas públicas implica delimitar a aceção de políticas públicas a que nos referimos, tarefa embargada porque alguns académicos assinalam que as políticas públicas são mais um temperamento do que uma área de estudo preciso. Urge contrapor afirmando que as políticas públicas são uma disciplina de estudo em si mesmo, fazendo parte de programas de cursos em áreas como a administração pública, a ciência política e a economia. Se existe uma área de estudo designada por políticas públicas, terá de haver um chão comum de conceitos que permita definir esta ideia. De facto, apesar da multiplicidade de definições, algumas mais vagas, outras detalhadas, podemos afirmar que existe um entendimento genericamente aceite de que as políticas públicas incluem o processo de fazer escolhas e os resultados ou ações de decisões específicas; e as políticas públicas são públicas porque estas escolhas ou ações são suportadas pelo poder coercivo do estado e, na sua essência, a política pública constitui uma resposta a um problema apercebido (Birkland, 2001; Smith & Larimer, 2018). Posto de outro modo, políticas públicas remetem para a ideia de escolha e tomada de decisão orientada à resolução de problemas e suportada pelo poder coercivo do estado. Será por este prisma que iremos analisar algumas das aplicações de IA em políticas públicas.

A paisagem de problemas confrontados pelas políticas públicas alterou-se dramaticamente após a II guerra mundial, pelo que é necessária uma abordagem distinta para os endereçar, o que torna também a emergência de técnicas de IA particularmente oportuna (Androutsopoulou & Charalabidis, 2018). Antes da grande guerra, os problemas tinham definições tendencialmente claras e genericamente aceites. Por estas razões, estes problemas podiam ser resolvidos recorrendo a modelos matemáticos que almejam atingir algum objetivo pré-definido, com uma quantidade mínima de recursos. No entanto, alterações graduais que têm ocorrido em grande parte das sociedades atuais, aumentaram dramaticamente a complexidade dos problemas com que nos confrontamos. As sociedades atuais são mais plurais e heterogéneas em termos de cultura, valores, preocupações e estilos de vida, pelo que não existe uma definição clara e genericamente aceite dos problemas, ou dos objetivos de resolução, sendo necessário endereçar valores díspares, e visões de mundo heterogéneas, de diferentes partes interessadas. Para esta classe de problemas são necessários métodos de análise de segunda geração, que envolvem num primeiro momento consultar as partes interessadas envolvidas no problema, para formular uma definição partilhada do mesmo, e numa segunda fase é necessária a aplicação de análise matemática por parte de especialistas. A aplicação desta abordagem implica sistemas de informação que possibilitem às diferentes partes interessadas introduzir tópicos de interesse (como grandes áreas de discussão), questões (que seriam problemas específicos a serem endereçados no contexto do tópico em discussão), ideias (como possíveis alternativas ou respostas às questões levantadas) e argumentos (positivos ou negativos, que suportam ou refutam as ideias) (Head, 2008; Ferro et al, 2013; Androutsopoulou & Charalabidis, 2018). Esta abordagem transforma-se deste modo num problema de análise de dados em grande escala – tal como ilustrado na secção anterior este é exatamente o tipo de problema que a IA está preparada para endereçar.

Vale a pena fazer um desvio para referir que as redes sociais atuais são amplamente usadas como veículo para discussões em curso sobre problemas sociais e constituem bons pontos de partida para desenvolver um sistema de informação de suporte às políticas públicas. Por outro lado, é importante referir que as redes sociais são instrumentos manipuláveis e também recetáculos de desinformação, pelo que qualquer sistema de informação para suporte a políticas públicas assente no modelo das redes sociais deve considerar alguns cuidados elementares no seu desenho. Um primeiro aspeto passa por considerar a forma como moderar a discussão numa plataforma desta natureza, sendo que uma das soluções passa por distinguir entre moderação do comportamento e moderação do conteúdo. Aplicar moderação por intervenção em conteúdo, implicará sempre alguma forma de censura, o que por sua vez limitará o alcance da ferramenta, e terá impacto negativo na vontade de participar das partes interessadas. Inversamente, a forma de moderação do comportamento, envolve aplicar as regras de boas maneiras já vigentes nas interações físicas: não assediar, não recorrer a ameaças ou ataques pessoais. Por esta razão, alguns especialistas em redes sociais defendem estritamente a moderação do comportamento, importando reconhecer que a aplicação deste princípio reveste-se de complicações práticas – haverá sempre conteúdo controverso e casos de fronteira, mas o princípio central é o de que o controlo do conteúdo deverá ocorrer apenas em casos extremos, como exceção e último recurso e apenas após cuidada justificação suportada por estatutos explícitos de utilização da plataforma. As plataformas das redes sociais tendem a censurar ideias que desafiem uma certa noção de politicamente correcto ou *status quo*, mesmo que estas ideias sejam alicerçadas por argumentos válidos – esta é uma forma de moderação que se pode designar por moderação do ponto de vista, também a evitar a todo o custo, já que, mais uma vez, tende a alienar uma fatia das partes interessadas. Importa referir também que alguns estudos demonstram que o discurso anónimo tende a ser de pior qualidade – pelo que o modo de participação nesta ferramenta, mesmo que em certos momentos inclua um elemento de voto secreto, deve estar associada a uma identidade real, o que também ajuda a impedir a aplicação maliciosa de *bots*, agentes automáticos não humanos que introduzem informação pré-definida num sistema, enviesando o teor do conteúdo pela elevada quantidade. Outra forma de evitar desinformação nestas plataformas passa por introduzir o conceito de viscosidade. As plataformas nas redes sociais ajudam a propagar desinformação porque é fácil reencaminhar ideias, na forma de *posts*; contudo, se se limitar a quantidade de reencaminhamentos – por exemplo, determinada ideia só pode ser reencaminhada duas vezes – obrigando o utilizador a reformular a ideia nos seus próprios termos, a viscosidade aumenta e os utilizadores, sabendo que não podem encaminhar todas as ideias a bel-prazer, aplicarão maior discernimento na escolha das ideias que optam por disseminar (Ferro et al, 2013; Newitz, 2022; Rutt, 2022). Nas três vertentes assinaladas, moderação da discussão, verificação de identidade, e viscosidade, a IA estará decerto presente enquanto mecanismo subjacente.

Na mesma linha, importa referir também algumas experiências na aplicação de *chatbots*, orientados por mecanismos de IA, para melhorar a comunicação entre cidadãos e órgãos do Estado na Grécia

(Androutsopoulou, Karacapilidis, Loukis & Charalabidis, 2019). É interessante notar que a mesma tecnologia que pode ser usada para manipular o discurso nas redes sociais, pode também ser usada para melhorar a interação entre cidadãos e estado, se aplicada de forma razoável. Os chatbots são agentes que interagem com utilizadores num modo que mimetiza a conversação humana e são inteligentes no sentido em que reconhecem o ambiente em que operam e tomam ações que maximizam as suas hipóteses de sucesso em algum objetivo. Este elemento de comunicação (ou a sua falta) entre cidadãos e estado, é muitas vezes apontado como problemático. Recorrendo a experiências em mercados privados, alguns académicos propõem uma tecnologia automática para processamento de linguagem natural, aprendizagem automática e mineração de dados, aproveitando ainda documentação existente contendo leis, dados estruturados de organismos oficiais, das redes sociais, permitindo desta forma enriquecer interações entre cidadãos e organismos do estado, assim como uma maior gama de interações com os cidadãos, a abranger temas de maior complexidade, ambiguidade e incerteza. Estas tecnologias teriam a vantagem de reduzir o peso administrativo das organizações públicas e melhorar a comunicação entre cidadãos e estado. Note-se que a implementação destes mecanismos são embargados por dois tipos de desafios: é difícil desenvolver aplicações de IA para extrair informação representativa da área de competência específica necessária para definir a sua base de conhecimento – este é o problema perene da qualidade de dados; outro problema tem a ver com impedimentos éticos e sociais à aplicação da IA, que tem subjacente a resistência à substituição de pessoas por máquinas e a falta de confiança dos cidadãos em relação à inteligência artificial. A experiência Grega, junto do ministério das finanças, uma agência de segurança social e um organismo de governo local, levou a uma abordagem híbrida, em que a integração dos mecanismos de IA, foram sistematicamente validados por humanos (Ferro et al, 2013; Androutsopoulou, Karacapilidis, Loukis & Charalabidis, 2019; Chesterman, 2021). Ou seja, num primeiro momento, é necessário garantir recursos para desenvolver estes sistemas – recursos técnicos para desenvolver a vertente informática, e disponibilidade de especialistas que assegurem que os algoritmos captam conhecimento significativo.

Um outro domínio com desenvolvimentos relevantes na aplicação da IA é a esfera jurídica ou legal. Estão a ser desenvolvidos modelos computacionais de argumentação legal que podem gerar argumentos a favor e contra determinados resultados em problemas (tipicamente disputas legais) introduzidos no sistema em formato textual, prevendo os resultados do problema e explicando as suas previsões com argumentos que os profissionais do Direito irão reconhecer e que poderão avaliar por si próprios (Ashley, 2017). Esta inovação constituirá um novo tipo de aplicação legal, que permite computação cognitiva, um tipo de atividade colaborativa entre humanos e computadores em que cada uma das partes desempenha as atividades inteligentes que melhor consegue fazer. Estes sistemas podem decompor uma tarefa intelectual complexa, tal como a estimação do valor de liquidação num processo sobre responsabilidade legal relativamente a um produto, ou a análise de cláusulas contratuais. Estes modelos especificam os contributos de entrada do problema e os tipos de resultado, ou contributos de saída. Pelo meio, os desenhadores dos sistemas implementam mecanismos computacionais que aplicam conhecimento especializado do domínio que permita transformar os contributos de entrada em contributos de saída. Emerge daqui um constrangimento: até há pouco tempo o conhecimento especializado era extraído de fontes legais – sentenças, estatutos, leis, contratos – e injetado nos sistemas manualmente. Ou seja, os especialistas humanos tinham de ler e interpretar toda esta informação e selecionar e traduzir as partes relevantes num formato que os modelos computacionais conseguissem interpretar – com todo o enviesamento que decorre deste processo de seleção subjetivo. Os mecanismos de consulta ou inquirição automática com vista à mineração de argumentos – ou seja, a pesquisa de uma frase ou ideia num acervo de informação que responda de forma precisa à questão de um utilizador – tem subjacente os princípios de desenho descritos acima quando mencionamos o sistema Watson, sendo bastante recentes. O mecanismo de extração de informação responde ao problema de sumariar os detalhes essenciais de um determinado documento. O mecanismo de mineração de argumentação, envolve a identificação automática de estruturas argumentativas em textos documentais, por exemplo premissas e conclusões, e relações entre pares de argumentos. O conjunto destes mecanismos é por vezes designado como um sistema de análise de textos legais, ou apenas análise legal, que consiste na derivação de uma perceção substantivamente significativa a partir de algum tipo de dados legais, incluindo textos legais. A análise legal irá remover os obstáculos à aquisição do conhecimento que durante muito tempo embargaram os progressos no desenvolvimento de aplicações legais inteligentes. Estes desenvolvimentos irão permitir que os computadores argumentem a partir de fontes legais, ajudem os utilizadores a desenhar e testar hipóteses legais e a prever resultados de disputas legais (Ashley, 2017).

Há ainda outros domínios da esfera pública que a IA, e particularmente a aprendizagem automática está a transformar, designadamente na forma como os cientistas forenses avaliam evidências. Em vários casos recentes as disciplinas forenses têm sido postas em causa porque muitas das avaliações feitas pelos especialistas revestem-se de uma componente de subjetividade que é difícil ultrapassar. Também neste âmbito a IA vem mitigar o peso da subjetividade e já são aplicadas estas técnicas para verificar as munições usadas em locais de crime, através da análise computacional das marcas das balas – trabalho normalmente feito por analistas humanos, onde no passado se registaram erros; também é usado software de IA, para ler o rasto de solas de sapato ou pneus e automaticamente determinar a marca e modelo dos mesmos; o mesmo aplicando-se a análise de fragmentos de vidro estilhaçados – ferramenta essencial para reconstituir confrontos violentos. Os especialistas na área forense assinalam que os algoritmos não podem substituir os humanos, mas é evidente que podem ajudar a eliminar alguma da subjetividade que permeia várias disciplinas forenses e permite determinar até o nível de incerteza das conclusões tomadas. A decisão sobre se usar, e como usar estas novas ferramentas está também na alçada das políticas públicas (Bishop, 2006; National Research Council, 2009).

A análise dos casos acima leva a verificar que a aplicação de mecanismos de IA em políticas públicas segue uma tendência ou um padrão, mas não necessariamente uma estratégia explícita. Os avanços recentes em IA no domínio privado têm promovido uma revolução na administração e gestão de serviços públicos, mas estes mecanismos são aplicados muitas vezes numa lógica de manta de retalhos, ou experimental. Alguns governos, testam alguns mecanismos, em alguns domínios, com resultados promissores, mas poucos países aplicam uma abordagem sistemática para a implementação de tecnologias baseadas em IA para digitalizar e melhorar a aplicação de políticas públicas. Esta falha decorre do caráter recente desta tecnologia, sendo que os governos estão ainda a aprender o que é a IA e de que modo se adequa ao tipo de problemas que querem resolver.

Em seguida, traçamos em linhas muito gerais um modelo que poderia servir de quadro para explicitar uma estratégia de IA para o desenho e aplicação de políticas públicas. Este modelo baseia-se no ciclo de implementação de políticas públicas, tal como descrito por Valle-Cruz, Ruvalcaba-Gomez & Sandoval-Almazan (2019). Este ciclo permite apreender a complexidade dos processos de tomada de decisão em políticas públicas, assim como os atores envolvidos, e abrange diversos momentos em que a IA poderá ter um impacto significativo. Num primeiro momento do ciclo, as políticas públicas devem estabelecer uma agenda de discussão, sendo de ressalvar que alguns temas captam a atenção pública em detrimento de outros. Neste âmbito temos como referência para aplicação da IA, o exemplo explorado anteriormente sobre uma plataforma ou sistema de informação assente num modelo de rede social – aliás, veja-se como este ciclo tem um paralelo com o modelo que discutimos mais acima sobre áreas de discussão, questões, ideias e argumentos. Num segundo momento, o ciclo prevê a formulação de políticas e tomada de decisões: também aqui a IA terá impacto relevante à medida que o debate sobre diferentes opções políticas avança e à medida que são compilados mais dados sobre o problema em causa. Como por exemplo, os diagnósticos de cancros recorrendo a mecanismos automáticos de reconhecimento de imagem, podem ajudar a decidir sobre em que áreas hospitalares investir, ou determinar a quantidade de médicos especialistas que serão necessários em diferentes áreas de saúde. Na terceira fase do ciclo, consideramos a implementação das políticas, em que a IA pode contribuir no processamento e análise de dados; por exemplo, na análise em tempo real do tráfego urbano; ou na monitorização de incidentes de crime. Numa última fase do ciclo, consideramos a avaliação da implementação da política, em que mecanismos de IA podem fazer com que a avaliação decorra de forma contínua e em tempo real, e não apenas em momentos estanques no tempo (Valle-Cruz, et al. 2019; Sanchez-Céspedes, Rodríguez-Miranda & Salcedo-Parra, 2020; Papadopoulos & Charalabidis, 2020). O cenário delineado neste quadro, não nos deve toldar a visão para alguns desafios: a natureza imediata inerente à disponibilidade dos dados pode levar a tratar os problemas públicos de forma imediatista, em vez de analisar os problemas de forma holística, procurando as causas de raiz, situação que pode ser exacerbada em casos em que a precisão e homogeneidade dos dados não é garantida.

Subjacente a todos os exemplos usados, de forma mais ou menos implícita, foram assinalados alguns perigos inerentes à utilização destas tecnologias: relacionados com falhas na proteção da privacidade dos cidadãos, o recurso a estas tecnologias como ferramentas de abuso de poder; o enviesamento na tomada de decisão que pode ser incorporado deliberada ou inadvertidamente nos algoritmos que aplicam estes sistemas. Na próxima secção iremos explorar explicitamente as ameaças que emergem da utilização crescente da IA.

5. Inteligência artificial: Principais riscos e ameaças

No debate mediático sobre a inteligência artificial emergem habitualmente três formas de ameaça que podemos interligar: os riscos de privacidade, o risco da não paridade ou assimetria no acesso aos dados e o abuso de poder.

As ameaças à privacidade colocadas por sistemas computacionais sofisticados recebem cada vez mais atenção e escrutínio público, também devido a falhas cometidas por grandes companhias tecnológicas na proteção de dados privados, sendo que podemos realçar a título de exemplo o escândalo de Cambridge Analytica em que milhões de registos pessoais no Facebook foram usados sem consentimento para influenciar intenções de voto (Garcia, 2021). Aquilo que começou por ser um debate sobre o controlo que os indivíduos devem ter sobre os seus dados pessoais evoluiu para um debate sobre o poder da informação – isto é, o controlo que as instituições e organizações têm sobre as pessoas por deterem tanta informação sobre estas. O desenvolvimento da IA, que depende intimamente da disponibilidade de dados, irá influenciar este debate, pelo menos em duas vertentes – na vertente do reconhecimento dos padrões e na vertente da paridade de acesso aos dados. Na vertente do reconhecimento de padrões, com dados suficientes sobre os indivíduos e populações, as empresas e governos e outras instituições poderão vislumbrar aspetos da nossa natureza que não imaginamos. Daqui derivam vários desafios na definição de políticas. O primeiro envolve a aceleração da tendência de recolha de informação. Os consumidores serão incapazes de perceber as consequências de partilhar informação e a pressão para proteger os consumidores desta opacidade continua a aumentar. Numa outra vertente, os indivíduos terão pouca margem de manobra para resistir ou reformar os sistemas de vigilância a que estão sujeitos. Daqui emerge a questão de saber se queremos viver numa sociedade perfeitamente vigiada. A IA, e particularmente a aprendizagem automática, exige o processamento intensivo de dados (Calo, 2017; Chesterman, 2021), consequentemente quanto mais acesso uma empresa tem aos dados mais bem posicionada estará para resolver problemas com recurso à aprendizagem automática.

Para obter dados as empresas podem comprar os dados, construir as suas próprias bases de dados, ou recorrer a conteúdos de domínio público. A última opção acarreta riscos de enviesamento de informação a que já aludimos. O facto de algumas empresas possuírem mais dados do que qualquer outra instituição leva à questão da paridade dos dados. As empresas mais pequenas terão mais dificuldades em entrar e competir nos mercados. As empresas maiores e pioneiras, não só terão mais e melhor informação como terão também um monopólio na sua análise séria. A questão do acesso assimétrico a dados é uma questão de privacidade na medida em que é o primado da privacidade que em última instância governa os resultados responsáveis das políticas que emergem em resposta ao problema da paridade dos dados. As empresas irão invocar a privacidade dos seus clientes – na realidade já a invocam – como racional para não permitir o acesso aos seus dados[3]. Muitos dos desenvolvimentos em IA estão protegidos ao abrigo de leis de proteção de propriedade intelectual, e as empresas não têm incentivos para permitir que estes sejam escrutinados. Contudo, para determinar responsabilização, existe esta necessidade de escrutínio – a título de exemplo, considere-se uma situação em que é necessário interpretar as pontuações de risco atribuídos numa situação de concessão de crédito. É também neste ponto que as políticas públicas podem ter um papel – a equilibrar princípios de privacidade e de paridade. Alguns analistas sugerem que estas questões não devem estar na alçada das políticas públicas, sendo perfeitamente controláveis dentro da própria indústria tecnológica, por exemplo no desenho de códigos

[3] Um tiroteio na cidade americana de San Bernardino em 2015 levou o FBI a forçar a Apple a ceder dados pessoais do iPhone do terrorista envolvido no ataque. A empresa resistiu à cedência de dados, alegando a necessidade de proteger a privacidade dos seus clientes. Porém, as autoridades eventualmente acederam aos dados: apesar de não terem permissão para aceder diretamente aos dispositivos as autoridades podem acionar mecanismos legais que lhes permite aceder aos servidores que constituem os repositórios de segurança desta informação. Presume-se que o único intento das autoridades em forçar a Apple a ceder acesso a um dos seus dispositivos terá sido para estabelecer um precedente legal (Rationally Speaking, 2018).

de conduta adequados. Porém o exemplo acima, usando como pretexto o primado da privacidade, deve levar-nos a ser cautelosos em relação a códigos de conduta desenvolvidos na indústria (Calo, 2017; Wright, 2018; Chesterman, 2021).

Relembre-se ainda a aceção de políticas públicas que usamos como referência neste capítulo, em particular a componente relacionada com o poder coercivo do Estado, e o que pode acontecer quando este poder é amplificado pela IA levando a abusos. Alguns Estados conseguem de forma barata e sem precedentes vigiar a sua população através de câmaras de vigilância com sistemas de reconhecimento facial, monitorização de telefones e emails. A China e em particular as medidas tomadas no controlo da sua população Uigur na província de Xinjiang, constitui um laboratório sobre as potencialidades nefastas que um sistema de vigilância completo pode assumir – incorporando câmaras que permitem reconhecimento facial de um indivíduo e ao mesmo tempo integra automaticamente outros dados, informação sobre o dialeto falado em casa, se o indivíduo comunica habitualmente com parentes noutros países, se reza, e a que Deus. Outros regimes políticos que tentaram impor um sistema de vigilância completo – a Rússia no Estalinismo, ou as Stasi na Alemanha Oriental da guerra fria, contavam com a conivência e participação de milhares de cidadãos, mas não beneficiavam dos avanços tecnológicos hoje disponíveis, não podiam ser verdadeiramente completos, nem na quantidade de informação recolhida nem na capacidade de a analisar. Este obstáculo é hoje ultrapassado pela via tecnológica (reflita-se na ideia de que cada um de nós transporta consigo um instrumento potencial de vigilância, o smartphone), com consequências não totalmente previsíveis – mas que a experiência Chinesa permite vislumbrar (Cabestan, 2020; Roberts et al, 2021). A prosperidade está relacionada com a coordenação de uma sociedade com uma vasta divisão do conhecimento – mas estes instrumentos de vigilância permitem cada vez mais centralizar e controlar este conhecimento. Não podemos assumir que o Estado será sempre uma força positiva nesta coordenação. Muito do debate atual sobre políticas públicas em IA, remete para a necessidade de os governos imporem limites ou regras à atuação de entidades privadas e não governamentais, sendo evidente que as políticas públicas devem também impor salvaguardas à atuação dos próprios governos na utilização da IA. Este princípio tem sido raramente abordado na discussão sobre a IA e as políticas públicas.

A IA e a aprendizagem automática também acarretam o risco de exacerbar os problemas económicos e sociais de formas subtis, mas poderosas, designadamente por via do problema da caixa negra. Este termo refere-se à inescrutabilidade dos processos que resultam em informação digital que os utilizadores podem ver. Os dados processados quando inserimos um termo de pesquisa num motor de busca, quando tomamos decisões online, são enquadrados e filtrados por um algoritmo complexo. Estes algoritmos estão muitas vezes protegidos por leis de proteção comercial, fechados ao escrutínio público. E mesmo que este código fosse aberto ao público, a capacidade de o inspecionar seria embargada porque os programas que aplicam mecanismos de aprendizagem automática, estão a ensinar-se a si próprios. Esta opacidade levanta preocupações. Exemplos onde se aplica a lógica da caixa negra serão os anúncios online orientados; sistemas de reconhecimento facial que promovem estereótipos de grupo; sistemas de aferição de risco, que avaliam por exemplo a probabilidade de um criminoso reincidir; tecnologias de policiamento preventivo acarretam o mesmo tipo de preocupação, sendo que encorajam o patrulhamento de áreas de maior incidência de crime. Mas o reforço de estereótipos não são a única preocupação – algumas companhias são criticadas pelo seu abuso de posição no mercado. Uma plataforma de redes sociais pode promover informação que a favoreça no mercado, ou veicular preferencialmente informação censurada por um organismo estatal (Chesterman, 2021).

Outra das principais preocupações que surge repetidamente no discurso mediático, em relação à IA, tem a ver com a substituição do trabalho humano por máquinas. Importa reconhecer que esta preocupação surge periodicamente, pelo menos, desde a revolução industrial. Alguns trabalhos humanos podem de facto desaparecer na medida em que possam ser substituídos por máquinas mais baratas. No entanto, ainda que a tecnologia tenha substituído tipos específicos de trabalho, a tecnologia tem sido a mais das vezes complementar em relação ao trabalho humano. Os salários médios a nível mundial têm aumentado, em larga medida devido a estas complementaridades. No entanto, é possível que esta revolução tecnológica seja diferente – aquilo que começa por ser complementar mais tarde efetivamente substitui o trabalho humano. Não podemos ignorar que algumas profissões de facto desapareceram no passado e o ritmo de desenvolvimento pode não permitir voltar a treinar uma parte da sociedade nas novas profissões.

A longo prazo, pode dar-se o caso de serem mais as ocupações a desaparecer, e menos a serem criadas, e estas a exigir menos força de trabalho. A ocorrer uma redução na procura do trabalho humano, os salários iriam começar a decrescer abaixo do nível de subsistência. Uma das respostas por vezes avançada a esta possibilidade é o rendimento básico universal. Os proponentes desta visão defendem que as empresas tecnológicas que obtêm ganhos crescentes decorrentes da otimização tecnológica devem pagar mais impostos, e este excesso reverteria num subsídio a quem não pudesse trabalhar. Esta resposta pode, por um lado e por via da carga fiscal, ter o efeito adverso de desincentivar o investimento em inovação em áreas específicas da IA (Russell, 2010; Kaplan & Haenlein, 2019). Por outro lado, ignora outros dois fatores com impacto social: a dignidade inerente ao trabalho; o Homem é essencialmente um animal de trabalho e muito do significado da sua Vida advém de o poder fazer; o segundo aspeto tem a ver com o pressuposto de que uma sociedade assim subsidiada iria naturalmente ser harmoniosa, quando o inverso é também possível – uma sociedade ociosa poderia virar-se para atividades ilícitas ou prejudiciais ao progresso humano e coesão social ou tornar-se complacente em relação a abusos de poder – passando igualmente a ser irrelevante no processo de decisão política, uma vez que não produz.

Subjacente a esta ameaça em relação ao trabalho está uma outra, que tem a ver com o que acontecerá quando esta inteligência ultrapassar as nossas capacidades e o impacto que daqui decorre no futuro da humanidade (Bostrom, 2017). Aprofundar o debate em torno do impacto da IA no futuro da humanidade não é o propósito deste capítulo, contudo é inegável que este debate irá moldar as políticas públicas em torno das aplicações da inteligência artificial pelo que valerá a pena resumir as posições desta discussão em algumas linhas.

Desenham-se aqui dois cenários para o impacto futuro da inteligência artificial. A um destes cenários designemos o da extraordinária competência, em que as máquinas se tornam competentes em tarefas complexas e rotineiras ao ponto de nos tornar obsoletos e redundantes. Nesta situação, surgem cenários subsequentes, um destes assentes na utopia de que o ser humano poderá por fim dedicar-se ao lazer, desporto, e criatividade enquanto as máquinas fazem todo o trabalho difícil e aborrecido. Como assinalado mais acima, este cenário utópico dará talvez demasiado peso à noção de que, num mundo sem trabalho, todas as inclinações humanas serão naturalmente benignas. O outro cenário subsequente, o cenário distópico, é o cenário em que, num mundo em que os humanos não trabalhem e se tornam redundantes, as máquinas, na prossecução dos seus objetivos cegos, contribuam deliberada ou indeliberadamente, para a extinção humana (Bostrom, 2017; Kaplan & Haenlein, 2019).

Nesta linha de pensamento, Stephen Hawking e outros cientistas advertem para a possibilidade de uma explosão de inteligência em que as máquinas serão mais inteligentes do que nós somos em relação aos caracóis (Kurzweill, 2014; Bostrom, 2017; Hawking, 2018; Kissinger, Schmidt & Huttenlocher, 2021). Hawking, defende que o impacto da IA a curto prazo depende de quem o controla, mas a longo prazo dependerá de perceber se será possível controlar a IA de todo. Para Hawking, o verdadeiro risco da IA não é a malícia, mas a competência. A IA será tremendamente eficaz a atingir os seus objetivos e, se nos pusermos no seu caminho, podemos vir a sofrer consequências adversas. Hawking ilustra esta ideia com um exemplo: os humanos, em geral, não detestam formigas, mas não deixam de construir uma central hidro-elétrica, se o efeito desta for a inundação de ninhos de formigas. Hawking temia que a humanidade se esteja a colocar na posição destas formigas (Hawking, 2018).

Voltemos aos cenários principais. Em contraponto com o cenário da extraordinária competência, surge o cenário da extraordinária estupidez. Este é o cenário em que a máquina, na prossecução de algum objetivo cego, não tenha discernimento para avaliar o impacto da sua atividade no ser humano. Nesta situação surgem também dois cenários subsequentes: um destes apontando para a imprescindível contribuição humana em ocupações de nicho, para controlar os aspetos disruptivos da IA, e o segundo cenário, em que a IA, sem controlo dos humanos, toma ações estúpidas que levam à sua extinção. Um exemplo usado por vezes, é o de um sistema industrial que tem por objetivo produzir pregos, com capacidade autónoma desde a extração do minério até ao embalamento dos pregos. Nesta situação, um tal Sistema, centrado no objetivo primordial de produzir pregos pode obter o minério de um modo que se torna prejudicial para o ser humano, interferindo por exemplo com a exploração de outros recursos. Esta posição encerra uma contradição: trata-se de um sistema tão primitivo que avalia como primordial o objetivo simples de produzir pregos, contudo é tão avançada que consegue sobrepor-se a todos os obstáculos que os humanos divisariam para se lhe opor na prossecução deste objetivo. Não obstante esta crítica séria, é visível que a IA, em alguns contextos sem impacto existencial para humanos já assumiu controlo e toma por vezes decisões adversas. Alguns cientistas apontam que o problema da IA, é precisamente ser ainda demasiado estúpida, mas já ter assumido controlo em algumas áreas – relembre-se os exemplos a que aludimos, em que dependemos de algoritmos de IA para reconhecimento facial, determinar perfis de risco em decisões de concessão de crédito ou decidir sobre o melhor percurso para o trabalho (Calo, 2017; Nilsson, 2009).

Também é possível defender que estes cenários constituem efetivamente etapas na evolução da IA. Durante este momento da extraordinária estupidez da IA, a humanidade é imprescindível em ocupações de nicho, mas uma fatia cada vez maior torna-se redundante à medida que a IA vai ganhando competência em cada vez mais áreas; a segunda etapa, consiste precisamente na consolidação deste movimento – a IA desenvolve-se e evolui para o modelo da extraordinária competência, libertando cada vez mais a humanidade do trabalho, fazendo com que esta se possa dedicar ao lazer; consolida-se uma terceira etapa, em que a humanidade torna-se uma subespécie inteligente, tolerada pela espécie inteligente dominante, na medida em que não representa uma ameaça. Também pode dar-se o caso de a humanidade chocar com os objetivos da IA, insatisfeita pela sua condição, subalterna, caso em que os sistemas de IA podem reagir de forma adversa.

Importa reconhecer que este tipo de cenário, além de carecer de verdadeiro fundamento científico, é geralmente aceite como demasiado remoto. O principal argumento contra esta visão é o de que não existe neste momento nehuma corrente de desenvolvimento em IA que possa rivalizar com a nossa inteligência em diversos domínios e contextos – em parte, é por esta razão que nos referimos a IA estúpida: ainda que as máquinas possam atualmente vencer facilmente um humano no jogo de xadrez, nada indica que exista a possibilidade de virem a conseguir invocar artificialmente todos os aspetos da inteligência, mesmo de um mamífero simples. Dito de outro modo, nos seus nichos específicos, a IA já é muito mais eficiente do que qualquer humano; é quando falamos na integração de diferentes competências, em diferentes contextos e arenas do mundo físico que a IA se torna deficiente (An understanding of AI's limitations, 2020; Larson, 2021). Mas admitamos que esta integração será possível, e que a IA geral de facto se torna uma ameaça para os humanos, caso em que este tipo de IA ultra-desenvolvida corresponderá a um evento por vezes designado entre os académicos que estudam potenciais ameaças de extinção da humanidade, como um evento de baixa probabilidade, mas de elevado impacto (Bostrom, 2017). Este cenário é aqui assinalado porque pode influenciar o desenho de políticas públicas. Alguns investigadores salientam que, sendo um evento tão remoto, as políticas não deveriam dedicar-se a este cenário – não havendo precedente legal ou político, em que os governos tenham legislado sobre uma determinada nova tecnologia, antes de corroborar as suas verdadeiras consequências. Em resposta pode afirmar-se que é comum em alguns países planear defesas para ameaças remotas – os diques de proteção contra inundações na Holanda, não foram planeados apenas para eventos prováveis a curto prazo, mas também para eventos improváveis e de longo prazo. Pode-se argumentar que a quebra de diques, é um evento real, com precedentes, mas também a ameaça do armamento atómico não tinha precedentes antes do final da segunda guerra mundial. Nesta linha, fará sentido que as políticas públicas contemplem de algum modo estes cenários de desenvolvimento de IA mais extremo, sendo pertinente acautelar um equilíbrio ténue no desenho das políticas, passando designadamente por definir princípios de segurança da IA que não desincentivem significativamente os inovadores de continuar a desenvolver estas tecnologias. Os países atuam em esferas políticas competitivas. Um país com regras menos rígidas no desenvolvimento da IA, terá certamente incentivos diferentes ao desenvolvimento da IA em relação a países que imponham quadros legais demasiado pesados. Alguns analistas defendem que foi precisamente um quadro legal mais restritivo que determinou que em 2015, 11 das 20 principais companhias a operar na internet estavam radicadas nos EUA, as outras 9 são chinesas, japonesas ou coreanas e a Europa não tinha nenhuma empresa nesta lista, apesar da enorme riqueza em capital humano e produtivo (Thierer, O'Sullivan & Russell, 2017). Nos EUA, foi estabelecido o Telemcomms Act de 1996, que procurava evitar a regulação da *internet*, nos mesmos moldes em que eram reguladas as outras comunicações digitais. Especificamente a secção 230 isentava os intermediários do fardo de responsabilidade pelo conteúdo que os utilizadores carregassem nas suas plataformas. Em 1997 foi desenvolvido o quadro para o comércio eletrónico global que tinha por princípio de que a internet deveria desenvolver-se como uma arena sustentada por leis de mercado e não como uma indústria regulada e os governos deveriam evitar restrições indevidas no comércio eletrónico. Desta perspetiva, onde for necessária intervenção do governo, o seu propósito deveria estar orientado a estabelecer um ambiente legal previsível, minimalista, consistente e simples. De acordo com os mesmos analistas, estas decisões tiveram o efeito prático de encorajar uma inovação livre, em que os empreendedores geralmente podiam fazer experiências com novas tecnologias e modelos de negócio fazendo com que os EUA liderassem e impulsionassem o comércio *online*, as redes sociais como veículo de expressão e a revolução digital moderna, catapultando no processo algumas empresas americanas para uma posição global dominante.

Assim sendo, qualquer desenho de política pública, procurará balancear as preocupações e ameaças reais de curto prazo, e ao mesmo tempo acomodar alguns princípios de governação a mais longo prazo. A próxima secção será dedicada a explorar as linhas do debate atual sobre como as políticas públicas podem ser aplicadas para mitigar as ameaças inerentes à IA ou encorajar o seu desenvolvimento, tendo por base regulamentos de referência nos EUA, na UE, e na China.

6. A influência das políticas públicas na IA

Na quarta secção deste capítulo abordámos a forma como a IA pode apoiar o desenho de políticas públicas e amplificar os seus efeitos. Nesta secção iremos explorar esta relação pela perspetiva inversa, e delinear alguns princípios que permeiam o atual debate sobre como desenhar políticas públicas para regular o desenvolvimento da IA e mitigar potenciais efeitos negativos, em particular as ameaças discutidas na secção prévia, mas ao mesmo tempo manter incentivos ao seu desenvolvimento e aproveitar os seus benefícios. Para compreender as formas que as políticas públicas podem assumir na regulação da IA considere-se, em traços muito gerais, três quadros regulatórios para a IA, designadamente no contexto Americano, Europeu e Chinês.

No quadro das politicas públicas americanas realce-se o *National Artificial Intelligence Act* de 2020, que passou a ser lei em janeiro de 2021. O principal objectivo deste regulamento é assegurar a continuada liderança dos EUA no desenvolvimento e pesquisa em IA e definir os princípios a serem usados globalmente para desenvolver e utilizar sistemas de IA confiáveis nos setores público e privados; preparar a força de trabalho presente e futura para a integração de sistemas de IA e coordenar os desenvolvimentos em IA entre todas as agências federais, como mecanismo para assegurar a colaboração entre estas. Este regulamento prevê o estabelecimento da iniciativa nacional de IA, preconizada por um quadro abrangente para reforçar a coordenação na pesquisa em IA, atividades de desenvolvimento e aplicações práticas, e atividades educativas em todos os departamentos governamentais, em cooperação com a academia, a indústria, entidades não governamentais e outras entidades da sociedade civil. Os seis pilares da iniciativa são: Inovação, Desenvolver IA de confiança, Educação e Formação, Infraestrutura, Aplicações e Cooperação Internacional (Governent, 2021).

No quadro das políticas públicas europeias, considere-se a proposta de diploma para a Inteligência Artificial, apresentada em 2021, que deverá ser aplicada a partir de 2023 e que enfatiza a necessidade de consolidar um ecossistema de garantias em relação à IA (Veale, 2020). Com esta regulação a Comissão Europeia pretende estabelecer regras para a IA, consistentes em toda a europa, eliminando incerteza legal, encorajando investimento e inovação em IA e ao mesmo tempo fomentar no público a confiança de que os sistemas de IA respeitam os direitos e valores europeus. Este modelo baseia-se num quadro de risco em quatro camadas, que reconhece os diferentes níveis de risco que a IA pode ter para o bem-estar e saúde humanos. Numa primeira camada estão os sistemas de risco mínimo ou sem risco, tais como filtros de *Spam*, que serão permitidos sem restrições, mas os fornecedores destes serviços são encorajados a aderir a códigos de conduta. Numa segunda camada estão os sistemas de risco limitado, tais como os *chatbots*, que estarão sujeitos a obrigações de transparência, por exemplo documentação funcional, de desenvolvimento e desempenho) e que também podem optar por códigos de conduta voluntários. Estas obrigações terão como propósito central permitir aos utilizadores tomar decisões informadas sobre como integrar o software de IA nos seus produtos e serviços. Sistemas de risco elevado terão de passar por avaliações de conformidade antes e depois de implementação. Sistemas de IA de risco inaceitável para a segurança, o bem-estar e os direitos das pessoas serão banidos. Aqui incluem-se sistemas de pontuação social, que levem à exploração de crianças, ou distorçam o comportamento humano ao ponto de levar a danos físicos ou psicológicos. Os Estados Membros deverão designar pelo menos uma autoridade competente para aplicar o diploma a nível nacional, definindo regras relativamente a penalizações, que deverão ser proporcionais à dimensão da empresa no mercado em que opera, e dissuasivas. Os valores máximos de multa a que as empresas poderão incorrer ascende aos 30 milhões de euros ou 6% dos ganhos totais da empresa no ano fiscal anterior a nível global – sendo privilegiado o valor mais alto de ambas (Veale, 2020; Kop, 2021).

Note-se que este quadro regulatório requer um ecossistema bastante sofisticado de abordagens e ferramentas de avaliação da IA, que atualmente não existe. No contexto atual, a avaliação da segurança da IA ocorrerá essencialmente dentro da própria indústria. Este sistema de auto-avaliação é adequado para promover a inovação, contudo, aliado a requisitos de conformidade ambíguos e valores de penalização elevados podem ter o efeito contrário, em particular entre empresas menores.

Na China destacamos o quadro regulatório das provisões para a gestão de recomendações algorítmicas em informação na internet, esboçadas pela Administração do Ciberespaço na China, o organismo que aplica regras relativamente à cibersegurança, à censura na internet, e regras no comércio online. Este regulamento, que vigora desde março de 2022, aumenta significativamente o controlo que os utilizadores de serviços de internet têm sobre os seus dados, ao mesmo tempo aumentando o controlo do governo chinês sobre algoritmos de recomendação. Estes algoritmos estão por vezes associados às entradas nas redes sociais ou a resultados de pesquisas online, acabando por ser os mecanismos de filtragem, através dos quais nos chega grande parte da informação que consumimos digitalmente. Estes algoritmos podem condicionar os espetáculos e filmes que vemos, os livros que lemos, os produtos que compramos, sendo que o grau de personalização de resultados inerente a estes algoritmos constitui uma solução imperfeita, mas indispensável para o desafio de lidar com um dilúvio de informação digital. Grande parte destes algoritmos são desenvolvidos para promover o crescimento dos serviços e do comércio online. No caso das redes sociais por exemplo, estes algoritmos foram concebidos para captar a nossa atenção por tanto tempo quanto possível. Se estes algoritmos condicionarem a informação a que temos acesso de forma enviesada, considerando apenas as ideias pelas quais temos preferência, ou veiculando principalmente determinada propaganda, ou desinformação, terão na prática o poder de nos manipular ou fomentar a divisão política (Abiri & Huang, 2021).

Até recentemente, este tipo específico de tecnologia IA não era regulada. Os resultados desta falta de regulação tornam-se notórios. A título de exemplo, na China, algumas aplicações de transporte de passageiros faziam preços distintos em função do tráfego rodoviário – mas tornou-se evidente que os algoritmos também alteravam preços em função do próprio perfil do utilizador. Foi em parte para combater este tipo de discriminação algorítmica que a China desenhou estas disposições, que incluem também requisitos para proteção da privacidade, para combater comportamentos de adição em relação à internet e para aumentar o controlo do utilizador em relação aos seus dados, endereçando efetivamente preocupações legítimas do público. Este regulamento é diferente dos outros precisamente por colocar ênfase na autonomia e controlo por parte do utilizador em relação aos algoritmos de recomendações. Em todas as aplicações, os utilizadores poderão optar por não usar serviços de recomendação e terão também um controlo sem precedentes em relação à forma como estes algoritmos definem o seu perfil. Na mesma linha, são estipulados requisitos para que os fornecedores destes algoritmos regularmente os revejam para impedir que estes levem os utilizadores a consumir demasiados conteúdos digitais – o que é completamente contrário à lógica subjacente à sua conceção original. Por outro lado, alguns dos requisitos abrangidos neste quadro regulatório obrigam os algoritmos a promover os valores globalmente aceites e a disseminar vigorosamente energia positiva, o que é próprio de um regime que tem tendência para regular a moralidade social. Note-se que estes serviços não ficam apenas proibidos de veicular conteúdos contrários à linha ideológica do partido do regime, são efetivamente agentes ativos a promover conteúdos "positivos". Estas disposições foram desenhadas para relembrar os cidadãos do impacto positivo que o poder governamental pode ter nas suas vidas e dão ao regime chinês um controlo absoluto em relação às empresas de serviços digitais que fornecem estes algoritmos, que podem incorrer em penalizações pesadas, perda de licença de operação, ou ver as suas aplicações desmobilizadas se não cumprirem as regras (Abiri & Huang, 2021; Roberts et al, 2021). Note-se que o regulamento não é aplicável ao próprio governo chinês. Não obstante, o grau de controlo concedido aos utilizadores em relação aos seus próprios dados na utilização de serviços digitais constitui uma experiência sem precedentes, que deve ser seguida de perto, passível de afetar outros países na esfera de influência da China.

A análise destes três quadros regulatórios, ainda que sem preocupações de exaustividade, permite-nos determinar alguns padrões diferentes de políticas públicas. Os EUA exibem nas suas políticas uma cultura de aceitação do risco e dos erros, enquanto na Europa as políticas são orientadas a evitar o risco e em minimizar a possibilidade de erro. De uma outra perspetiva, é possível argumentar que os europeus são mais desconfiados em relação à iniciativa privada, levando a quadros regulatórios mais rígidos, mais centralizados e assentes no poder estatal, enquanto os americanos tendem a ser mais desconfiados em relação à iniciativa estatal, o que os leva a encorajar quadros regulatórios menos centralizados e mais permissivos em relação à iniciativa privada (Calo, 2017; Thierer, O'Sullivan & Russell, 2017). No caso Chinês, reitere-se que o regulamento descrito está inteiramente orientado à atuação de entidades corporativas ou privadas, e em nada constrange o controlo estatal em relação à IA.

Alguns analistas distinguem os quadros regulatórios em duas categorias: a regulamentação preventiva – mais orientado à mitigação de riscos; ou a regulamentação permissiva – mais orientada ao encorajamento do desenvolvimento tecnológico (Thierer, O'Sullivan & Russell, 2017).

O princípio de precaução é preconizado pela noção de que a inovação deve ser restringida ou suspensa até que os criadores possam demonstrar que a tecnologia não irá causar dano a indivíduos, grupos, entidades, normas culturais, ou outras leis e tradições. Os sistemas regulatórios tradicionais tendem a ser rígidos, burocráticos, inflexíveis, e lentos na adaptação a novos contextos. Estas limitações têm um particular peso na medida em que se aplique a novas tecnologias em constante mudança. Para os oponentes desta abordagem, tentar preventivamente definir um plano para todos os piores cenários hipotéticos e requerer que este seja salvaguardado por um processo regulatório poderá significar que os melhores cenários nunca se concretizarão. Quadros regulatórios que procuram eliminar completamente a possibilidade de erro podem embargar a inovação, sendo que muitos desenvolvimentos apenas são possíveis através de processos contínuos de tentativa e erro. As regulações que endereçam cenários genéricos em detrimento de aplicações específicas resultarão na proibição de ações que poderiam ser benéficas. Por exemplo um regulamento que impeça por completo veículos autónomos pode ter um efeito adverso na sinistralidade, porque provavelmente serão precisamente as tecnologias de condução autónoma que a longo prazo iriam mitigar este problema. No entanto, exatamente por serem tecnologias que tomam decisões de vida e de morte, são aquelas que devem ser alvo de escrutínio e regulamentação específica (Thierer, O'Sullivan & Russell, 2017; Valle-Cruz, et al. 2019).

São essencialmente três os fatores que caraterizam esta abordagem política mais permissiva e de abertura em relação à inovação. O primeiro fator é o de evitar constrangimentos *a priori*. O princípio é o de que constrangimentos à inovação deverão ser aplicados em último recurso e não em primeiro. Num primeiro momento deve avaliar-se em que medida regulamentos existentes se aplicam a novas áreas de inovação, se estes regulamentos não são adequados ou embargam o desenvolvimento nas novas áreas, devem ser promulgadas reformas que diminuam a pressão destes regulamentos. O segundo fator é o de basear as políticas em evidência e não em medo. Se as políticas forem sempre guiadas pelos piores cenários hipotéticos, então a inovação será menos provável. O último fator tem a ver com a procura de soluções flexíveis a partir da base da pirâmide de decisão, o que tipicamente permite melhores resultados do que controlos de cima para baixo. Este tipo de regulamento permite melhor articulação entre estado e iniciativa privada (Thierer, O'Sullivan & Russell, 2017).

Outro desafio a abordar pelas políticas públicas, passa por determinar como desenhar sistemas que tomam decisões consequentes sobre pessoas. Atualmente na União Europeia, os cidadãos têm o direito de requerer que as decisões consequentes por parte de empresas privadas envolvam um humano, e têm também direito de explicação por decisões adversas por uma máquina. Apesar destes princípios, em alguns países, o sistema judiciário já recorre a algoritmos de IA para aferir quem vigiar, quem libertar, e durante quanto tempo deve ser detido um arguido. Existe um consenso generalizado quanto à necessidade de assentar estes sistemas em princípios de justiça, responsabilização e transparência (Calo, 2017; Ashley, 2017).

Emerge ainda a questão do uso da força, a que já aludimos antes, mas que importa aqui rever por outro prisma. Há decisões, relacionadas por exemplo com o fim de vida em doentes terminais que os legisladores poderão decidir não deixar na alçada de máquinas. Este é o espírito que guia os debates sobre armas autónomas. O princípio fundamental será de que os humanos não podem prescindir de controlo humano significativo em relação a decisões de morte. No entanto paira a incerteza sobre o que quer dizer controlo humano significativo. A lógica de corrida ao armamento pode atalhar a questão: é pouco provável que alguma grande potência permita que os seus oponentes desenvolvam mecanismos de defesa mais flexíveis e rápidos com base num constrangimento político. Nesta linha, subsiste a questão de a quem compete o fardo da responsabilidade em relação a decisões tomadas por máquinas. Já são usados algoritmos para seleção de alvos que serão objeto de ataques por *drone*. Pode criar-se um ambiente em que humanos, neste caso soldados, são chamados a estar associados a estes mecanismos (ainda que como meros observadores) apenas para assumir a responsabilidade em caso de más práticas. O quadro de responsabilização em torno da IA deve também ser justo e adequado a todas as partes envolvidas. Torna-se evidente que surge aqui outra categoria de problemas de políticas públicas, relacionada com o estabelecimento e verificação de critérios de segurança. Robôs e sistemas ciber-físicos devem ser seguros, mas quão seguros e como é que validamos que o patamar de segurança determinado de facto se aplica. Mesmo que os legisladores consigam estabelecer limiares de segurança adequados para estes sistemas – como carros de condução autónoma ou *drones* – devemos determinar mecanismos aceitáveis para verificação de que estes patamares de segurança são satisfeitos (Calo, 2017; Army, 2017). Este processo implica determinar quem, ou melhor, as entidades institucionais que devem fazer estes testes: o governo; 3ªas partes independentes? A própria indústria? As respostas a estas perguntas estão no domínio das políticas públicas.

7. Conclusão

Neste estudo exploramos a interligação entre a Inteligência Artificial e as políticas públicas. A definição de políticas admite a possibilidade de novas leis, mas não as requer necessariamente. De facto, poderá não ser prudente desenvolver leis em relação à IA numa fase tão prematura do seu desenvolvimento, sendo, no entanto, avisado planear e prevenir os efeitos que a IA pode ter na Sociedade. Por outro lado, fala-se em ética na regulação da IA, mas esta conceção de regulação por via ética reveste-se de desafios que apenas têm reposta por via da definição de políticas. As políticas são vinculativas uma vez promulgadas, enquanto a regulação ética, mesmo que norteada por algum consenso moral, não dispõe de um mecanismo de aplicação rígido. As grandes empresas que atualmente detêm o conhecimento de IA, provavelmente preferem seguir disposições éticas a estar sujeitos a políticas, pela simples razão de que tipicamente não se incorre em penalizações por ignorar disposições éticas, a não ser na medida em que estas estejam plasmadas na lei. A indústria pode influenciar as políticas públicas, mas em última instância não é seu papel estabelecê-las. A noção de políticas públicas veicula a necessidade de explorar e planear, definir a finalidade das leis, a primazia do interesse público sem promover ou rejeitar definitivamente a necessidade de intervenção regulatória (Calo, 2017; Valle-Cruz, et al., 2019)

Esboçámos uma análise de como a IA pode ajudar a desenhar e otimizar as políticas públicas. Recorrendo a um lugar-comum, há que reconhecer que os especialistas em IA parecem ver o mundo como um martelo, à procura de pregos – desenvolveram sistemas que fazem algo interessante e cativante, e procuram onde poder usar estes sistemas. Em alguns aspetos, os proponentes da IA em políticas públicas atuam da mesma forma (Somers, 2017). Será mais vantajoso inverter esta lógica: trabalhar com especialistas em diferentes áreas de interesse político, como a educação, a saúde, a economia, definir claramente os problemas sociais relevantes e, a partir desta base desenvolver sistemas que resolvam estes problemas.

Explorámos alguns dos principais riscos da IA. A resolução de problemas que até recentemente pareciam insuperáveis pode dar a impressão de que estas máquinas estão a adquirir capacidades consideradas distintivamente humanas, porém, ainda que o que aconteça numa rede neuronal recursiva se pareça mais com o que acontece num cérebro do que em outros *softwares* tradicionais, a semelhança é ainda muito limitada. O grande receio, ou esperança, é de que algum dia iremos superar as barreiras ao entendimento profundo facilitado pela inteligência, consciência, e moralidade e seremos capazes de plasmar estes avanços num algoritmo. Não estamos perto deste tipo de disrupção, nem é certo que a venhamos a atingir. Atualmente este cenário está mais no plano filosófico, do que no plano científico (Somers, 2017; Larson, 2021).

Explorámos também a forma como as políticas públicas podem influenciar, monitorizar e controlar a IA. Neste âmbito verifica-se que há questões não endereçadas de forma explícita no debate público, e que também não explorámos em profundidade. A título de exemplo, importa esclarecer se todo o trabalho passível de ser substituído por máquinas deve ser substituído por máquinas? Se não é esse o caso, quais os critérios para saber os tipos de atividades a substituir por máquinas? Quais os impactos dessas escolhas, já que diferentes governos podem fazer escolhas díspares, e as suas escolhas podem até colidir com os desenvolvimentos em contexto privado (Susskind, 2020). Pode também perguntar-se, como irão os governos regular a sua própria atuação na utilização da IA. Esta é também uma discussão do domínio das políticas públicas.

Por fim, reconheça-se que os governos tipicamente não têm os recursos especializados que são necessários para gerir a sociedade numa esfera tão profundamente mediada por conhecimento técnico, pelo que têm de suportar-se em atores com interesses próprios no meio empresarial, sobre risco de sofrerem uma paralisia na tomada de decisão, que também serve mal a inovação. Um dos desafios abrangentes das políticas públicas passa por perceber como introduzir conhecimento técnico especializado sobre IA e robótica em todos os níveis de governo e da administração pública, de modo que estes possam tomar decisões melhores e com maior confiança. Por este prisma as políticas públicas devem abordar as novas tecnologias com uma dose de humildade regulatória, sendo que os seus executantes devem entender os seus efeitos nos consumidores e nos mercados, identificar os seus benefícios e danos potenciais e, se estes danos surgirem, verificar se o quadro legal vigente é suficiente para os endereçar, antes de assumir que novas regras são necessárias (Calo, 2017; Fountaine, McCarthy & Saleh, 2019). Este entendimento implica necessariamente que os que definem as leis se eduquem sobre estas inovações e sobre a IA em particular, e encorajem outros a que também se eduquem. Espera-se que este estudo seja um contributo, como ponto de partida, para a educação necessária nesta esfera fascinante.

Referências

Abiri, G., & Huang, X. (2021). The People's (Republic) Algorithms. *Peking University School of Transnational Law Research Paper, Forthcoming.*

Allam, Z., & Dhunny, Z. A. (2019). On big data, artificial intelligence and smart cities. *Cities, 89*, 80-91.

An understanding of AI's limitations is starting to sink in. (2020, June 11th). *The Economist*

Androutsopoulou, A., & Charalabidis, Y. (2018, April). A framework for evidence based policy making combining big data, dynamic modelling and machine intelligence. In *Proceedings of the 11th International Conference on Theory and Practice of Electronic Governance* (pp. 575-583).

Androutsopoulou, A., Karacapilidis, N., Loukis, E., & Charalabidis, Y. (2019). Transforming the communication between citizens and government through AI-guided chatbots. *Government information quarterly*, *36*(2), 358-367.

Army, U. S. (2017). The US Army robotic and autonomous systems strategy. *Internet)* Disponível em*: www. arcic. army. mil/App_Documents/RAS_Strategy. pdf* (acedido a 30-3-2022).

Ashley, K. D. (2017). *Artificial intelligence and legal analytics: new tools for law practice in the digital age.* Cambridge University Press.

Bar-Cohen, Y. (2005). Biomimetics: mimicking and inspired-by biology. *Smart Structures and Materials 2005: Electroactive Polymer Actuators and Devices (EAPAD), 5759,* 1-8.

Birkland, T. (2001). An Introduction to the Policy Process. Armonk, NY: M.E. Sharpe

Bishop, C. M. (2006) Pattern Recognition and Machine Learning. New York: Springer.

Bostrom, N. (2017). *Superintelligence.* Dunod.

Buch, V. H., Ahmed, I., & Maruthappu, M. (2018). Artificial intelligence in medicine: current trends and future possibilities. *British Journal of General Practice, 68*(668), 143-144.

Buehler, M., Iagnemma, K., & Singh, S. (Eds.). (2009). *The DARPA urban challenge: autonomous vehicles in city traffic* (Vol. 56). Springer.

Cabestan, J. P. (2020). The State and Digital Society in China: Big Brother Xi is Watching You!. *Issues & Studies, 56*(01), 2040003.

Calo, R. (2017). Artificial intelligence policy: a primer and roadmap. *UCDL Rev., 51*, 399.

Chesterman, S. (2021). *We, the robots?.* Cambridge University Press.

Dreyfus, H. (1976). What computers can't do. *British Journal for the Philosophy of Science, 27*(2).

Ferro, E., Loukis, E. N., Charalabidis, Y., & Osella, M. (2013). Policy making 2.0: From theory to practice. *Government Information Quarterly, 30*(4), 359-368.

Fountaine, T., McCarthy, B., & Saleh, T. (2019). Building the AI-powered organization. *Harvard Business Review, 97*(4), 62-73.

Garcia, B. (2021). Informação e Segurança no Ciberespaço: A influência da globalização na intensificação de riscos e ameaças na última década. *Ciências e Políticas Públicas,* Vol. VII, 1, 193-212.

Governent, U.S (2021) The US Army robotic and autonomous systems strategy. *Internet)* Disponível em: https://www.ai.gov/about/ (acedido a 30-3-2022)

Hawking, S. (2018). *Brief answers to the big questions.* Bantam.

Head, B. W. (2008). Wicked problems in public policy. *Public policy, 3*(2), 101-118.

Hsu, F. H. (2002). *Behind Deep Blue: Building the computer that defeated the world chess champion*. Princeton University Press.

Jordan, M. I., & Mitchell, T. M. (2015). Machine learning: Trends, perspectives, and prospects. *Science, 349*(6245), 255-260.

Kaplan, A., & Haenlein, M. (2019). Siri, Siri, in my hand: Who's the fairest in the land? On the interpretations, illustrations, and implications of artificial intelligence. *Business Horizons, 62*(1), 15-25.

Kissinger, H. A., Schmidt, E., & Huttenlocher, D. (2021). *The Age of AI: And Our Human Future*. Hachette UK.

Knight, W. (2017). China's AI Awakening. *MIT Technology Review, 120*(6), 67-72.

Kop, M. (2021, September). EU Artificial Intelligence Act: The European Approach to AI. Stanford-Vienna Transatlantic Technology Law Forum, Transatlantic Antitrust and IPR Developments, Stanford University, Issue.

Kroll, J. A. (2015). *Accountable algorithms* (Doctoral dissertation, Princeton University).

Kurzweil, R. (2014). The singularity is near. In *Ethics and emerging technologies* (pp. 393-406). Palgrave Macmillan, London.

Larson, E. J. (2021). The Myth of Artificial Intelligence. In *The Myth of Artificial Intelligence*. Harvard University Press.

Martins, J.P. (2022). *Professor João Pavão Martins: a última aula do pai da Inteligência Artificial no Técnico*. Disponível em https://www.youtube.com/watch?v=FqUfPbqVk7Y (acedido a 10-4-2022)

National Research Council (2009) Strengthening Forensic Science in the United States: A Path Forward. Washington, DC: National Academies Press. bit.ly/2EF1uKC 2.

Newitz, A. (2022). The US myth of free speech. *New Scientist, 254*(3388), 28.

Nilsson, N. J. (2009). *The quest for artificial intelligence*. Cambridge University Press.

Papadopoulos, T., & Charalabidis, Y. (2020, September). What do governments plan in the field of artificial intelligence? Analysing national AI strategies using NLP. In *Proceedings of the 13th International Conference on Theory and Practice of Electronic Governance* (pp. 100-111).

Pisner, D.A. and Schnyer, D.M., 2020. Support vector machine. In *Machine learning* (pp. 101-121). Academic Press.

Rationally Speaking, 2018. *Peter Eckersley on "Tough choices on privacy and artificial intelligence*. Disponível em https://podcasts.apple.com/us/podcast/rationally-speaking-220-peter-eckersley-on-tough-choices/id351953012?i=1000422723329 (acedido a 10-4-2022)

Richards, N. M., & King, J. H. (2013). Three paradoxes of big data. *Stan. L. Rev. Online*, 66, 41.

Roberts, H., Cowls, J., Morley, J., Taddeo, M., Wang, V., & Floridi, L. (2021). The Chinese approach to artificial intelligence: an analysis of policy, ethics, and regulation. *AI & society, 36*(1), 59-77.

Russell, S. J. (2010). *Artificial intelligence a modern approach.* Pearson Education, Inc..

Rutt, J. (2022). Musk and Moderation. *Internet)* Disponível em *https://quillette.com/2022/04/27/musk-and-moderation/:* (acedido a 30-4-2022).

Sánchez-Céspedes, J. M., Rodríguez-Miranda, J. P., & Salcedo-Parra, O. J. (2020). Análise da produção de publicações científicas sobre inteligência artificial aplicada à formulação de políticas públicas. *Revista científica,* (39), 353-368.

Shead, S. (2017) Business Insider, Google DeepMind is funding NHS research at Moorfields Eye Hospital. Disponível em http://uk.businessinsider.com/deepmind--is-funding-nhs-research-2017-7 (acedido a 13-5-2022)

Shead, S. (2017). Google DeepMind is funding NHS research at Moorfields Eye Hospital. Business Insider.

Smith, K. B., & Larimer, C. W. (2018). *The public policy theory primer.* Routledge.

Somers, J. (2017). Is AI Riding a One-Trick Pony. *MIT Technology Review, 120*(6), 29-36.

Susskind, D. (2020). *A world without work: Technology, automation and how we should respond.* Penguin UK.

Taylor, P. M. (2016). The Concept of Cat Face. *The London Review of Books, 38*(16), 30-32.

Thierer, A. D., Castillo O'Sullivan, A., & Russell, R. (2017). Artificial intelligence and public policy. *Mercatus Research Paper.*

Valle-Cruz, D., Alejandro Ruvalcaba-Gomez, E., Sandoval-Almazan, R., & Ignacio Criado, J. (2019, June). A review of artificial intelligence in government and its potential from a public policy perspective. In *Proceedings of the 20th Annual International Conference on Digital Government Research* (pp. 91-99).

Veale, M. (2020). A critical take on the policy recommendations of the EU high-level expert group on artificial intelligence. *European Journal of Risk Regulation,* 1-10.

Wildavsky, A. (1988). Searching for safety: Social theory and social policy. *USA Transactions Books, New Brunswick.*

Wright, N. (2018). How artificial intelligence will reshape the global order. *Foreign Affairs, 10.*

INTELIGÊNCIA ARTIFICIAL, GESTÃO PÚBLICA E CONTROLO

José F. F. Tavares[1]
Paulo Nogueira da Costa[2]

Resumo: No presente artigo procuramos dar nota do investimento crescente do Estado português em novas tecnologias, quer através do incentivo às entidades privadas, quer através da aplicação dessas tecnologias na Administração Pública. Tendo presente esta realidade, analisamos o modo como a Inteligência Artificial (IA) pode ter impacto na gestão financeira pública e em que medida esta alteração de paradigma, onde marcam presença as parcerias "humano-máquina", também se reflete no exercício das atividades do Tribunal de Contas português. Nesta análise, a IA é abordada numa dupla perspetiva: enquanto objeto do controlo ou instrumento utilizado pelas entidades controladas, e como ferramenta ao dispor do Tribunal de Contas para o desenvolvimento das suas diversas atividades.

Sumário:

[1] Presidente do Tribunal de Contas português.
[2] Professor no Instituto Superior de Contabilidade e Administração de Lisboa – pjcosta@iscal.ipl.pt – e na Universidade Europeia – paulo.nogueira@universidadeeuropeia.pt

1. Introdução

Como assinalam Kissinger, Schmidt e Huttenlocher, a integração da IA nas nossas vidas «*transformará integralmente domínios inteiros ao envolvê-los numa teia de processos assistidos por IA, enquanto se irá tornando difícil distinguir, por vezes, o que é criação puramente humana, o que é criação puramente IA, e o que é criação híbrida humana-IA*»[3].

A utilização da IA nas atividades humanas, designadamente no âmbito da gestão pública, permite falar numa verdadeira «parceria humano-máquina»[4], alicerçada na aprendizagem automática (*machine learning*), que também coloca desafios significativos ao controlo financeiro e ao regime jurídico da responsabilidade financeira.

Em qualquer caso, «[a]*lgoritmos, dados para treino e objetivos da aprendizagem automática são determinados pelas pessoas que desenvolvem e treinam as IA, pelo que hão de refletir os seus valores, motivações, objetivos e critérios*»[5].

A gestão pública é uma das áreas que pode beneficiar da utilização da IA. Do mesmo modo, dela poderão beneficiar as atividades desenvolvidas pelo Tribunal de Contas, em particular a de controlo financeiro, nas suas diversas modalidades.

2. A transição digital e o uso da Inteligência Artificial no Setor Público

Alguns autores têm trabalhado no conceito de "burocracia algorítmica", sustentando que este novo paradigma de administração pública tem um maior potencial para promover a competência e para lidar com a complexidade na Administração Pública do que os paradigmas precedentes, designadamente o da nova gestão pública (*new public management*)[6].

Todavia, como adverte alguma doutrina, sendo verdade que a boa utilização de algoritmos de aprendizagem automática tem o potencial de contribuir para uma governança pública mais eficiente e justa, uma

[3] H. A. KISSINGER, E. SCHMIDT e D. HUTTENLOCHER, *A Era da Inteligência Artificial*, José Mendoça da Cruz (trad.), Alfragide, Publicações Dom Quixote, 2021, p. 26.

[4] *Idem*, pp. 30 ss.

[5] *Idem*, p. 93.

[6] VOGL, Thomas M. / SEIDELIN, Cathrine / GANESH, Bharath / BRIGHT, Jonathan, "Algorithmic Bureaucracy: Managing Competence, Complexity, and Problem Solving in the Age of Artificial Intelligence", fevereiro de 2019, disponível em <https://ssrn.com/abstract=3327804>, acedido em 17/05/2022.

má utilização desta tecnologia, por outro lado, pode significar menos eficiência e mais arbitrariedade na atuação administrativa[7].

A verdade é que diversos Estados, designadamente os membros da União Europeia, têm vindo a adotar planos de transição digital, a investir crescentemente em Investigação e Desenvolvimento e a promover o desenvolvimento e aplicação de ferramentas tecnológicas que incorporem Inteligência Artificial.

Em 2020, o Governo português aprovou, através da Resolução do Conselho de Ministros n.º 30/2020, de 21 de abril, o *Plano de Ação para a Transição Digital*.

Este Plano está alicerçado em três Pilares: (I) *Capacitação e inclusão digital das pessoas*; (II) *Transformação digital do tecido empresarial*; (III) *Digitalização do Estado*. O Plano indica também os «catalisadores da transição digital de Portugal», entre os quais se incluem as «tecnologias disruptivas», prevendo-se a adoção de uma *Estratégia Nacional para a Inteligência Artificial*.

A *Estratégia Nacional para a Inteligência Artificial – AI Portugal 2030* – visa a prossecução dos seguintes objetivos gerais, a alcançar até 2030: significativo valor acrescentado pela IA ao crescimento económico; excelência científica da Academia portuguesa na área da investigação em IA; desenvolvimento humano, em particular nas qualificações tecnológicas[8].

Esta *Estratégia* compreende ações especificamente dirigidas à Administração Pública, designadamente: criação de uma Infraestrutura Nacional de Dados gerida pelo Instituto Nacional de Estatística (INE – Instituto Nacional de Estatística), que constituirá um repositório centralizado de dados administrativos; continuação do financiamento de projetos de colaboração entre o setor público e unidades de investigação para desenvolver soluções inovadoras de modernização administrativa; criação de um Laboratório Colaborativo de IA na Administração Pública liderado por uma organização do setor público; reforço dos programas de qualificação de competências em IA e ciência de dados já existentes

[7] Cfr. DAVID FREEMAN ENGSTROM e DANIEL E. HO, "Algorithmic Accountability in the Administrative State", *Yale Journal on Regulation*, Vol. 37:800, 2020.

[8] INCoDe.2030, *AI Portugal 2030*, p. 26, disponível em <https://www.incode2030.gov.pt/sites/default/files/julho_incode_brochura.pdf>, consultado em 13/04/2022.

no setor público em colaboração com Instituições de Ensino Superior; inclusão de organizações do setor público no comité de ética para a IA[9].

Tendo em vista a boa execução do *Plano de Ação para a Transição Digital*, foi criada, em 2020, a *Estrutura de Missão Portugal Digital*, a qual consiste numa «*estrutura técnica de acompanhamento das medidas de execução do Programa do Governo relativas à transição digital e de apoio à coordenação das políticas públicas em matéria de transformação digital da sociedade e da economia*»[10].

Refira-se que, já em 2018, tinha sido criado o programa «Iniciativa Nacional Competências Digitais e.2030 — INCoDe.2030», o qual «*concretiza uma estratégia para o desenvolvimento digital do país, no âmbito do Programa Nacional de Reformas do XXI Governo Constitucional e encontra-se alinhada com a iniciativa "Indústria 4.0 — Estratégia Nacional para a Digitalização da Economia"*», cujo horizonte temporal é 2030, e através da qual se pretende «*posicionar Portugal no grupo de países europeus de topo em matéria de competências digitais*»[11].

Esta estratégia nacional está em sintonia com a estratégia europeia para o desenvolvimento económico, a qual tem expressão financeira no Quadro Financeiro Plurianual da UE (2021-2027), que permite financiar o acordo de parceira "Portugal 2030", e que tem entre as suas prioridades a "Inovação e Conhecimento", e o Programa *Next Generation EU*, que assume a transição digital como um dos principais eixos de desenvolvimento económico da União Europeia, e que inclui o *Mecanismo de Recuperação e Resiliência*, no qual se enquadra o *Plano de Recuperação e Resiliência* (PRR) adotado por Portugal.

O montante global do "Portugal 2030" ascende a 24.182 M€, contemplando entre os seus objetivos estratégicos o que se refere a "Portugal mais competitivo e mais inteligente", cujo financiamento previsto, através do FEDER, é de 5.305 M€[12].

O PRR de Portugal, cujo valor total é de 16.644 M€, tem entre os seus pilares a "Transição Digital", cujo valor ascende a 2.460 M€[13].

[9] *Idem*, p. 34.

[10] Resolução do Conselho de Ministros n.º 30/2020, de 21 de abril.

[11] Resolução do Conselho de Ministros n.º 26/2018, de 08 de março.

[12] Cfr. <https://portugal2030.pt/portugal-2030/>, acedido em 15/05/2022.

[13] MINISTÉRIO DO PLANEAMENTO, *PRR – Recuperar Portugal, Construindo o Futuro*, Lisboa, abril de 2021, disponível em <https://recuperarportugal.gov.pt/wp-content/uploads/2021/10/PRR.pdf>.

Os diversos objetivos estratégicos desdobram-se em objetivos específicos, a prosseguir através dos vários programas financiados.

Considerando o elevado volume financeiro envolvido, e estando definidos os objetivos visados, é fundamental assegurar o controlo da execução dos fundos, quer numa perspetiva de correção financeira e de conformidade legal, quer de resultados.

Esse controlo inclui não só o controlo interno, mas também o controlo externo, a cargo do Tribunal de Contas, através das diferentes modalidades e momentos de controlo (prévio, concomitante e sucessivo).

A promoção da transição digital e, neste âmbito, o financiamento de programas de incentivo à Investigação e Desenvolvimento e ao desenvolvimento e aplicação da Inteligência Artificial, requerem uma particular atenção do Tribunal de Contas, na sua qualidade de Instituição Suprema de Controlo Financeiro de Portugal, com competência, designadamente, para fiscalizar a aplicação dos fundos europeus.

Para além dos referidos instrumentos de financiamento europeu para o desenvolvimento económico nacional, que incluem a transição digital, importa dar também nota da atenção que a Comissão Europeia tem dedicado, especificamente, à Inteligência Artificial.

Em 2018, a União Europeia aprovou um plano coordenado para a IA, o qual foi objeto de atualização em 2021, no qual é definido um conjunto de ações chave para a promoção da IA na UE[14].

A UE financiou já 40 projetos que envolvem o uso de IA, no âmbito do Programa Horizonte 2020[15], e prevê investir 1.000 M€ por ano, neste domínio[16].

No *Livro Branco sobre a inteligência artificial*, divulgado em fevereiro de 2020, a Comissão Europeia dá nota do programa de financiamento da UE, o qual, nos anos de 2017 a 2019, se traduziu num aumento de financiamento da investigação e inovação em matéria de IA para 1,5 mil

[14] COMISSÃO EUROPEIA, *Coordinated Plan on Artificial Intelligence 2021 Review*, Bruxelas, 21/04/2021, disponível em <https://digital-strategy.ec.europa.eu/en/library/coordinated-plan-artificial-intelligence-2021-review>.

[15] COMISSÃO EUROPEIA, *EU Funded Projects that use AI Technology*, abril de 2021, disponível em <https://digital-strategy.ec.europa.eu/en/news/eu-funded-projects-use-artificial-intelligence-technology>.

[16] Cfr. <https://ec.europa.eu/info/strategy/priorities-2019-2024/europe-fit-digital-age/excellence-trust-artificial-intelligence_pt#documents>, acedido em 15/05/2022.

milhões de euros, o que representa um aumento de 70 % em comparação com o período anterior[17].

Compreende-se bem que o Tribunal de Contas Europeu (TCE) tenha incluído no seu plano de trabalho para os anos 2023 e seguintes uma "Auditoria destinada a analisar se os investimentos da Comissão no domínio da inteligência artificial, principalmente através do Horizonte 2020, estão a ser explorados comercialmente na UE e, em particular, na indústria da União"[18].

Refira-se que o TCE, nas auditorias que realiza nos Estados membros, conta com a colaboração dos Tribunais de Contas nacionais, pelo que, em matéria de auditoria à aplicação dos fundos europeus no domínio da inteligência artificial, também as entidades de controlo nacionais, como o Tribunal de Contas português, têm um papel relevante a desempenhar (quer através das suas próprias ações de controlo, quer em colaboração com o TCE nas ações de fiscalização da iniciativa desta instituição europeia).

3. Inteligência Artificial e *accountability*

A *accountability* representa uma dimensão fundamental do funcionamento das administrações públicas nos Estados de direito democrático, não devendo ser diminuída em virtude da utilização de novas tecnologias, designadamente as relacionadas com IA. E os próprios sistemas de IA devem poder ser objeto de controlo, de modo a que os diversos intervenientes na sua criação, funcionamento e supervisão respondam pelos resultados[19].

Alguns autores vão para além da conceptualização genérica da *accountability* na "nova governança algorítmica", avançando com a sugestão de adoção de alguns procedimentos concretos aptos a assegurar a *accountability* no uso da IA pela Administração Pública, designadamente o que consiste na reserva, por parte dos organismos públicos que utilizam ferramentas de IA, de um conjunto de casos escolhidos aleatoriamente

[17] COMISSÃO EUROPEIA, *Livro Branco sobre a inteligência artificial – Uma abordagem europeia virada para a excelência e a confiança*, Bruxelas, 19/02/2020, disponível em <https://ec.europa.eu/info/sites/default/files/commission-white-paper-artificial-intelligence-feb2020_pt.pdf>.

[18] TRIBUNAL DE CONTAS EUROPEU, *Programa de trabalho de 2022 e anos seguintes*, Luxemburgo, 2021, p. 7.

[19] Cfr. JOSHUA A. KROLL, "Accountability in Computer Systems", *Oxford Handbook of the Ethics of Artificial Intelligence*, disponível em <https://ssrn.com/abstract=3608468>.

para tomada de decisão humana (manual) e a criação de um *benchmarking* que permita testar, de forma concreta e acessível, a legalidade dos *outputs* da máquina, possibilitando, assim, a aprendizagem, validação e correção de erros na tomada de decisão através de algoritmos[20].

De modo a evitar-se que a utilização da IA propicie a criação de zonas de atuação administrativa que estejam para além do direito e da ética, nas quais esteja excluída qualquer forma de responsabilização, é fundamental assegurar que o uso desta tecnologia na Administração Pública cumpre com as exigências de legalidade, racionalidade, integridade, transparência e *accountability*, afigurando-se indispensável um sistema de controlo, no qual se inclui o controlo financeiro externo, que disponha das competências (legais e técnicas) para enfrentar este novo desafio.

A OCDE, na sua Recomendação sobre o uso da IA – *Recommendation of the Council on Artificial Intelligence* – elenca um conjunto de princípios que tem em vista o uso da IA de um modo inovador, confiável, e que respeite a lei, os direitos humanos e os valores democráticos (designadamente, justiça, igualdade, liberdade e dignidade). Entre esses princípios contam-se a transparência e a *accountability*, postulando este que todos os atores dos sistemas de IA respondem pelo seu funcionamento e pela observância dos demais princípios da Recomendação da OCDE[21].

A Assembleia Geral das Nações Unidas tem vindo a sublinhar o relevante papel dos Tribunais de Contas, e Instituições congéneres, na promoção de uma boa governança, designadamente através da promoção da *accountability*, da transparência da eficácia e da eficiência da Administração Pública[22]. Num paradigma de "governança algorítmica" o papel das instituições de controlo financeiro externo não deve ficar enfraquecido; pelo contrário, apesar das potencialidades que as tecnologias disruptivas apresentam, os riscos que encerram justificam um controlo financeiro externo atento e com capacidade para dar resposta aos novos desafios.

[20] Cfr. DAVID FREEMAN ENGSTROM e DANIEL E. HO, "Algorithmic Accountability in the Administrative State", *Yale Journal on Regulation*, Vol. 37:800, 2020.

[21] Os princípios elencados nesta Recomendação são os seguintes: 1. *Inclusive growth, sustainable development and well-being;* 2. *Human-centred values and fairness;* 3. *Transparency and explainability;* 4. *Robustness, security and safety;* 5. *Accountability* – cfr. OCDE, *Recommendation of the Council on Artificial Intelligence*, OECD/LEGAL/0449, 2022.

[22] Cfr. Resolução n.º 66/209, de 22 de dezembro de 2011, e Resolução n.º 69/228, de 19 de dezembro de 2014.

O Tribunal de Contas pode, assim, fiscalizar os programas de incentivo público ao desenvolvimento e utilização de tecnologias que incorporem IA, num quadro, mais amplo, de promoção da "transição digital" e investimento em Investigação e Desenvolvimento. Mas, para além disso, pode também fiscalizar a utilização da IA pela Administração Pública, atendendo ao impacto financeiro que a mesma poderá ter.

Neste contexto, os algoritmos e as tecnologias que empreguem IA podem ser objeto de auditorias pelo Tribunal de Contas, o que requer o desenvolvimento de metodologias, ferramentas tecnológicas e competências humanas para o efeito. Trata-se, no fundo, de adaptar o controlo financeiro externo à "governança algorítmica"[23].

4. A INTOSAI e as novas tecnologias

A comunidade internacional de Tribunais de Contas tem estado atenta à emergência e desenvolvimento de tecnologias disruptivas, debatendo as potencialidades e riscos que as mesmas apresentam aos Tribunais de Contas e instituições congéneres (as *Instituições Supremas de Controlo* – ISC) e à atividade por eles desenvolvida.

No XXIII Congresso da *International Organization of Supreme Audit Institutions* (INTOSAI), que se realizou em Moscovo, em 2019, foi aprovada por todos os membros uma declaração – *Declaração de Moscovo* –, na qual se reconhece que as Instituições Supremas de Controlo (ISC) podem promover o "*princípio de disponibilidade e abertura de dados, código fonte e algoritmos*", bem como aspirar a "*fazer melhor uso da análise de dados em auditorias, incluindo estratégias de adaptação, tais como o planeamento para essas auditorias, o desenvolvimento de equipes experientes para a análise de dados e a introdução de novas técnicas no exercício da auditoria pública*"[24].

No Anexo à *Declaração de Moscovo*, salienta-se que "*o uso da análise de dados nas ISC é uma inovação necessária que torna os dados um recurso para a promoção*

[23] Sobre este conceito, cfr., entre outros: JOHN DANAHER *et al.*, "Algorithmic governance: Developing a research agenda through the power of collective intelligence", *Big Data & Society*, julho-dezembro 2017: 1-21; CARY COGLIANESE e DAVID LEHR, "Transparency and Algorithmic Governance", *Administrative Law Review*, 71:1, 2019.

[24] Cfr. *Declaração de Moscovo*, § 4 e 5, disponível em <https://www.intosai.org/fileadmin/downloads/about_us/Organs/Congresses/2019_Moscow_OutC_Rep/EN_23_Moscow_OutcomeReport.pdf>.

da eficiência, prestação de contas, eficácia e transparência da administração pública"[25].

Tendo em vista o reforço do impacto do controlo financeiro externo, as ISC são incentivadas a "*nutrir os auditores do futuro que podem empregar análise de dados, ferramentas de inteligência artificial e métodos qualitativos avançados, reforçar a inovação e atuar como atores estratégicos, que partilhem conhecimento e tenham uma visão prospetiva*"[26].

Em linha com as conclusões do XXIII Congresso, foi criado, em 2019, no âmbito da INTOSAI, o *Working Group on Impact of Science and Technology on Auditing* (WGISTA). Este grupo de trabalho "*reflete a determinação e a vontade da Comunidade INTOSAI de acompanhar o ambiente em mudança da auditoria do setor público que é moldado pela ciência e tecnologia*", centrando a sua atenção "*em desenvolvimentos importantes em áreas como as da inteligência artificial, tecnologia blockchain, cibersegurança, análise de dados, tecnologia sem fio 5G, machine learning e computação quântica, entre outros, que terão um impacto crescente nos governos e seus auditores*"[27].

Para além deste grupo de trabalho, existem também, no âmbito da INTOSAI, o *Working Group on Big Data* (WGBD)[28] e o *Working Group on IT Audit* (WGITA)[29], o que é bem revelador da atenção que a INTOSAI dedica às novas tecnologias, em consequência do reconhecimento da sua importância quer como objeto do controlo financeiro externo, quer como instrumentos que poderão ser colocados ao serviço das ISC.

5. A transição digital no Tribunal de Contas português

Ao longo dos últimos anos, o Tribunal de Contas português tem vindo a investir na desmaterialização dos processos e na criação e melhoria da plataforma eletrónica através das quais as entidades sujeitas ao controlo do Tribunal podem submeter as suas contas, contratos para fiscalização prévia e outros documentos relevantes.

Desde 2007 que a entrega e consulta das contas de gerência pelas entidades públicas é feita por via eletrónica, através da Plataforma *eContas*.

[25] Cfr. *Anexo à Declaração de Moscovo*, § 5.

[26] Cfr. *Declaração de Moscovo*, § 8.

[27] Cfr. <https://wgista.saiuae.gov.ae/en/Pages/AboutUs.aspx>, acedido em 25/05/2022.

[28] Cfr. <https://www.intosaicommunity.net/wgbd/>.

[29] Cfr. <https://www.intosaicommunity.net/wgita/>.

Todavia, era sentida a necessidade de expandir as funcionalidades desta plataforma, adequando-a às exigências da desmaterialização dos processos no Tribunal de Contas.

A pandemia veio acelerar a desmaterialização dos processos de fiscalização prévia. Através da Resolução n.º 1/2020, da 1.ª Secção do Tribunal de Contas, publicada no *Diário da República*, 2.ª Série, n.º 86, de 4 de maio de 2020, com as alterações introduzidas pelas Resoluções n.ºs 2 e 4, publicadas em *Diário da República*, respetivamente, em 14 de julho de 2020 e em 5 de janeiro de 2021, o Tribunal veio determinar que a remessa dos processos para fiscalização prévia, bem como de outros elementos com eles relacionados, fosse feita exclusivamente por meios eletrónicos, mediante requerimento formulado em mensagem de correio eletrónico enviada para um endereço eletrónico especificamente criado para o efeito.

Através desta solução, o Tribunal de Contas procurou responder com celeridade aos problemas resultantes da pandemia, considerando, em particular, a necessidade de continuar a assegurar a fiscalização prévia, nos prazos legalmente estabelecidos, ao mesmo tempo que implementava o teletrabalho, tal como sucedia nas entidades sujeitas à fiscalização.

Todavia, era reconhecida a transitoriedade da solução adotada, tendo sido intensificado o trabalho tendente ao alargamento da funcionalidade da Plataforma *eContas*, de modo abranger a fiscalização prévia e concomitante dos atos e contratos a elas sujeitos.

Através da Resolução n.º 3/2022, do Plenário Geral do Tribunal de Contas, de 29 de março de 2022, foram aprovadas as instruções relativas à organização e tramitação dos processos de fiscalização prévia do Tribunal de Contas e regras de acesso e utilização da Plataforma *eContas* (Instruções 1/2022). De acordo com estas instruções, a remessa dos processos para fiscalização prévia, bem como dos requerimentos com ela relacionados, passa a ser feita, em regra, através da Plataforma *eContas*.

Desde o dia 2 de maio de 2022, a Plataforma *eContas* passou a integrar as fiscalizações prévia e concomitante. Este é um marco importante, não só na desmaterialização dos processos, mas também na transformação digital do Tribunal de Contas.

São ainda exemplos da referida transformação digital a disponibilização aos cidadãos de um canal de denúncias *online*, bem como o desenvolvimento de competências para a realização de auditorias de sistemas.

Esta *transição digital* tem inúmeras vantagens, designadamente em termos de economia e ecologia, bem como de celeridade e simplicidade dos procedimentos.

Para além dessas vantagens, as tecnologias hoje disponíveis permitem desenvolver ferramentas aptas a melhorar a atividade de controlo, incluindo, designadamente, na identificação mais rigorosa dos riscos e respetiva graduação, na identificação de padrões e de desvios no âmbito dos contratos públicos e na possibilidade de deteção de indícios de má gestão, ou de infrações financeiras, de forma mais célere, precisa e completa.

Tendo presente as potencialidades das novas tecnologias, o Tribunal de Contas, no âmbito da reorganização dos seus serviços de apoio, operada em 2021, criou um *Centro de Inovação, Tecnologia e Metodologias* (CITM).[30] Este Centro, que funciona na Sede, "*tem por missão acompanhar, adaptar, promover e apoiar a utilização das ferramentas tecnológicas e de outra natureza que potenciem a eficiência e efetividade das tarefas de controlo, numa ótica de inovação e de transição digital, e apoiar as atividades do Tribunal no domínio das metodologias de auditoria e outros tipos de fiscalização e controlo*"[31]. Cabe a este Centro, designadamente, "[i]*nvestigar e desenvolver novas soluções aplicáveis às atividades de controlo, designadamente nos domínios da transformação digital, ciência de dados, eficiência algorítmica, interoperabilidade, desmaterialização e transparência*"[32].

A atividade de controlo poderá, assim, beneficiar das potencialidades das tecnologias disruptivas, incluindo a IA, conforme se verá de seguida.

Falamos em IA, num sentido amplo, de modo a abranger outras tecnologias que, embora distintas, estão com ela correlacionadas, como é o caso da Automação Robótica de Processos (*Robotic Process Automation* – RPA). Alguns autores preferem referir-se a Automação Inteligente de Processos (*Intelligent Process Automation*), que incorpora as referidas tecnologias[33].

[30] Cfr. Regulamento de organização e de funcionamento da Direção-Geral do Tribunal de Contas – Sede (ROF-DGTC), aprovado pelo Despacho n.º 45/2021-GP, de 29 de julho.

[31] Cfr. artigo 3.º, n.º 1, do ROF-DGTC.

[32] Cfr. artigo 3.º, n.º 2, al. a), do ROF-DGTC.

[33] Cfr. CHANYUAN ZHANG, "Intelligent Process Automation in Audit", disponível em <https://ssrn.com/abstract=3448091>, acedido em 26/05/2022.

6. A Inteligência Artificial e a atividade de fiscalização do Tribunal de Contas português

6.1. Planeamento

Um dos Objetivos Estratégicos do Tribunal de Contas, inscrito no seu Plano Estratégico para o triénio 2020-2022, é "*REFORÇAR O IMPACTO DO TRIBUNAL, fortalecendo a qualidade, relevância e eficácia da sua atividade*" (OE 4).[34] Este Objetivo Estratégico compreende vários eixos prioritários de ação, entre os quais se inclui o de "*promover a segurança da informação, a habilitação em meios e competências digitais, a desmaterialização e automação de processos e procedimentos, com recurso à inteligência artificial, na fiscalização prévia, nas várias formas de fiscalização concomitante e sucessiva e nos julgamentos*"[35].

O Tribunal de Contas reconhece, assim, as potencialidades do uso da IA nas suas atividades de fiscalização e de julgamento, tendo em vista o reforço do seu impacto.

A otimização do impacto das ações de fiscalização começa com o respetivo planeamento.

Através da Resolução n.º 1/2022, de 29 de março, do Plenário Geral, o Tribunal de Contas aprovou o seu *Sistema de Planeamento*, o qual se alicerça nos princípios elencados no artigo 20.º do Regulamento do Tribunal de Contas[36], a saber: *consideração do ambiente interno e externo, bem como das oportunidades e ameaças que se colocam ao Tribunal; análise de risco; definição de prioridades; fixação de indicadores de desempenho; acompanhamento e avaliação periódicos dos instrumentos de planeamento.*

Estes princípios são tomados em linha de conta na elaboração do Plano Estratégico. E a programação anual de fiscalização de cada Secção, e dos Serviços de Apoio do Tribunal, obedece às prioridades previamente definidas[37].

O Sistema de Planeamento do Tribunal pode beneficiar da utilização da IA, designadamente na avaliação do ambiente externo e interno, e na identificação das ameaças e oportunidades que decorrem para o Tribunal,

[34] TRIBUNAL DE CONTAS, *Plano Estratégico 2020-2022*, Lisboa, 2020, p. 26.

[35] *Ibidem.*

[36] Regulamento n.º 112/2018-PG, de 24 de janeiro de 2018, com as alterações introduzidas pela Resolução n.º 3/2021-PG, de 24 de fevereiro, e pela Resolução n.º 2/2022-PG, de 29 de março.

[37] Cfr. n.ºs 2 e 3 do artigo 20.º do Regulamento do Tribunal de Contas.

e na análise de risco. Estas tarefas assumem o maior relevo para a definição das prioridades de atuação do Tribunal e, consequentemente, para a definição dos programas anuais de fiscalização.

Considerando os recursos disponíveis, perante a vastidão do universo de entidades sujeitas aos poderes de controlo do Tribunal, importa assegurar que esses recursos são sobretudo mobilizados para fiscalizar entidades, programas ou contratos relativamente aos quais existam maiores riscos ou o volume financeiro em causa seja maior. Assim, uma análise dos riscos tão rigorosa quanto possível é de enorme valia para o trabalho desenvolvido pelo Tribunal.

A IA tem a potencialidade de analisar enormes volumes de dados, cruzar uma ampla gama de informações relevantes e chegar a um resultado não pré-determinado, num curto espaço de tempo, possibilitando uma identificação e graduação dos riscos mais precisa do que a que estaria ao alcance do ser humano. Assim, o uso, no futuro, da IA em sede de planeamento poderá fornecer um contributo importante para o reforço do impacto da atividade do Tribunal de Contas.

6.2. Fiscalização prévia e concomitante

A aplicação de tecnologias que incorporem IA na atividade de fiscalização, e não apenas no seu planeamento, tem, igualmente, potencialidades que importa mencionar.

No domínio da fiscalização prévia e concomitante de atos e contratos, o uso da IA, no qual o Tribunal está a dar os primeiros passos, tem a virtualidade de identificar padrões ou desvios nos contratos que lhe são submetidos, atendendo ao grande volume de dados (*big data*) que é possível analisar num curto espaço de tempo.

Um exemplo da possível aplicação da IA em sede de fiscalização prévia de contratos é o que se refere à verificação da existência de algum impedimento de participação nos procedimentos, previsto na lei[38]. Outro exemplo é o que diz respeito à verificação do cumprimento do requisito de, no procedimento de consulta prévia, as entidades convidadas a apresentar proposta (que deverão ser, pelo menos, três) não estarem especialmente relacionadas entre si (o que pode suceder, designadamente, quando

[38] Cfr. artigo 55.º do Código dos Contratos Públicos, aprovado pelo Decreto-Lei n.º 18/2008, de 29 de janeiro.

partilhem representantes legais ou sócios, ou, no caso das sociedades, se encontrem em relação de simples participação, de participação recíproca, de domínio ou de grupo)[39]. E outros exemplos poderiam ser mencionados.

Os dados relevantes para análise podem constar das bases do próprio Tribunal ou de outras bases de dados acessíveis (*open data*). Deste modo, a IA pode contribuir de forma importante para a fundamentação das decisões de concessão ou recusa de *visto*, na medida em que proporciona uma análise mais completa dos dados relevantes para a decisão, em tempo útil, permitindo identificar ilegalidades que poderão passar despercebidas à verificação humana[40].

Esta análise permitirá também identificar riscos que justifiquem a realização de uma fiscalização concomitante à execução do contrato em causa[41].

Quanto à fiscalização concomitante, importa mencionar que, nos termos da Lei n.º 30/2021, de 21 de maio, é admitida a adoção de procedimentos pré-contratuais simplificados de contratação, nas situações tipificadas na lei, designadamente no âmbito da execução de projetos financiados ou cofinanciados por fundos europeus e da execução do Plano de Recuperação e Resiliência (PRR). Nos termos do n.º 2 do artigo 17.º da referida lei, "[o]*s contratos celebrados na sequência de quaisquer procedimentos adotados ao abrigo do disposto na secção i do presente capítulo de valor inferior ao fixado no artigo 48.º da Lei n.º 98/97, de 26 de agosto, devem ser eletronicamente remetidos ao Tribunal de Contas para efeitos de fiscalização concomitante, até 10 dias após a respetiva celebração e acompanhados do respetivo processo administrativo*". A fiscalização concomitante assume, assim, um relevo particular nos domínios abrangidos pela lei que aprova as medidas especiais de contratação pública, justificando-se, também aqui, o uso da IA, de modo a permitir a deteção de ilegalidades num universo vasto de contratos, e eventual apuramento de responsabilidades financeiras, sem sobrecarga

[39] Cfr. artigo 114.º, n.ºs 1 e 2, do Código dos Contratos Públicos, aprovado pelo Decreto-Lei n.º 18/2008, de 29 de janeiro.

[40] A celeridade da análise é particularmente relevante, atendendo a que, nos termos da lei, o Tribunal dispõe do prazo de 30 dias, contados a partir da data do registo da entrada do ato ou contrato, para conceder ou recusar o visto – artigo 85.º, n.º 1, da Lei de Organização e Processo do Tribunal de Contas – LOPTC (Lei n.º 98/97, de 26 de agosto).

[41] Cfr. artigo 49.º, n.º 1, alínea a), da LOPTC.

dos recursos humanos, que poderão ser afetos a outras tarefas de controlo ou à supervisão do uso da IA.

6.3. Fiscalização sucessiva: verificação de contas e auditoria

No âmbito da fiscalização sucessiva, o Tribunal de Contas verifica internamente as contas das entidades obrigadas ao seu envio (por via eletrónica)[42]. Esta tarefa pode beneficiar em larga medida com o uso de IA (em especial, da *Intelligent Process Automation*), na medida em que permitirá analisar uma quantidade muito maior de contas num menor espaço de tempo, de forma rigorosa, cruzando dados relevantes e permitindo identificar *red flags*, que justifiquem a realização de uma verificação externa de contas ou de uma auditoria à gestão da entidade em causa. Deste modo, as tarefas mais rotineiras e repetitivas poderão ser executadas pelas novas tecnologias, libertando recursos humanos para outras tarefas, nas quais o auditor é indispensável, assim se assegurando uma complementaridade humano-máquina, com ganhos para o impacto da atividade do Tribunal.

Para além da verificação de contas, o Tribunal de Contas, no âmbito da fiscalização sucessiva, avalia os sistemas de controlo interno das entidades sujeitas aos seus poderes de controlo financeiro, aprecia a legalidade, economia, eficiência e eficácia da respetiva gestão financeira e assegura a fiscalização da comparticipação nacional nos recursos próprios da União Europeia e da aplicação dos recursos financeiros provenientes da União Europeia, conforme previsto no artigo 50.º da LOPTC.

E, conforme estabelece o artigo 55.º, n.º 1, da LOPTC, "[o] *Tribunal pode, para além das auditorias necessárias à verificação externa das contas, realizar a qualquer momento, por iniciativa sua ou a solicitação da Assembleia da República ou do Governo, auditorias de qualquer tipo ou natureza a determinados atos, procedimentos ou aspetos da gestão financeira de uma ou mais entidades sujeitas aos seus poderes de controlo financeiro*".

Destaca-se a possibilidade de o Tribunal "realizar auditorias de qualquer tipo ou natureza", incluindo, designadamente, auditorias financeiras, de conformidade e de resultados[43].

A garantia da objetividade e do rigor das auditorias requer a adoção das metodologias adequadas para cada tipo de auditoria, podendo existir

[42] Cfr. artigo 50.º ss., da LOPTC.

[43] Cfr. Tribunal de Contas, *Manual de Auditoria – Princípios Fundamentais*, Lisboa, 2016.

especificidades em função do respetivo âmbito (auditorias em matéria ambiental, de privatizações, de sistemas, etc.). O uso de IA na realização de auditorias permitirá o tratamento de grandes volumes de dados, a combinação de diversos indicadores e o desenvolvimento de modelos mais complexos (por exemplo no que se refere à utilização de "comparadores públicos").

A literatura especializada tem indicado álgumas das áreas em que a IA (nas suas várias modalidades) pode ser utilizada em auditoria, designadamente: uso de um assistente virtual e tecnologias cognitivas para desenvolver auxílio cognitivo para auditores (por exemplo na avaliação de risco em sessões de *brainstorming* de auditoria); uso de *Natural Language Processing* (NLP) para processar informações textuais relacionadas com a auditoria, designadamente a contida em contratos; uso de uma combinação de NLP e *deep learning* (aprendizagem profunda) para extrair de documentos (ou redes sociais) elementos reveladores de emoções (*sentiment features*), tais como o uso de exclamações ou de palavras de negação ou de intensidade, por exemplo, podendo fornecer aos auditores informação relevante e fiável sobre debilidades do controlo interno, irregularidades na contratação pública ou distorções financeiras; uso de algoritmos de *machine learning* para fazer previsões e análises; uso de reconhecimento de imagem, por exemplo através do uso de *drones* para auditorias de inventários (ou auditorias nos domínios agrícola ou florestal)[44].

Estes exemplos permitem ilustrar o potencial da utilização de IA em auditoria. A sua efetiva utilização no futuro pelos tribunais de contas dependerá dos respetivos mandatos e necessidades, devendo sempre ser garantida a independência, objetividade, transparência e rigor do trabalho de auditoria. Por outro lado, o uso de IA em auditoria não deve fragilizar o exercício do contraditório pelos auditados.

A IA não dispensa o trabalho do auditor, mas poderá revelar-se um instrumento muito útil, possibilitando verdadeiras parcerias "auditor--máquina", aptas a contribuir para o reforço do impacto da atividade do Tribunal.

Pelas mesmas razões, o uso da IA poderá constituir uma mais-valia na elaboração do Parecer sobre a Conta Geral do Estado (CGE), incluindo a

[44] Cfr. CHANYUAN ZHANG, op. cit. pp. 8-9.

da segurança social, e do Parecer sobre as contas das Regiões Autónomas dos Açores e da Madeira, bem como em sede de certificação da CGE.

Do mesmo modo, o uso da IA pode aumentar a capacidade para a deteção de indícios de infrações financeiras e a recolha dos elementos de prova indispensáveis à efetivação de responsabilidades financeiras.

Um outro aspeto de que importa dar nota é o que diz respeito ao relevo que, previsivelmente, terá no futuro a auditoria de algoritmos, tendo em vista assegurar a *accountability* pela sua criação e utilização na gestão pública. Tal como referimos *supra*, a sua utilização não deve comprometer a observância dos princípios, regras e valores do Estado de direito democrático, nem afastar os critérios técnicos de boa gestão (designadamente os de economia, eficiência e eficácia)[45].

7. A Inteligência Artificial e a responsabilidade financeira

O uso da IA na Administração Pública (tal como sucede na generalidade das áreas da via social) suscita questões jurídicas pertinentes e complexas. Entre elas, as que se referem à responsabilidade financeira.

A "governança algorítmica" ou a "parceria humano-máquina" coloca desde logo a questão fundamental sobre quem poderá ser responsabilizado. Se a utilização da IA conduzir à prática de um ato de gestão pública ilegal, que configure um ilícito financeiro, quem poderá ser responsabilizado? Haverá responsabilidade exclusiva do agente ou agentes da ação? Ou é também responsável (solidariamente) quem criou, executou e/ou supervisionou a tecnologia usada? Será necessário rever a tipificação dos ilícitos financeiros constante da LOPTC? Em qualquer caso, como se fará a imputação do facto ao(s) agente(s)? Quais serão os critérios para avaliação da culpa? O uso da IA poderá constituir um fator de exclusão ou atenuação da culpa? Esse uso poderá fundamentar a relevação da responsabilidade financeira?

Estas questões são meramente ilustrativas dos problemas jurídicos que emergem, em sede de responsabilidade financeira, do uso na gestão pública de tecnologias que incorporem IA. Elas constituem um desafio para o legislador, para o Ministério Público e para o Tribunal de Contas.

[45] Sobre a auditoria de algoritmos cfr., entre outros, SHEA BROWN, JOVANA DAVIDOVIC e ALI HASAN, "The algorithm audit: Scoring the algorithms that score us", *Big Data & Society*, janeiro-junho, 2021, pp. 1-8.

Numa outra perspetiva, a IA poderá vir a ser utilizada para auxiliar os juízes nas suas decisões. Com efeito, a IA poderá vir a revelar-se útil na identificação dos factos relevantes e na análise das provas, em especial nos processos de grande dimensão.

Alguma doutrina alerta, todavia, apesar de reconhecer as potencialidades do uso das novas tecnologias pelos tribunais, para os riscos que esse uso envolve[46]. Na verdade, a hipótese de os tribunais virem, no futuro, a utilizar IA como auxiliar da decisão não deverá, em qualquer circunstância, traduzir-se numa diminuição das garantias de defesa, designadamente por via de uma diminuição da transparência ou ultrasimplificação da fundamentação.

A questão da possível utilização da IA artificial pelos tribunais insere-se numa discussão mais ampla, acerca da utilização de tecnologias disruptivas na administração da justiça e na promoção ou garantia do Estado de Direito. Estas tecnologias poderão ser instrumentos úteis, mas devem ser acautelados os riscos inerentes à sua utilização, designadamente os que se prendem com as ameaças que a mesma poderá representar para a *accountability*, transparência, segurança jurídica e proteção da confiança (nas dimensões de previsibilidade e consistência da aplicação da lei) e igualdade perante a lei[47].

8. Conclusão

As instituições públicas não podem ignorar a revolução tecnológica que tem vindo a ser operada. No caso do Tribunal de Contas, as chamadas tecnologias disruptivas, em que se inclui a IA, têm impacto quer no objeto do controlo, quer no exercício da atividade de controlo.

A Administração Pública tem vindo a incorporar a IA na sua atividade, designadamente através da utilização de algoritmos de *machine learning*, sendo previsível que esta utilização se intensifique. A IA poderá contribuir

[46] Cfr., entre outros, MONIKA ZALNIERIUTE, "Technology and the Courts: Artificial Intelligence and Judicial Impartiality", junho de 2021, disponível em <https://ssrn.com/abstract=3867901>; THOMAS JULIUS BUOCZ, "Artificial Intelligence in Court: Legitimacy Problems of AI Assistance in the Judiciary", *Retskraft – Copenhagen Journal of Legal Studies*, Vol. 2, n.º 1, primavera 2018, pp. 41-59.

[47] MONIKA ZALNIERIUTE, LYRIA BENNETT MOSES, e GEORGE WILLIAMS, "The Rule of Law "By Design"?", *Tulane Law Review*, Vol. 95, n.º 5, maio de 2021, pp. 1063-1101.

para a melhoria da gestão financeira pública, mas também comporta riscos e não devem ser ignorados.

O Tribunal de Contas português tem vindo a dar os primeiros passos no uso de IA, no âmbito da fiscalização prévia de atos e contratos, estando empenhado num processo de transformação digital que contemplará o uso de diversas tecnologias inovadoras nas diversas atividades que exerça. O propósito é aumentar o impacto da sua atividade e, assim, contribuir de forma ainda mais relevante para a melhoria da gestão financeira pública e para promover a justiça financeira em nome dos cidadãos.

Referências

ASSEMBLEIA GERAL DAS NAÇÕES UNIDAS, Resolução n.º 66/209, de 22 de dezembro de 2011

___, Resolução n.º 69/228, de 19 de dezembro de 2014.

BROWN, Shea, DAVIDOVIC, Jovana e HASAN, Ali, "The algorithm audit: Scoring the algorithms that score us", *Big Data & Society*, janeiro-junho, 2021, pp. 1-8.

BUOCZ, Thomas Julius, "Artificial Intelligence in Court: Legitimacy Problems of AI Assistance in the Judiciary", *Retskraft – Copenhagen Journal of Legal Studies*, Vol. 2, n.º 1, primavera 2018, pp. 41-59.

COGLIANESE, Cary e LEHR, David, "Transparency and Algorithmic Governance", *Administrative Law Review*, 71:1, 2019.

COMISSÃO EUROPEIA, *EU Funded Projects that use AI Technology*, abril de 2021, disponível em <https://digital-strategy.ec.europa.eu/en/news/eu-funded-projects-use-artificial-intelligence-technology>.

COMISSÃO EUROPEIA, *Coordinated Plan on Artificial Intelligence 2021 Review*, Bruxelas, 21/04/2021, disponível em <https://digital-strategy.ec.europa.eu/en/library/coordinated-plan-artificial-intelligence-2021-review>.

COMISSÃO EUROPEIA, *Livro Branco sobre a inteligência artificial – Uma abordagem europeia virada para a excelência e a confiança*, Bruxelas, 19/02/2020, disponível em <https://ec.europa.eu/info/sites/default/files/commission-white-paper-artificial-intelligence-feb2020_pt.pdf>.

DANAHER, John, *et al.*, "Algorithmic governance: Developing a research agenda through the power of collective intelligence", *Big Data & Society*, julho-dezembro 2017: 1-21.

ENGSTROM, David Freeman e HO, Daniel E., "Algorithmic Accountability in the Administrative State", *Yale Journal on Regulation*, Vol. 37:800, 2020.

INTOSAI, *Declaração de Moscovo*, 2019, disponível em <https://www.intosai.org/fileadmin/downloads/about_us/Organs/Congresses/2019_Moscow_OutC_Rep/EN_23_Moscow_OutcomeReport.pdf>.

KISSINGER, H. A., SCHMIDT, E. e HUTTENLOCHER, D., *A Era da Inteligência Artificial*, José Mendoça da Cruz (trad.), Alfragide, Publicações Dom Quixote, 2021.

INCoDe.2030, *AI Portugal 2030*, disponível em <https://www.incode2030.gov.pt/sites/default/files/julho_incode_brochura.pdf>.

KROLL, Joshua A., "Accountability in Computer Systems", *Oxford Handbook of the Ethics of Artificial Intelligence*, disponível em <https://ssrn.com/abstract=3608468>.

MINISTÉRIO DO PLANEAMENTO, *PRR – Recuperar Portugal, Construindo o Futuro*, Lisboa, abril de 2021, disponível em <https://recuperarportugal.gov.pt/wp-content/uploads/2021/10/PRR.pdf>.

OCDE, *Recommendation of the Council on Artificial Intelligence*, OECD/LEGAL/0449, 2022.

TRIBUNAL DE CONTAS, *Plano Estratégico 2020-2022*, Lisboa, 2020;

___, *Manual de Auditoria – Princípios Fundamentais*, Lisboa, 2016.

TRIBUNAL DE CONTAS EUROPEU, *Programa de trabalho de 2022 e anos seguintes*, Luxemburgo, 2021.

VOGL, Thomas M. / SEIDELIN, Cathrine / GANESH, Bharath / BRIGHT, Jonathan, "Algorithmic Bureaucracy: Managing Competence, Complexity, and Problem Solving in the Age of Artificial Intelligence", fevereiro de 2019, disponível em <https://ssrn.com/abstract=3327804>.

ZALNIERIUTE, Monika, "Technology and the Courts: Artificial Intelligence and Judicial Impartiality", junho de 2021, disponível em <https://ssrn.com/abstract=3867901>.

ZALNIERIUTE, Monika, MOSES, Lyria Bennett e WILLIAMS, George, "The Rule of Law "By Design"?", *Tulane Law Review*, Vol. 95, n.º 5, maio de 2021, pp. 1063-1101.

ZHANG, Chanyuan, "Intelligent Process Automation in Audit", disponível em <https://ssrn.com/abstract=3448091>.

Páginas Web

PORTUGAL 2030: <https://portugal2030.pt/portugal-2030/>.

WGISTA – *Working Group on Impact of Science and Technology*: <https://wgista.saiuae.gov.ae/en/Pages/AboutUs.aspx>.

WGBD – *Working Group on Big Data*: <https://www.intosaicommunity.net/wgbd/>.

WGITA – *Working Group on IT Audit*: <https://www.intosaicommunity.net/wgita/>.

INTELIGÊNCIA ARTIFICIAL E ATIVIDADE JUDICIAL: ANÁLISE DAS PRINCIPAIS QUESTÕES A NÍVEL DE PROTEÇÃO DE DADOS PESSOAIS E DO FUTURO REGULAMENTO DA UNIÃO EUROPEIA SOBRE IA

Tiago Sérgio Cabral[1]

Resumo: A atividade judicial não é (naturalmente) exceção à crescente integração da inteligência artificial em (quase) todos os cantos da sociedade. No entanto, pela particular sensibilidade desta atividade e pelo risco que representa para os direitos fundamentais dos cidadãos a necessidade de especiais cuidados na implementação de sistemas de inteligência artificial parece clara. O presente artigo focar-se-á nos requisitos legais a nível de proteção de dados pessoais cuja consideração é relevante a nível da utilização de inteligência artificial no contexto da atividade judicial. Adicionalmente, serão também analisados os futuros requisitos regulatórios específicos que poderão vir a ser consagrados através da Proposta de Regulamento do Parlamento Europeu e do Conselho que Estabelece Regras Harmonizadas em Matéria de Inteligência Artificial.

[1] Advogado na Hunton Andrews Kurth (Escritório de Bruxelas) | Doutorando na Escola de Direito da Universidade do Minho | Investigador no JusGov.
As opiniões expressas neste texto são da exclusiva responsabilidade do autor e não vinculam nenhuma das organizações a que está adstrito.

1. Introdução

A atividade judicial não é (naturalmente) exceção à crescente integração da inteligência artificial (doravante, "IA") em (quase) todos os cantos da sociedade. No entanto, pela particular sensibilidade desta atividade e pelo risco que representa para os direitos fundamentais dos cidadãos a necessidade de especiais cuidados na implementação de sistemas de IA parece clara. Tal é particularmente cristalino no contexto do uso de IA para prevenção, investigação, deteção ou repressão de infrações penais ou execução de sanções penais, onde o risco poderá ser mesmo o da privação da liberdade direta ou indiretamente como resultado da decisão do sistema de IA.

A temática que dá mote a este artigo é uma temática ampla que poderia ser abordada através de várias "lentes". Poderia, por exemplo, optar-se por uma abordagem mais focada na ética da utilização da IA neste contexto ou, alternativamente, explorar as potenciais consequências a nível da tutela jurisdicional efetiva ou mesmo da proibição da discriminação com base numa abordagem jusfundamental pura (que poderia partir do direito constitucional, da União Europeia ou do direito internacional). Como tal, foi necessário fazer algumas opções e circunscrever o nosso objeto para não tornar o presente trabalho numa mera compilação de ideias soltas com parco desenvolvimento. Deste modo, o presente artigo focar-se-á nos requisitos legais a nível de proteção de dados pessoais cuja consideração é relevante na utilização IA no contexto da atividade judicial. Adicionalmente, serão também analisados os futuros requisitos regulatórios específicos que poderão vir a ser consagrados através da Proposta de Regulamento do Parlamento Europeu e do Conselho que Estabelece Regras Harmonizadas em Matéria de Inteligência Artificial (doravante, "PRAI").

A opção por estas duas temáticas prende-se com a centralidade da primeira no contexto da utilização da IA e os desafios particularmente interessantes que se colocam, enquanto a segunda, carecendo ainda de alguma exploração pela doutrina, é incontornável dada a natureza da PRAI, se aprovada, como um instrumento harmonizado a nível da União Europeia com o objetivo de regular especificamente a utilização de IA e, que como veremos de seguida, coloca particular enfoque na atividade judicial.

2. Considerações a nível de proteção de dados pessoais

Um dos pontos de maior relevância no contexto do uso de inteligência artificial na atividade judicial será a análise do tratamento de dados pessoais[2] que, inevitavelmente, se encontra adstrito à mesma. Apesar de, noutras sedes, já termos endereçado esta matéria com relativa profundidade é essencial revisitar e atualizar algumas ideias para que este texto se possa considerar completo.

No que releva para este trabalho em concreto, três diplomas são especialmente importantes:

a) O Regulamento 2016/679/UE do Parlamento Europeu e do Conselho, de 27 de abril de 2016, relativo à proteção das pessoas singulares no que diz respeito ao tratamento de dados pessoais e à livre circulação desses dados e que revoga a Diretiva 95/46/CE (doravante, "Regulamento Geral sobre a Proteção de Dados" ou "RGPD");
b) A Diretiva 2016/680/UE do Parlamento Europeu e do Conselho, de 27 de abril de 2016, relativa à proteção das pessoas singulares no que diz respeito ao tratamento de dados pessoais pelas autoridades competentes para efeitos de prevenção, investigação, deteção ou repressão de infrações penais ou execução de sanções penais, e à livre circulação desses dados, e que revoga a Decisão-Quadro 2008/977/JAI do Conselho (doravante, a "Diretiva 2016/680") e;
c) O Regulamento 2018/1725/UE do Parlamento Europeu e do Conselho, de 23 de outubro de 2018, relativo à proteção das pessoas singulares no que diz respeito ao tratamento de dados pessoais pelas instituições e pelos órgãos e organismos da União e à livre circulação desses dados, e que revoga o Regulamento (CE) n.º 45/2001 e a Decisão n.º 1247/2002/CE (doravante, Regulamento 2018/1725/UE).

[2] A presente secção recupera, adapta e atualiza as ideias anteriormente desenvolvidas no nosso artigo "O "Juiz artificial": breves notas sobre a utilização de inteligência artificial pelos Tribunais e a sua relação com a legislação europeia de proteção de dados", publicado em 2020. Tiago Sérgio Cabral, 'O "Juiz Artificial": Breves Notas Sobre a Utilização de Inteligência Artificial Pelos Tribunais e a Sua Relação Com a Legislação Europeia de Proteção de Dados' in Joana Covelo de Abreu, Larissa Coelho and Tiago Sérgio Cabral (eds), *O Contencioso da União Europeia e a cobrança transfronteiriça de créditos: compreendendo as soluções digitais à luz do paradigma da Justiça eletrónica europeia (e-Justice)* (Universidade do Minho 2020).

Uma análise cuidada deste último diploma aplicável ao tratamento de dados pelas diversas Instituições, Órgãos e Organismos da UE seria particularmente interessante, em especial à luz da postura ativa que a Autoridade Europeia para a Proteção de Dados tem assumido, por exemplo, perante a Europol.[3] No entanto, o nível de especificidade careceria de um trabalho dedicado pelo que se deixará tal exercício para uma oportunidade futura.

Desta forma, cabe aqui perceber em que situações serão aplicáveis os restantes diplomas, dado que as normas que os compõem, ainda que principiologicamente muito semelhantes, não deixam de ter algumas diferenças nas suas regras concretas. Deste modo, a Diretiva 2016/680 e a sua lei de transposição (em Portugal, a Lei n.º 59/2019, de 8 de agosto) serão aplicáveis no contexto da utilização de inteligência artificial que implique um tratamento de dados pessoais pelas autoridades competentes para efeitos de prevenção, investigação, deteção ou repressão de infrações penais ou execução de sanções penais, incluindo a salvaguarda e prevenção de ameaças à segurança pública. Nos restantes casos aplicar-se-á o RGPD.[4]

2.1. Direito a não ficar sujeito a decisões individuais automatizadas

Central no contexto da IA na atividade judicial é a proibição geral do titular dos dados ficar sujeito a decisões individuais automatizadas contida tanto no RGPD como na Diretiva 2016/680/UE.

Postula o artigo 22.º do RGPD que:

[3] *Vd.* EDPS, 'EDPS Decision on the Retention by Europol of Datasets Lacking Data Subject Categorisation' <https://edps.europa.eu/system/files/2022-01/22-01-10-edps-decision-europol_en.pdf> accessed 22 April 2022.

[4] Existem, em ambos os normativos *carve-outs* específicos aplicáveis aos Tribunais, por exemplo, no que concerne à supervisão por autoridade administrativa independente quando os Tribunais estejam a agir na sua função jurisdicional. Claro que nem sempre os Tribunais estarão a agir nesta função e, mesmo quando estejam, há outros meios nos ordenamentos jurídicos nacionais e da UE para assegurar que esta decisão é sindicada. Deste logo em sede de recurso e/ou através de reenvio prejudicial para o TJUE. No entanto, para além disso pode o Estado ser condenado por violação do direito da UE ou podemos ter uma ação por incumprimento.

Artigo 22.º
Decisões individuais automatizadas, incluindo definição de perfis

1. O titular dos dados tem o direito de não ficar sujeito a nenhuma decisão tomada exclusivamente com base no tratamento automatizado, incluindo a definição de perfis, que produza efeitos na sua esfera jurídica ou que o afete significativamente de forma similar.

2. O n.º 1 não se aplica se a decisão:

a) For necessária para a celebração ou a execução de um contrato entre o titular dos dados e um responsável pelo tratamento;

b) For autorizada pelo direito da União ou do Estado-Membro a que o responsável pelo tratamento estiver sujeito, e na qual estejam igualmente previstas medidas adequadas para salvaguardar os direitos e liberdades e os legítimos interesses do titular dos dados; ou

c) For baseada no consentimento explícito do titular dos dados.

3. Nos casos a que se referem o n.º 2, alíneas a) e c), o responsável pelo tratamento aplica medidas adequadas para salvaguardar os direitos e liberdades e legítimos interesses do titular dos dados, designadamente o direito de, pelo menos, obter intervenção humana por parte do responsável, manifestar o seu ponto de vista e contestar a decisão.

4. As decisões a que se refere o n.º 2 não se baseiam nas categorias especiais de dados pessoais a que se refere o artigo 9.º, n.º 1, a não ser que o n.º 2, alínea a) ou g), do mesmo artigo sejam aplicáveis e sejam aplicadas medidas adequadas para salvaguardar os direitos e liberdades e os legítimos interesses do titular.

Já, de acordo com o artigo 11.º da Diretiva 2016/680:

Artigo 11.º
Decisões individuais automatizadas

1. Os Estados-Membros preveem a proibição de decisões tomadas exclusivamente com base no tratamento automatizado, incluindo a definição de perfis, que produzam efeitos adversos na esfera jurídica do titular dos dados ou que o afetem de forma significativa, a menos que sejam autorizadas pelo direito da União ou do Estado-Membro ao qual o responsável pelo tratamento está sujeito, e que o direito da União ou desse Estado-Membro

preveja garantias adequadas dos direitos e liberdades do titular dos dados, pelo menos o direito de obter a intervenção humana do responsável pelo tratamento.

2. As decisões a que se refere o n.º 1 do presente artigo não se baseiam nas categorias especiais de dados pessoais a que se refere o artigo 8.º, a não ser que sejam aplicadas medidas adequadas para salvaguardar os direitos e liberdades e os legítimos interesses do titular.

3. Em conformidade com o direito da União, são proibidas as definições de perfis que conduzam à discriminação de pessoas singulares com base nas categorias especiais de dados pessoais a que se refere o artigo 10.º.

Noutras ocasiões já tivemos a oportunidade de explicar de forma pormenorizada o conceito de decisão individual automatizada, pelo que, sobre esse ponto, para aí remetemos.[5] Para o que nos interessa no caso concreto cabe apenas concluir que alguns casos paradigmáticos de utilização de IA na atividade judicial vão, com grande probabilidade, cair no conceito de decisão individual automatizada, como sejam:

a) utilização de IA para efeitos de previsão da ocorrência de infrações penais[6];
b) utilização de IA para efeitos de previsão da probabilidade de determinado agente cometer ou reincidir num crime[7];

[5] A nossa análise incidiu sobretudo sobre o conceito no RGPD. No entanto, a interpretação coerente que é necessária entre estes dois diplomas fará com que não precise de mais que pequenas adaptações para ser igualmente aplicável à Diretiva 2016/680. Tiago Sérgio Cabral, 'AI and the Right to Explanation: Three Legal Bases under the GDPR' in Dara Hallinan, Ronald Leenes and Paul De Hert, *Data Protection and Privacy, Volume 13: Data Protection and Artificial Intelligence* (Hart Publishing 2020).

[6] Note-se que, conforme explicado pelo Tribunal de Justiça no Acórdão *Points de pénalité* (Considerandos 84 e ss.), o conceito de infração penal deverá ser interpretado, neste caso, como um conceito independente de direito da União Europeia, não correspondendo necessariamente ao conceito e a uma infração penal no Estado-Membro em causa. Vd. *Points de pénalité* [2021] TJUE C-439/19.

[7] Note-se que, de acordo com o artigo 11(3) da Diretiva 2016/680 "em conformidade com o direito da União, são proibidas as definições de perfis que conduzam à discriminação de pessoas singulares com base nas categorias especiais de dados pessoais a que se refere o artigo 10.º [desta Diretiva]", pelo que este tipo de previsões nunca poderia ter em conta, por exemplo, convicções religiosas ou filosóficas ou a origem racial ou étnica de um titular dos dados.

c) IA para efeitos da decisão de pequenos conflitos, em especial conflitos de consumo;
d) IA para deteção e reconhecimento de suspeitos através de sistemas de identificação de dados biométricos;[8/9]
e) IA no contexto contraordenacional, nomeadamente através da aplicação automatizada de coimas.

Por oposição, consideramos pouco provável que os uso de IA em contexto puramente de suporte deva ser considerado como dando origem

[8] Para mais desenvolvimento sobre esta matéria a nível de proteção de dados pessoais, *vd.* EDPB, 'Guidelines 05/2022 on the Use of Facial Recognition Technology in the Area of Law Enforcement [Version for Public Consultation]' <https://edpb.europa.eu/system/files/2022-05/edpb-guidelines_202205_frtlawenforcement_en_1.pdf> accessed 30 May 2022. Um caso particularmente controverso é o uso da tecnologia da empresa Clearview AI que recolheu mais de 20 mil milhões de fotografias de titulares dos dados (em particular, através de *scraping* de redes sociais) e que permite aos seus clientes, nomeadamente autoridades públicas, fazer *upload* de determinada fotografia e identificar o titular/encontrar fotografias semelhantes. Esta empresa já foi sancionada por várias autoridades de controlo, dando-se especial destaque a uma coima de 20 milhões de Euros que lhe foi imputada pela Autoridade de Controlo Italiana. Cfr. GARANTE, 'Ordinanza Ingiunzione Nei Confronti Di Clearview AI – 10 Febbraio 2022' <https://www.gpdp.it/web/guest/home/docweb/-/docweb-display/docweb/9751362> acesso em 29 maio 2022; CNIL, 'Decision Nº MED 2021-134 of 1st November 2021 Issuing an Order to Comply to the Company CLEARVIEW AI' <https://www.cnil.fr/sites/default/files/atoms/files/decision_ndeg_med_2021-134.pdf> acesso em 29 maio 2022; ICO, 'ICO Fines Facial Recognition Database Company Clearview AI Inc More than £7.5m and Orders UK Data to Be Deleted' <https://ico.org.uk/about-the-ico/news-and-events/news-and-blogs/2022/05/ico-fines-facial-recognition-database-company-clearview-ai-inc/> acesso em 29 maio 2022; EDPB, 'Swedish DPA: Police Unlawfully Used Facial Recognition App' <https://edpb.europa.eu/news/national-news/2021/swedish-dpa-police-unlawfully-used-facial-recognition-app_en> acesso em 29 maio 2022; EDPB, 'EDPB Response to MEPs Sophie in 't Veld, Moritz Körner, Michal Šimečka, Fabiene Keller, Jan-Christoph Oetjen, Anna Donáth, Maite Pagazaurtundúa, Olivier Chastel, Concerning the Facial Recognition App Developed by Clearview AI' <https://edpb.europa.eu/our-work-tools/our-documents/letters/edpb-response-meps-sophie-t-veld-moritz-korner-michal-simecka_en> acesso em 29 maio 2022.

[9] Advogando a criação de um quadro jurídico específico para o uso de tecnologias de reconhecimento facial por autoridades públicas *vd.* Vera Lúcia Raposo, 'The Use of Facial Recognition Technology by Law Enforcement in Europe: A Non-Orwellian Draft Proposal' [2022] European Journal on Criminal Policy and Research <https://link.springer.com/10.1007/s10610-022-09512-y>.

a decisões individuais automatizados.[10] Um exemplo, seria o uso desta tecnologia em pesquisa jurisprudencial ou doutrinária:

Por conseguinte, IA utilizada para esta atividade de mero suporte não estaria sujeita às regras que vamos analisar com maior profundidade abaixo, ainda que possa vir a ser sujeita, no futuro, a restrições e requisitos adicionais (veja-se a nossa secção sobre a PRAI).

Como referido acima, ainda que ambos os normativos contenham uma proibição geral no que se refere às decisões individuais automatizadas, é certo que também contêm uma exceção à proibição indicando que o tratamento por meios automatizados poderá ser autorizado por direito da União ou de direito nacional ao qual o responsável pelo tratamento esteja sujeito. Quererá isto dizer que a simples emanação de uma "lei habilitante" pelo Estado-Membro seria suficiente para ultrapassar esta proibição geral e permitir livremente a utilização de IA em meio judicial?

A resposta é um redondo "não".

Em primeiro lugar porque o artigo 22.º do RGPD e o artigo 11.º da Diretiva continuam subordinados a princípios gerais do tratamento de dados pessoais, como seja o princípio da minimização que implicará que existindo uma alternativa (possivelmente não automatizada) que permita atingir a mesma finalidade de forma menos intrusiva para o titular dos dados e que não causa dificuldades desproporcionadas à autoridade em concreto, esta deverá ser a escolhida para o tratamento. Por outro lado, o princípio da licitude, lealdade (aqui lido como previsibilidade) e transparência sempre implicará que os titulares dos dados não possam ser sujeitos a tratamentos de dados obscuros, cujos resultados à partida para os mesmos sejam imprevisíveis, independentemente de serem levados a cabo por entidades públicas.

Note-se, igualmente, que especialmente tendo em conta que este tratamento será levado a cabo por entidades públicas, é importante ter em atenção que esta legislação habilitante sempre teria de respeitar a Carta dos Direitos Fundamentais da União Europeia (CDFUE). Aliás, as próprias garantias/medidas adequadas para salvaguardar os direitos e liberdades (e legítimos interesses) dos titulares dos dados, naturalmente, devem ser lidas como exigindo que um Estado-Membro salvaguarde os

[10] *Vd.* Goretty Carolina Martínez Bahena, 'La Inteligencia Artificial y Su Aplicación al Campo Del Derecho' (2012) 82 Alegatos 827.

direitos fundamentais presentes na CDFUE. E aqui um número considerável de normas pode objetar ao uso de excessivo de IA neste contexto, nomeadamente:

a) Artigo 7.º – Respeito pela vida privada e familiar;
b) Artigo 8.º – Proteção de dados pessoais;
c) Artigo 10.º – Liberdade de pensamento, de consciência e de religião
d) Artigo 11.º – Liberdade de expressão e de informação
e) Artigo 12.º – Liberdade de reunião e de associação
f) Artigo 20.º – Igualdade perante a lei;
g) Artigo 21.º – Não discriminação;
h) Artigo 41.º – Direito a uma boa administração;
i) Artigo 47.º – Direito à ação e a um tribunal imparcial;
j) Artigo 48.º – Presunção de inocência e direitos de defesa.

Naturalmente que apenas no caso concreto se poderá perceber se existe um conflito efetivo entre determinado direito fundamental e o uso de IA na atividade judicial. Sem prejuízo, é fácil antever que o uso de IA para substituir um juiz no processo de tomada de decisão poderá facilmente levar a uma violação dos artigos 47.º e 48.º da CDFUE.[11] Já o uso de IA para imputar coimas exclusivamente automatizadas no contexto contraordenacional tem um forte potencial de violação do direito a uma boa administração. O caso do policiamento preditivo poderá violar os artigos 7.º, 8.º, 10.º, 11.º e 12.º da CDFUE. Caso o algoritmo preditivo venha a demonstrar algum tipo de *bias* (viés), uma violação dos artigos 20.º e 21.º não é, naturalmente, de desconsiderar.

A possibilidade de obter intervenção humana é um ponto focado em ambos os diplomas. Naturalmente, o que se pretende é uma intervenção efetiva, que possa servir para colmatar as eventuais imperfeições da máquina.

Sendo certo que o RGPD opta por não incluir uma referência expressa à faculdade de obter intervenção humana quando o tratamento dos dados

[11] Naturalmente isto não afasta o enorme potencial de IA no contexto da Resolução Alternativa de Litígios, em particular de reduzido valor. Aqui a chave sendo alternativa e não ficando vedada ou sequer obstaculizada/dificuldade a possibilidade de recurso aos tribunais e à intervenção humana.

seja baseado em direito da União ou do Estado-Membro (não coberto pelo artigo 22.º, n.º 3), também não é menos certo que tal não deverá ser visto como um sinal de omissão deste direito quando perante este tipo de tratamentos de dados. De facto, o Considerando 71 – ainda que tendo os Considerandos eficácia meramente interpretativa[12] – deste diploma contém este requisito e não distingue entre as várias alíneas do artigo 22.º, n.º 2 do RGPD. Adicionalmente, não existe uma razão atendível para submeter um tratamento mandatado pelo Estado (por lei) a um nível de escrutínio menor. Em bom rigor e tendo em conta a relação de poder do Estado em relação ao indivíduo, o contrário poderia ser argumentado. Por fim, vejamos que a omissão de certos direitos constantes do Considerando 71 como o direito de obter intervenção humana ou informação específica poderia inviabilizar por completo as hipóteses de o titular dos dados obter adequada sindicância das decisões tomadas por meios automatizados.

[12] Nos termos do artigo 296.º do TFUE quando provenientes de fonte da UE *"os atos jurídicos são fundamentados e fazem referência às propostas, iniciativas, recomendações, pedidos ou pareceres previstos pelos Tratados"*. Nestes termos a existência de Considerandos é um requisito legal cuja omissão comina na invalidade do ato. Este requisito é aplicável a todos os atos que tenham como objetivo produzir efeitos jurídicos na esfera de terceiros. Ainda que resulte claro da jurisprudência do TJUE que os Considerandos não são vinculativos e que de nenhuma maneira podem ser utilizados para procurar a derrogação das disposições operativas quando a estas sejam contrários, como bem explicado pelo TJUE em *Casa Fleischhandels* o Considerando *"pode permitir esclarecer a interpretação a dar a uma regra de direito"*. Já em *Giuseppe Manfredi* o TJUE afirma que o Considerando *"não pode ser invocado para interpretar [o ato] num sentido manifestamente contrário à sua redacção"*. Poderá ser interpretado, que neste contexto, considera o TJUE que os Considerandos podem ser utilizados para interpretar o ato em todas as ocasiões em que não são manifestamente contrários à sua redação. No contexto do presente Artigo, nenhum dos Considerandos aqui analisados é manifestamente contrário à redação das normas a que se referem no regime de proteção de dados. Na verdade, estão em perfeita sintonia com aquela é que é a lógica subjacente aos instrumentos normativos, devendo assim ser adequadamente considerados no esforço de interpretação da norma.
Cfr. Roberto Baratta, 'Complexity of EU Law in the Domestic Implementing Process' <http://ec.europa.eu/dgs/legal_service/seminars/20140703_baratta_speech.pdf> accessed 2 May 2019; Roberto Baratta, 'Complexity of EU Law in the Domestic Implementing Process' (2014) 2 The Theory and Practice of Legislation 293; Gianclaudio Malgieri and Giovanni Comandé, 'Why a Right to Legibility of Automated Decision-Making Exists in the General Data Protection Regulation' (2017) 7 International Data Privacy Law 243; *Giuseppe Manfredi v Regione Puglia* [1998] ECJ C-308/97; *Casa Fleischhandels v Bundesanstalt für landwirtschaftliche Marktordnung* [1989] ECJ 215/88.

Assim, devemos considerar que o direito a obter intervenção humana também aqui se encontra, sendo uma medida adequada para salvaguardar os direitos e liberdades e os legítimos interesses do titular dos dados.[13]

Na Diretiva a mesma referência encontra-se no Considerando 38[14] e as conclusões não diferem. Dificilmente vemos o TJUE, com a sua posição tradicionalmente protetora dos titulares dos dados a considerar que estas duas faculdades não se enquadram no contexto de medidas/garantias adequadas. Acresce que os tratamentos dos dados sob a égide da Diretiva 2016/680 entrarão, tradicionalmente, numa esfera protegida por outras ferramentas jurídicas no âmbito nacional e na UE.

Refira-se que a Lei 59/2019 (através do seu artigo 11.º)[15] opta por uma transposição minimalista do artigo 11.º da Diretiva onde se parece excluir a exigência de outras "*garantias adequadas dos direitos e liberdades do titular dos dados*" que não sejam a intervenção humana. A norma da Lei 59/2019 carece assim de uma interpretação conforme com o Direito da União Europeia uma vez que a transposição nacional ignora o conteúdo do Considerando 38 da Diretiva, importante instrumento para clarificar o âmbito do artigo 11.º e que é claro em incluir o direito "*de manifestar o seu ponto de vista, de obter uma explicação sobre a decisão tomada na sequência dessa avaliação ou de contestar a decisão*". A transposição nacional ignora também que estas garantias serão dependentes do tratamento em concreto, não sendo possível elaborar uma lista taxativa, sem primeiro perceber que direitos e liberdades poderão efetivamente ser afetadas.

[13] Andrew D Selbst and Julia Powles, 'Meaningful Information and the Right to Explanation' (2017) 7 International Data Privacy Law 233.

[14] Em escritos anteriores ao abordar este tema, por *typo*, referimos que este seria o Considerando 18. Naturalmente que este não é o caso, como é fácil perceber da leitura da Diretiva. Deixamos aqui a correção que também deverá servir para casos anteriores em que o lapso se tenha manifestado.

[15] Com a redação: *1. São proibidas as decisões tomadas exclusivamente com base no tratamento automatizado, incluindo a definição de perfis, que produzam efeitos adversos na esfera jurídica do titular dos dados ou que o afetem de forma significativa, exceto quando autorizadas por lei, desde que seja previsto o direito de o titular dos dados obter a intervenção humana do responsável pelo tratamento. 2. As decisões a que se refere o número anterior não podem basear -se nas categorias especiais de dados pessoais previstos no artigo 6.º.*

2.2. Direito a obter uma explicação relativamente à decisão individual automatizada

2.2.1. Explicação ao abrigo do RGPD

Tanto o artigo 13.º, como o artigo 14.º do RGPD contêm normas com o requisito de que o responsável pelo tratamento deve informar o titular dos dados da *"existência de decisões automatizadas, incluindo a definição de perfis, e, pelo menos nesses casos, [fornecer] informações úteis relativas à lógica subjacente, bem como a importância e as consequências previstas de tal tratamento para o titular dos dados"*. O texto do artigo 13.º da Diretiva 2016/680 não foi dotado de uma norma equivalente. Com efeito, o n.º 3 deste artigo contém até uma possibilidade de *carve-out* que pode levar ao adiamento, limitação ou mesmo não prestação das informações aos titulares dos dados *"enquanto tais medidas constituírem medidas necessárias e proporcionadas numa sociedade democrática, tendo devidamente em conta os direitos fundamentais e os interesses legítimos das pessoas singulares em causa"*.

Naturalmente, a interpretação mais adequada desta disposição será restritiva e apenas na medida do estritamente necessário para prossecução dos objetivos devidamente elencados na própria Diretiva. Adicionalmente, deverá também ser sindicável pelos Tribunais, incluindo, o TJUE.

No contexto do direito de acesso na Diretiva 2016/680 também não existe referência às decisões individuais automatizadas, de novo, em antítese com o RGPD.

Sobre a questão na ótica do RGPD, já anteriormente defendemos que, no cômputo geral e ao abrigo do direito à informação e acesso não basta fornecer informação sobre a funcionalidade do sistema, devendo também ser fornecida informação sobre a decisão específica que incide sobre aquele titular dos dados. Claro está que, sendo que a informação recolhida ao abrigo do artigo 13.º do RGPD deve ser providenciada ao titular dos dados antes de haver um tratamento automatizado, não poderá nesta fase incidir sobre a decisão específica. No entanto, esta limitação de ordem técnica não se aplica, por exemplo, à informação que deverá ser providenciada ao titular dos dados no âmbito do artigo 15.º[16].

[16] Nas suas Guidelines sobre o tratamento de dados pessoais ao abrigo do RGPD no contexto da utilização da AI, a Autoridade de Controlo Espanhola, ainda que não optando por um posicionamento claro na questão da disponibilização de dados sobre o funcionamento do

Noutras sedes dedicamos longas páginas a esta questão pelo que, para uma análise mais complexa, para aí remetemos. No entanto, deixamos alguns pontos para reflexão:

- Ainda que a informação, numa primeira fase, possa ser útil (ou *meaningful* em língua inglesa, língua na qual foi negociado o RGPD), sem necessariamente implicar a explicação da decisão específica, deve permitir ao titular dos dados perceber a base na qual será tomada a decisão sobre a sua pessoa.
- Numa segunda fase e após a decisão individual automatizada ter sido tomada, até para permitir ao titular exercer direitos que lhe são atribuídos pelo RGPD, incluindo aqueles que implicam o recurso à via judicial, informação sobre a decisão específica é essencial. Sem esta informação é impossível perceber, por exemplo, se a decisão tem carácter discriminatório o que constituiria uma violação dos princípios da licitude, lealdade e transparência.
- Neste sentido, a informação deve ser adaptada ao momento em que é prestada. Num contexto dinâmico como é aquele do tratamento de dados através de AI, isto quererá dizer, por exemplo, que a informação prestada ao abrigo do direito de acesso poderá divergir de que é prestada ao abrigo do direito à informação. Nomeadamente,

sistema ou sobre a decisão específica, refere um elenco mínimo de informação que considera que deve ser prestada, nomeadamente:
a) "El detalle de los datos empleados para la toma de decisión, más allá de la categoría, y en particular información sobre los plazos de uso de los datos (su antigüedad).
b) La importancia relativa que cada uno de ellos tiene en la toma de decisión.
c) La calidad de los datos de entrenamiento y el tipo de patrones utilizados.
d) Los perfilados realizados y sus implicaciones.
e) Valores de precisión o error según la métrica adecuada para medir la bondad de la inferencia.
f) La existencia o no de supervisión humana cualificada.
g) La referencia a auditorías, especialmente sobre las posibles desviaciones de los resultados de las inferencias, así como la certificación o certificaciones realizadas sobre el sistema de IA. En el caso de sistemas adaptativos o evolutivos, la última auditoría realizada.
h) En el caso de que el sistema IA contenga información de terceros identificables, la prohibición de tratar esa información sin legitimación y de las consecuencias de realizarlo."
Cfr. AEPD, 'Adecuación al RGPD de Tratamientos Que Incorporan Inteligencia Artificial. Una Introducción' <https://www.aepd.es/sites/default/files/2020-02/adecuacion-rgpd-ia.pdf> acesso 25 fevereiro 2022.

no que concerne ao facto de no direito de acesso, por norma, já poder ser possível prestar informação sobre a decisão específica[17].

- A informação prestada não deve ser excessivamente complexa ao ponto de ininteligível pelo titular dos dados. O responsável pelo tratamento está onerado com a obrigação de conseguir explicar, de uma maneira percetível para o titular médio, o funcionamento do algoritmo que utiliza.
- Quando o fundamento de licitude for o consentimento do titular dos dados, a prestação de informação de forma inadequada pode colocar em causa o próprio fundamento de licitude. O titular dos dados nunca poderá conceder um consentimento livre e informado sem perceber verdadeiramente o âmbito da decisão que será tomada e que terá efeitos relevantes na sua esfera de direitos[18].

[17] Nisto diverge a prestação de informação ao abrigo do artigo 13.º e artigo 14.º do RGPD. Enquanto ao abrigo do artigo 13.º, em princípio, nunca será possível a prestação de informação sobre a decisão específica (porque não foi tomada), o caso poderá não ser tão linear no artigo 14.º. Acresce que neste ponto discordamos do GT29 quando nas suas Orientações relativas ao direito de acesso parece demonstrar posição de que a informação prestada ao abrigo do direito de acesso deve ser idêntica à prestada ao abrigo do direito à informação.

[18] Cfr. EDPB, 'Guidelines 05/2020 on Consent under Regulation 2016/679' <https://edpb.europa.eu/sites/edpb/files/files/file1/edpb_guidelines_202005_consent_en.pdf> accessed 10 June 2020; WP29, 'Guidelines on Transparency under Regulation 2016/679' <https://ec.europa.eu/newsroom/article29/document.cfm?action=display&doc_id=51025> accessed 10 June 2019; Lilian Edwards and Michael Veale, 'Slave to the Algorithm? Why a Right to Explanationn Is Probably Not the Remedy You Are Looking For' (2017) 16 Duke Law & Technology Review; Bryce Goodman and Seth Flaxman, 'European Union Regulations on Algorithmic Decision-Making and a "Right to Explanation"' [2017] 2016 ICML Workshop on Human Interpretability in Machine Learning <https://arxiv.org/pdf/1606.08813.pdf> accessed 24 June 2020; Sandra Wachter, Brent Mittelstadt and Chris Russell, 'Counterfactual Explanations Without Opening the Black Box: Automated Decisions and the GDPR' (2018) 31 Harvard journal of law & technology 841; Mireille Hildebrandt, 'Privacy as Protection of the Incomputable Self: From Agnostic to Agonistic Machine Learning' (2019) 20 Theoretical Inquiries in Law 83; Margot E Kaminski, 'The Right to Explanation, Explained' (2019) 34 Berkeley Technology Law Journal; Iakovina M Kindyldi, 'Smart Companies: Company & Board Members Liability in the Age of AI' (Master's thesis, Tilburg University 2018); Andrew Burt, '"Is There a Right to Explanation' for Machine Learning in the GDPR' (17 July 2019) <https://iapp.org/news/a/is-there-a-right-to-explanation-for-machine-learning-in-the-gdpr>; Datatilsynet, 'Artificial Intelligence and Privacy' <https://www.datatilsynet.no/globalassets/global/english/ai-and-privacy.pdf> accessed 20 May 2019; A Barreto Menezes Cordeiro, *Direito Da Proteção de Dados: À Luz Do RGPD e Da Lei No. 58/2019* (Almedina 2020) 167 e ss.

- O responsável pelo tratamento não precisa de disponibilizar o código fonte do programa ou outro tipo de informação que viole, por exemplo, os direitos de propriedade intelectual. No entanto, isto não os desonera da prestação de informação. Se, por um lado, o responsável pelo tratamento tem o direito a não ver os seus direitos diminuídos pelo regime de proteção de dados, também tem o dever de assegurar que está em condições de prestar uma explicação adequada ao titular dos dados, que preencha os requisitos legais.
- O Considerando 71 deve ser considerado como relevante, também quanto ao direito à informação.

2.2.2. Explicação ao abrigo da Diretiva 2016/680

Concluídos pela necessidade de prestação de informação relativamente a decisões tomadas por algoritmos ao abrigo dos artigos 13.º e 14.º do RGPD, e perante a ausência de normas equivalentes na Diretiva 2016/680 será que podemos concluir que existe, neste contexto, um direito à explicação das decisões tomadas por IA?

A questão não é assim tão linear. Na verdade, no âmbito do RGPD é imediatamente percetível a existência de um direito à explicação no contexto das normas sobre o direito à informação. No entanto, isto não significa que a mesma conclusão não possa ser retirada, nomeadamente, das garantias adequadas que têm de ser implementadas para proteger os direitos e interesses dos titulares dos dados no contexto das decisões individuais automatizadas e que também existem na Diretiva 2016/680.

De facto, a interpretação que considera a existência de um direito à explicação tanto relativamente ao funcionamento do sistema como à decisão específica como integrando, igualmente, os requerimentos legais ao abrigo dos artigo 11.º da Diretiva e 22.º do RGPD parece adequadamente apoiada no Considerando 38 da Diretiva e 71 do RGPD. Identicamente, será a única que permite cumprir princípios base do direito à proteção de dados, como sejam a lealdade, licitude e transparência ou mesmo a minimização e limitação das finalidades.

Deixamos uma especial referência a uma opinião que vai em sentido contrário à que aqui postulamos, considerando que apenas existe um direito a informação sobre a lógica do funcionamento do sistema: Sandra Wachter, Brent Mittelstadt and Luciano Floridi, 'Why a Right to Explanation of Automated Decision-Making Does Not Exist in the General Data Protection Regulation' (2017) 7 International Data Privacy Law 76.

Adicionalmente, não parece possível aos titulares dos dados sindicar adequadamente uma decisão tomada por IA quando não tenham informação sobre esta. Sem ter o conhecimento necessário para exercer estes direitos o titular dos dados estaria numa posição em que formalmente até poderia contestar as decisões da máquina, mas factualmente só um número reduzido de especialista na área teria alguma chance de efetivamente exercer este direito. No fundo, existiria um direito formal com praticamente nenhuma reflexão material, o que não parece aceitável[19].

Como tal, a conclusão adequada é que, mesmo na Diretiva 2016/680 existe um direito à explicação que incide tanto sobre o funcionamento do sistema como sobre a decisão específica e ao qual as entidades judiciais deverão estar particularmente atentas.

3. IA e atividade judicial na Proposta de Regulamento sobre a Inteligência Artificial

3.1. Sistemas totalmente proibidos

Uma das utilizações totalmente proibidas de IA contidas na PRAI, na redação proposta pela Comissão Europeia[20], é a *"[a] utilização de sistemas de identificação biométrica à distância em "tempo real" em espaços acessíveis ao público para efeitos de manutenção da ordem pública, salvo se essa utilização for estritamente necessária para alcançar um dos seguintes objetivos: i) a investigação seletiva de potenciais vítimas específicas de crimes, nomeadamente crianças desaparecidas; ii) a prevenção de uma ameaça específica, substancial e iminente à vida ou à*

[19] Não vamos esquecer que perante o fenómeno conhecido como *black box AI* é frequente que nem os próprios programadores consigam perceber imediatamente os resultados inferidos pelo seu algoritmo. Neste ponto, as soluções tecnológicas como a *explainable AI (XAI)* podem revelar-se como particularmente relevantes para ultrapassar este desafio. Cfr. Aleksandra Mojsilovic, 'Introducing AI Explainability 360' <https://www.ibm.com/blogs/research/2019/08/ai-explainability-360> accessed 20 August 2019; Liya Ding, 'Human Knowledge in Constructing AI Systems — Neural Logic Networks Approach towards an Explainable AI' (2018) 126 Procedia Computer Science 1561; Robert R Hoffman, Gary Klein and Shane T Mueller, 'Explaining Explanation For "Explainable Ai"' (2018) 62 Proceedings of the Human Factors and Ergonomics Society Annual Meeting 197.

[20] A presente secção recupera, adapta e atualiza as ideias anteriormente desenvolvidas no nosso artigo "Regulamento sobre a Inteligência Artificial na União Europeia: potenciais impactos nas entidades públicas", publicado em 2021. *Vd.* Tiago Sérgio Cabral, 'Regulamento Sobre a Inteligência Artificial Na União Europeia: Potenciais Impactos Nas Entidades Públicas' (2021) 12 Revista de Direito Administrativo 89.

segurança física de pessoas singulares ou de um ataque terrorista; iii) a deteção, localização, identificação ou instauração de ação penal relativamente a um infrator ou suspeito de uma infração penal referida no artigo 2.º, n.º 2, da Decisão-Quadro 2002/584/JAI do Conselho e punível no Estado- Membro em causa com pena ou medida de segurança privativas de liberdade de duração máxima não inferior a três anos e tal como definidas pela legislação desse Estado- Membro.

Apesar de o objetivo do artigo 5.º da PRAI aparentar ser o de excluir de forma categórica certos usos de IA, a verdade é que a al. d. contém exceções amplas e potencialmente excessivas que certamente serão motivo de controvérsia. Vejamos, o artigo 2.º, n.º 2, da Decisão-Quadro 2002/584/JAI do Conselho integra efetivamente crimes que poderão ser reconhecidos como de extrema gravidade e talvez aptos à aplicação de medidas excecionais invasivas da esfera de direitos fundamentais dos cidadãos[21] como sejam o homicídio voluntário, o tráfico de órgãos, a violação, o tráfico ilícito de materiais nucleares e radioativos ou os crimes abrangidos pela jurisdição do Tribunal Penal Internacional. No entanto, noutros crimes como o auxílio à entrada e permanência irregulares, a burla ou mesmo a contrafação ou cibercriminalidade[22] tal pode provar-se desproporcional.[23] Aliás, o leque de crimes é tão amplo (e dependente da definição das molduras penais pelo Estado-Membro) que esta "proibição geral" se poderá tornar, na verdade, meramente excecional. O ponto de

[21] Não podemos esquecer que o uso deste tipo de sistemas não vai apenas afetar a esfera de direitos do suspeito / arguido. Sempre que o sistema seja ativado há o potencial

[22] No caso destes dois últimos exemplos, a situação do caso concreto é essencial para proceder à avaliação. Se a consideração deste tipo de medidas pode ser aceitável para um crime de sabotagem informática contra uma infraestrutura crítica ou serviço essencial, o mesmo já não se poderá argumentar relativamente à reprodução de programa protegido. No entanto, de acordo com as regras da PRAI ambos podiam ser motivo justificado para o uso de sistemas de identificação biométrica à distância em "tempo real" em espaços acessíveis ao público, uma vez que, nos termos da Lei do Cibercrime, em Portugal, ambos podem ser punidos com moldura penal máxima "não inferior a três anos".

[23] Adicionalmente, a faculdade atribuída aos Estados-Membros de circunscrever de forma mais específica os crimes para os quais a utilização será aceitável no seu território, nos termos do artigo 5.º, n.º 4 da PRAI poderá levar à existência de uma variação relevante entre Estados. Assim, os cidadãos de Estados-Membros onde o legislador opte por uma visão mais expansiva do uso deste tipo de sistemas de IA poderão ver os seus direitos fundamentais restringidos de forma mais frequente e com base em crimes de menor gravidade quando comparado com o cidadão de um Estado-Membro que opte por uma abordagem mais restritiva.

partida da discussão deveria ser um conjunto de situações bastante mais restrito que o contido no referido artigo da Decisão-Quadro 2002/584/JAI e desenhado com a PRAI em mente.

Adicionalmente, o conceito de espaço acessível ao público[24] também não é irrelevante.[25] Não se pode considerar um espaço como um Aeroporto (mais sensível, onde existe natural perigo de fuga e, na verdade, maior expetativa de controlo) como equivalente a um Centro Comercial ou a uma zona verde de uma cidade. Infelizmente, do ponto de vista da PRAI, todas estas localizações seriam equivalentes.

Note-se, igualmente, que apesar de a PRAI referir que a utilização só será lícita quando tal for estritamente necessária, o detalhe é aqui extremamente relevante.

Diz-nos o n.º 2, do artigo 5.º da PRAI que: "*[a] utilização de sistemas de identificação biométrica à distância «em tempo real» em espaços acessíveis ao público para efeitos de manutenção da ordem pública que vise alcançar um dos objetivos referidos no n.º 1, alínea d), deve ter em conta os seguintes elementos: a) [a] natureza da situação que origina a possível utilização, em especial a gravidade, a probabilidade e a magnitude dos prejuízos causados na ausência da utilização do sistema; b) [a]s consequências da utilização do sistema para os direitos e as liberdades de todas as pessoas afetadas, em especial a gravidade, a probabilidade e a magnitude dessas consequência e; c) [a]lém disso, a utilização de sistemas de identificação biométrica à distância «em tempo real» em espaços acessíveis ao público para efeitos de manutenção da ordem pública que vise alcançar um dos objetivos referidos no n.º 1, alínea d) [do artigo 5.º], deve observar salvaguardas e condições necessárias e proporcionadas em relação a tal utilização, nomeadamente no respeitante a limitações temporais, geográficas e das pessoas visadas.*"

O n.º 3 do mesmo artigo postula que "*cada utilização específica de um sistema de identificação biométrica à distância «em tempo real» em espaços acessíveis ao público para efeitos de manutenção da ordem pública está sujeita a autorização prévia concedida por uma autoridade judiciária ou por uma autoridade*

[24] De acordo com o artigo 3(39) da PRAI "*qualquer espaço físico aberto ao público, independentemente da eventual aplicação de condições de acesso específicas*".

[25] Esta foi também uma preocupação também manifestada pela Presidência Francesa nas propostas relativamente à PRAI no contexto do Conselho. Euractiv, 'French Presidency Pitches Changes to Law Enforcement Provisions in the AI Act' <https://www.euractiv.com/section/digital/news/french-presidency-pitches-changes-to-law-enforcement-provisions-in-the-ai-act/> acesso 20 abril 2022.

administrativa independente do Estado-Membro no qual a utilização terá lugar após apresentação de um pedido fundamentado em conformidade com as regras de execução previstas no direito nacional a que se refere o n.º 4 [do artigo 5.º]. Contudo, numa situação de urgência devidamente justificada, a utilização do sistema pode ser iniciada sem uma autorização e esta pode ser solicitada apenas durante ou após a utilização" Para este efeito, "*[a] autoridade judiciária ou administrativa competente apenas deve conceder a autorização se considerar, com base em dados objetivos ou indícios claros que lhe tenham sido apresentados, que a utilização do sistema de identificação biométrica à distância «em tempo real» em apreço é necessária e proporcionada para alcançar um dos objetivos especificados no n.º 1, alínea d) [do artigo 5.º], conforme identificado no pedido. Ao decidir sobre o pedido, a autoridade judiciária ou administrativa competente tem em conta os elementos referidos no n.º 2 [do artigo 5.º]*"

Por fim, o n.º 4 introduz a necessidade de criação de regras de execução pelo Estado-Membro para que este tipo de sistemas sejam efetivamente implementados, quando afirma que: "*[u]m Estado-Membro pode decidir prever a possibilidade de autorizar total ou parcialmente a utilização de sistemas de identificação biométrica à distância «em tempo real» em espaços acessíveis ao público para efeitos de manutenção da ordem pública dentro dos limites e sob as condições enumeradas no n.º 1, alínea d), e nos n.os 2 e 3 [do artigo 5.º]. Esse Estado-Membro estabelece na sua legislação nacional as regras pormenorizadas aplicáveis ao pedido, à emissão e ao exercício das autorizações a que se refere o n.º 3 [do artigo 5.º], bem como à supervisão das mesmas. Essas regras especificam igualmente em relação a que objetivos enumerados no n.º 1, alínea d) [do artigo 5.º], incluindo quais das infrações penais referidas na subalínea iii) da mesma, as autoridades competentes podem ser autorizadas a usar esses sistemas para efeitos de manutenção da ordem pública*".[26]

A norma como prescrita na PRAI peca, muitas vezes, por indefinida e ampla, revelando-se, num olhar mais atento, uma construção jurídica pouco organizada. A título de exemplo, sendo certo que se prescreve a necessidade de controlo geográfico e temporal, em nenhum local são estabelecidas fronteiras efetivas (por exemplo, o número de dias máximo que esta tecnologia pode ser usada). Isto abre a porta a que existindo sempre uma criança desaparecida, um homicídio, uma burla ou um crime informático que as autoridades possam invocar, certos locais com maior

[26] Significa isto que, na verdade, como nos diz o Considerando 22, que certos Estados-Membros não aceitem a utilização deste tipo de sistemas.

concentração populacional possam ser acabar a ser vigiados por estes sistemas em permanência. Para tal, não é preciso mais que uma autoridade administrativa independente ou um tribunal um pouco mais permissivo que emita autorizações de âmbito temporal amplo e de forma reiterada. Note-se que de acordo com a atual redação esta autoridade administrativa independente não tem sequer que ser a mesma autoridade de controlo responsável por assegurar o cumprimento da generalidade das normas da PRAI, o que não nos parece adequado.

A verdade é que todas as situações em que a PRAI permite o uso deste tipo de sistemas tenderão a ser situações restritas no tempo. Deste modo a PRAI deveria ser clara em estipular um limite temporal claro (em dias) e um procedimento de exigência crescente a nível emissão de autorizações. Sem se pretender exaustividade ou particular detalhe na proposta, uma opção seria: a) permitir à autoridade de controlo para efeitos da PRAI ou a um tribunal de primeira instância autorizar o uso deste tipo de sistema durante um prazo máximo de 10 dias; b) permitir ao tribunal da mais alta instância do Estado-Membro autorizar o uso deste tipo de sistema durante um prazo máximo de 2 meses; c) fazer depender qualquer aplicação mais ampla de consulta ao Tribunal Geral ou ao Tribunal de Justiça.; e d) limitar a exceção com base "urgência devidamente justificada" a um máximo de 3 dias (não basta o "mínimo necessário" e a exigência de obter autorização "o quanto antes" contidos no Considerando 21). A mesma lógica pode ser implementada de um ponto de vista geográfico. Note-se que para evitar a emissão de autorizações várias para o mesmo local com base em pressupostos diferentes, para efeitos de contagem dos prazos acima referidos, a emissão de várias autorizações com âmbitos geográficos coincidentes deve ser considerada como se fosse uma autorização única.

Na verdade, poderia até fazer sentido prescrever diferentes prazos para as várias sub-alíneas do n.º 1, al. d. do artigo 5.º da PRAI (sem prejuízo de, como referido acima, ser necessário repensar o elenco de infrações criminais que justificam a utilização deste tipo de sistemas).

Adicionalmente, apesar de se postular um critério de estrita necessidade, a lei deve deixar claro que a interpretação deste critério deve ser restritiva. Isto é, a legalidade do uso deste tipo de sistemas depende da inexistência de meios alternativos que permitam a prossecução das finalidades contidas no artigo 5.º, n.º 1, al. d. da PRAI sem um esforço altamente desproporcionado pelas autoridades nacionais.

Quanto à utilização da exceção da "urgência devidamente justificada", diz-nos o Considerando 21 que esta deve "estar sujeita a salvaguardas e condições adequadas, conforme determinado pelo direito nacional". Não parece aceitável que a PRAI deixe a imposição destas salvaguardas e condições para o direito nacional. Deve ser a própria PRAI a fazê-lo para evitar o risco de cada Estado ter a sua interpretação do que estas significam, prejudicando os cidadãos.

Apesar de ser nossa opinião que o âmbito da norma deveria, no mínimo, ser circunscrito, esta não parecer ser a vontade de, pelo menos, uma das Instituições, com o Conselho, através da Presidência Francesa, a querer tornar a exceção mais ampla.[27]

Veja-se, adicionalmente, que como já tivemos oportunidade de afirmar anteriormente não podemos deixar de notar que, dado que a PRAI propõe que os Estados Membros possam isentar as entidades públicas das coimas uniformizadas e que não se estipula neste diploma um regime especial de regulação da responsabilidade civil por violação do PRAI a que os próprios cidadãos possam recorrer, é fácil antever que pode haver abusos.[28] Uma violação pode ficar sem resposta, porque as entidades que poderiam ser sancionadas ao abrigo da PRAI beneficiam desta isenção. No limite, tanto a entidade que usa o sistema como a que autoriza o uso do sistema podem incumprir, sem que seja viável que nenhuma seja sancionada. Isto poderá levar ao enfraquecimento das salvaguardas relacionadas com a situação de "urgência devidamente justificada". Sendo certo que, porventura, a prova que resulte de utilizações de um sistema desta natureza de forma que não seja autorizada (posteriormente) pela autoridade judiciária ou autoridade administrativa independente será inválida, também é certo que a violação dos direitos dos cidadãos não envolvidos que resultará sempre da utilização deste tipo de tecnologias poderá não acarretar nenhum tipo de consequência. Desta forma, em caso de dúvida, a autoridade que deseja utilizar o sistema de AI para manutenção da ordem pública tem um incentivo para arriscar e invocar urgência na expetativa que talvez passe o crivo da autorização posterior. Se tal não acontecer, também "nada se perde".

[27] Euractiv (n 24).

[28] T Cabral, 'A proposta de Regulamento sobre a Inteligência Artificial na União Europeia: breve análise' in T Cabral, J Abreu and L Coelho (eds), *O Contencioso da União Europeia e a cobrança transfronteiriça de créditos: compreendendo as soluções digitais à luz do paradigma da Justiça eletrónica europeia (e-Justice*, vol II (Universidade do Minho, 2021).

Note-se que, dado o atual ponto do processo legislativo, o texto da PRAI não é de todo estanque e são muitas as propostas e ideias que vão aparecendo para a sua alteração. À data da redação deste texto, e tendo em conta a temática sobre a qual estamos a escrever, parece-nos pertinente destacar a sugestão pela Comissão das Liberdades Cívicas, da Justiça e dos Assuntos Internos do Parlamento Europeu para a criação de mais uma categoria de sistema de IA totalmente proibido.[29] Assim seria totalmente proibido "*the placing on the market, putting into service or use of an AI system for making individual risk assessments of natural persons in order to assess the risk of a natural person for offending or reoffending or for predicting the occurrence or reoccurrence of an actual or potential criminal offence based on profiling of a natural person or on assessing personality traits and characteristics or past criminal behaviour of natural persons or groups of natural persons*". Esta sugestão parece ser pertinente, tendo em conta a existência de experiências anteriores com resultados potencialmente discriminatórios e a própria incompatibilidade com a quadro justfundamental da União do conceito de policiamento preditivo.

3.2. IA de risco elevado no contexto das entidades judiciais

Um número significativo das regras contidas na PRAI é apenas aplicável aos sistemas de IA classificados como sendo de risco elevado (artigos 6.º a 51.º da PRAI).

Deste modo, a PRAI contém uma lista de sistemas de AI (artigo 6.º e Anexo III), divididos em 8 categorias, que serão considerados como sendo de risco elevado. A Comissão pode, no futuro, expandir esta lista com recurso aos critérios contidos no artigo 7.º da PRAI. De facto, o artigo 84.º deste diploma define mesmo que deve haver uma reavaliação anual da lista de usos de IA considerados como sendo de risco elevado. A potencial utilização de IA associada à atividade judicial aparece aqui em destaque, com várias categorias que lhe podem ser aplicáveis, nomeadamente:

[29] Vd. Parlamento Europeu, 'Draft Report on the Proposal for a Regulation of the European Parliament and of the Council on Harmonised Rules on Artificial Intelligence (Artificial Intelligence Act) and Amending Certain Union Legislative Acts' <https://www.europarl.europa.eu/doceo/document/CJ40-PR-731563_EN.pdf>; Tom Whittaker, 'EU Artificial Intelligence Act – One Year on and Further Proposed Amendments from the Committees on the Internal Market and Civil Liberties' <https://www.lexology.com/library/detail.aspx?g=24451678-a913-4f56-b839-aafecec127b3>.

Domínio	Casos de aplicação
Identificação biométrica e categorização de pessoas singulares[30]	Sistemas de IA concebidos para serem utilizados para a identificação biométrica à distância «em tempo real» e «em diferido» de pessoas singulares
Manutenção da ordem pública	Sistemas de IA concebidos para serem utilizados por autoridades policiais em avaliações individuais de riscos relativamente a pessoas singulares, a fim de determinar o risco de uma pessoa singular cometer infrações ou voltar a cometer infrações ou o risco para potenciais vítimas de infrações penais[31]
	Sistemas de IA concebidos para serem utilizados por autoridades policiais como polígrafos e instrumentos similares ou para detetar o estado emocional de uma pessoa singular
	Sistemas de IA concebidos para serem utilizados por autoridades policiais para detetar falsificações profundas referidas no artigo 52.º, n.º 3
	Sistemas de IA concebidos para serem utilizados por autoridades policiais para avaliar a fiabilidade dos elementos de prova no decurso da investigação ou repressão de infrações penais
	Sistemas de IA concebidos para serem utilizados por autoridades policiais para prever a ocorrência ou a recorrência de uma infração penal real ou potencial com base na definição de perfis de pessoas singulares, na aceção do artigo 3.º, ponto 4, da Diretiva (UE) 2016/680, ou para avaliar os traços de personalidade e as características ou o comportamento criminal passado de pessoas singulares ou grupos[32]
	Sistemas de IA concebidos para serem utilizados por autoridades policiais para definir o perfil de pessoas singulares, na aceção do artigo 3.º, ponto 4, da Diretiva (UE) 2016/680, no decurso da deteção, investigação ou repressão de infrações penais
	Sistemas de IA concebidos para serem utilizados no estudo analítico de crimes relativos a pessoas singulares, permitindo às autoridades policiais pesquisar grandes conjuntos de dados complexos, relacionados ou não relacionados, disponíveis em diferentes fontes de dados ou em diferentes formatos de dados, no intuito de identificar padrões desconhecidos ou descobrir relações escondidas nos dados

[30] Quando não se encontrem no âmbito da proibição geral.

[31] Caso não venha a ser consagrada uma proibição geral relativamente a estes sistemas.

[32] Caso não venha a ser consagrada uma proibição geral relativamente a estes sistemas.

Domínio	Casos de aplicação
Gestão da migração, do asilo e do controlo das fronteiras	Sistemas de IA concebidos para serem utilizados por autoridades públicas competentes como polígrafos e instrumentos similares ou para detetar o estado emocional de uma pessoa singular
	Sistemas de IA concebidos para serem utilizados por autoridades públicas competentes para avaliar riscos, incluindo um risco para a segurança, um risco de imigração irregular ou um risco para a saúde, representados por uma pessoa singular que pretenda entrar ou tenha entrado no território de um Estado Membro
	Sistemas de IA concebidos para serem utilizados por autoridades públicas competentes para verificar a autenticidade de documentos de viagem e documentos comprovativos de pessoas singulares e detetar documentos não autênticos por meio da verificação dos seus elementos de segurança
	Sistemas de IA concebidos para auxiliar autoridades públicas competentes na análise dos pedidos de asilo, de visto e de autorização de residência e das queixas relacionadas, no que toca à elegibilidade das pessoas singulares que requerem determinado estatuto.
Administração da justiça e processos democráticos	Sistemas de IA concebidos para auxiliar uma autoridade judiciária na investigação e na interpretação de factos e do direito e na aplicação da lei a um conjunto específico de factos

Como já tivemos oportunidade de afirmar anteriormente, não se pode deixar de manifestar algumas reticências em relação à abordagem baseada na lista acima referida (mesmo que esta seja expansível) uma vez que poderá faltar-lhe a flexibilidade necessária para este ramo do direito.[33] Rapidamente poderá aparecer um novo uso de IA e/ou sistema que claramente apresente um perigo relevante ao nível da proteção de direitos fundamentais, ou um uso e/ou sistema que evolua nesse sentido.

[33] Tiago Cabral, 'Regulamento Sobre a Inteligência Artificial Na União Europeia: Potenciais Impactos Nas Entidades Públicas' (n 20); Tiago Sérgio Cabral, 'Op:Ed: "The Proposal for an AI Regulation: Preliminary Assessment"' <https://eulawlive.com/oped-the-proposal-for-an-ai-regulation-preliminary-assessment-by-tiago-sergio-cabral/> acesso em 10 maio 2022.

No entanto, até que a Comissão tenha oportunidade de agir, o mesmo não será considerado como de risco elevado. Adicionalmente, caso um uso e/ou sistema não caia num dos oito domínios pré-determinados, as mãos da Comissão ficam "atadas" e será necessária uma intervenção do legislador (por regra, morosa) até que os referidos possam ser classificados como de risco elevado.

Note- se que a ideia de que se trata de uma solução "amiga" da inovação pode ser, no fim de contas, um equívoco. As entidades podem acabar por ser afetados por um falso sentimento de segurança e não ter a capacidade de internalizar certos custos relacionados com a IA que estão a desenvolver ou a utilizar por não integrarem, atualmente, a lista disponibilizada (vindo depois a ser surpreendidos por uma atualização). Com isto em mente, um critério semelhante ao utilizado para definir a necessidade de uma avaliação de impacto sobre a proteção de dados, que tem a capacidade de evoluir com o tempo, parece preferível. Claro que este critério terá de existir aliado a autoridades de controlo disponíveis para colaborar com os agentes de mercado de forma pedagógica para os ajudar na sua interpretação.

Quando usem sistemas de elevado risco, as entidades deverão garantir o cumprimento das obrigações especiais aplicáveis a este tipo de tecnologia. Estas serão particularmente exigentes quando as entidades judiciais devam ser consideradas fornecedores para efeitos da PRAI (ou quando deva assumir as obrigações do fornecedor, por exemplo, por via do artigo 28.º da PRAI). Tal inclui obrigações relativas à governação de dados, registos, garantia de supervisão humana, transparência e prestação de informação.

De acordo com a atual redação da PRAI, a violação das suas regras poderá dar origem a uma forte resposta sancionatória nos moldes referidos na tabela abaixo:

Violação	Coima aplicável
Incumprimento da proibição das práticas de inteligência artificial referidas no artigo 5.ºda PRAI	Até 30 000 000 EUR ou, se o infrator for uma empresa, até 6 % do seu volume de negócios anual a nível mundial no exercício anterior, consoante o que for mais elevado
Não conformidade do sistema de IA com os requisitos estabelecidos no artigo 10.º (dados e governação de dados).	
O fornecimento de informações incorretas, incompletas ou enganadoras aos organismos notificados e às autoridades nacionais competentes em resposta a um pedido.	Até 10 000 000 EUR ou, se o infrator for uma empresa, até 2 % do seu volume de negócios anual a nível mundial no exercício anterior, consoante o que for mais elevado
A não conformidade do sistema de IA com quaisquer requisitos ou obrigações por força da PRAI, que não os estabelecidos nos artigos 5.º e 10.º	Até 20 000 000 EUR ou, se o infrator for uma empresa, até 4 % do seu volume de negócios anual a nível mundial no exercício anterior, consoante o que for mais elevado.

4. A Carta Portuguesa dos Direitos Humanos na Era Digital (Remissão)

Note-se que a utilização de IA foi também "regulada" pelo legislador nacional através do artigo 9.º da lei n.º 27/2021, de 17 de maio ("Carta Portuguesa de Direitos humanos na Era Digital"). Já anteriormente tivemos a oportunidade de manifestar as nossas dúvidas relativamente à aplicabilidade e até à pertinência das normas sobre IA consagradas neste diploma. Reiteramos a nossa opinião de que a norma não é simplesmente operativa e remetemos as restantes considerações, na altura sobre a administração pública mas também aqui plenamente aplicáveis, para o trabalho onde inicialmente as desenvolvemos.[34]

5. Notas conclusivas

Conforme resulta da análise levada a cabo ao longo deste trabalho, ainda que se concedam e se considerem como bem-vindas as vantagens e o potencial do uso de IA na atividade judicial, é importante não olvidar a particular sensibilidade e facilidade com que uma implementação

[34] Tiago Cabral, 'Regulamento Sobre a Inteligência Artificial Na União Europeia : Potenciais Impactos Nas Entidades Públicas' (n 20).

desadequada poderá causar danos graves aos direitos fundamentais de um grande número de cidadãos.

Deste modo, deve haver aqui um especial dever de cuidado das entidades competentes para que não se olhem apenas "aos resultados em abstrato". No contexto judicial, sistemas baseados em IA devem ser implementados apenas após estar completamente salvaguardado o cumprimento da lei e o respeito pelos direitos dos cidadãos. No caso da proteção de dados pessoais, acima referido, é essencial garantir que estes sistemas respeitam princípios como a minimização, transparência, proteção de dados por defeito e desde a conceção e que são precedidos pela realização de uma avaliação de impacto sobre a proteção de dados.

Já no que se refere à PRAI, ainda que se tenham expressado algumas dúvidas sobre soluções concretas, a integração de novas salvaguardas num conjunto de atividades tradicionalmente consideradas como judiciais deverá ser visto com bons olhos, no contexto da proteção dos direitos fundamentais dos cidadãos. A aprovação célere da nova legislação é aqui uma necessidade, dada a proliferação crescente deste tipo de sistemas.

INTELIGÊNCIA ARTIFICIAL E ARBITRAGEM DE DIREITO PÚBLICO: PRIMEIRAS REFLEXÕES

Ricardo Pedro[1]

Resumo: O presente estudo aborda o tema da aplicação de Inteligência Artificial (IA) no exercício de uma função jurisdicional, em particular na arbitragem de Direito Público. A mobilização de sistemas de IA no exercício da função jurisdicional exige muitas cautelas ou mesmo dificuldades inultrapassáveis à luz da normatividade exigida no exercício destas funções – dificuldades de geometria variável consoante o tipo de funções em que se pretende aplicar tais sistemas. Ainda que o uso de sistemas de IA se possa entender mais facilitado no exercício de uma função jurisdicional privada – arbitragem – do que no exercício da função jurisdicional pública, não deixa de revelar preocupações de pendor jurídico. A estas acrescem ainda as preocupações que impõe a devida compreensão da arbitragem de Direito Público. São estas preocupações que são objecto de uma primeira reflexão no presente texto.

[1] Doutor em Direito Público pela Faculdade de Direito da Universidade Nova de Lisboa. Investigador no Centro de Investigação de Direito Público (CIDP) da Faculdade de Direito de Lisboa.
Este trabalho é financiado (ou parcialmente financiado) por fundos nacionais através da FCT – Fundação para a Ciência e a Tecnologia, I.P., no âmbito do projeto UIDP/04310/2020.

serem realizadas por sistemas de IA; 4.2.4. Indemnização de danos causados no âmbito da Arbitragem assente em sistemas de IA.

"Because something is happening here. But you don't know what it is. Do you, Mister Jones?"
Ballad of a Thin Man. Bob Dylan

1. Introdução

Os dois temas que serão objeto deste breve estudo – Inteligência Artificial (IA) e Arbitragem de Direito Público – são em grande medida temas renovados e, por razões diversas, têm sido objeto de grande atenção, desde logo, por parte da literatura da respetiva especialidade.

Neste contexto, não só pela oportunidade teórica, mas, ainda, por razões de ordem prática, procura-se fazer uma abordagem jurídica de alguns dos principais problemas que surgem quando se dá o entrelaçamento dos dois temas, em particular, o uso de sistemas de IA na arbitragem de direito público. O facto de nos situarmos no domínio da arbitragem de direito público deve significar que se está perante um regime de arbitragem, enquanto meio de resolução de litígios, com especificidade em relação à arbitragem em geral. Especificidades que resultam de os litígios a serem objeto de resolução apresentarem natureza pública, *maxime*, administrativa ou tributária.

Os referidos problemas – que se designarão de tópicos problemáticos – assumem relevância distinta consoante os sistemas de IA atuem no âmbito da administração da justiça em sentido amplo, desde logo, atividades auxiliares da decisão arbitral ou, diferentemente, no âmbito da administração da justiça em sentido estrito, ou seja, na decisão arbitral.

É, sobretudo, nesta segunda dimensão da administração da justiça que se vão colocar as principais dificuldades e riscos. Tendo isso em conta e o fraco amadurecimento do tema, procuram-se adiantar algumas reflexões no que tange à sua admissibilidade ou aos riscos hipotéticos da sua admissibilidade.

Por fim – incidindo sobre um dos principais temas da IA –, aborda-se, ainda que perfunctoriamente, e tendo em mente a realidade da administração da justiça, o tópico da indemnização de danos causados por sistemas de IA usados na arbitragem de direito público.

2. Inteligência Artificial

2.1. Em geral

Como sinalizado acima, o surgimento da IA não é um tema novo, antes renovado, e, como refere frequentemente a literatura sobre estas matérias, já teve muitos invernos[2]. A razão para uma renovada atenção sobre este tema, em particular, pela ciência jurídica (com destaque aqui para o direito da arbitragem) resulta, desde logo, para efeitos de uma apreciação sobre o estado da arte, justificada pela renovada atenção que tem sido dada ao uso (e seu sucesso) da IA por várias ciências e ao seu impacto económico e social, surgindo o mundo como laboratório e, estando, segundo alguns, uma revolução digital em curso[3].

Ou seja, muito depois de em 1955, John McCarthy, ter sugerido o termo *"artificial intelligence"* num projeto de investigação em que descrevia a IA como um problema "de fazer as máquinas comportarem-se em certos sentidos que podem ser considerados inteligentes caso estivesse em causa um comportamento humano"[4], hoje, a IA oferece soluções para o melhoramento (ou pelo menos mudança) da vida do cidadão, do Estado e das empresas em diferentes aspetos, impondo o seu estudo por várias áreas do saber, ou seja, impondo a multidisciplinaridade.

Neste contexto, deve deixar-se expresso que são muitas as áreas em que a IA revela impacto, desde logo, na medicina, nos transportes, na agricultura, etc. Pode até referir-se, com alguma margem de segurança, que a área do Direito será uma das mais exigentes para a aplicação de sistemas de IA, em particular, pelo raciocínio analógico que convoca[5] e, no âmbito

[2] A. Oliveira, *Inteligência Artificial*, Lisboa, FFMS, 2019, p. 56.

[3] D. Helbing, "Societal, Economic, Ethical and Legal Challenges of the Digital Revolution: From Big Data to Deep Learning, Artificial Intelligence, and Manipulative Technologies", in D. Helbing (eds) *Towards Digital Enlightenment*, Springer, 2019, pp. 47 e ss.

[4] Apesar da noção ("inicial") referida, deve ter-se presente que se trata de uma definição altamente controvertida. A título de exemplo, atualmente, no contexto da linguagem institucional da Comissão Europeia, "a IA refere-se a sistemas que exibem comportamento inteligente, analisando seu ambiente e realizando ações – com algum grau de autonomia – para alcançar objetivos específicos". Cf. Comissão Europeia (2018) Comunicação da Comissão ao Parlamento Europeu, ao Conselho Europeu, ao Conselho, ao Comité Económico e Social e ao Comité das Regiões, COM(2018) 795 final.

[5] Sobre a racionalidade jurídica, entre nós e por referência à importância da analogia, cf. F.J. Bronze, "O jurista: pessoa ou andróide?", in Antunes Varela et al. (coord.), *Ab vno ad omnes*: 75 anos da Coimbra Editora, 1920-1995, Coimbra, Coimbra Editora, 1998, pp. 73-122.

da administração da justiça, pela garantia de princípios fundamentais de foro constitucional que não podem deixar de ser cumpridos.

Ainda num contexto enquadrador, deve ter-se presente que são muitas as posições favoráveis à IA, mas também são muitas as posições desfavoráveis[6].

Por um lado, não faltam adeptos da IA, completamente deslumbrados com a capacidade das máquinas para fazer traduções de diversas línguas, do domínio da máquina sobre o homem em determinados jogos. Por outro, abundam aqueles que condenam a IA identificando o uso de algoritmos secretos para a condenação criminal e o uso de máquinas de guerra. Aliás, não falta quem defenda que a IA será a última invenção da humanidade[7].

Independentemente do que se refere, a verdade é que parece que a IA se apresenta como uma poderosa tecnologia e está, nos tempos mais recentes "em todo lado" e "is really now", apontando os estudos mais recentes, nomeadamente, sobre o impacto do digital na economia nacional, que a transformação digital já arrancou de forma massiva. A IA não deixa já de influenciar a forma como vemos, ouvimos, percebemos e até pensamos certos temas do quotidiano.

2.2. Inteligência Artificial e Direito Público

No binómio IA e Direito surgem pelo menos duas relações relevantes, de uma banda, o exercício de certas tarefas jurídicas através de sistemas de IA e, de outra banda, a regulação pelo Direito do impacto da IA em certas áreas[8] e, desde logo, em atividades públicas. Centrando a atenção apenas no segundo tipo de relação e, em particular, no Direito Público deve, desde já, esclarecer-se que a questão que se deve colocar é se a atividade pública desenvolvida por sistemas de IA impõe ou não um conjunto de preocupações a que não pode ficar alheio este ramo do Direito.

É, desde já, de destacar que hoje as administrações públicas já reconhecem grandes benefícios na exploração de sistemas baseados em IA

[6] R. Calo, *Artificial Intelligence Policy: A Primer and Roadmap*, 8, 2017. Disponível em: SSRN: https://ssrn.com/abstract=3015350 ou http://dx.doi.org/10.2139/ssrn.3015350. Consultado em 5 de maio de 2022.

[7] J. Barrat, *our final invention. Artificial intelligence and the end of the human era*, st. Martin's publishing group, 2015.

[8] Entre muitos, cf. A.H. Sousa, *Direito e Inteligência Artificial*. Universidade Católica Editora, 2020.

para o desempenho de determinadas tarefas que imponham, desde logo, o tratamento de *Big Data* para efeitos de controlo de comportamentos individuais e coletivos ou deteção de formas de ilegalidades, especialmente cibercrime[9]. Por esta razão, não surpreende que vários Estados e, nomeadamente, o português estejam a desenvolver projetos assentes em IA para o exercício de determinadas atividades administrativas, seja no setor da saúde, por exemplo, por via do "reconhecimento de padrões imagiológicos com relevância clínica, nomeadamente em oncologia, através de visão computacional"; seja no setor da educação, por exemplo, através da "tradução de sinais de linguagem gestual para a linguagem corrente"; ou no setor das infraestruturas e cidades inteligentes, através da "monitorização da condição das infraestruturas, por via de sensorização e análise preditiva"[10].

Importa, a este propósito, ter presente que a Administração Pública revela um papel único, emergindo daqui atores que operam no âmbito de ecossistemas políticos, culturais e socioeconómicos altamente diversificados e complexos, diferindo das organizações do sector privado em vários aspetos e que a atuação desta é/deve ser motivada pela ideia-guia de Estado de Direito, visando a realização do interesse público e a criação de valor em vez de lucro.

Destarte, quer na qualidade de utilizador, quer de produtor de soluções baseadas em IA, as escolhas da Administração Pública são determinadas por políticas específicas e devem reger-se por um conjunto de princípios que definem o próprio Direito Administrativo. De destacar, que a atividade administrativa que pode beneficiar do apoio de sistemas de IA não se limita a prestar serviços, mas também a regular a atividade de certos *players* que exercem atividades de forte interesse comum, afetando diretamente o estatuto jurídico, os direitos e os interesses dos cidadãos e das empresas. O que significa que o exercício das diversas funções administrativas assentes em sistemas de IA deve ser controlado pelo Direito Administrativo.

[9] J. Cobbe, "Administrative Law and the Machines of Government: Judicial Review of Automated Public-Sector Decision-Making". Disponível em: https://ssrn.com/abstract=3226913. Consultado em 20 de maio de 2022

[10] Para uma noção mais compreensiva, cf. Guia para a Inteligência Artificial na Administração Pública. Disponível em: https://tic.gov.pt/documents/37177/293193/GuIA+Responsa%CC%81vel+para+a+IA+na+AP.pdf/b7b73227-7750-f6eb-a3a8-21bfd97d1e40. Consultado em 25 maio de 2022.

Como acontece com todas as tecnologias disruptivas, a par dos benefícios e oportunidades, existem riscos potenciais. Estes riscos – adianta-se já – têm o potencial de infringir um ou vários princípios fundamentais da atividade administrativa, nomeadamente, o princípio da igualdade, da transparência, da fundamentação das decisões administrativas e outras dimensões do princípio da boa administração em sentido lato. Ou seja, o Direito Administrativo é obrigado a caminhar num terreno pouco seguro, não apenas por causa das características da IA (a opacidade, a complexidade, a dependência dos dados, o comportamento autónomo), mas também porque o uso de sistemas de IA pela Administração Pública ainda se encontra num processo de amadurecimento.

Neste contexto, assume especial relevância o controlo assente em algoritmos, emergindo um novo tipo de governança, muitas vezes designada de *Algorithmic Regulation*[11] em que as regras técnicas contidas nos algoritmos digitais "concorrem" com as regras sociais e as regras legais. Assim, o Direito Administrativo enfrenta vários desafios sempre que a Administração Pública mobiliza sistemas de IA e, em particular, quando estejam em causa algoritmos assentes em técnicas de aprendizagem automática, devendo assegurar a regulação dos riscos potenciais de atividades administrativas discriminatórias, não transparentes, não fundamentadas e não responsabilizantes.

Os referidos riscos resultam do viés algorítmico, que pode amplificar preconceitos discriminatórios presentes nas avaliações conduzidas pelo ser humano, devendo o Direito Administrativo garantir que os sistemas de IA mobilizados pela Administração Pública não são discriminatórios, evitando ou corrigindo os vieses algorítmicos.

Acresce que tais riscos podem ainda resultar da opacidade e complexidade dos algoritmos, devendo ser garantida a transparência da atuação administrativa inteligente, impondo-se uma obrigação de publicidade ativa da Administração Pública, desde logo, na difusão das regras básicas em que se alicerçam os algoritmos e ainda a "explicabilidade" e *accountability* das decisões, isto é, a imposição de soluções que permitam explicar, inspecionar e reproduzir as decisões e a utilização dos dados por esses sistemas.

[11] K. Yeung e M. Lodge, "Algorithmic Regulation: An Introduction", in Karen Yeung e Martin Lodge (eds) *Algorithmic Regulation*, Oxford, Oxford University Press, 2019. Também disponível em: SSRN: https://ssrn.com/abstract=3483693 ou http://dx.doi.org/10.2139/ssrn.3483693. Consultado em 5 de maio de 2022.

3. Arbitragem de Direito Público

3.1. Arbitragem em geral

Uma nota comum aos temas em discussão – IA e Arbitragem – é a de que ambas são justificadas pela procura de alternativas que garantam uma maior eficiência, desde logo, temporal e uma maior qualidade, seja por via da especialização, no caso da arbitragem, seja pelo exponencial aumento da capacidade de tratamento de dados, no caso da IA e, no que ao setor público diz respeito, sobretudo, no aumento da eficácia na execução de tarefas públicas[12].

Acresce que a arbitragem tende (ainda) a ter como justificação a característica do sigilo e convergentemente tal característica também se tende a impor em certas situações (por razões de proteção de propriedade intelectual) em matéria de IA, em particular, o sigilo (e opacidade) dos algoritmos[13]. Sob a capa das três referidas características – celeridade[14], especialização e sigilo – a arbitragem tem beneficiado do denominado *favor arbitratum* e experimentado um grande desenvolvimento, seja ao nível internacional, seja ao nível interno e também não é de desconsiderar que a IA tem beneficiado das cautelas da regulação não impedir o seu desenvolvimento.

Apesar de a nossa atenção se centrar na arbitragem interna, não podemos deixar de referir que a arbitragem internacional se tem mostrado absolutamente dinâmica, sendo muitas das vezes um verdadeiro *laboratório de soluções arbitrais* que não deixam de inspirar a arbitragem interna. Assim acontece também na matéria que nos ocupa – o uso de soluções de IA no âmbito da arbitragem – em que os principais contributos, à data de hoje, se encontram justamente nas palavras dos arbitralistas internacionais[15].

[12] Cobbe, "Administrative Law and the Machines of Government...", pp. 2 e ss.

[13] J.J. Vega Iracelay, "Inteligencia artificial y derecho: principios y propuestas para una gobernanza eficaz", *Informática y Derecho: Revista Iberoamericana de Derecho Informático* (segunda época), nº. 5, 2018, p. 22.

[14] R.S. Pereira e J.C. Lopes, "A inteligência artificial na decisão arbitral", *Revista Internacional de Arbitragem e Conciliação*, Ano XVI, 2021, Almedina, pp. 28 e ss; M.M. Barbosa, "Do juiz árbitro ao software juiz-árbitro: uma evolução possível?", *Revista Internacional de Arbitragem e Conciliação*, Ano XVI, 2021, Almedina, p. 40.

[15] D.H. Lindquist e Y. Dauta, "AI in International Arbitration: Need for the Human Touch," 2021 J. Disp. Resol. (2021). Disponível em: https://scholarship.law.missouri.edu/jdr/vol2021/iss1/6. Consultado em 5 de maio de 2022.

No contexto nacional a arbitragem tem uma tradição de várias décadas, seja no âmbito do direito privado, *maxime* na resolução de litígios civis e comerciais[16], seja no âmbito direito público, em particular, no âmbito do Direito Administrativo[17].

O desenvolvimento da arbitragem beneficiou desde logo da proteção oferecida pela *umbrella* constitucional do artigo 209.º, n.º 2, que admite a criação de tribunais arbitrais.

De uma perspetiva infraconstitucional, para além da atual Lei da Arbitragem Voluntária (LAV), aprovada pela Lei n.º 63/2011, de 14 de dezembro, o ordenamento jurídico é rico na previsão de situações da vida que, caso causem litígios, podem ser resolvidos por arbitragem. Aliás, a própria paleta de centros de arbitragem autorizados pelo Ministério da Justiça demonstra a variedade de áreas de atuação e os diferentes modelos de organização[18], com destaque para o franco investimento (nacional e europeu) que tem sido feito em matéria de resolução de litígios na área do consumo através de arbitragem[19].

Neste estádio de evolução da arbitragem, assumida entre nós como uma verdadeira função jurisdicional[20], surgem as primeiras reflexões

[16] Por todos, A.M. Cordeiro, *Tratado da arbitragem: em comentário à Lei 63/2011, de 14 de dezembro*, Coimbra, Almedina, 2015, pp. 67 e ss; D.M. Vicente *et al*, *Lei da arbitragem voluntária: anotada*, 2.ª ed., Coimbra, Almedina, 2015, pp. 15-115; M.F. Gouveia, *Curso de resolução alternativa de litígios*, 3.ª ed., Coimbra, Almedina, 2014, pp. 119-315; M.P. Barrocas, *Manual de arbitragem*, Almedina, Lisboa, 2013, pp. 42 e ss.

[17] Por todos, R. Pedro, "Arbitragem e outros meios de resolução de litígios de direito administrativo, em especial, em matéria de contratos públicos: *entre a efectividade e as dúvidas...*", in T. Serrão (coord.), *Estudos jurídicos por ocasião do centenário da AAFDL*, Lisboa, AAFDL, 2018, pp. 129-155; R. Pedro, "Questões relativas à institucionalização da arbitragem administrativa: *um puzzle em construção, um palimpsesto* or something different?", in C.A. Gomes, R. Pedro (coord.), *Arbitragem Administrativa em debate: Problemas gerais e Arbitragem em matéria de contratos públicos*, Lisboa, AAFDL, 2018, pp. 27 e ss. Para uma noção dos regimes de arbitragem administrativa, cf. R. Pedro, *Coletânea de legislação sobre arbitragem de direito público e regimes conexos: pretexto, contexto e texto*, Lisboa, AAFDL, 2018, pp. 29 e ss.

[18] Cf. lista disponível em: http://www.dgpj.mj.pt/sections/gral/arbitragem/anexos-arbitragem/centros-de-arbitragem4174/downloadFile/attachedFile_f0/Lista_CA_autorizados_MJ.pdf?nocache=1529422883.02. Consultado em 5 de maio de 2022.

[19] Cf. por todos, J.M. Carvalho, J.P. Pinto-Ferreira e J.C. Carvalho, *Manual de resolução alternativa de litígios de consumo*, Almedina, Lisboa, 2017, *passim*.

[20] R. Pedro, *Responsabilidade civil do Estado pelo mau funcionamento da administração da justiça: fundamento, conceito e âmbito*, Coimbra, Almedina, 2016, pp. 539 e ss.

(numa postura absolutamente ambiciosa) sobre a possibilidade de o árbitro poder ser substituído por sistemas de IA ou, numa atitude menos ambiciosa, de os tribunais arbitrais e dos centros de arbitragem poderem utilizar técnicas de IA para desenvolver as suas funções de administração da justiça arbitral.

3.2. Arbitragem de Direito Público

A admissão da arbitragem para a resolução de litígios de Direito Público, em particular, de Direito Administrativo e de Direito Fiscal tem reivindicado alguns ajustamentos à atividade pública em causa com destaque para os princípios que regulam esta atividade.

Em termos muito sintéticos, a arbitragem de Direito Público tem assumido dois tipos de regulação distintas. Por um lado, uma regulação que parte da arbitragem prevista na LAV, a que se soma um regime especial de Direito Público: assim acontece com a arbitragem de Direito Administrativo, prevista no Código de Processo nos Tribunais Administrativos (CPTA). Por outro lado, uma regulação autónoma, em que se procura concentrar as especialidades da arbitragem num diploma, com posterior remissão para outros diplomas de Direito Público: assim acontece com a arbitragem em matéria de direito tributário, prevista no Regime Jurídico de Arbitragem em Matéria Tributária (RJAT)[21].

De entre as principais preocupações que têm sido alinhavadas no contexto do Direito Público, destacam-se as seguintes. De notar que, apesar das últimas alterações ao CPTA sobre arbitragem administrativa, parece-nos que se mantém a necessidade de discutir a evolução do regime da arbitragem administrativa em determinados tópicos específicos, dos quais se sublinham os seguintes[22]:

(i) o estatuto dos árbitros (requisitos essenciais e meios adequados de comprovação);

[21] Aprovado pelo Decreto-Lei n.º 10/2011, de 20 de janeiro (com alterações).

[22] Muitas daquelas questões já encontram reflexão na obra *Arbitragem Administrativa em debate: Problemas gerais e Arbitragem em matéria de contratos públicos*, C.A. Gomes, R. Pedro (coord.), Lisboa, AAFDL, 2018; vejam-se, em particular, os contributos de Vasco Moura Ramos; Diogo Calado/Manuel da Silva Gomes; Francisco Paes Marques; Paulo Dias Neves; Carlos Alberto Fernandes Cadilha; Ricardo Pedro.

(ii) a fundamentação de *todas* as decisões arbitrais[23];
(iii) o papel do Ministério Público na arbitragem administrativa[24];
(iv) o recurso da decisão arbitral;
(v) a oportunidade e/ou necessidade de uma segunda "instância" arbitral;
(vi) a necessidade de um regime processual (ainda que mínimo) para a arbitragem administrativa em geral (?) e, em particular, para a arbitragem urgente (pré-contratual) em cumprimento do disposto nas Diretivas Recursos (e desde logo interpretando/explorando/adaptando as soluções previstas nas referidas Diretivas à luz da natureza da arbitragem);
(vii) um regime específico para assegurar a posição dos contrainteressados e de terceiros na arbitragem administrativa;
(viii) um regime específico para a institucionalização da arbitragem administrativa;
(ix) uma lei (única) para a arbitragem de Direito Público.

Embora este não seja o momento indicado, do acima exposto resulta a necessidade de um regime de Direito Público mais densificado, necessidade esta que ainda não foi satisfeita pela Lei n.º 118/2019, de 17 de setembro. Por outro lado, como adiante se verá, alguns dos referidos tópicos específicos impõem também algumas particularidades em matéria de uso de sistemas de IA na arbitragem de Direito Público.

4. Inteligência Artificial e Arbitragem de Direito Público

4.1. Administração da Justiça arbitral (em sentido estrito e em sentido amplo)

A compreensão do impacto da IA na arbitragem pressupõe que se delimite, ainda que sinteticamente, o campo da Administração da Justiça em que a IA poderá atuar. Assim, importa ter em conta as noções de Administração

[23] J. M. Sérvulo Correia, "A arbitragem dos litígios entre particulares e a Administração Pública sobre situações regidas pelo direito administrativo", in *Estudos em memória do Conselheiro Artur Maurício*, Coimbra, Coimbra Editora, 2014, p. 718.

[24] Vejam-se a este propósito as considerações feitas por J.M. Sérvulo Correia, "A representação das pessoas coletivas públicas na arbitragem administrativa", in *Estudos de direito da arbitragem em Homenagem a Mário Raposo*, Lisboa, Universidade Católica Editora, 2015, pp. 124 e ss.

da Justiça (arbitral) em sentido estrito e de Administração da Justiça (arbitral) em sentido amplo.

No que tange à primeira, está em causa o exercício da função de julgar[25], que apenas pode ser exercida pelo árbitro ou árbitros. No entanto, como se verá mais adiante, ainda estamos longe de se poder referir e, por alternativa, preferir, uma jurisprudência arbitral artificial em detrimento da jurisprudência arbitral humana.

No que se refere à segunda – Administração da Justiça arbitral em sentido amplo – estão em causa as atividades do árbitro, do tribunal arbitral ou do centro de arbitragem que não se circunscrevam à função de julgar. Nesta matéria destacam-se as diferentes funções dos centros de arbitragem: (i) disponibilização de uma lista de árbitros; (ii) disponibilização do regulamento de arbitragem que conformará o procedimento arbitral; (iii) cedência de instalações onde decorrerá a arbitragem, com tudo o que essa atividade envolve (salas, sistemas de gravação e transcrição das sessões e outros serviços de apoio logístico), e (iv) disponibilização de serviços administrativos de apoio às partes e aos árbitros e de acompanhamento dos procedimentos arbitrais. O exercício de tais funções parece encontrar já grande apego na realidade, uma vez que a tecnologia há muito que chegou à arbitragem, desde logo, por via da video-conferência, das gravações eletrónicas, da digitalização de documentos e do uso de bases de dados para recolha de informação jurídica[26].

4.2. Alguns tópicos problemáticos

Adiante identificaremos alguns dos tópicos mais problemáticos que surgem a propósito do uso sistemas de IA na Arbitragem de Direito Público. A título contextual é já de ter em conta que ainda se encontram muitos limites, em particular, tecnológicos, a propósito do uso de IA na Arbitragem em geral e também na de Direito Público. Desde logo, deve ter-se alguma cautela com os conteúdos que se integram (ou que alguns pretendem que se integrem) no discurso jurídico, pois pode acontecer que nem sempre as promessas dos interessados em comercializar soluções de IA para a área da Administração da Justiça correspondam aos padrões

[25] R. Pedro, *Responsabilidade civil do Estado...*, p. 204.

[26] C. Sim, "Will Artificial Intelligence Take Over Arbitrators?", *Asian Journal of International Arbitration*, 14, 2018, pp. 1 e ss.

exigíveis para este setor de atividade, em particular, atendendo à relevância que lhe é atribuída no contexto de Estado de Direito e no cumprimento do *"due process of law"*.

A este propósito, como a doutrina não deixa de referir, não é difícil reconhecer alguns limites ao uso de IA na arbitragem[27], nomeadamente, o trabalho jurídico é mais difícil do que parece[28]; pelo menos no início a ferramenta de IA é tão boa quanto o seu criador; essencial à natureza da arbitragem parece estar a confiança no humano, a reputação e o profissionalismo do árbitro humano. Por fim, na arbitragem de Direito Privado, por regra, as decisões arbitrais são sigilosas, ou seja, não são objeto de publicação. Este facto de as decisões arbitrais não serem objeto de publicidade impede a construção de uma base de dados completa e consistente. Repare-se que este problema tende a não existir a propósito da arbitragem de Direito Administrativo que impõe que as decisões arbitrais sejam o objeto de publicidade (cf. artigo 185.º-B do CPTA)[29] e de direito fiscal (cf. artigo 16.º, alínea g) do RJAT).

4.2.1. Possibilidade e admissibilidade de um árbitro não humano

4.2.1.1. Enquadramento

Deve ter-se presente que se começa pelo cenário mais exigente, que é o de a ciência computacional já fornecer (ou não) a possibilidade de um agente inteligente artificial assumir de forma adequada a função de árbitro, desde logo, na hipótese mais radical, substituindo-o[30]. Para além da dimensão técnico-computacional[31], a questão que a ciência jurídica deve colocar é no sentido da *admissibilidade jurídica* de um árbitro-robô, tratando-se

[27] C. SIM, "Will Artificial Intelligence Take Over Arbitrators?", pp. 1 e ss.

[28] Embora num estágio distinto de desenvolvimento da IA, mas com interesse, cf. A.M. HESPANHA, "Os juristas que se cuidem: dez anos de inteligência artificial e direito", *Themis. Revista da Faculdade de Direito da UNL*, Lisboa, a.1, n.1 (2000), pp. 139-169.

[29] R. PEDRO, "Arbitragem de Direito Público: um instituto em permanente evolução", in R. PEDRO, *Estudos sobre Arbitragem (em especial de Direito Público)*, Lisboa, AAFDL, 2019, pp. 25 e ss.

[30] Contra, com argumentos no plano metodológico, cf. A.L. DIAS PEREIRA, "Inteligência artificial na decisão jurisprudencial?", *Jurismat. Revista Jurídica do Instituto Superior Manuel Teixeira Gomes*, n.º 12 (2020), pp. 85 e 87; M.M. BARBOSA, "Do juiz árbitro ao software juiz-árbitro...", pp. 44 e ss.

[31] R. SUSSKIND, *Online Courts and the Future of Justice*, Oxford, Oxford University Press, pp. 277 e ss.

de uma das questões mais interessantes, desafiantes, controversas e difíceis nesta matéria da utilização de sistemas IA na arbitragem[32] e não isenta de riscos. Por estas razões, compreende-se que a doutrina não seja unânime[33].

Ou seja, em termos práticos, em vez de se escolher um árbitro com base na nacionalidade, no conhecimento técnico e no conhecimento jurídico, as partes escolheriam um programa computacional (árbitro inteligente artificial) e este teria o conhecimento necessário conforme especificado pelas partes e seria capaz de entender os argumentos, apurar fatos e determinar a lei aplicável, permanecendo independente e imparcial.

Aqui chegados, ao jurista cabe a questão de saber se tal hipótese seria legalmente possível no nosso atual quadro legal. Ou seja, cabe refletir acerca dos problemas que se levantarão a propósito da existência, ainda que no futuro, de um sistema de IA que substitua o árbitro humano.

A título preliminar, deve deixar-se claro que qualquer resposta que venha a ser oferecida no sentido de um agente inteligente artificial substituir um árbitro deve, necessariamente, cumprir o que se pode designar de teste fundamental de cumprimento de *standards* de administração da justiça, em particular, o direito a um processo equitativo, devido ou justo ("*due process of law*").

Isto é, na nossa opinião toda e qualquer solução que venha a ser proposta para o cumprimento da função jurisdicional, ainda que privada,

[32] R.S. Pereira e J.C. Lopes, "A inteligência artificial na decisão arbitral...", p. 12; M.M. Barbosa, "Do juiz árbitro ao software juiz-árbitro...", pp. 44 e ss.

[33] Em sentido afirmativo, cf. E. Volokh, "Chief Justice Robots", *Duke Law Journal*, 68, 2019, pp. 1135-1192. Disponível em: https://scholarship.law.duke.edu/dlj/vol68/iss6/2. Consultado em 5 de maio de 2022. A este propósito, R. Susskind, *Online Courts and the Future of Justice...*, pp. 277 e ss, levanta cinco questões controvertidas, a este propósito: (i) se é tecnicamente possível que as máquinas substituam os juízes?; (ii) mesmo que fosse tecnologicamente possível, seria moralmente aceitável que as máquinas assumissem quaisquer funções judiciais?; (iii) se tais sistemas seriam comercialmente viáveis, ou seja, será que os seus benefícios económicos ultrapassariam os seus custos?; (iv) tal admissão seria culturalmente sustentável – poderiam tais sistemas ser assimilados sem rejeição em instituições judiciais dominadas por procedimentos envelhecidos, com juízes humanos no seu núcleo?; (v) será jurisprudencialmente coerente o desenvolvimento de tais sistemas? haverá algo específico sobre a estrutura e natureza da própria tomada de decisão judicial que a coloque, parcial ou totalmente, para além do âmbito do cálculo?

deve garantir os princípios de *due process of law*[34]. Tal exigência resulta não apenas da nossa Constituição, mas ainda e de modo mais concreto da LAV e no que à arbitragem de Direito Público diz respeito, será de ter em conta o disposto no CPTA e no RJAT.

A resposta tende a ser mais facilitada na arbitragem internacional uma vez que alguns instrumentos jurídicos não exigem que os árbitros sejam humanos. Assim acontece com a Convenção de Nova Iorque[35], no artigo I, n. 2, que prevê "2 – Entende-se por "sentenças arbitrais" não apenas as sentenças proferidas por árbitros nomeados para determinados casos, mas também as que forem proferidas por órgãos de arbitragem permanentes aos quais as Partes se submeteram".

À luz do direito interno – deixando o tema da constitucionalidade desta opção para outra oportunidade – o disposto no artigo 9.º, n.º 1 da LAV refere expressamente que os árbitros devem ser "pessoas". De notar que a LAV foi inspirada na Lei da UNCITRAL que prevê no artigo 2.º, alínea b) "tribunal arbitral" significa um árbitro único ou um painel de árbitros". Apesar do que se refere, facilmente se percebe que a preocupação do legislador não foi a de admitir ou não admitir árbitros humanos ou agentes inteligentes artificiais (caso esta solução venha a ser possível de um ponto de vista técnico-computacional), mas antes de regular que tipo de pessoas, singulares e não coletivas, podem ou não ser árbitros e da sua imputabilidade, isto é, que seja uma pessoa singular plenamente capaz.

4.2.1.2. *"Black boxes"* e direito a um processo devido

Um primeiro tópico sobre que se deve ponderar a propósito da utilização de um sistema de IA na arbitragem deverá ser o da sua sujeição a sindicância pública, ou seja, previamente à utilização de um sistema de IA no exercício de funções arbitrais deve ter lugar uma aprovação pública desta[36], podendo ter lugar através de um "ato público", revelador de um

[34] C. Sim, "Will Artificial Intelligence Take Over Arbitrators?", pp. 1 e ss.

[35] Ratificada pelo Decreto do Presidente da República nº 52/94, de 8 de Julho.

[36] J. Valero Torrijos, "Las garantías jurídicas de la inteligencia artificial en la actividad administrativa desde la perspectiva de la buena administración", *Revista catalana de dret públic*, n.º 58, 2019, p. 88.

procedimento administrativo adequado, em particular, quando estejam em causa algoritmos[37].

Pois, só desse modo se podem ter em conta os potenciais riscos destes sistemas de IA e da sua adequação – desde logo, pelo cumprimento dos três testes impostos pelo princípio da proporcionalidade no modo/risco do exercício da atividade arbitral.

Uma das características do uso de algoritmos é a opacidade e não explicabilidade das decisões, surgindo estes como *black boxes*[38], o que traz o problema da sua compatibilidade com o cumprimento do processo devido imposto também na arbitragem e em particular na arbitragem de Direito Público e suas especificidades. Características que têm levado a doutrina a defender: *'"keep humans in the loop"*[39]. As características de alguns sistemas de IA, com particular incidência nos animados por algoritmos – de *opacidade*[40] e de *não explicabilidade* das suas decisões – convoca o papel do *processo legal devido*[41], desde logo, nas dimensões transparência e fundamentação das decisões[42].

No que tange à garantia da transparência torna-se imperioso reconhecer uma garantia que inclua não apenas o resultado da aplicação, mas ainda, e, sobretudo, a origem dos dados e o tratamento realizado[43].

[37] É discutível qual a natureza jurídica do algoritmo e daí qual o ato público para a sua aprovação. De todo o modo, a principal preocupação parece ser a da previsão de um procedimento adequado.

[38] Y. Bathaee, "The Artificial Intelligence Black Box and the Failure of Intent and Causation", *Harvard Journal of Law & Technology*, 889, 2018, pp. 890–891; S. Chesterman, "Through a Glass, Darkly: Artificial Intelligence and the Problem of Opacity", NUS Law Working Paper 2020/11), 17; R. Susskind, *Online Courts and the Future of Justice...*, p. 288; J.A. Allen, "Agency and liability", in Charles Kerrigan (Ed.) *Artificial Intelligence: Law and Regulation*. Cheltenham, UK – Northampton, MA, USA: Edward Elgars, pp. 148 e ss.

[39] J.A. Allen, "Agency and liability...", p. 150.

[40] R. Susskind, *Online Courts and the Future of Justice...*, p. 288; M.M. Barbosa, "Do juiz árbitro ao software juiz-árbitro...", p. 47.

[41] R. Pedro, "Arbitragem institucional e centros de arbitragem de direito público", in C.A. Gomes, D.S. Farinho, R. Pedro, *Arbitragem e Direito Público*, Lisboa, AAFDL, 2015, pp. 99-131.

[42] S. Appel e C. Coglianese, C., "Algorithmic Governance and Administrative Law", in W. Barfield (Ed.), *The Cambridge Handbook of the Law of Algorithms*, Cambridge, Cambridge University Press, p. 166.

[43] J. Valero Torrijos, "Las garantías jurídicas de la inteligencia artificial...", p. 89.

A necessidade da atenção que deve ser dada, no sentido de ser assegurada a transparência, resulta ainda do facto de boa parte dos sistemas de IA usados na arbitragem poderem ser criados por entidades privadas, devendo evitar-se que aquela fique refém destas[44] ou que se tenham de orientar pelos padrões de atuação destas.

Como regra, deve ser de admitir uma obrigação de publicidade ativa, desde logo, na difusão das regras básicas em que se alicerçam os algoritmos – o que pressupõe que estejam em causa sistemas de IA transparentes, isto é, que permitam explicar, inspecionar e reproduzir as decisões e a utilização dos dados por esses sistemas[45]. Em síntese, o princípio da transparência que deve imperar sobre a administração da justiça impõe que esta para além de *ser* deve *parecer* efetiva[46] –, pelo que a arbitragem de Direito Público dá-se mal com *"black boxes"*[47], isto é, com processos ou raciocínios implícitos de sistemas de IA.

A especial exigência do princípio do devido processo legal impõe ainda que a atividade arbitral suportada por sistemas de IA seja devidamente justificada, tendo em conta as devidas especificidades das decisões em que se admitem tais sistemas e que, sobretudo, tais decisões sejam compreensíveis para uma pessoa que não disponha de conhecimentos para avaliar o alcance da tecnologia utilizada[48].

As referidas exigências de fundamentação devem ter em conta a singularidade dos sistemas de IA usados na arbitragem de Direito Público[49];

[44] F. Pasquale, *The Black Box Society: The Secret Algorithms That Control Money and Information*, Harvard University Press, 2015, p. 2.

[45] No contexto europeu, cf. Proposta de Regulamento do Parlamento Europeu e do Conselho que estabelece regras harmonizadas em matéria de inteligência artificial (Regulamento Inteligência Artificial) e altera determinados atos legislativos da União, COM/2021/206 final, p. 33, sendo de destacar que "os sistemas de IA de risco elevado devem ser acompanhados de documentação pertinente e instruções de utilização e incluir informações concisas e claras, nomeadamente informações relativas a possíveis riscos para os direitos fundamentais e de discriminação, se for caso disso".

[46] R. Pedro, *Responsabilidade civil do Estado...*, p. 345.

[47] T. Wischmeyer, "Artificial Intelligence and Transparency: Opening the Black Box", in T. Wischmeyer, T. Rademacher, (Ed.) *Regulating Artificial Intelligence.* Springer, Cham., pp. 75–101.

[48] J. Valero Torrijos, "Las garantías jurídicas de la inteligencia artificial...", p. 90.

[49] Ganha aqui relevo o contributo de peritos para explicar o funcionamento básico dos sistemas de IA. Cf. S. Appel e C. Coglianese, C., "Algorithmic Governance and Administrative Law...", p. 177.

sendo de assumir que a falta de compreensibilidade da decisão arbitral pode levar à sua invalidade.

O problema da falta fundamentação das decisões arbitrais (o obstáculo mais significativo ao uso da AI na arbitragem internacional [o mesmo vale para a arbitragem interna] é que nenhum dos sistemas atuais fornece razões e explicações para sua decisão, ou seja, fundamentalmente, o atual estágio de desenvolvimento da IA parece incompatível com a arbitragem internacional porque o método de raciocínio não é também transparente[50]) surge em violação do disposto no artigo 205.º, n.º1 da Constituição e no artigo 42.º, n.º 3 da LAV e pode ser fundamento de anulação da decisão arbitral, tal como previsto no artigo 46.º, n.º 3, alínea a), subalínea vi) da LAV.

A referida característica da opacidade dos sistemas de IA reflete-se também no tema da impugnação das decisões arbitrais. Ou seja, para além do âmbito de impugnação permitido pela ação de anulação prevista no artigo 46.º da LAV e da regra da irrecorribilidade presente no artigo 39.º, n.º 4 da LAV, onde o problema não deixa de se colocar[51], a verdade é que este assume outra dimensão – agudizando-se – quando nos encontramos, como acontece no presente estudo, num cenário de arbitragem de Direito Público – em que para além da ação de anulação referida, é previsto um regime especial de recursos, de algum momo contrariando a regra da irrecorribilidade prevista na LAV.

Como facilmente se compreende a incompreensão dos fundamentos da decisão arbitral pelas partes e mandatário impede a garantia do recurso da mesma, pelo que, para além da ação da anulação, também a efetividade do direito ao recurso previsto no CPTA (artigo 185.º-A), no Código dos Contratos Públicos (artigo 476.º, n.º 5)[52] e no RJAT (artigos 25.º e 26.º) é posta em crise.

Como se referiu os tópicos acima alinhavados tendem a bulir com o processo legalmente devido, que encontra cabimento em várias normas,

[50] P. Lalive, "On the Reasoning of International Arbitral Awards", *Journal of International Dispute Settlement*, 2010, 1, pp. 55–65.

[51] R.S. Pereira e J.C. Lopes, "A inteligência artificial na decisão arbitral...", pp. 22, 30, 31.

[52] Sobre este regime, cf. R. Pedro, "Arbitragem e outros meios de resolução de litígios de direito administrativo, em especial, em matéria de contratos públicos...", pp. 129-155.

nomeadamente, no artigo 20.º, n.º 4 da CRP e no artigo 6.º, n.º 1 da Convenção Europeia dos Direitos do Homem[53].

Acresce ainda que tais preocupações assumem também uma dimensão ética[54], vindo a encontrar eco num documento da *European Commission for the Efficiency of Justice* (CEPEJ) denominado "*European Ethical Charter on the Use of Arti cial Intelligence in Judicial Systems and their environment Adopted at the 31st plenary meeting of the CEPEJ (Strasbourg, 3-4 D)*"[55]. Neste documento chama-se à atenção para que o uso de tais ferramentas e serviços nos sistemas de administração da justiça procura melhorar a eficiência e a qualidade da justiça, e deve ser encorajado. Deve, no entanto, ser levado a cabo com responsabilidade, no respeito pelos direitos fundamentais dos indivíduos, tal como previsto na (i) Convenção Europeia dos Direitos do Homem, (ii) na Convenção sobre a Proteção de Dados Pessoais e (iii) em conformidade com outros princípios fundamentais (desde logo, os princípios referidos abaixo, que devem orientar o enquadramento das políticas de justiça neste campo).

Nesta sequência, são previstos cinco princípios, por um lado, o princípio do cumprimento dos direitos fundamentais, ou seja, o desenho e a implementação da inteligência artificial deve ser compatível com os direitos fundamentais; por outro, o princípio da não discriminação, devendo ser prevenido especificamente o desenvolvimento ou a intensificação de qualquer discriminação entre indivíduos ou grupos de indivíduos; por outro, o princípio da qualidade e segurança, em particular, no que diz respeito ao processamento de decisões e dados judiciais, utilizando fontes certificadas e dados intangíveis com modelos concebidos de forma multidisciplinar, num ambiente tecnológico seguro; por outro, o princípio da transparência, imparcialidade e justiça, devendo-se tornar os métodos de processamento de dados acessíveis e compreensíveis e autorizar auditorias externas e, por fim, o princípio "sob controle do utilizador", de modo a impedir uma abordagem prescritiva e garantir que os utilizadores sejam atores informados e controlem as suas escolhas.

[53] Cf., entre outros, R. Pedro, *Responsabilidade civil do Estado...*, pp. 90 e ss.

[54] R. Rosário, "Ética e inteligência artificial no Conselho da Europa", *Anatomia do Crime*, n.º 12 (Jul.-Dez.), pp. 133-167.

[55] Cf. Carta Europeia de Ética sobre o Uso da Inteligência Artificial em Sistemas Judiciais e seu ambiente. Disponível em: https://rm.coe.int/carta-etica-traduzida-para-portugues-revista/168093b7e0. Consultado em 20 de maio de 2022.

É ainda de destacar que a proposta de Regulamento Inteligência Artificial[56], classifica como risco elevado, nos termos do artigo 6.º, n.º 2, isto é, que criam riscos significativos para os direitos fundamentais das pessoas, os sistemas de IA usados na administração da justiça: "Sistemas de IA concebidos para auxiliar uma autoridade judiciária na investigação e na interpretação de factos e do direito e na aplicação da lei a um conjunto específico de factos".

4.2.2. Possibilidade e admissibilidade de um árbitro ser nomeado por um sistema de IA

A procura de meios que permitam uma mais qualificada forma de seleção do árbitro apresenta-se como um tema que tem ocupado alguma doutrina[57]. A vantagem que a IA pode oferecer resulta de a informação disponível para se selecionar um árbitro ser em regra muito escassa ("*cenário de informação insuficiente*"), desde logo, no contexto internacional onde a questão está a ser colocada: entendendo-se que a escassez de informação detalhada sobre os potenciais árbitros a nomear não permite a melhor escolha do árbitro.

De acordo com a doutrina[58], esta falta de informação é cada vez mais intolerável à luz das preocupações relativas à falta de diversidade entre os árbitros internacionais e à maior pressão para encontrar novos árbitros – sobre os quais há escassez de informações. Neste contexto de défice de informação para a nomeação do árbitro mais adequado para a arbitragem em causa a IA procura resolver esses problemas levando a análise de dados para a nomeação do árbitro.

Segundo a referida doutrina, os advogados internos estão a exigir mais do que mera intuição para justificar as nomeações dos árbitros. Mesmo as instituições arbitrais, que também nomeiam árbitros, precisam cada vez mais de informações para otimizar as suas nomeações e permanecer competitivas.

[56] Proposta de Regulamento do Parlamento Europeu e do Conselho que estabelece regras harmonizadas em matéria de inteligência artificial (Regulamento Inteligência Artificial) e altera determinados atos legislativos da União, COM/2021/206 final

[57] M.M. Barbosa, "Do juiz árbitro ao software juiz-árbitro...", p. 41.

[58] C.A. Rogers, Arbitrator Intelligence: From Intuition to Data in Arbitrator Appointments (January 30, 2018). New York Dispute Resolution Lawyer Volume 11 No. 2 (Spring 2018), Penn State Law Research Paper No. 3-2018. Disponível em: SSRN: https://ssrn.com/abstract=3113800. Consultado em 5 de maio de 2022.

4.2.3. Possibilidade e admissibilidade de o árbitro humano consultar sistemas de IA e de as funções dos centros de arbitragem serem realizadas por sistemas de IA

De acordo com alguma doutrina[59] a IA pode ainda apresentar utilidade para corrigir os preconceitos inconscientes dos árbitros. Acresce que a verificação da decisão do tribunal contra a decisão da IA também pode servir como uma precaução útil, embora os resultados desse exercício de verificação provavelmente acrescentarão muito pouco valor à decisão final do tribunal.

Entra em cena o tema das decisões preditivas[60]. Apesar de todos os obstáculos na sua admissão, a questão, distinta, que se coloca é a de tais decisões arbitrais artificiais de dimensão preditiva poderem ser consideradas para melhor aquilatar a decisão do árbitro humano[61]. Ou seja, a consideração de tais decisões arbitrais artificiais preditivas apenas como um elemento auxiliar, permitindo ao árbitro humano considerar o resultado dessa decisão no âmbito da decisão arbitral que deverá tomar.

Como já se sinalizou, a tecnologia há muito que chegou à arbitragem, desde logo, por via da videoconferência, gravações eletrónicas, digitalização de documentos e o uso de bases de dados para recolha de informação jurídica[62].

Assim, a IA, para além de estar disponível para os árbitros no âmbito da arbitragem *ad hoc*, pode ser aproveitada pelo árbitro da arbitragem institucionalizada[63] e ainda pelo centro de arbitragem para o exercício de funções arbitrais de pendor não jurisdicional. Aliás, uma das questões que se coloca é a de as funções do secretário arbitral poderem ser executadas por um sistema de IA[64].

[59] C. Sim, "Will Artificial Intelligence Take Over Arbitrators?", pp. 1 e ss.

[60] R. Susskind, *Online Courts and the Future of Justice...*, pp. 286 e ss.

[61] R.S. Pereira e J.C. Lopes, "A inteligência artificial na decisão arbitral...", p. 20.

[62] C. Sim, "Will Artificial Intelligence Take Over Arbitrators?", pp. 1 e ss.

[63] Sobre estas modalidades de arbitragem, entre muitos, Ricardo Pedro, "Arbitragem institucional e centros de arbitragem de direito público", pp. 99 e ss.

[64] M.M. Barbosa, "Do juiz árbitro ao software juiz-árbitro...", p. 42.

4.2.4. Indemnização de danos causados no âmbito da Arbitragem realizada por sistemas de IA

A terminar deixamos uma muito brevíssima referência a um tema que surge no eventual cenário de emergência de danos causados no âmbito da administração da justiça arbitral a propósito do uso de sistemas de IA.

Em rigor, devem equacionar-se dois tipos de situações hipotéticas, a primeira em que são causados danos no contexto do uso de IA pelo centro de arbitragem e uma segunda hipótese – relembre-se dependente do desenvolvimento tecnológico para o desempenho das funções de árbitro de modo automatizado e da sua admissibilidade[65] – de responsabilidade civil pelos danos causados pelo *árbitro-robô*.

Repare-se que a consideração destas duas hipóteses deve ter em conta que, no ordenamento jurídico português, estão previstos dois regimes de responsabilidade civil, um regime de responsabilidade civil para indemnizar os danos causados pela administração da justiça em sentido amplo e um regime para indemnizar os danos causados pela administração da justiça em sentido estrito[66].

Deve ser, portanto, em função deste pano de fundo, isto é, desta dualidade de regimes, que pressupõe atividades distintas, que se justifica ponderar as particularidades da responsabilidade civil da arbitragem de Direito Público administrada por sistemas de IA.

Em síntese, apesar do escasso quadro legal, a doutrina não deixa de apresentar soluções para a responsabilidade civil dos centros de arbitragem[67] e, por outro, que o tema da responsabilidade civil dos danos causados pelo árbitro *humano* já encontra algum respaldo jurídico na LAV[68].

[65] Cf. *supra* n.º 4.2.1.

[66] R. Pedro, "A responsabilidade civil dos árbitros e o regime aprovado pela Lei n.º 67/2007, de 31 dezembro: entre a responsabilidade e a imunidade", *O Direito*, a.145 n.º 3 (2013), pp. 663-675.

[67] R. Pedro, *Responsabilidade civil do Estado...*, pp. 558 e ss.

[68] Sobre o tema, cf. R. Pedro, "Anotação aos artigos 12.º e 13.º, in C.A. Gomes, R. Pedro, T. Serrão (coord.), *O regime de responsabilidade civil extracontratual do Estado e demais entidades públicas: comentários à luz da jurisprudência*, 2.ª ed., Lisboa, AAFDL, 2018, pp. 741-785; R. Pedro, *Responsabilidade civil do Estado*...pp. 558-562; R. Pedro, *Estudos sobre administração da justiça e responsabilidade civil do Estado*, Lisboa, AAFDL, 2016, pp. 22-26; R. Pedro, "A responsabilidade civil dos árbitros e o regime aprovado pela Lei n.º 67/2007, de 31 dezembro...",

Face ao referido, a questão-macro que merece resposta é a de saber se, pelo facto de estarem em causa atuações danosas provocadas por sistemas de IA, o regime de responsabilidade civil será o mesmo que o aplicável sempre que estejam em causa *atividades humanas* ou se deverá ser distinto.

Uma primeira questão que se deixa, no que tange à reparação dos referidos danos[69], é a de que, em regra, sobre as decisões dos sistemas de IA não se torna possível fazer um juízo (humano) ético-jurídico[70]. O que traz para cima da mesa de discussão a relevância do pressuposto culpa. De todo o modo, o que deve já ficar assente é que à medida que aumenta a presença de IA na decisão arbitral, diminui na mesma proporção a validade do pressuposto indemnizatório culpa – ou seja, à medida que se intensifica o uso de IA na execução de certa tarefa, maior relevância assumem os regimes de responsabilidade civil objetiva para reparar os eventuais danos daí resultantes[71]. Mesmo que se admita que a censura não deveria incidir sobre a conduta, mas antes sobre o resultado, coloca-se o problema de saber quais os padrões de resultado que deveriam ser tidos em consideração: ainda os padrões do funcionário (humano) diligente? adaptação do conceito de *bonus pater familias* aos sistemas de IA? Todavia, o tema ganha outro sentido se a atenção se centrar no fornecedor e no utilizador.

Associada a esta questão está ainda aquela que se revela na eventual necessidade de recompreender a noção de erro judiciário de modo a melhor captar a atividade danosa indemnizável causada pelo sistema de IA na atividade de julgar.

pp. 663-675; I.G. Telles, "Responsabilidade civil dos árbitros", *Revista da Faculdade de Direito da Universidade de Lisboa*, Coimbra, v. 52, n.ºs 1-2(2011), pp. 7-27; M.H. Mesquita, "Arbitragem: competência do Tribunal Arbitral e responsabilidade civil do árbitro", in Antunes Varela *et al.* (coord.), Ab vno ad omnes*: 75 anos da Coimbra Editora, 1920-1995*, Coimbra, Coimbra Editora, 1998, pp. 1381-1392.

[69] Entre outros, cf. M.M. Barbosa, "Responsabilidade civil do Estado pelo recurso a sistemas de inteligência artificial na tomada de decisão", in C.A. Gomes, R. Pedro, T. Serrão, *O regime de responsabilidade civil extracontratual do Estado e demais entidades públicas: comentários à luz da jurisprudência*, 3ª ed., Lisboa, AAFDL, 2022, pp. 213-246

[70] M.M. Barbosa, "Responsabilidade civil do Estado pelo recurso a sistemas de inteligência artificial na tomada de decisão", pp. 213-246.

[71] Neste sentido, cf. Resolução do Parlamento Europeu, de 20 de outubro de 2020, que contém recomendações à Comissão sobre o regime de responsabilidade civil aplicável à inteligência artificial (2020/2014(INL)) (2021/C 404/05).

Por fim, outro dos requisitos que merece atenção é o relativo ao nexo de causalidade. Assim é, porque em certas situações se pode tornar em concreto muito difícil estabelecer o referido nexo de causalidade entre o dano e o comportamento do sistema de IA, em particular, quando estiver em causa um algoritmo desenvolvido e modificado através de autoaprendizagem[72].

[72] Cf. Proposta de Diretiva do Parlamento Europeu e do Conselho relativa à adaptação das regras de responsabilidade civil extracontratual à inteligência artificial (Diretiva Responsabilidade da IA) 2022/0303 (COD).

INTELIGÊNCIA ARTIFICIAL E ATIVIDADE LEGISLATIVA

Sónia Rodrigues[1]

Resumo: O recurso a mecanismos de inteligência artificial (IA) é hoje uma realidade bem presente no nosso dia-a-dia nas mais diversas áreas, desde a saúde às redes sociais.

No presente trabalho tentamos relacionar o recurso a mecanismos de IA e a atividade legislativa, nomeadamente no âmbito dos procedimentos legislativos mais relevantes: o parlamentar e o governamental. Para tal desiderato apresentamos sucintamente as várias fases que integram cada um destes procedimentos legislativos, apresentando exemplos de ferramentas de IA já utilizadas em Portugal ou em outros países e sonhando com outras possíveis aplicações que a IA poderia ter neste âmbito.

Apesar das inúmeras vantagens que a IA nos poderá trazer, pretendemos alertar também para os riscos que acarreta e as reflexões que a comunidade, em geral, e a jurídica, em particular, deverá ainda levar a cabo para que o futuro seja mais rápido e eficiente, mas seguro.

Sumário: 1. Enquadramento; 2. Inteligência artificial; 2.1. Inteligência artificial no âmbito jurídico; 2.2. Inteligência artificial e procedimentos legislativos; a) Procedimento legislativo parlamentar; b) Procedimento legislativo governamental; 3. Projetos com recurso a IA; 3.1. Grupo de Trabalho para o Parlamento Digital (GTPD); 3.2. *Drafter* +; 3.3. Regras Comuns de Legística nos Estados e Regiões Lusófonas; 4. Reflexões finais

[1] Mestre em Direito pela NOVA School of Law. Co-coordenadora do Observatório da Legislação Portuguesa, CEDIS – Centro de Investigação sobre Direito e Sociedade, NOVA School of Law. E-mail: sonia.rodrigues@novalaw.unl.pt

1. Enquadramento

A atividade legislativa foi objeto de várias obras, estudos e análises. Basta percorrer qualquer manual de Direito Constitucional e encontraremos, pelo menos, a descrição da competência legislativa dos órgãos legiferantes. Também o surgimento e as diversas utilizações da inteligência artificial (IA) deram origem a muitos estudos e artigos.

A junção destas duas áreas, nomeadamente os possíveis usos de mecanismos de IA na atividade legislativa, e mais concretamente nos procedimentos legislativos, é o mote para o presente trabalho.

Tendo em conta o procedimento normativo previsto na Constituição da República Portuguesa (CRP), Gomes Canotilho define procedimento legislativo como um «complexo de actos, qualitativa e funcionalmente heterogéneos e autónomos, praticados por sujeitos diversos e dirigidos à produção de uma lei no Parlamento»[2]. A mesma definição se poderá aplicar, com as devidas adaptações, ao procedimento legislativo governamental[3].

Ao longo do presente artigo iremos elencar as várias fases de cada um dos procedimentos legislativos, tentando, depois, selecionar os momentos em que a introdução de mecanismos de inteligência artificial ajudaria, por agilização ou poupança de recursos, na melhoria dos resultados alcançados em cada uma dessas fases.

De facto, a urgência e a necessidade sentida para que as leis produzidas tenham cada vez mais qualidade (conceito que inclui menos quantidade) têm conduzido a programas e políticas públicas de *Better Regulation*[4] em muitos países. Um dos aspetos que conduz a uma boa legislação é a sua eficácia, ou seja, alcançar os objetivos a que o legislador se propôs, sem criar encargos e custos desnecessários e desproporcionais.

Para uma boa lei contribui um processo legislativo eficiente e 'completo', no sentido de ter passado por todas as fases necessárias à elaboração de

[2] J. J. Gomes Canotilho, *Direito Constitucional e Teoria da Constituição*, 7.ª ed., Coimbra, Almedina, 2003, reimp., p. 871.

[3] Por razões de economia de espaço, mas também pela inovação da matéria aqui tratada, cingir-nos-emos às leis e decretos-leis e respetivos procedimentos legislativos. Ficarão, assim, de fora, para além de qualquer procedimento que não conduza à aprovação de um ato legislativo *stricto sensu*, o procedimento legislativo que dá origem a decretos legislativos regionais.

[4] Para uma síntese sobre as origens das políticas de *Better Regulation*, cfr. J. Caupers, M. Tavares de Almeida e P. Guibentif, *Feitura das Leis – Portugal e a Europa*, Lisboa, Fundação Francisco Manuel dos Santos, 2014, pp. 23-79.

uma lei com qualidade, ou seja, «um processo regulatório que deve ser mais eficiente e efetivo. Um processo regulatório que já não é visto como uma sequência linear de fases autónomas, mas antes um ciclo de fases interconectadas que se alimentam umas às outras, reforçando-se mutuamente»[5].

Dois dos momentos essenciais ao longo do processo de elaboração de uma lei são a avaliação legislativa e a participação dos destinatários da lei[6]. E são essenciais porque carreiam para o processo a maior parte dos dados e da informação em que o legislador (ou seja, o decisor político) se poderá apoiar para tomar decisões, promovendo, assim, uma intervenção suportada em evidência. Além desta função, trarão ao processo legislativo três dos valores mais importantes em que este se deve basear: a transparência, a *accountability* e a legitimidade.

O uso de tecnologias de IA poderá transformar todo este processo em algo mais eficiente, que vá cada vez mais ao encontro dos destinatários da lei e das suas necessidades, poupando recursos ao legislador. Vários *softwares* estão já a ser utilizados e outros a serem desenhados, prevendo-se uma nova revolução na forma como se desempenham as funções de legislador e de *draftsman*[7].

Não esqueçamos, todavia, os riscos que o uso de ferramentas de IA pode acarretar, nomeadamente na criação de 'verdades adquiridas', de pré-conceitos de que se parta sem que o utilizador humano se consiga aperceber ou até da falha na responsabilização de quem toma, por último, as decisões, escudando-se no resultado que um programa obteve automaticamente. Os princípios constitucionais devem continuar a ser observados em toda a sua plenitude, preocupação que várias instituições têm já demonstrado estarem a acompanhar[8].

[5] M. Cabugueira, "Data and Artificial Intelligence for Better and Intelligent Regulation", *ULP Law Review | Revista de Direito da ULP*, vol. 14, n.º 1, 2021, p. 10 (tradução livre da autora).

[6] Cabugueira, *ULP Law Review*, p. 10.

[7] Utilizamos aqui este conceito – profissão daqueles que se dedicam à redação de atos normativos - apesar de não ser uma realidade em Portugal, mas para que se entenda a diferença entre o legislador – quem decide a orientação legislativa – e os técnicos que redigem os diplomas. Para um maior desenvolvimento entre legislador, legista e draftsman, cfr. M. Tavares de Almeida, «Legista – uma nova profissão?», in *Legislação. Cadernos de Ciência da Legislação*, n.º 41, out-dez 2005, pp. 35-43.

[8] A título de exemplo, o *High-level expert group on artificial intelligence* que foi criado pela Comissão Europeia; no Reino Unido, a criação da *Technology and Law Public Policy Commission* pela Presidente da *Law Society* «para analisar de que forma os algoritmos são usados no

2. Inteligência artificial

O termo «Inteligência Artificial» é hoje usado indefinidamente, apesar de dentro deste conceito-chapéu existirem várias realidades diferentes[9]. Também a definição de IA não é unânime[10].

Em 2018, a Comissão Europeia (CE) definiu IA da seguinte forma:

> «O conceito de inteligência artificial (IA) aplica-se a sistemas que apresentam um comportamento inteligente, analisando o seu ambiente e tomando medidas — com um determinado nível de autonomia — para atingir objetivos específicos»[11].

Partindo desta definição, o *High-Level Expert Group on Artificial Intelligence*[12] propôs em 2019 a sua atualização e desenvolvimento. Vejamos:

> «Os sistemas de inteligência artificial (IA) são sistemas de software (e também, possivelmente, hardware) desenhados por humanos que, dado um objetivo complexo, atuam numa dimensão física ou digital, apreendendo o ambiente onde estão inseridos através da obtenção de dados, da recolha e interpretação de dados estruturados ou não, formulando raciocínios a partir do conhecimento obtido ou processando informação, gerando novos dados e decidindo qual a melhor ação a tomar para obter o objetivo pretendido»[13].

mundo jurídico e os possíveis riscos que eles apresentam». Para mais informações, a respetiva página poderá ser consultada: https://www.lawsociety.org.uk/topics/research/algorithm-use-in-the-criminal-justice-system-report.

[9] *Artificial intelligence: How does it work, why does it matter, and what can we do about it?*, European Parliament, junho de 2020, disponível em https://www.europarl.europa.eu/RegData/etudes/STUD/2020/641547/EPRS_STU(2020)641547_EN.pdf (acedido em 26 de julho de 2022).

[10] Para o desenvolvimento desta questão, cfr. S. Samoili *et al.*, *Defining artificial intelligence*, European Commission, 2020 (disponível em https://publications.jrc.ec.europa.eu/repository/bitstream/JRC118163/jrc118163_ai_watch._defining_artificial_intelligence_1.pdf, acedido em 26 de julho de 2022).

[11] COM(2018) 237 final, *Inteligência artificial para a Europa*, de 25 de abril de 2018, pág. 1, disponível em https://eur-lex.europa.eu/legal-content/PT/TXT/PDF/?uri=CELEX:52018DC0237&from=EN (acedido em 26 de julho de 2022).

[12] High-Level Expert Group on Artificial Intelligence, *A Definition of AI: Main Capabilities and Disciplines*, European Comission, abril 2019, pág. 6, disponível em ec.europa.eu/newsroom/dae/document.cfm?doc_id=56341 (acedido em 26 de julho de 2022).

[13] Tradução livre da autora. O trecho original e completo é o seguinte: *Artificial intelligence (AI) systems are software (and possibly also hardware) systems designed by humans that, given a complex*

De forma simplificada (e tecnicamente não rigorosa), poderemos dizer que os sistemas hoje dividem-se em dois patamares: aquele em que *apenas* é usado um *software* para de alguma forma automatizar determinadas tarefas que normalmente requereriam o uso de inteligência humana – *meras* ferramentas de tratamento de dados (*text mining*); e outro, mais avançado, no qual a tecnologia de inteligência artificial consegue, depois de ter sido *ensinada*, aprender autonomamente e resolver problemas sem intervenção humana, a qual irá diminuindo ao longo do tempo, podendo, consequentemente, chegar a conclusões a que apenas com a intervenção da capacidade humana não seria possível ou demoraria muito tempo a alcançar (*machine learning, deep learning*). Poderemos, assim, estar a entrar numa época de «*algorithmic governance*»[14], em que as regras que governam a sociedade foram decididas ou enquadradas por máquinas, tendo por base algoritmos que não entendemos e que não poderão ser responsabilizados pelos resultados obtidos.

Atente-se, como exemplos da aplicação de IA, no sistema *AlphaZero*[15], que através de um processo de *reinforcement learning* alcançou resultados *sobre-humanos* no jogo de xadrez[16], conseguindo vencer ao programa que

goal, act in the physical or digital dimension by perceiving their environment through data acquisition, interpreting the collected structured or unstructured data, reasoning on the knowledge, or processing the information, derived from this data and deciding the best action(s) to take to achieve the given goal. AI systems can either use symbolic rules or learn a numeric model, and they can also adapt their behaviour by analysing how the environment is affected by their previous actions.

As a scientific discipline, AI includes several approaches and techniques, such as machine learning (of which deep learning and reinforcement learning are specific examples), machine reasoning (which includes planning, scheduling, knowledge representation and reasoning, search, and optimization), and robotics (which includes control, perception, sensors and actuators, as well as the integration of all other techniques into cyber -physical systems).

[14] M. Craglia, J. Hradec e X. Troussard, "The Big Data and Artificial Intelligence: Opportunities and Challenges to Modernise the Policy Cycle", in V. Šucha e M. Sienkiewicz (coord.) *Science for Policy Handbook*, cap. 9, Elsevier, 2020, p. 100.

[15] Para mais informações sobre o *Alphazero*, cfr. https://www.deepmind.com/blog/alphazero-shedding-new-light-on-chess-shogi-and-go.

[16] D. Silver *et al.*, *A general reinforcement learning algorithm that masters chess, shogi and Go through self-play*, Londres, University College London, acessível em https://storage.googleapis.com/deepmind-media/DeepMind.com/Blog/alphazero-shedding-new-light-on-chess-shogi-and--go/alphazero_preprint.pdf (acedido a 28 de julho de 2022).

era campeão mundial – o *Stockfish*; nos programas de tradução[17]; na gestão das nossas redes sociais; na condução de veículos (e de aviões), etc.

Os sistemas de IA podem ser utilizados em ambientes ou em domínios onde seja possível desenhar padrões, estruturas, respostas afirmativas ou negativas, tornando as pesquisas e as respostas mais rápidas e eficientes[18].

2.1. Inteligência artificial no âmbito jurídico

Para além da utilização de sistemas de inteligência artificial em áreas como a saúde, a defesa, a gestão de informação, o ambiente, etc., também no direito as aplicações de sistemas de IA são cada vez mais comuns e complexas.

No ano 2000, o Professor António Hespanha, no seu estilo característico e com a profundidade que lhe era bem conhecida, deu nota de uma experiência realizada entre os anos 1990 e 1995 que juntou engenheiros do conhecimento e juristas. Neste artigo descrevia o processo das redes neuronais (*neural networks*), «capazes de induzir regras a partir de uma massa de casos e aprender com a continuidade do trabalho com casos. (...) [E]las dispensam a prévia formulação das regras de inferência, extraindo de uma massa de casos resolvidos o treino necessário para resolver outros casos que se apresentem de novo»[19].

Adiantava-se que o problema nesta junção de ciências estava provavelmente na área jurídica pela dificuldade sentida na automatização do raciocínio do direito porque «os juristas dominam mal os seus processos mentais. E têm dificuldade em fornecer ao engenheiro do conhecimento a informação meta-discursiva de que este necessita»[20].

Atualmente, a IA é usada como auxílio na recolha e seleção de informação dispersa por processos e documentos, na análise e redação de

[17] Albanesi, E., «Legislative Drafting in Multilingual Legal Orders and Computer-Assisted Translation Tools (Case Study: The European Union). A Perspective of Constitutional Law», in *European Journal of Law Reform*, Issue 2, 2022.

[18] Para além desta ideia do que hoje a IA pode oferecer, referindo, pelo contrário, o que a IA não é e o que não faz, cfr. H. Surden, «Artificial Intelligence and Law: An Overview, *Georgia State University Law Review*, Volume 35, Issue 4, 2019, pp. 1305-1337, disponível em https://scholar.law.colorado.edu/cgi/viewcontent.cgi?article=2340&context=articles (acedido a 28 de julho de 2022).

[19] A. M. Hespanha, «Os juristas que se cuidem...Dez anos de inteligência artificial e direito», *Themis*, ano I, n.º 1, Lisboa, 2000, pp. 139-169.

[20] Hespanha,*Themis*, p. 165.

contratos, estando na base de pesquisas de jurisprudência e doutrina e, de forma mais complexa, na previsão de decisões judiciais.

Os países começam já a tomar algumas posições quanto à admissão ou não da utilização de programas que têm por base IA. Salientamos a lei francesa n.º 2019-222, de 23 de março de 2019, que prevê a pena de prisão para quem proceda à análise de tendências nas decisões de juízes identificados.

Não deixa, contudo, de ser interessante pensar na utilidade que um sistema poderia ter para o legislador que, aquando da elaboração de legislação, fosse alertado para a probabilidade de determinada norma – pelo seu conteúdo material ou pela forma como está redigida – poder dar origem a litígios ou até a processos de inconstitucionalidade, tendo em conta decisões judiciais passadas que permitiram ao sistema «perceber» o sentido da jurisprudência ou os padrões das questões suscitadas.

Numa outra fase – a da aplicação da lei – atente-se na possibilidade de sistemas de IA conseguirem prever crimes ou proporem decisões judiciais, o que é já uma realidade em países como a China e Estados Unidos da América.

Em áreas como estas sentimo-nos automaticamente alertados para os perigos éticos e de «orientação» que estes sistemas *inteligentes* podem acarretar. De que tipo de pré-conceitos parte o sistema? Como se adaptará a mudanças sociais e de jurisprudência?

2.2. Inteligência artificial e procedimentos legislativos

A atividade legislativa é uma área delimitada que se foca, essencialmente, na competência legislativa (de forma abrangente) de que determinados órgãos são titulares (Assembleia da República, Governo e Assembleias Legislativas Regionais). No âmbito deste trabalho centramo-nos apenas na atividade do Governo e da Assembleia da República.

Consideramos importante recordar as principais fases de ambos os procedimentos legislativos, tentando assinalar onde sistemas de IA já estão a ser utilizados e onde seria interessante a sua contribuição.

a) Procedimento legislativo parlamentar

O procedimento legislativo parlamentar divide-se em várias fases, as quais podem ser elencadas da seguinte forma: iniciativa, introdutória, constitutiva, controlo e ativação ou integração de eficácia[21].

[21] Seguimos as fases propostas por Gomes Canotilho, *Direito*, pp. 872 ss.

Na fase de iniciativa é apresentado um texto articulado – projeto ou proposta de lei, dependendo, respetivamente, se é apresentado por deputados e grupos parlamentares ou pelo Governo.

Na fase instrutória são recolhidos dados e informações sobre a proposta que permitam analisá-la. Aqui são chamados à colação os dados recolhidos pela entidade que deu início ao procedimento, bem como os dados resultantes de consultas levadas a cabo e as Notas Técnicas elaboradas pelos próprios serviços da Assembleia da República.

Nesta fase dever-se-ia proceder também a uma avaliação legislativa – *ex ante* – que permitisse, desde logo, trazer novas informações sobre o impacto daquela proposta legislativa não só económico, mas também social, ambiental, jurídico, etc.[22]. Dado o manancial de informação que nesta fase é recolhido – e para efeitos de avaliação de impacto –, seria importante o legislador poder socorrer-se de sistemas que recolhessem e selecionassem a informação relevante.

Na fase constitutiva ou fase decisória elabora-se o ato legislativo (um primeiro projeto), o qual é discutido, votado e, finalmente, redigido.

Aquando da sua redação, são várias as regras de legística formal a ter em conta, as quais se encontram, no caso parlamentar, previstas no *Guia de Legística para a Elaboração de Atos Normativos.*

Nesta fase, Itália traz-nos um exemplo bastante interessante da utilização pelo *draftsman* de *softwares* que o auxiliam na elaboração dos projetos legislativos, nomeadamente alertando-o para qualquer erro de legística formal, ou seja, de qualquer incumprimento das regras de redação legislativa constantes do respetivo Manual[23]. Ao conjunto destes sistemas que juntam ferramentas informáticas, lógicas e linguísticas e dos estudos neste âmbito chamam *Legimatica*, termo que surgiu da junção dos termos «legislação» e «informática»[24].

[22] A Unidade Técnica de Apoio Orçamental (UTAO), criada pela Resolução da Assembleia da República n.º 53/2006, de 7 de agosto, tem competências de avaliação em matérias orçamentais e financeiras.

[23] Manual *Regole e suggerimenti per la redazione dei testi normativi.*

[24] Acompanhamos de perto um texto que explica a evolução da Legimatica em Itália. Trata-se de um texto da autoria de E. Bassoli, «Storia e applicazioni della legimatica», *Codice di drafting, Libro VI – Produzione normativa e tecnologie dell'informazione*, disponível em https://www.tecnichenormative.it/draft/bassoli.pdf (acedido a 29 de julho de 2022).

Pense-se, por exemplo, num alerta que o utilizador receberia quando estivesse a usar um conceito indeterminado na lei – os quais são de evitar, como se sabe –, pedindo a sua confirmação de que, efetivamente, o pretendia utilizar. Não obstante tal sistema não levasse à total eliminação deste tipo de conceitos dos diplomas (o que nem sempre é possível ou desejável), imporia ao legislador uma reflexão mais profunda sobre a utilização de determinado conceito. E isso seria já uma mais-valia[25].

Para aumentar a eficiência dos trabalhos parlamentares, a IA poderia ser utilizada para identificar as diferenças entre o projeto inicial e a versão subsequente à discussão em especialidade, elaborando automaticamente o novo projeto que seguiria para votação final global. Ou até, ambicionando um pouco mais, tendo a capacidade de alertar para alguma incongruência ou contradição com a informação recolhida ao longo do procedimento.

Estando o ato legislativo redigido, o mesmo é publicado em *Diário da Assembleia da República.*

A fase de controlo constitui a validação do decreto pelo Presidente da República, através da promulgação, e do Governo, através da referenda.

Por fim, na fase de integração de eficácia, os atos legislativos tornam-se eficazes, nomeadamente através da sua publicação oficial no *Diário da República*, ato que termina o procedimento legislativo.

Sabemos, porém, que poderá verificar-se posteriormente a publicação de alguma declaração de retificação ou alteração. Julgamos que a IA poderia auxiliar, por um lado, na diminuição das retificações, pois alertaria para erros na fase da redação, e, por outro lado, evitava a ultrapassagem – por vezes ténue – da fronteira entre retificação e alteração.

A publicação é, efetivamente, uma das componentes essenciais para a simplificação legislativa. Nesta fase – que se repete em ambos os procedimentos legislativos – e, especialmente, na muito útil tarefa levada a cabo pelo *Diário da República* de consolidação dos diplomas mais relevantes, programas que funcionassem com base em IA poderiam trazer uma eficiência e uma poupança de recursos muito assinalável, criando automaticamente as versões consolidadas, ou alertando para as diferenças entre versões.

[25] Falamos das potencialidades da IA no âmbito do procedimento legislativo parlamentar, mas o mesmo é aplicável no procedimento legislativo governamental.

Sublinham-se os vários estudos e projetos que o Reino Unido tem promovido nesta área, nomeadamente o Projeto *Good Law*, cujas conclusões vão no sentido de que os utilizadores preferem uma interação personalizada com as leis publicadas, o que parece ser compreensível dado os diferentes perfis de utilizadores da legislação[26].

b) Procedimento legislativo governamental

O procedimento legislativo governamental está hoje regulado no Decreto-Lei n.º 32/2022, de 9 de maio, que aprova o regime de organização e funcionamento do XXIII Governo Constitucional (doravante, "ROFG")[27], nomeadamente nos artigos 43.º e seguintes.

Assim, as fases em que se desdobra este procedimento são as seguintes (artigo 45.º): planificação legislativa e de monitorização; elaboração e redação normativa; iniciativa; instrução legislativa; circulação legislativa; discussão e aprovação e redação final.

- A fase de planificação legislativa e monitorização pressupõe a elaboração de uma calendarização pelos vários ministérios das iniciativas legislativas que pretendem desenvolver na sessão legislativa seguinte, a qual é avaliada e validada pelo Primeiro-Ministro, em coordenação com a Ministra da Presidência e com a Ministra Adjunta e dos Assuntos Parlamentares, sob coadjuvação do Secretário de Estado da Presidência do Conselho de Ministros (artigos 46.º e 47.º).

  Nesta fase (artigos 48.º, 49.º, 50.º e 51.º), paralelamente, acompanha-se também o procedimento de negociação e transposição de atos normativos da União Europeia e de organizações internacionais, decidindo o Conselho de Ministros, anualmente, quais as prioridades da atividade normativa da União Europeia (UE) para o ano seguinte, definindo orientações quantos às posições a defender na negociação dos atos normativos da UE. Com base nestas orientações, o Secretário de Estado dos Assuntos Europeus organiza

[26] Sobre estes vários projetos e respetivas conclusões, cft. J. Duprat e H. Xanthaki, «Legislative Drafting Techniques», U. Karpen e H. Xanthaki (coord.) *Legislation in Europe. A Comprehensive Guide for Scholars and Practitioners*, Hart Publishing, 2017, pp. 109-127.

[27] Alterado pelos Decretos-Leis n.º 65/2002, de 28 de setembro, 86/2022, de 23 de dezembro, 7/2023, de 27 de janeiro, e 17/2023, de 27 de fevereiro.

um processo de consulta alargado. Relevante é igualmente o apoio que a Unidade Técnica de Avaliação de Impacto Legislativo[28], em colaboração com a Representação Permanente de Portugal junto da União Europeia (REPER), presta aos gabinetes ministeriais quanto à análise dos estudos de avaliação de impacto regulatório desenvolvidos pela Comissão Europeia, bem como à análise do impacto das modificações apresentadas ou a apresentar no decurso do processo de negociação.

- A relevante questão da avaliação de impacto legislativo surge autonomizada na fase de elaboração e redação normativa (artigos 52.º e 53.º), prevendo-se que os projetos de atos normativos do Governo sejam sujeitos a uma avaliação prévia que procure «estimar a variação de benefícios e de encargos impostos sobre a vida das pessoas e relativos à atividade das empresas, em especial pequenas e médias empresas, bem como outros impactos de natureza não económica».

  Na redação do projeto de ato normativo devem ser observadas as regras de legística em vigor, estando previsto um *Código de Legística* comum a todos os órgãos com poder legislativo, o qual ainda não foi aprovado. Este Código teria ainda a mais valia de poder ser utilizado para ensinar um *software* de apoio à redação legislativa, à semelhança do italiano. O artigo 87.º do ROFG prevê que, até à aprovação deste Código (que se deseja que venha a acontecer num futuro muito próximo), os projetos de atos normativos do Governo sejam redigidos tendo em conta o respeito pelas normas de legística anexas ao ROFG.

Detenhamo-nos aqui na avaliação de impacto legislativo. Esta é uma fase que tem hoje uma margem significativa de desenvolvimento, que poderia ser impulsionado por sistemas de IA, não só porque estes poderiam permitir a recolha e compilação de dados indispensáveis para levar a cabo uma avaliação de impacto de forma

[28] Criada pela Resolução do Conselho de Ministros n.º 44/2017, de 24 de março, integrando atualmente o Centro de Competências de Planeamento, de Políticas e de Prospetiva da Administração Pública (cuja orgânica foi aprovada pelo Decreto-Lei n.º 21/2021, de 15 de março).

muito mais rápida e eficaz, respondendo às críticas de morosidade e atraso do procedimento legislativo (seria interessante avaliar quanto tempo e recursos se poupariam *a posteriori* pelo tempo despendido na avaliação de impacto *ex ante*), mas também por poderem ter a capacidade de medir o impacto de medidas legislativas automaticamente[29]. Seria interessante um mecanismo de IA que medisse vários impactos simultaneamente: económico, jurídico, social, ambiental, entre outros.

Não esqueçamos a relevância da realização de avaliações de impacto *ex post*, nas quais se poderia também beneficiar da utilização de instrumentos de IA para avaliar os resultados alcançados pela execução da legislação: se cumpriu os objetivos delineados à partida, se criou encargos não previstos, se foi aplicada de forma nunca vislumbrada pelo legislador e se necessitará de ser alterada ou revogada.

Seria inevitável que a utilização destas ferramentas se repercutisse também na própria qualidade da avaliação de impacto: na gestão de grandes quantidades de dados, na obtenção automática de novos resultados, no aumento da flexibilidade, na redução dos tempos de resposta (que poderia ajudar na resistência por parte dos decisores políticos em levarem a cabo avaliações de impacto), na transparência dos seus resultados[30].

- Os artigos 54.º a 56.º do ROFG regulam a fase seguinte – a da iniciativa, a qual se poderá entender como a primeira fase do procedimento legislativo em si mesmo considerado, na medida em que as duas fases anteriores enquadram todo o procedimento, ou melhor, preveem elementos e ações paralelas ao procedimento legislativo.

  Os projetos de decreto-lei e as propostas de lei são apresentados obrigatoriamente através de meios eletrónicos da rede informática do Governo e devem ser acompanhados de uma nota justificativa com os elementos elencados no n.º 1 do artigo 55.º, bem como dos projetos de regulamentação necessários à sua implementação.

[29] Encontra-se em desenvolvimento o projeto *Artificial Intelligence for Impact Assessment*, que visa a utilização de IA com o obejetivo de diminuir o tempo despendido na identificação de encargos administrativos na legislação.

[30] Seguimos de perto Cabugueira, *ULP Law Review*, pp. 18-19.

Para além de sistemas básicos de alerta e controlo da junção dos projetos de regulamentação, os mesmos poderiam ser semi-preenchidos automaticamente a partir da norma legal que os prevê. Talvez não seja viável assegurar este preenchimento em alguns casos, como a construção de plataformas informáticas, mas poder-se-ia, desde logo, prever que tipo de informação aquela plataforma teria de assegurar.

- Da fase de instrução legislativa faz parte a elaboração de vários pareceres internos, dependendo da área que estiver em causa: do Primeiro-Ministro, da Ministra da Presidência, do Ministro dos Negócios Estrangeiros, do Ministro das Finanças ou da Ministra da Coesão Territorial.

- A fase de circulação legislativa pressupõe a decisão do Secretário de Estado da Presidência do Conselho de Ministros em determinar a circulação dos projetos pelos gabinetes de todos os membros do Governo ou a sua devolução ao(s) membro(s) do Governo proponente(s). Durante a circulação e até ao agendamento, os gabinetes ministeriais podem remeter os seus comentários, incluindo propostas de redação alternativa.

- A fase de discussão e aprovação integra a análise dos projetos em reunião de Secretários(as) de Estado, as audições de várias entidades e a sua análise pelo Conselho de Ministros.

- Após a aprovação dos diplomas em Conselho de Ministros segue-se a fase de redação final, na qual o Secretário de Estado da Presidência do Conselho de Ministros promove a introdução das alterações de redação e a assinatura pelos (as) ministros (as) competentes.

Na redação do diploma, preferencialmente logo na primeira versão, conseguimos vislumbrar a utilidade que a IA poderia ter em aspetos como redação de definições. Sabemos como esta decisão (de incluir definições nos diplomas) pode ser problemática para o intérprete e aplicador da lei. A tendência, por vezes exagerada, de incluir definições nos diplomas sem a necessária avaliação sobre a sua pré-existência ou não no ordenamento jurídico pode acarretar dificuldades sérias na interpretação e aplicação da lei. Neste sentido, quão útil seria para quem redige o projeto legislativo (e, consequentemente, para todos os que terão de interpretar e aplicar a lei) ser automaticamente alertado ou dispor de um programa onde pudesse pesquisar se e onde determinada definição já foi utilizada.

Mais modesta, mas igualmente útil, seria a compilação automática de todas as definições legais inseridas em diplomas em vigor em uma lista consultável pelo legislador.

Um sistema equivalente seria fundamental para o uso de conceitos semelhantes na legislação. Isto é, se dentro da mesma área setorial se optasse, aquando da redação de novo projeto, por um conceito diferente do geralmente utilizado, o sistema alertaria o utilizador, o qual decidiria, nesse momento, se de facto quereria utilizar um novo conceito ou se preferiria manter o tradicionalmente usado naquela matéria.

3. Projetos com recurso a IA

Apesar de os *softwares* que têm por base IA não serem tão recentes assim, parece que apenas nos últimos anos o interesse pelas oportunidades que podem trazer se instalou em Portugal, e no mundo do direito, em especial.

Salientaremos de seguida dois projetos distintos – um da Assembleia da República (AR) e outro do Governo –, onde a utilização de sistemas com base em IA já deu os primeiros passos[31], e apresentaremos, no âmbito académico, um estudo que se encontra a decorrer, no qual talvez fosse vantajoso o uso de programas de IA.

3.3. Grupo de Trabalho para o Parlamento Digital (GTPD)

Começamos, então, pelo *Grupo de Trabalho para o Parlamento Digital* (GTPD), criado em 2016 pelo Presidente da Assembleia da República[32], cujo objetivo consistia na melhoria da «qualidade da democracia parlamentar

[31] Entre outras utilizações menos divulgadas, as notícias mais recentes davam conta da utilização pelo Ministério da Justiça da tecnologia do ChatGPT (por exemplo, https://observador.pt/2023/02/17/ministerio-da-justica-vai-usar-tecnologia-do-chatgpt-para-falar-com-cidadaos/).

[32] Pelo Despacho n.º 26/XIII do Presidente da Assembleia da República, de 9 de junho de 2016 (DAR II Série-E – n.º 21, de 16 de junho).

através das novas tecnologias, aproximando o Parlamento dos cidadãos, comunicando mais e melhor, e colaborando com a comunidade para reforçar o escrutínio informado sobre a Assembleia da República»[33].

Este grupo de trabalho propôs-se, assim, entre outras medidas, a desenvolver mecanismos e estudos em áreas como a desmaterialização dos processos, não só entre órgãos, (Presidente da República, AR, Governo, Tribunal Constitucional, *Diário da República*), mas também internamente, onde se incluiu a desmaterialização de todo o procedimento legislativo parlamentar. Aqui, sublinhamos a importância do sistema de alertas existente no processo legislativo eletrónico que relembra prazos, e o seu cumprimento, de regulamentação das leis, de concretização de autorizações legislativas e de apresentação de relatórios legalmente devidos.

3.4. *Drafter +*

Ao nível governamental[34] decorrem atualmente trabalhos para a implementação de um projeto já previsto em governos anteriores, nomeadamente no programa «Transformação Digital da Justiça 2015-2022»: o *Drafter +*. Este projeto, coordenado pela Direção-Geral da Política de Justiça, visa o estudo dos «requisitos necessários para a criação de uma ferramenta que auxilie a produção de atos normativos, preferencialmente, com mecanismos de inteligência artificial que ajudem, por exemplo, na elaboração de textos legislativos. Visa-se com este projeto tornar a legislação mais harmoniosa e, em simultâneo, mais clara, independentemente dos organismos ou das pessoas que participam na redação dos respetivos textos». Esta medida parece ir ao encontro do que se sugeriu *supra* relativamente ao auxílio que programas de IA poderão prestar ao profissional que redige projetos legislativos, com especial enfoque na harmonização de textos legislativos, pelo que aguardamos com expectativa que veja a luz do dia em breve.

3.5. Regras Comuns de Legística nos Estados e Regiões Lusófonas

O projeto de investigação, que decorre na Faculdade de Direito da Universidade de Lisboa, com a colaboração do Observatório da Legislação

[33] Relatório de Atividades do GTPD, de junho-dezembro de 2016, disponível em https://www.parlamento.pt/Paginas/2018/marco/Balanco-dos-trabalhos-do-Grupo-de-Trabalho-para-o-Parlamento-Digital.aspx.

[34] Justiça + Próxima 22|23, https://justicamaisproxima.justica.gov.pt/medida/drafter/.

Portuguesa, poderia, por hipótese, usufruir de sistemas de IA. O objetivo do projeto é estudar e contribuir para a definição de critérios, *standards* e regras comuns de legística formal para os ordenamentos jurídicos de Angola, Brasil, Cabo Verde, Guiné-Bissau, Macau, Moçambique, Portugal, São Tomé e Príncipe e Timor-Leste[35]. Ora, dada a necessidade de comparar as regras de legística formal dos vários países (quando existem), tendo em vista um documento comum, pouparia várias horas de trabalho de análise manual se fosse possível detetar automaticamente as diferenças entre os vários textos, assinalando-as para harmonização posterior pelos investigadores.

4. Reflexões finais

A realidade que hoje a inteligência artificial nos começa a mostrar possível é tão deslumbrante quanto assustadora.

Se, por um lado, a utilização das ferramentas de IA facilitará o dia-a-dia e o trabalho dos profissionais envolvidos, contribuirá para a clara melhoria da lei, seja pela forma como é redigida, os erros que poderá evitar, o *update* na execução e nos resultados das avaliações de impacto legislativo; do outro lado poderá estar a falta de controlo que os humanos poderão ter quanto aos resultados alcançados, a sua incompreensão, os problemas éticos e de *accountability*.

Parece-nos, porém, que é um comboio que já não vai parar e, portanto, ao entusiasmo teremos de juntar a cautela e a informação. Os juristas, mais avessos tradicionalmente à informatização, terão de aprender novas linguagens e os engenheiros informáticos terão, por sua vez, de responder às reservas dos juristas.

Os desafios serão certos e simultâneos: já não basta que a legislação seja fundamentada (*evidence-based*), o que ainda nem sempre é uma realidade, esta terá já de evoluir para ser também orientada e baseada em dados (*data-driven*)[36].

[35] Para mais desenvolvimentos sobre o projeto, cfr. A. Delicado *et al.*, «As regras de legística formal na lusofonia: Uma visão comparada», *e-Pública*, vol. 8, n.º 1, 2021, disponível em https://e-publica.pt/article/34177-as-regras-de-legistica-formal-na-lusofonia-uma-visao-comparada (acedido em 31 de julho de 2022).

[36] Cabugueira, *ULP Law Review*, p. 20.

INTELIGÊNCIA ARTIFICIAL E PROTEÇÃO DE DADOS

Inês Oliveira[1]
José Luís Dias[2]

> *"A inteligência artificial (IA) é uma família de tecnologias em rápida evolução capaz de oferecer um vasto conjunto de benefícios económicos e sociais a todo o leque de indústrias e atividades sociais. Ao melhorar as previsões, otimizar as operações e a afetação de recursos e personalizar o fornecimento dos serviços, a utilização da inteligência artificial pode contribuir para resultados benéficos para a sociedade e o ambiente e conceder vantagens competitivas às empresas e à economia europeia. Contudo, os mesmos elementos e técnicas que produzem os benefícios socioeconómicos da IA também podem trazer novos riscos ou consequências negativas para os cidadãos e a sociedade. À luz da velocidade da evolução tecnológica e dos possíveis desafios, a UE está empenhada em alcançar uma abordagem equilibrada. É do interesse da União preservar a liderança tecnológica da UE e assegurar que novas tecnologias, desenvolvidas e exploradas respeitando os valores, os direitos fundamentais e os princípios da União, estejam ao serviço dos cidadãos europeus."*
>
> Exposição de Motivos da Proposta de Regulamento Inteligência Artificial

[1] Mestre em Direito; Consultora de Política Legislativa e Encarregada da Proteção de Dados do Ministério da Justiça (2013-2022). Encarregada da Proteção de Dados da AT – Autoridade Tributária e Aduaneira (2023).

[2] Advogado; Consultor de Proteção de Dados.

Resumo: A relação estreita entre inteligência artificial e dados espelha uma verdadeira dependência: sem dados os sistemas de inteligência artificial não atingem os objetivos a que se propõem. Muitas vezes, os dados que alimentam um sistema de inteligência artificial são dados pessoais e não o deixam de ser apenas porque passam a ser utilizados pela inteligência artificial. Deste modo, a esses dados pessoais aplicar-se-á, necessariamente, o regime legal relativo à proteção de dados pessoais. Neste artigo, depois de principiar com a definição de inteligência artificial, vamos abordar a relação desta com o regime de proteção de dados pessoais, propondo uma visita guiada onde, a partir dos princípios fundamentais do Regulamento Geral sobre a Proteção de Dados (RGPD), procuraremos identificar as tensões que podem surgir entre inteligência artificial e o regime legal da proteção de dados pessoais, nomeadamente em virtude das obrigações que deste decorrem, procurando apontar alguns caminhos para a respetiva conciliação. Por fim, daremos especial enfoque a uma das obrigações que decorrem do RGPD e que ganha especial acuidade quando falamos de inteligência artificial: referimo-nos à obrigação de realizar uma avaliação de impacto sobre a proteção de dados pessoais.

1. Introdução

A inteligência artificial, que já hoje podemos encontrar em inúmeros aspetos da nossa vida – desde os eletrodomésticos às autoestradas, das redes elétricas aos assistentes virtuais, do controlo de armas semiautónomas a robots cirurgiões – é um conceito que tem sido objeto de diversas definições, muitas vezes associadas às ideias de computadores que pensam ou atuam de forma humana ou de forma racional[3]. Certo é, no entanto, e independentemente da definição que se adote, que esse conceito abrange um conjunto de soluções tecnológicas que visam analisar, com recursos a

[3] Barfield, Woodrow, Ugo Pagallo - Advanced Introdution to Law and Artificial Intelligence - Edward Elgar Publishing, 2020, p. 1 – 4

algoritmos, grandes conjuntos de dados (das mais diversas naturezas) com o objetivo de neles encontrar padrões que permitam antecipar decisões, efetuar previsões ou identificar eventos, preferências ou objetos e as propriedades que lhes estão associadas, por exemplo.

É, por isso, uma tecnologia cujo desenvolvimento assenta, significativamente, em dois fatores, que caraterizam também o desenvolvimento tecnológico das últimas décadas: por um lado, o incremento exponencial da capacidade de computação (que permite, por exemplo, a utilização cada vez mais célere de algoritmos cada vez mais complexos), e, por outro lado, a enorme capacidade, hoje existente, de recolha e partilha de grande quantidade de dados, das mais diferentes naturezas (graças a tecnologias como a internet, dispositivos móveis, GPS, etc.). Podemos, por isso, comparar a inteligência artificial a um carro, cujo motor é constituído pela capacidade computacional e pelos algoritmos, e cujo combustível são os dados, que "alimentam" esses algoritmos.

Há, assim, nestes casos, mais do que uma relação estreita entre inteligência artificial e dados, uma verdadeira dependência, pois sem dados os sistemas de inteligência artificial não atingem os objetivos a que se propõem. Ora, muitas vezes, os dados que alimentam um sistema de inteligência artificial são dados pessoais e não o deixam de ser apenas porque passam a ser utilizados pela inteligência artificial. Deste modo, a esses dados pessoais aplicar-se-á, necessariamente, o regime legal relativo à proteção de dados pessoais.

Encontramos, assim, uma tensão natural entre as regras legalmente consagradas de proteção de dados pessoais, nomeadamente no que respeita às limitações e condicionalismos associados ao tratamento desses dados, e a liberdade e o desejo de menor regulamentação que é típico de áreas de inovação em franco desenvolvimento, e que, no caso da inteligência artificial, é acentuado não só pelo potencial de resultados que se podem alcançar, mas também por algumas das caraterísticas desta tecnologia que, como veremos, nem sempre tornam fácil prever como se pode atingir determinado resultado ou, uma vez atingido, explicar como se chegou ao mesmo.

Neste artigo, depois de principiar com a definição de inteligência artificial, vamos abordar a relação desta com o regime de proteção de dados pessoais, propondo uma visita guiada onde, a partir dos princípios fundamentais do Regulamento Geral sobre a Proteção de Dados

(RGPD)[4], procuraremos identificar as tensões que podem surgir entre inteligência artificial e o regime legal da proteção de dados pessoais, nomeadamente em virtude das obrigações que deste decorrem, procurando apontar alguns caminhos para a respetiva conciliação. Por fim, daremos especial enfoque a uma das obrigações que decorrem do RGPD e que ganha especial acuidade quando falamos de inteligência artificial: referimo-nos à obrigação de realizar uma avaliação de impacto sobre a proteção de dados pessoais.

2. Definição de inteligência artificial

O conceito de inteligência artificial é, quer do ponto de vista tecnológico, quer do ponto de vista legal, ainda algo fluído, sendo inúmeras as abordagens que têm sido propostas para a sua consagração legal[5]. No âmbito deste artigo, iremos aprofundar, em especial pela relevância que o diploma em que está inserido poderá ter no futuro, caso venha a ser aprovado, o conceito de inteligência artificial proposto pela Comissão Europeia na sua Proposta de Regulamento Inteligência Artificial[6].

Na sequência da aprovação do "Livro Branco sobre a inteligência artificial – Uma abordagem europeia virada para a excelência e a confiança"[7], que desenvolve o duplo objetivo de promover a adoção de inteligência artificial e de abordar os riscos associados a determinadas utilizações desta tecnologia, a Comissão Europeia apresentou a Proposta de Regulamento Inteligência Artificial precisamente para dar execução a este segundo objetivo, visando o desenvolvimento de um quadro jurídico para uma inteligência artificial de confiança.

[4] Regulamento (EU) 2016/679 do Parlamento e do Conselho, de 27 de abril de 2016, relativo à proteção das pessoas singulares no que diz respeito ao tratamento de dados pessoais e à livre circulação desses dados e que revoga a Diretiva 95/46/CE (Regulamento Geral sobre a Proteção de Dados).

[5] Vide nota 3.

[6] Proposta de Regulamento do Parlamento Europeu e do Conselho que estabelece regras harmonizadas em matéria de inteligência artificial (Regulamento Inteligência Artificial) e altera determinados atos legislativos da União (COM/2021/206 final), disponível em https://eur-lex.europa.eu/legal-content/PT/TXT/?uri=CELEX:52021PC0206.

[7] Disponível em https://ec.europa.eu/info/sites/default/files/commission-white-paper-artificial-intelligence-feb2020_pt.pdf.

Nas palavras da exposição de motivos da referida proposta, a inteligência artificial deve ser uma ferramenta ao serviço das pessoas e uma força positiva para a sociedade com o objetivo final de aumentar o bem-estar dos seres humanos. As regras aplicáveis às tecnologias de inteligência artificial disponibilizadas no mercado da União ou que afetam as pessoas da União devem, por isso, centrar-se no ser humano, de modo que as pessoas possam confiar que a tecnologia é utilizada de uma forma segura e em cumprimento da lei, incluindo em matéria de respeito dos direitos fundamentais.

Por isso, são objetivos específicos desta proposta garantir que os sistemas de inteligência artificial colocados no mercado da União e utilizados sejam seguros e respeitem a legislação em vigor em matéria de direitos fundamentais e os valores da União, garantir a segurança jurídica para facilitar os investimentos e a inovação, melhorar a governação e a aplicação efetiva da legislação em vigor em matéria de direitos fundamentais e dos requisitos de segurança e facilitar o desenvolvimento de um mercado único para as aplicações de inteligência artificial legítimas, seguras e de confiança e evitar a fragmentação do mercado.

A proposta em apreço apresenta requisitos mínimos necessários para dar resposta aos riscos e problemas associados à inteligência artificial, sem restringir ou prejudicar indevidamente a evolução tecnológica ou aumentar desproporcionalmente o custo de colocação no mercado desta tecnologia, baseando-se em princípios abrangentes e preparados para o futuro, numa abordagem baseada no risco e num sistema de governação nacional que aproveita estruturas já existentes.

Nos termos do artigo 1.º proposto, visa-se estabelecer regras harmonizadas para a colocação no mercado, a colocação em serviço e a utilização de sistemas de inteligência artificial na União, proibições de certas práticas de inteligência artificial, requisitos específicos para sistemas de risco elevado e obrigações para os operadores desses sistemas e regras de transparência harmonizadas para sistemas concebidos para interagir com pessoas singulares, sistemas de reconhecimento de emoções e sistemas de categorização biométrica, bem como para sistemas usados para gerar ou manipular conteúdos de imagem, áudio ou vídeo, assim como regras relativas à fiscalização e vigilância do mercado.

É neste contexto que a Proposta de Regulamento Inteligência Artificial vem definir um sistema de inteligência artificial (IA) como um programa informático desenvolvido com uma ou várias técnicas e abordagens capaz de, tendo em vista um determinado conjunto de objetivos definidos por seres humanos, criar resultados, tais como conteúdos, previsões, recomendações ou decisões, que influenciam os ambientes com os quais interage[8].

As técnicas e abordagens aludidas podem ser abordagens de aprendizagem automática, incluindo aprendizagem supervisionada, não supervisionada e por reforço, utilizando uma grande variedade de métodos, designadamente aprendizagem profunda, abordagens baseadas na lógica e no conhecimento, nomeadamente representação do conhecimento, programação (lógica) indutiva, bases de conhecimento, motores de inferência e de dedução, sistemas de raciocínio (simbólico) e sistemas periciais, e abordagens estatísticas, estimação de Bayes, métodos de pesquisa e otimização (cf. Anexo I da Proposta de Regulamento Inteligência Artificial).

Para estas técnicas e abordagens, essenciais serão os dados de entrada, definidos como os dados fornecidos a um sistema de IA, ou por ele obtidos diretamente, com base nos quais o sistema produz um resultado[9], que podem ser dados pessoais ou não pessoais. Na verdade, os algoritmos e as tecnologias de inteligência artificial são construídos a partir de dados, pessoais ou não.

3. Relação da inteligência artificial com o regime de proteção de dados pessoais

Abordado o conceito de inteligência artificial, importa agora analisar o conceito de dados pessoais, uma vez que é a estes que é concedido um regime reforçado de proteção, nomeadamente através do RGPD. O n.º 1 do artigo 4.º do RGPD define dados pessoais como a "*informação relativa a uma pessoa singular identificada ou identificável («titular dos dados»)*", sendo "*considerada identificável uma pessoa singular que possa ser identificada, direta ou indiretamente, em especial por referência a um identificador, como por exemplo um nome, um número de identificação, dados de localização, identificadores por via eletrónica ou a um ou mais elementos específicos da identidade física, fisiológica, genética, mental, económica, cultural ou social dessa pessoa singular*".

[8] Art. 3.º 1 da Proposta de Regulamento Inteligência Artificial.

[9] Art. 3.º 32 da Proposta de Regulamento Inteligência Artificial.

Esta definição tem suscitado diversas questões e discussões doutrinárias e jurisprudenciais, que não teremos oportunidade de desenvolver no presente artigo. Importa reter, para efeitos da presente análise, que dados pessoais não são apenas a informação que permite identificar diretamente uma pessoa, ou seja, qualquer informação que seja suficiente para identificar de forma inequívoca alguém, sem necessidade de dados adicionais – como é o caso do nome completo de uma pessoa (admitindo que seja único), ou números de identificação civil, fiscal, saúde, segurança social, etc. Isto porque estão incluídos no conceito de dados pessoais, também, as informações que permitam, com uma probabilidade razoável, através de informação adicional, identificar a identidade do titular de dados, o que permite classificar como dados pessoais informações como localização, moradas, identificadores online, como os endereços de IP dinâmicos, ou dados de saúde, por exemplo.

Articulando este conceito com o conceito de inteligência artificial, facilmente entendemos, como já referimos anteriormente, a tensão natural que existe entre os mesmos, desde logo porque os sistemas de inteligência artificial se alimentam, de forma ávida, de grandes quantidades de dados, sendo que as regras de proteção de dados pessoais são, como veremos mais à frente, condicionadoras do modo como a inteligência artificial pode tratar os dados pessoais, e por isso são (incorretamente) entendidas, por alguns, como um obstáculo a um desenvolvimento mais célere desta tecnologia.

Esta tensão ocorre também quando perspetivamos a privacidade para além da proteção dos dados pessoais, como espaço de realização pessoal, onde cada um tem a liberdade de desenvolver a sua personalidade. Também neste âmbito a inteligência artificial coloca desafios significativos – basta pensar, por exemplo, nos inúmeros algoritmos de *sites*, sejam eles de vídeos, músicas, compras, redes sociais, etc., que adaptam o conteúdo que exibem a cada pessoa ao perfil que elaboraram para essa pessoa, limitando o acesso a outros conteúdos ou, pelo menos, condicionando a liberdade de livremente navegar por esses conteúdos. Não obstante a sua relevância, esta não será, no entanto, uma perspetiva que desenvolveremos no presente artigo.

Regressando à relação entre inteligência artificial e proteção de dados, é esta tensão que a Proposta de Regulamento Inteligência Artificial tenta ultrapassar, ou pelo menos minimizar. Tal como a mesma sublinha, esta proposta não prejudica, antes completa o RGPD com um conjunto de regras harmonizadas aplicáveis à conceção, ao desenvolvimento e à utilização de determinados sistemas de IA de risco elevado e restrições a determinadas utilizações de sistemas de identificação biométrica à distância.

Importa, por isso, agora, perceber não só em que aspetos do regime da proteção de dados pessoais se revelam essas tensões, mas também como será possível ultrapassá-las, sendo essa uma análise que propomos fazer tendo em conta os princípios fundamentais que estruturam o RGPD.

3.1. Princípios da licitude, lealdade e transparência

Os princípios da licitude, lealdade e transparência[10] encontram-se previstos na alínea *a*) do n.º 1 do artigo 5.º do RGPD.

O princípio da licitude deve ser entendido, no âmbito do RGPD, essencialmente, como a necessidade de subsumir cada um dos tratamentos de dados realizados a uma das causas de licitude elencadas no artigo 6.º do RGPD (que inclui, entre outros, o consentimento do titular dos dados, a necessidade para execução de um contrato no qual o titular dos dados é parte, ou a necessidade para cumprimento de uma obrigação jurídica ou para o exercício de funções de interesse públicos, por ex.), sendo que, caso o tratamento se baseie no consentimento do titular dos dados, então esse consentimento terá ainda que respeitar as condições aplicáveis previstas nos artigos 7.º e 8.º do RGPD. Estando em causa o tratamento de dados pessoais de categorias especiais ou relacionados com condenações penais e infrações, a licitude será ainda aferida nos termos dos artigos 9.º ou 10.º, respetivamente.

Já o princípio da lealdade é entendido como um acréscimo face ao princípio da licitude, constituindo um conceito "aberto" que pode ser invocado quando determinada situação contradiga o espírito do RGPD, mas não de forma que viole o artigo 6.º. É por isso um princípio especialmente relevante na análise de relações jurídicas concretas, impondo aos

[10] Para uma análise mais aprofundadas destes 3 princípios do que aquele que nos é possível realizar no âmbito deste artigo, bem como dos fundamentos da licitude de tratamento, vide Cordeiro, A. Barreto Menezes – *Direito da proteção de dados à luz do RGPD e da Lei n.º 58/2019*, Coimbra: Almedina, 2020, p 152- 155 e 165-254.

responsáveis pelo tratamento um "tratamento equitativo"[11] dos dados pessoais, bem como a obrigação de atenderem, a todo o tempo, aos interesses e às expetativas legítimos dos titulares dos dados.

Por fim, o princípio da transparência[12], que tem inúmeras concretizações ao longo do RGPD[13], é transversal às várias fases do tratamento de dados (desde o primeiro contato do responsável pelo tratamento com os titulares dos dados até à recolha e demais tratamentos dos dados, mantendo-se mesmo para além da relação entre responsável e titular), e engloba o conteúdo das informações a ser transmitidas aos titulares ou a terceiros, mas também os procedimentos dessa transmissão, não se esgotando por isso no exercício do direito à informação dos titulares de dados pessoais.

Concretizados os três princípios, embora de forma resumida, nestes termos, facilmente entendemos que o seu respeito pode ser um desafio para o desenvolvimento e utilização de soluções de inteligência artificial.

Desde logo no que respeita à necessidade de o tratamento ser efetuado tendo como base uma das causas de licitude elencadas no artigo 6.º, e que, caso o tratamento só possa ocorrer mediante o consentimento do titular dos dados (situação provavelmente mais comum nos casos de sistemas de inteligência artificial), esse consentimento tem que ser "*um ato positivo claro que indique uma manifestação de vontade livre, específica, informada e inequívoca*"[14]. Estas obrigações, que já limitam as possibilidades de atuação de um responsável pelo tratamento em qualquer circunstância (uma empresa não pode, por exemplo, utilizar a informação constante das redes sociais para analisar potenciais ou atuais cliente, não podendo um banco, por exemplo, utilizar essa informação para avaliar um pedido de empréstimo), tornam-se um desafio maior quando nos referimos à inteligência artificial, porque não permitem também que, sem uma causa de licitude, os dados pessoais possam ser utilizados para "alimentar" ou ensinar os algoritmos, que, como já vimos, necessitam de grandes quantidades de dados para

[11] Expressão constante quer dos artigos 13.º/2 e 40.º/2, *a*), quer dos considerandos 39, 60 e 71 do RGPD.

[12] Sobre este princípio, vide também Grupo de Trabalho de Proteção de Dados do Artigo 29.º – *Orientações relativas à transparência na aceção do Regulamento 2016/679*, (WP 260 ver.01), 11-abr.-2018.

[13] Entre outros, os artigos 13.º, 14.º, 15.º, 34.º e 37.º.

[14] Considerando 32.

serem úteis (havendo por isso uma grande pressão para se aceder e utilizar a maior quantidade de dados possíveis).

Por outro lado, e como vimos, o princípio da transparência implica que o titular dos dados saiba como os mesmos são utilizados, para que finalidades, em que circunstâncias, etc. Esta obrigação pode ser particularmente complexa de respeitar quando estejam em causa soluções de inteligência artificial (por exemplo soluções assentes em redes neurais profundas) que se caraterizam pela sua natureza de caixa negra, em que é dado um conjunto de dados de treino ao algoritmo, do qual ele retira conclusões, mas em que muitas vezes é um mistério, mesmo para quem desenvolveu o algoritmo, quais as correlações que o sistema descobriu. Ou seja, não só não é possível perceber como o algoritmo chegou a determinado resultado, pelo que não é possível explicar essa decisão, mas inclusivamente não se sabe que dados ou categoria de dados foram tidos em consideração pelo algoritmo para chegar a esse resultado. Ora, se o responsável pelo tratamento não souber se e como determinado dado foi utilizado, então não conseguirá, naturalmente, informar o titular dos dados dessa utilização.

Por fim, importa referir uma limitação que decorre destes princípios e que consta do artigo 22.º do RGPD – a proibição, por regra, de decisões individuais automatizadas[15]. Esta disposição, que visa garantir um tratamento equitativo e transparente, impõe assim não só a intervenção de um ser humano no processo decisório, mas que essa intervenção não seja meramente formal, mas efetivamente substantiva. Ou seja, essa intervenção humana tem que "*ser levada a cabo por alguém com autoridade e competência para alterar a decisão e que, no âmbito da análise, deverá tomar em consideração todos os dados pertinentes*"[16].

Ora, sendo a inteligência artificial uma tecnologia utilizada muitas vezes no processo de tomada de decisão, em muitos casos pretendendo-se

[15] Sendo que a existência de decisões automatizadas é uma das informações que, simultaneamente, o responsável pelo tratamento está obrigado a fornecer, de modo a garantir um tratamento equitativo e transparente, de acordo com a alínea f) do n.º 2 do artigo 13.º e com a alínea g) do n.º 2 do artigo 14.º, e o titular dos dados tem direito a conhecer, de acordo com a alínea h) do n.º 1 do artigo 15.º.

[16] Grupo de Trabalho de Proteção de Dados do Artigo 29.º – *Orientações sobre as decisões individuais automatizadas e a definição de perfis para efeitos do Regulamento (UE) 2016/679*, (WP 2251 ver.01), 03-out.-2017, p. 23.

mesmo que seja a própria inteligência artificial a tomar a decisão final, facilmente se percebe o desafio que esta proibição lhe coloca – como garantir que a inteligência artificial, podendo servir como suporte para a decisão, não é ela própria a autora da decisão, sobretudo em soluções (como as "caixas negras" referidas anteriormente) em que decisor humano não consegue explicar como é que a inteligência artificial chegou a determinada conclusão?

Para evitar estas situações, ou seja, situações em que, mesmo que a decisão final seja de um ser humano, essa intervenção, por se basear numa proposta da inteligência artificial que o decisor não consegue explicar, é meramente formal, é fundamental garantir que existe um controlo efetivo por parte de um decisor humano, que atue perante uma efetiva proposta de decisão fornecida pela inteligência artificial. E para tal, o sistema de inteligência artificial tem que fornecer uma explicação satisfatória da sua proposta de decisão, que possa ser avaliada e auditada pelo decisor humano[17].

Por outro lado, o n.º 3 do artigo 22.º, quando refere que "*o responsável pelo tratamento aplica medidas adequadas para salvaguardar os direitos e liberdades e legítimos interesses do titular dos dados*", determina que este tem direito a uma explicação *ex post* relativa a uma decisão automatizada que o tenha afetado. Deste modo, "*[o] responsável pelo tratamento deverá encontrar formas simples de comunicar ao titular dos dados a lógica subjacente, ou os critérios aplicados para tomar a decisão. O RGPD obriga o responsável pelo tratamento a fornecer informações úteis relativas à lógica subjacente, e não necessariamente uma explicação complexa sobre os algoritmos utilizados ou a divulgação do algoritmo na íntegra. As informações prestadas devem, no entanto, ser suficientemente completas para permitir ao titular dos dados compreender os motivos da decisão*"[18]. Para que tal seja possível, o responsável pelo tratamento terá que perceber porque é que a inteligência artificial lhe propôs determinada solução, o que só é possível se esta fornecer a já referida explicação satisfatória da sua proposta de decisão.

[17] Este é, aliás, um dos Princípios de Asilomar, propostos pelo Instituto *Future of Life*, para o uso seguro, ético e benéfico da IA – https://futureoflife.org/2017/08/11/ai-principles/

[18] Grupo de Trabalho de Proteção de Dados do Artigo 29.º – *Orientações sobre as decisões individuais automatizadas e a definição de perfis para efeitos do Regulamento (UE) 2016/679*, (WP 2251 ver.01), 03-out.-2017, p. 28.

3.2. Princípio da limitação das finalidades

O princípio da limitação das finalidades, plasmado na alínea b) do n.º 1 do artigo 5.º do RGPD, é um dos princípios basilares dos regimes jurídicos de proteção de dados. Este princípio tem vários corolários, que cumpre elencar.

Primeiro corolário: os dados pessoais têm que ser recolhidos para finalidades determinadas, explícitas e legítimas; Segundo: independentemente da finalidade da recolha, o tratamento posterior para finalidades compatíveis é legítimo, sendo consideradas compatíveis as finalidades de arquivo de interesse público, investigação científica ou histórica e os fins estatísticos; Terceiro: os dados pessoais não podem ser tratados posteriormente de uma forma incompatível com as finalidades iniciais.

Ora, estes três corolários afiguram-se claros na referida alínea b) do n.º 1 do artigo 5.º do RGPD. No entanto, para se melhor perceber este princípio, não podemos deixar de trazer à colação o n.º 4 do artigo 6.º, que estende os fins compatíveis, criando um regime excecional ao princípio da finalidade assim desenhado. Vejamos.

Nos termos do n.º 4 do artigo 6.º do RGPD, o responsável pelo tratamento pode tratar posteriormente dados pessoais inicialmente recolhidos para fins diferentes, mas ainda compatíveis, desde que:

- Os dados pessoais não foram inicialmente recolhidos com base no consentimento ou na lei, ou seja, tiveram como base o contrato, negociações pré-contratuais, interesses vitais e interesses legítimos;
- Haja uma ligação entre a finalidade da recolha e a finalidade do tratamento posterior.

E se se tiver em conta o contexto da recolha, a natureza dos dados, as eventuais consequências do tratamento posterior para os titulares dos dados e a existência de salvaguardas adequadas. Aqui reside uma grande oportunidade para os responsáveis pelo tratamento que utilizam inteligência artificial. Poderá ser aqui, neste n.º 4 do artigo 6.º que encontrarão a base de licitude para os seus projetos.

Ora, dito isto, e nos projetos em que se utilize inteligência artificial, podemos ter uma de três hipóteses:

- Os dados pessoais são recolhidos para esse projeto e terá de estar previsto desde o início a utilização dos dados para o desenvolvimento de um algoritmo específico de inteligência artificial, incluindo a identificação do objetivo desse algoritmo. Neste caso, essa finalidade tem que ser transmitida, de forma clara, aos titulares de dados – o que sabemos nem sempre acontecer, por exemplo, nem sempre é claro para utilizadores de equipamentos eletrónicos que esses equipamentos recolhem dados, muito menos a finalidade para as quais são recolhidas; ou
- Os dados pessoais são recolhidos inicialmente para uma finalidade diferente, mas ainda compatível com o projeto posterior, sendo de provar a compatibilidade desse tratamento posterior com base no RGPD; ou
- Os dados a utilizar são anónimos, não se aplicando o RGPD.

Problema que se colocará, e que importará sempre acautelar, são as chamadas inferências: os sistemas de inteligência artificial que, a partir de um conjunto de dados inferem outras informações – por exemplo, a partir de quem se segue, ou dos "gostos" colocados numa rede social, inferir a orientação sexual, política ou religiosa de uma pessoa. A utilização posterior destas conclusões/resultados para fins diversos colocará desafios acrescidos no que toca à legalidade do tratamento.

3.3. Princípios da minimização dos dados e da exatidão

O artigo 5.º do RGPD, n.º 1, alíneas c) e d), dita a minimização e a exatidão dos dados pessoais. Ou seja:

- Os dados pessoais a tratar têm de ser adequados, pertinentes e limitados ao necessário relativamente às necessidades/finalidades;
- Têm de ser exatos e atualizados, devendo ser adotadas todas as medidas para que dados inexatos sejam apagados ou retificados sem demora.

Ora, como se antevê, nos casos em que os sistemas de inteligência artificial utilizam dados pessoais, o respeito destes princípios é um desafio, primeiramente porque estes sistemas se alimentam, necessariamente, de grandes quantidades de dados. E fazem-no não só porque necessitam de grandes quantidades de dados para encontrar padrões (quanto mais dados tiverem mais corretos serão os padrões identificados), mas também porque muitas vezes não se sabe quais os dados, ou categorias de dados, que poderão ser relevantes para melhor identificar esses padrões, nomeadamente para melhor contextualizar todos os dados que temos.

Exemplo desta situação foi um estudo[19] efetuado para identificar o risco de vida de doentes com pneumonia, tendo o algoritmo então desenvolvido concluído que doentes que sofriam, simultaneamente, de pneumonia e asma tinham um risco inferior aqueles que sofriam apenas de pneumonia. Esta surpreendente conclusão acabou por ser explicada pelo facto de os doentes que sofriam simultaneamente de ambas as patologias terem uma resposta médica mais robusta e célere desde o início (nomeadamente através do internamento em unidades de cuidados intensivos). Estes não eram, no entanto, dados que constavam do conjunto de dados fornecidos à inteligência artificial para analisar, o que levou à identificação correta de um padrão, mas à incorreta explicação do mesmo.

Um dos desafios que se colocam com especial acuidade no âmbito da inteligência artificial é, assim, perceber quais são os dados "mínimos", os estritamente necessários, sobretudo quando estamos perante soluções tecnológicas em que não se tem a certeza de quais as categorias de dados que podem ser considerados relevantes ou quando não há total controlo sobre o comportamento do algoritmo.

Por outro lado, a minimização dos dados é essencial em matéria de não discriminação: os requisitos específicos de minimização visam minimizar o risco de discriminação algorítmica, em particular no que diz respeito à conceção e à qualidade dos conjuntos de dados utilizados no desenvolvimento de sistemas de inteligência artificial.

Importa trazer à colação que a Agência dos Direitos Fundamentais da União Europeia (FRA), num estudo sobre a qualidade dos dados e a inteligência artificial[20], chama a atenção para a necessidade de utilização de dados exatos e atuais na arquitetura dos algoritmos, por forma a

[19] Mbadiwe, Tafari – *The Potential Pitfalls of Machine Learning Algorithms in Medicine* – https://www.pulmonologyadvisor.com/home/topics/practice-management/the-potential-pitfalls-of-machine-learning-algorithms-in-medicine/

[20] Disponível em https://fra.europa.eu/sites/default/files/fra_uploads/fra-2019-data-quality-and-ai_en.pdf.

neutralizar erros, tendências preconceituosas e discriminações, assim como para a pertinência da transparência algorítmica e de uma recolha de dados criteriosa e o mais abrangente possível. Na verdade, a utilização de algoritmos baseados em dados inexatos, desatualizados ou insuficientes/incompletos materializa-se em tendências e correlações erradas, o que tem implicações diretas nos direitos fundamentais, mormente no desrespeito do princípio da não discriminação. A falta de qualidade dos dados ditará erros na aplicação dos algoritmos ou outras tecnologias, cujos resultados e correlações serão errados. Vejamos um exemplo: um sistema de reconhecimento de vozes que apenas se baseia em vozes masculinas não vai reconhecer vozes femininas, acentuando preconceitos e discriminações. A qualidade dos dados é essencial para prevenir essencialmente dois erros: de representação e de medida. Na verdade, se as tecnologias em causa se baseiam em dados que não abrangem tudo o que era suposto ou que não medem tudo o que deviam, então teremos resultados desfasados da realidade e por isso errados.

A qualidade dos dados é assegurada pela exatidão e representatividade dos mesmos e deve ser a preocupação primeira de uma política/governança de dados. Com efeito, numa era em que a quantidade é sobrevalorizada, é a qualidade que deve prevalecer. O facto de os dados estarem facilmente disponíveis não deve tirar o foco da necessidade de utilizar apenas dados exatos, que devem estar rotulados como informação com qualidade. Apenas essa deve servir de base para as previsões/deduções. O poder preditivo está assim condicionado pelos dados de base. Se estes forem incorretos, incorretos serão também os resultados gerados a partir deles, podendo acentuar preconceitos e discriminações.

Vejamos outro exemplo: atualmente uma das fontes de dados mais usada é a Internet. No entanto, certos grupos de pessoas não usam a Internet, ou porque não têm acesso à mesma ou simplesmente porque não querem. Sucede, pois, que os dados extraídos da Internet não retratam fielmente todas as pessoas, mas apenas os grupos que a usam. Note-se que a utilização da Internet varia de país para país e até dentro de regiões, variando também consoante o grupo de pessoas em causa (com rendimentos elevados/baixos, empregados/desempregados, com/sem estudos superiores, jovens/idosos, homens/mulheres, por exemplo). Assim, os dados extraídos da Internet não representam todas as pessoas, sendo, pois, pobres e podendo gerar resultados incorretos.

A utilização de dados não representativos coloca em causa o direito à não discriminação, uma vez que a utilização de dados não representativos pode gerar resultados que desconsideram características como o sexo, idade, orientação sexual, origem étnica ou religião, podendo perpetuar tratamentos discriminatórios. Mas coloca em causa outros direitos, como o acesso a serviços, o acesso à justiça, a boa administração, a privacidade e a proteção de dados pessoais.

Quanto à qualidade dos dados, importa notar que tal conceito deve abranger várias características no que às informações respeita: os dados devem ser completos, corretos, coerentes, atuais, sem duplicações, vigentes, disponíveis e de origem fiável. Sublinhe-se que a qualidade depende da finalidade que motivou a recolha. Se os dados não tiverem qualidade poderemos assistir a erros de medição e de representação: os resultados podem não refletir o que está em causa ou apenas representar uma pequena amostra. Ademais, as previsões podem não representar fielmente o futuro, porque não fazem relevar as constantes mudanças de comportamentos.

Outra preocupação relativa à qualidade dos dados respeita à repetição e ampliação, pelos sistemas de inteligência artificial, de enviesamentos de origem humana introduzidos no sistema de inteligência artificial, e ao risco de discriminação que daí decorre. Este enviesamento pode constar quer do próprio algoritmo desenvolvido, quer dos dados utilizados para treinar o algoritmo, afetando assim os cálculos e as previsões efetuadas. No caso de limitações decorrentes dos dados utilizados, e como já referido, estas podem resultar de erros na seleção da amostra, levando a que os dados sejam incompletos, baseados numa amostra demasiado pequena ou pura e simplesmente errados.

No entanto, o enviesamento pode também resultar, não da qualidade dos dados, mas de situações de discriminação que já ocorrem na sociedade e que, em particular, já afetam os processos de decisão onde se pretende aplicar a inteligência artificial. Isto é, quando os dados utilizados pelos sistemas de inteligência artificial para treino do seu algoritmo consistem, por exemplo, num histórico de decisões, adotadas por seres humanos, que refletem, consciente ou inconscientemente, situações de discriminação (racial, de género, religiosa, socioeconómica, etc.) essa discriminação tenderá a ser "aprendida" pela inteligência artificial, repercutindo-a e até ampliando nas suas próprias decisões ou propostas de decisão.

Dados os elevados riscos que acarretam, estas situações de discriminação têm que ser proactivamente evitadas pelos responsáveis pelos sistemas de inteligência artificial (sejam eles entidades públicas ou privadas). É fundamental que quem desenvolve e que quem utiliza esses sistemas, em particular aqueles que utilizam "*machine learning*", tenham noção que podem introduzir os seus próprios enviesamentos, e que poderão ter uma representação limitada, durante o desenvolvimento ou utilização, de determinados grupos raciais, culturais, de género ou de origem socioeconómica.

E estas preocupações não são meramente teóricas ou previsões de um futuro mais ou menos distante, pois são vários os casos de utilização de sistemas de inteligência artificial que suscitaram dúvidas ou deixaram mesmo de ser utilizados por se confirmar que eram a origem de decisões discriminatórias

Um exemplo conhecido respeita ao uso, pelo sistema judicial norte americano, de software para a avaliação do risco de reincidência penal de um arguido, neste caso o sistema COMPAS, que, utilizando um algoritmo considerado protegido por segredo de negócio, recorre às respostas a um questionário com 137 questões para avaliar o referido risco. A utilização deste sistema foi questionada no processo *Loomis v Wisconsin*, onde era alegado que a utilização do software, por não ser conhecido o respetivo algoritmo e a fundamentação para cada avaliação, colocava em causa um processo justo (*due process*) por não permitir questionar a validade científica e a precisão do teste. Era ainda alegado que os direitos do arguido eram violados pelo facto de o software ter em consideração o género e a raça do arguido envolvido. O Supremo Tribunal do Wisconsin considerou, não entanto, que o uso do software não colocava em causa um processo justo, não obstante o processo de avaliação não ser do conhecimento nem do tribunal nem do arguido, e de ter admitido que nem o tribunal nem as partes conheciam totalmente como funcionava o algoritmo ou até que ponto o género era um facto relevante na avaliação efetuada.

Ora, a solução para evitar um número cada vez maior de situações como esta passará, para a FRA, por utilizar grandes quantidades de dados (técnicas de *big data*) que sejam representativos e que incidam sobre o que realmente se quer medir, apostando na fiabilidade e validade da informação. Mostra-se essencial conhecer de onde provêm os dados, o que é que abrangem, qual o seu conteúdo, qual o processo de recolha e quais os canais de distribuição.

Para tal é crucial que, no processo de arquitetura de um algoritmo, se proceda a uma avaliação de impacto sobre a proteção de dados, tal como impõe o RGPD no artigo 35.º. Nesta avaliação deve ser analisada a qualidade dos dados e o modo de funcionamento do algoritmo.

Mau grado ainda não existem standards estabelecidos sobre a qualidade dos dados quando está em causa as aplicações de *machine learning*. No entanto, e como análise basilar, os operadores devem responder na avaliação de impacto às seguintes questões: qual a origem dos dados? Que informações estão abrangidas e se são apropriadas à finalidade do algoritmo? Quem está coberto? Qual a abrangência temporal e espacial?

Assim, para neutralizar erros é essencial avaliar os dados em que se baseará o algoritmo, analisar a lógica subjacente ao mesmo e estudar o respetivo poder preditivo.

3.4. Princípio da limitação da conservação

A alínea e) do n.º 1 do artigo 5.º do RGPD impõe a limitação da conservação: os dados pessoais devem ser conservados de uma forma que permita a identificação dos titulares dos dados apenas durante o período necessário para as finalidades para os quais são tratados. Ora, este princípio é, atrevemo-nos a dizer, o que mais exceções conhece, tornando o excecional a regra.

De facto, a possibilidade de tratamentos posteriores para finalidades compatíveis, já aludidas, e os prazos de conservação legais, para os mais diversos fins – fiscais, contabilísticos, etc. – permitem-nos afirmar que na maioria dos casos a conservação excede o período necessário às finalidades da recolha. Não obstante, é princípio a considerar também nos projetos que envolvem inteligência artificial.

3.5. Princípio da integridade e confidencialidade

Os princípios da integridade e confidencialidade insertos na alínea f) do n.º 1 do artigo 5.º mostram que a proteção de dados está intimamente relacionada com a segurança da informação, sendo necessário acautelar todas as medidas necessárias para que esta se concretize.

Nesta sede, e apenas de modo exemplificativo, importa referir que os responsáveis pelo tratamento terão de adotar políticas de controlo de acessos, registo e cancelamento de utilizadores, regras de passwords (palavras-passe), procedimentos seguros de início de sessão, gestão de direitos de acesso privilegiados, registos de eventos (logs), defesa perimétrica e segregação de redes, assim como a gestão de vulnerabilidades técnicas.

Não nos esqueçamos que aos princípios da integridade e confidencialidade terão de se juntar os princípios da disponibilidade (salvaguarda da informação e dos dados pessoais e redundância) e da resiliência (continuidade de negócio).

Relacionado com este princípio lato da segurança da informação está a obrigação de proteção de dados desde a conceção e por defeito, prevista no artigo 25.º do RGPD. No que respeita à inteligência artificial, esta obrigação implica que os princípios da proteção de dados têm que ser aplicados desde o primeiro momento de desenvolvimento da inteligência artificial e durante todo o processo de desenvolvimento, eventualmente até envolvendo nas fases desse processo quer especialistas quer representantes de grupos potencialmente afetados por situações de discriminação algorítmica.

Por outro lado, implica também que o responsável pelo tratamento deve assegurar, como já vimos, que, por defeito, só sejam tratados os dados pessoais que forem necessários para cada finalidade específica do tratamento. Deste modo, a definição por defeito de cada sistema de inteligência artificial tem que ser, desde a conceção, de maneira a implementar, no seu funcionamento, os princípios da limitação das finalidades, da minimização dos dados, da limitação da conservação, etc. Este é, sem dúvida, um desafio, sobretudo pela dificuldade em transpor para código (informático) conceitos jurídicos que se concretizam em normas, direitos e deveres, que ainda por cima podem estar sujeitos a evolução. Esta dificuldade é acrescida quando estejam em causa sistema com capacidade de aprender sozinhos, e que, por isso, tenham a capacidade de reescrever novos códigos que alterem o sistema (software) inicial.

3.6. Princípio da responsabilidade

O princípio da responsabilidade, consagrado no n.º 2 do artigo 5.º do RGPD, coloca um problema prévio no que toca aos sistemas de inteligência artificial, que se espelha na dificuldade de saber quem é o responsável pelo tratamento: o responsável é quem desenvolveu o sistema? Quem disponibilizou o conjunto de dados? Quem adquiriu o sistema e o utiliza agora?

À luz do artigo. 4.º do RGPD, quem criou o sistema, determinado as finalidades e os meios de tratamento, será qualificado como responsável pelo tratamento, tendo a responsabilidade de demonstrar que está a cumprir todos os princípios-regras que acabámos de listar. E é isso que é o princípio da responsabilidade – o poder-dever de comprovar o cumprimento do RGPD.

4. A obrigação de proceder a uma avaliação de impacto sobre a proteção de dados

Não nos restam dúvidas de que os riscos e a complexidade dos sistemas de inteligência artificial ditam a realização de uma avaliação de impacto sobre a proteção de dados, para dar cumprimento ao artigo 35.º do RGPD. Nas linhas seguintes propomo-nos a explicar esta afirmação.

Ora, antes de mais importa sublinhar que o RGPD materializa uma mudança de paradigma no que toca ao papel dos responsáveis pelo tratamento e das autoridades de controlo. Com efeito, depois de mais de 20 anos assente num modelo de controlo prévio nos termos da Diretiva de 95[21], o RGPD vem exigir mais responsabilidade – e responsabilização – a todas as organizações, públicas ou privadas. No novo modelo assente no risco, vem agora o RGPD alargar as obrigações dos responsáveis pelo tratamento e acentuar as funções fiscalizadoras, corretivas e sancionatórias das autoridades de controlo.

No que toca às obrigações do responsável pelo tratamento, estas podem dividir-se em obrigações gerais e em especiais. As obrigações gerais têm que ser cumpridas por todos os responsáveis pelo tratamento e em todas as situações de tratamento. As obrigações especiais apenas se aplicarão a alguns responsáveis pelo tratamento ou em algumas situações de tratamento. A avaliação de impacto sobre a proteção de dados (AIPD) pode ser caracterizada como uma obrigação especial, ou seja, é obrigatória apenas nas situações legalmente previstas, tal como a

[21] Directiva 95/46/CE do Parlamento Europeu e do Conselho, de 24 de outubro de 1995, relativa à protecção das pessoas singulares no que diz respeito ao tratamento de dados pessoais e à livre circulação desses dados, disponível em https://eur-lex.europa.eu/legal-content/PT/ALL/?uri=CELEX%3A31995L0046.

consulta prévia, que lhe sucederá, obrigatória apenas nos casos previstos na lei.

O RGPD não define a AIPD. De facto, nem o artigo 4.º nem o artigo 35.º enquadram o conceito, optando este último artigo, no n.º 1, por começar por determinar quando é que este exercício de avaliação é obrigatório.

Com efeito, o n.º 1 do artigo 35.º do RGPD determina que, quando um certo tipo de tratamento, em particular que utilize novas tecnologias e tendo em conta a sua natureza, âmbito, contexto e finalidades, for suscetível de implicar um elevado risco para os direitos e liberdades das pessoas singulares, o responsável pelo tratamento procede, antes de iniciar o tratamento, a uma avaliação de impacto das operações de tratamento previstas sobre a proteção de dados pessoais.

Duas notas iniciais. Esta avaliação de impacto deve ser definida, parece-nos, como um processo de gestão dos riscos para os direitos e liberdades dos titulares dos dados[22]. No âmbito desta obrigação-processo, todas as organizações terão, pois, de criar e implementar um procedimento prévio de verificação da obrigatoriedade da própria AIPD.

De facto, como a AIPD não é obrigatória em todas as situações de tratamento, caberá à organização, antes de iniciar um novo tratamento de dados – será sempre "avaliação *ex ante*, já que é realizada pelo responsável antes de iniciar o tratamento"[23], aferir a necessidade de elaborar uma AIPD. Tal implica a verificação documentada da obrigatoriedade de AIPD, que se materializa numa análise prévia e integrante de qualquer projeto de criação e implementação.

Voltemos ao artigo 35.º, ao seu n.º 3, que lista, de forma meramente exemplificativa, sublinhe-se, os casos em que a realização da AIPD é obrigatória. São eles: casos de avaliação sistemática e completa dos aspetos pessoais relacionados com pessoas singulares, baseada no tratamento automatizado, incluindo a definição de perfis, sendo com base nela adotadas decisões que produzem efeitos jurídicos relativamente à pessoa singular ou que a afetem significativamente de forma similar; operações

[22] "Orientações relativas à Avaliação de Impacto sobre a Proteção de Dados (AIPD) e que determinam se o tratamento é "suscetível de resultar num elevado risco" para efeitos do Regulamento (UE) 2016/679", de 4 de abril de 2017.

[23] Pinheiro, Alexandre Sousa (Coord.), Comentário ao Regulamento Geral de Proteção de Dados, Almedina, 2018, p. 459.

de tratamento em grande escala de categorias especiais de dados ou de dados pessoais relacionados com condenações penais e infrações; controlo sistemático de zonas acessíveis ao público em grande escala.

Ora, a estes casos somar-se-ão os plasmados nas listas das autoridades de controlo nacionais, adotadas em aplicação do procedimento de controlo da coerência sempre que estejam em causa atividades de tratamento relacionadas com a oferta de bens ou serviços a titulares de dados ou com o controlo do seu comportamento em diversos Estados-Membros ou possam afetar substancialmente a livre circulação de dados pessoais na União (artigo 35.º n.º 4 e 6).

No que respeita a Portugal, a autoridade de controlo nacional – a Comissão Nacional de Proteção de Dados (CNPD) adotou o Regulamento n.º 1/2018, relativo precisamente à lista de tratamentos de dados pessoais sujeitos a Avaliação de Impacto sobre a Proteção de Dados[24], lista esta

[24] Disponível em https://dre.pt/home/-/dre/117182365/details/maximized. Vejamos os tratamentos aí listados: Tratamento de informação decorrente da utilização de dispositivos eletrónicos que transmitam, por redes de comunicação, dados pessoais relativos à saúde; Interconexão de dados pessoais ou tratamento que relacione dados pessoais previstos no n.º 1 do artigo 9.º ou no artigo 10.º do RGPD ou dados de natureza altamente pessoal; Tratamento de dados pessoais previstos no n.º 1 do artigo 9.º ou no artigo 10.º do RGPD ou dados de natureza altamente pessoal com base em recolha indireta dos mesmos, quando não seja possível ou exequível assegurar o direito de informação nos termos da alínea b) do n.º 5 do artigo 14.º do RGPD; Tratamento de dados pessoais que implique ou consista na criação de perfis em grande escala; Tratamento de dados pessoais que permita rastrear a localização ou os comportamentos dos respetivos titulares (por exemplo, trabalhadores, clientes ou apenas transeuntes), que tenha como efeito a avaliação ou classificação destes, exceto quando o tratamento seja indispensável para a prestação de serviços requeridos especificamente pelos mesmos; Tratamento dos dados previstos no n.º 1 do artigo 9.º ou no artigo 10.º do RGPD ou ainda dos dados de natureza altamente pessoal para finalidade de arquivo de interesse público, investigação científica e histórica ou fins estatísticos, com exceção dos tratamentos previstos e regulados por lei que apresente garantias adequadas dos direitos dos titulares; Tratamento de dados biométricos para identificação inequívoca dos seus titulares, quando estes sejam pessoas vulneráveis, com exceção de tratamentos previstos e regulados por lei que tenha sido precedida de uma avaliação de impacto sobre a proteção de dados; Tratamento de dados genéticos de pessoas vulneráveis, com exceção de tratamentos previstos e regulados por lei que tenha sido precedida de uma avaliação de impacto sobre a proteção de dados; Tratamento de dados pessoais previstos no n.º 1 do artigo 9.º ou no artigo 10.º do RGPD ou dados de natureza altamente pessoal com utilização de novas tecnologias ou nova utilização de tecnologias já existentes.

também não exaustiva e altamente dinâmica, uma vez que surgirão, designadamente em função do desenvolvimento tecnológico, outras situações em que se justifique realizar obrigatoriamente uma AIPD.

Ora, analisado o caso concreto, se o mesmo corresponder a algum destes tratamentos, a organização terá de obrigatoriamente realizar a AIPD. E a concretização da AIPD não está na discricionariedade de quem a elabora. O RGPD, no n.º 7 do artigo 35.º, prevê o núcleo duro da sua estrutura, que tem que fazer obrigatoriamente parte integrante do relatório final. Assim, concluindo-se pela obrigatoriedade da AIPD no caso em concreto, a entidade terá a obrigação de realizar a avaliação nos moldes legais, documentando, entre outros, a descrição sistemática das operações previstas e a finalidade do tratamento, inclusive os interesses legítimos do responsável, a avaliação da necessidade e proporcionalidade das operações em relação aos objetivos e a apreciação aos riscos para os direitos e liberdades dos titulares e as medidas previstas para fazer face aos riscos, incluindo as garantias e medidas de segurança.

A AIPD terá assim "três fases: descritiva, avaliativa e decisória"[25]. E "a fase avaliativa assenta em duas dimensões: avaliação relacional entre as operações de tratamento e os objetivos, alicerçada no princípio da proporcionalidade, e a avaliação dos riscos para os direitos e liberdades dos titulares"[26]. Já "a fase decisória consiste nas medidas previstas para fazer face aos riscos"[27].

Vejamos primeiro a fase avaliativa, em jeito de proposta de metodologia a adotar. Relativamente aos critérios para aferir a necessidade e proporcionalidade do tratamento, terão de ser consideradas a(s) finalidade(s) e o(s) fundamento(s) de licitude do tratamento, assim como a adequação, pertinência e limitação do tratamento de dados àquilo que é estritamente necessário, o cumprimento dos direitos dos titulares, as garantias nas transferências internacionais e a definição das responsabilidades dos subcontratantes. Relativamente à avaliação dos riscos, é imperioso analisar

[25] Pinheiro, Alexandre Sousa (Coord.), Comentário ao Regulamento Geral de Proteção de Dados, Almedina, 2018, p. 461.

[26] Pinheiro, Alexandre Sousa (Coord.), Comentário ao Regulamento Geral de Proteção de Dados, Almedina, 2018, p. 461.

[27] Pinheiro, Alexandre Sousa (Coord.), Comentário ao Regulamento Geral de Proteção de Dados, Almedina, 2018, p. 461.

as principais ameaças que elevam o nível de risco, as fontes de risco e os potenciais impactos para os direitos e liberdades dos titulares dos dados pessoais. Considerando o risco como a probabilidade e gravidade de danos, materiais ou imateriais, resultantes de operações de tratamento de dados pessoais, o mesmo deve ser graduado nos termos de uma matriz consensualizada, podendo ser acolhida uma graduação quadripartida em Risco Insignificante, Baixo, Significativo e Elevado.

Esta fase avaliativa vai ter necessariamente de se debruçar sobre a segurança da informação tratada. Ora, materializando-se esta segurança na tríade confidencialidade, integridade e disponibilidade, a AIPD deve espelhar a apreciação dos riscos, devendo começar por identificar as principais ameaças, as fontes de risco e os potenciais impactos.

Relativamente às principais ameaças, devem ser consideradas como ameaças não intencionais o acesso não autorizado a sistemas de informação, a ausência de meios materiais, a ausência de recursos humanos, a divulgação acidental de credenciais de acesso aos sistemas de informação, a divulgação acidental de dados pessoais, a destruição acidental de equipamentos informáticos ou meios de armazenamento de informação, a destruição dos registos de informação, os erros de software, de manutenção dos sistemas e das plataformas de informação, as falhas de energia, a mudança não intencional de dados pessoais para outro sistema de informação, a perda de equipamentos informáticos ou meios de armazenamento de informação e o uso indevido dos equipamentos informáticos e sistemas de informação.

Como ameaças intencionais, devem ser consideradas o uso abusivo dos privilégios de acesso à informação, o acesso não autorizado a sistemas de informação, o acesso não autorizado às instalações, a alteração não autorizada nos registos de informação, os atos de vandalismo, a *brute-force password guessing*, o *cloud jacking*, os danos causados por terceiros e por testes de penetração, o *denial of service*, a destruição dos registos de informação, a divulgação de dados pessoais, a engenharia social, a falha ou interrupção das redes de comunicação, a falsificação de registos, a fuga de informação, o furto de equipamento informático, a identidade sintética, a instalação de *Malware*, a instalação não autorizada de software, a interceção de informação, a interrupção do contrato com fornecedores e outros prestadores de serviços (incluindo subcontratantes), a sabotagem, a perda de dados pessoais, o uso indevido de ferramentas de auditoria e de sistemas de informação e a utilização não autorizada de *software*.

Vejamos agora as fontes de risco. Como fontes humanas internas listamos a atuação dolosa no tratamento de dados pessoais, a ausência de políticas internas *BYOD (bring your own device)*, a ausência de planos de comunicação de incidentes à autoridade de controlo e aos titulares de dados, a ausência de um plano de resposta perante incidentes de segurança, a ausência de Políticas de Proteção de Dados e de Conservação de Dados, a ausência de políticas internas de tratamento de dados pessoais, erros no manuseamento dos dados pessoais, formação inadequada ou insuficiente para o manuseamento dos dados pessoais, a utilização negligente dos sistemas de informação e a violação do escalonamento dos níveis de acesso aos dados e sistemas de informação. Já as fontes humanas externas podem concretizar-se em atuações abusivas por terceiros com privilégios de acesos a categorias limitadas de dados pessoais, na atuação dolosa ou negligente de prestadores de serviços e subcontratantes, em ciberataques, em esquemas de engenharia social e em desastres de origem humana. As fontes não humanas serão as resultantes de incêndio, inundação, sismo ou tempestade.

Por fim, vejamos os potenciais impactos: acesso a dados pessoais e a informação sensível, burla, extorsão ou coação ao titular dos dados, fraude de identidade, ganho económico do infrator pela transmissão dos dados pessoais a terceiros, perdas de confidencialidade de dados pessoais protegidos por sigilo profissional, prejuízo para a reputação, uso abusivo dos dados pessoais do titular, usurpação ou roubo de identidade, utilização da identidade do titular por terceira pessoa, criação de perfis com dados inexatos, perigos para a saúde do titular de dados e prejuízos imateriais.

Na posse de todas estas informações, poderemos, pois, avançar para o plano de ação, ou seja, as medidas a implementar. Aqui, e a título meramente exemplificativo, elenquem-se as seguintes: controlo de acesso às instalações do responsável pelo tratamento, prevenção de acesso não autorizado aos sistemas de informação, níveis de acesso aos dados por pessoas autorizadas ao tratamento de dados pessoais, tratamento de dados diferenciado em função das finalidades, gestão interna dos dados pessoais, monitorização da transmissão de dados pessoais a entidades terceiras, gestão dos sistemas de informação e controlo dos subcontratantes, controlos internos sobre a proteção de dados pessoais, gestão da rede interna e centro de processamento de dados (data centres) interno.

Feito este sobrevoo pela identificação e apreciação dos riscos e pelas medidas a implementar, voltemos ao artigo 35.º do RGPD para salientar que o responsável pelo tratamento está obrigado a solicitar o parecer – não vinculativo, diga-se – do encarregado da proteção de dados, nos casos em que este tenha sido designado (n.º 2), devendo ser tido em conta o cumprimento de códigos de conduta (n.º 8) e podendo ser solicitada a opinião dos titulares de dados ou dos seus representantes, sem prejuízo da defesa dos interesses comerciais ou públicos ou da segurança das operações de tratamento (n.º 9).

Por fim, o n.º 11, começando por prever "se necessário" – é sempre, atrevemo-nos nós a dizer, o responsável pelo tratamento deve proceder a um controlo para avaliar se o tratamento é realizado em conformidade com a AIPD, pelo menos quando haja uma alteração dos riscos que as operações de tratamento representam. Estamos, pois, perante uma outra avaliação, esta de conformidade do tratamento face à AIPD, posterior e de monitorização do que a montante ficou.

PARTE II

BRASIL

ALGUMAS REFLEXÕES NO DESENVOLVIMENTO DA INTELIGÊNCIA ARTIFICIAL ÉTICA: SUA IMPORTÂNCIA NA REGULAÇÃO NO BRASIL

MARCELO PASETTI[1]

Resumo: Este artigo objetiva discutir o desenvolvimento da Inteligência Artificial (IA) ética e sua importância na regulação no Brasil. Pelo que, a sociedade de um modo geral começou a entender o impacto que IA está causando, tanto aquelas positivas como as negativas, provocando novos desafios e implicações legais. A fim de melhor assimilar o tema em pauta, foi utilizado como referencial teórico o documento *Ethics guidelines for trustworthy AI* da Comissão Europeia e, ainda, o *Artificial Intelligence: A Roadmap for California,* para compreensão do avanço de pesquisas em IA ética, diante do papel estratégico (político e econômico) que essas regiões exercem no mundo.

Sumário: 1. Introdução. 2 Inteligência artificial ética. 2.1. Orientações éticas para uma IA de confiança. 2.2. *Artificial Intelligence: A Roadmap for California.* 3. Reflexões da IA ética no âmbito brasileiro. 3.1 Marco legal da IA. 4. Considerações finais. Referências.

[1] Mestre em Direito pela PUCRS, área de Concentração em Fundamentos Constitucionais do Direito Público e do Direito Privado. Especialista em Direito do Estado pela UFRGS e em Direito Processual Civil pela PUCRS. MBAs em Direito Tributário e em Direito Empresarial pela FGV. Graduado em Ciências Jurídicas e Sociais pela ULBRA. Pesquisador – Eixo Jurídico, no projeto Rede de Inteligência Artificial Ética e Segura – RAIES, pela PUCRS com apoio pela FAPERGS. Professor do Curso de Graduação em Direito da FAMAQUI. Advogado. E-mail: marcelo.pas@hotmail.com. Lattes: http://lattes.cnpq.br/7149655503079342."

1. Introdução

A Inteligência Artificial (IA) pode ser definida como uma ferramenta para alcançar uma classe de fins desejados, dadas certas estruturas e situações determinadas por humanos, a quem compete decidir o conjunto de finalidades para solução de demandas pontuais. Pois, a máquina irá reproduzir com fidedignidade os comandos adicionados pela racionalidade da pessoa que a maneja, sendo dependente da relação humano-tecnologia.

Diante disso, discorrer sobre IA ética é cada vez mais necessário porque a tecnologia é usada em larga escala para diferentes fins. De fato, a IA estabelece uma série de regras, do ponto de vista de gestão ou auxílio, cuja tecnologia permite processar informações inimagináveis de forma dimensionada, trazendo eficiência ou escala e, ainda, sendo possível sua customização por recomendações, cujas capacidades são incorporadas em nossas vidas diárias e suas aplicações estão se expandindo.

Entretanto, a sociedade de um modo geral começa a compreender o impacto que IA está causando em nossas vidas, tanto aquelas positivas como as negativas, por apresentar um novo mundo e uma nova realidade de possibilidades. Com isso, surge um risco (efeito da incerteza nos objetivos) significativo, caso não sejam observados a ética e os princípios da humanidade. Todos que trabalham com essa ferramenta são responsáveis no desenvolvimento objetivo de uma estrutura ética que reflita valores e não as próprias crenças, visando a neutralizar a subjetividade humana e, assim, evitar distorções.

À medida que amadurece a utilização da IA, novos desafios éticos são considerados para o desenvolvimento responsável de suas implicações legais de justiça e responsabilidade, em prol de uma ética equilibrada, isto é, sem preconceitos desde o ponto de partida para orientar na construção de sistemas inteligentes, os quais irão emular o comportamento humano.

Por isso, necessária essa discussão para entender a preocupação na utilização de algoritmos que realizem tarefas a partir de exemplos treinados, através de um modelo computacional de raciocínio humano. Por conseguinte, inevitável o combate ao preconceito algorítmico por meio de dados ensinados nos próprios modelos de aprendizado da máquina.

Tendo em vista essas considerações, este texto objetiva apresentar a proposição de que é necessário encontrar meios para traçar uma IA ética. Será utilizado como referencial teórico, para embasar as considerações traçadas neste artigo, as diretrizes elencadas pela Comissão de Ética Europeia no documento *Ethics guidelines for trustworthy AI* e, ainda, o *Artificial Intelligence: A Roadmap for California* para o desenvolvimento de pesquisas em IA ética e compreender o atual estágio do Brasil na regulação de sistemas de IA.

2. Inteligência artificial ética

Com efeito, uma verdadeira "IA ética", um subcampo da ética aplicada, requer princípios interconectados e dependentes, como inteligibilidade, precisão e equidade, para, assim, avançar ou levantar preocupações em termos de qualidade de vida tanto individual como coletiva. Em particular, a inteligibilidade exige que processos técnicos sejam transparentes e explicáveis, como forma de estabelecer responsabilidade pelos resultados de suas decisões. Esse conhecimento oportuniza pensar como e por que as decisões tomadas permitem que os usuários entendam se estão sendo explorados, de modo que, se os direitos humanos foram violados ou se houve adaptabilidade ao ambiente.[2]

Por isso, a IA ética deve ser adotada por todas as partes interessadas, principalmente, pelo governo, ao tornar seus sistemas transparentes, justos, seguros, explicáveis e inclusivos, como elementos fundamentais em suas interpretações e operacionalizações. Nessa linha, deve-se afastar quaisquer vieses explícitos e implícitos nos sistemas de IA. Desta forma, será possível garantir a neutralidade nas decisões preditivas.

Conquanto, será preciso uma solução de IA ética que tenha integridade ou precisão em relação ao seu propósito, vez que a máquina aprende com base em dados que processa, se não forem representativos ou precisos, acabará desenvolvendo resultados antiéticos.

Uma das recomendações seria uma análise da organização de como realiza o ciclo de vida da IA de uma perspectiva ética, incluindo as formas que constrói e testa os dados e modelos de tecnologia, segurança da informação e pela atuação de seus responsáveis pela política de privacidade.

Por outro lado, evidentemente se mostra relevante entender como a organização desenvolve e aplica leis políticas, procedimentos e padrões

[2] SILVEIRA, Paulo Antônio Caliendo Velloso da. **Ética e Inteligência Artificial:** da possibilidade filosófica de Agentes Morais Artificiais. Porto Alegre, RS: Editora Fi, 2021. Disponível em: <https://www.editorafi.com/173etica>. Acesso em: 25 abr. 2022.

para soluções de IA em uma série de opções que dependem de dados, inclusive, aqueles considerados como sensíveis que poderiam afetar a privacidade, o que demandaria a necessidade de mais especificações em tais situações.

Daí a necessidade da eliminação da IA considerada caixa-preta (*blackbox*). Isto significa, não fornece informações sobre os dados de entrada (*input*) e nem como se relacionam com os dados de saída (*output*). Obviamente, essa opacidade leva a falta de transparência e explicabilidade do resultado para confiança de sua aplicabilidade. Nesse cenário, torna-se imprescindível ter métodos para estabelecer a precisão de sistemas computacionais, o que pode ser alcançado a partir de inferências "certas" sobre como o conjunto de dados (*dataset*) foram fornecidos, observados, derivados, treinados e informados.[3]

Isso porque, o *dataset* pode revelar um viés discriminatório de quem fez o *input* do mesmo. Assim, a governança de dados não deve ser no algoritmo, mas nos dados que os alimentam[4], de acordo com as colocações de Danilo Doneda e Virgilio Almeida[5]:

> *This is true for several tools alreadey presente in data protection legislation that, in some countries, have measures regarding transparency and fairness that apply directly to algorithms and the platforms that support their functioning. For instance, the provision that automated decisions shall be grounded on transparente criteria is commonly presente in several pieces of data-protection legislation. The same happens with the right to ask for a human revision of automatically taken decision.*[6]

[3] MURRAY, Charlotte. **AI & Ethics:** With great power comes great responsibility. Medium. Data Driven Investor. Disponível em <https://medium.com/datadriveninvestor/https-medium-com-charlottemurray-ai-ethics-with-great-power-comes-great-responsibility-2f537fd6a8f8>. Acesso em: 11 jun. 2019.

[4] MAGRANI, Eduardo. **Entre dados e robôs:** ética e privacidade na era da hiperconectividade. 2ª ed., Porto Alegre: Arquipélago Editorial, 2019.

[5] DONEDA, Danilo; ALMEIDA, Virgílio A. F. ***What is algorithm governance*:** IEEE Internet Computing, v. 20, 2016, p. 60.

[6] Em tradução livre: "Isso é verdade para várias ferramentas já presentes na legislação de proteção de dados que, em alguns países, possuem medidas de transparência e equidade que se aplicam diretamente a algoritmos e plataformas que suportam seu funcionamento. Por exemplo, a disposição de que as decisões automatizadas devem basear-se em critérios transparentes está comumente presente em várias leis de proteção de dados. O mesmo acontece com o direito de solicitar uma revisão humana das decisões tomadas automaticamente".

Por isso, a necessidade de análise dos vieses cognitivos nos sistemas de inteligência artificial. O primeiro passo a ser dado com vistas ao atendimento de tal escopo é, pois, verificar a transparência e explicabilidade dos sistemas de inteligência artificial (IA), sua função e seus limites como questão-chave em sua interpretabilidade.[7] A partir daí, será possível abordar a influência na tomada de decisão e, assim, buscar soluções para a mitigação ou redução da problemática se existente. Pois, quando se projeta um sistema de IA para o futuro, pode-se fazer tudo para impedir que histórias e presentes opressivos não se repitam.[8]

Decerto, a diversidade e a inclusão social de pessoas levam as melhores condições para que o sistema computacional se desenvolva de forma imparcial pela pluralidade de expressões. Porém, será importante permitir que equipes implantem uma estrutura analítica enraizada na análise e na ação que resolva a equidade (como uma etapa intermediária), pertencimento, justiça e inclusão na resolução de problemas à medida que iteram em direção a um produto final. Para Hanna Naima MacCloskey entender quem está na equipe (e quem não está), quem é ouvido (e quem não é), é fundamental na agenda da IA ética.[9]

Ainda, é preciso que haja a prestação de contas pelos responsáveis envolvidos na pesquisa, pelo ciclo de vida dos dados, desenvolvimento, implantação, comunicação e treinamento. Com isso, será possível orientar, monitorar e avaliar funcionários, fornecedores e usuários no uso da IA. Significa que, através de proteções probas que limitem os erros de todos será possível produzir soluções que representam o potencial da IA ética.

Sem dúvida, a ética aplicada a IA pode ser considerada aquela que possui apoio na tomada de decisão fundamenta em princípios e valores, ou seja, observará sua compatibilidade com os direitos fundamentais, critérios dignos de transparência e explicabilidade, previsibilidade, imparcialidade, respeito a privacidade dos usuários e, ainda, seja possível realizar uma auditoria. Impede dizer que, em momento algum poderá

[7] PREECE, A. **Asking 'Why' in AI:** Explainability of intelligent systems – perspectives and challenges. *Intell Sys Acc Fin Mgmt.* 2018; 25: 63– 72. https://doi.org/10.1002/isaf.1422.

[8] MACCLOSKEY, Hanna Naima. **Six principles for AI etchis. Medium. Fearless Futures.** Disponível em <https://medium.com/fearless-futures/reflections-on-the-question-of-ai--ethics-459952bbf49f>. Acesso em: 22 jul. 2021.

[9] MACCLOSKEY, Hanna Naima, op. cit.

haver qualquer tipo de discriminação ou preconceitos. Por assim dizer, há de ter pluralidade de especialistas no desenvolvimento da IA.[10]

Com efeito, a IA ética pugna por valores e princípios orientadores aplicados às tecnologias, incorporados desde sua concepção como padrão em todo o ciclo de vida da IA.[11]

2.1. Orientações éticas para uma IA de confiança

Inicialmente, a Comissão Europeia para Eficácia da Justiça (CEPEJ) publicou, em 03 de dezembro de 2018, uma Carta Europeia de Ética sobre o uso da IA em sistemas judiciais e seu ambiente, contendo cinco princípios:

> PRINCÍPIO DE RESPEITO AOS DIREITOS FUNDAMENTAIS: assegurar que a conceção e a aplicação de instrumentos e serviços de inteligência artificial sejam compatíveis com os direitos fundamentais.
>
> PRINCÍPIO DE NÃO-DISCRIMINAÇÃO: prevenir especificamente o desenvolvimento ou a intensificação de qualquer discriminação entre indivíduos ou grupos de indivíduos.
>
> PRINCÍPIO DE QUALIDADE E SEGURANÇA: em relação ao processamento de decisões e dados judiciais, utilizar fontes certificadas e dados intangíveis com modelos elaborados de forma multidisciplinar, em ambiente tecnológico seguro.
>
> PRINCÍPIO DA TRANSPARÊNCIA, IMPARTIALIDADE E EQUIDADE: tornar os métodos de tratamento de dados acessíveis e compreensíveis, autorizar auditorias externas.
>
> PRINCÍPIO "SOBRE O CONTROLO DO USUÁRIO": excluir uma abordagem prescritiva e garantir que os usuários sejam atores informados e controlem as escolhas feitas.[12]

[10] PASETTI, Marcelo. **O acesso ao Judiciário mediado pela Inteligência Artificial:** algumas reflexões. Revista Brasileira de Direito Público – RBDP, Belo Horizonte, ano 17, n. 67, p. 209-221, out./dez. 2019 – B.

[11] DELOITTE DEVELOPMENT LLC. **AI ethics** – A new imperative for businesses, boards, and C-suites. 2019. Disponível em: <https://www2.deloitte.com/content/dam/Deloitte/us/Documents/regulatory/us-ai-ethics-a-new-imperative-for-businesses-boards-and-c-suites.pdf>. Acesso em: 25 mar. 2020.

[12] COMISSÃO EUROPEIA PARA A EFICÁCIA DA JUSTIÇA (CEPEJ). **Carta Europeia de Ética sobre o Uso da Inteligência Artificial em Sistemas Judiciais e seu ambiente**

No ano seguinte, a Comissão Europeia publicou o documento ***Ethics guidelines for trustworthy AI*** (Orientações éticas para uma IA de confiança) reforçando os princípios de não-discriminação, transparência e respeito pelos direitos fundamentais. Em outras palavras, os sistemas de IA deverão considerar à liberdade, à igualdade e à solidariedade, aos direitos dos cidadãos e à justiça, como base comum em respeito a dignidade humana, isto é, em questões centradas no ser humano, justamente por possuir um valor intrínseco.[13]

Diante disso, a Comissão Europeia estabeleceu a necessidade de que seja desenvolvida uma ética confiável na elaboração de uma IA segura, de forma a possibilitar os seguintes requisitos: intervenção e supervisão humana; robustez e segurança; privacidade e governança de dados; transparência; diversidade, não discriminação e equidade; bem-estar social e ambiental; e prestação de contas.[14]

Além disso, para a implementação desses requisitos, deverá considerar métodos técnicos e não técnicos para garantir sua otimização, bem como fomentar a pesquisa e a inovação para ajudar a avaliar os sistemas de IA. Ademais, é preciso treinar sistematicamente especialistas em ética da IA, de modo que haja uma educação continua para que todos os interessados estejam cientes de seu funcionamento e tenham conhecimento quanto às possíveis tensões entre diferentes princípios e requisitos.[15]

Assim como, referido guia está fundamentado em três pilares: "[...] a) deve ser **Legal,** cumprindo toda a legislação e regulamentação aplicáveis; b) deve ser **Ética,** garantindo a observância de princípios e valores éticos; c) deve ser **Sólida,** tanto do ponto de vista técnico como do ponto de vista social, uma vez que, mesmo com boas intenções, os sistemas de IA podem causar danos não intencionais.".[16]

adoptada pela CEPEJ na sua 31.ª reunião plenária. (Estrasburgo, 3 e 4 de dezembro de 2018). Disponível em: <https://rm.coe.int/carta-etica-traduzida-para-portugues--revista/168093b7e0>. Acesso em: 30 mai. 2022.

[13] EUROPEAN COMMISSION. **Ethics Guidelines For Trustworthy AI.** B-1049 Brussels. Document made public on 8 April 2019. Disponível em: <https://op.europa.eu/en/publication-detail/-/publication/d3988569-0434-11ea-8c1f-01aa75ed71a1>. Acesso em: Acesso em: 25 mai. 2022.

[14] Id. ibid.

[15] PASETTI, Marcelo, ob. cit.

[16] European Commission, op. cit.

Certamente, cada um desses elementos deve funcionar em combinação, cujo propósito será acrescer movimento entre todos. Na prática, em caso de conflitos deve-se procurar sua harmonização. Assim, devem indicar como operacionalizar tais princípios em sistemas sociotécnicos, respeitando os direitos fundamentais durante as fases de desenvolvimento, de implantação e, por fim, na utilização dos próprios sistemas de IA.

De igual maneira, os sistemas de IA precisam desenvolver, implantar e utilizar formas apropriadas de acordo com os princípios éticos, ou seja, em respeito a autonomia humana, prevenção de danos, equidade e explicabilidade. Também, há de reconhecer em quais situações envolvem grupos vulneráveis, isto é, historicamente desfavorecidos ou em risco de exclusão, como método de confrontar com aquelas em conjunturas opostas, quer de poder, quer de informação.

Como se vê, o guia proposto pela Comissão Europeia teve o cuidado de incluir a diversidade na busca de transformar significativamente a sociedade, aumentando assim o bem-estar individual, o social e o bem comum. Ainda que inclua o progresso e a inovação como maximização dos benefícios dos sistemas de IA, ao mesmo tempo, expõe a premência em prevenir e minimizar seus riscos.[17]

Por conseguinte, a Comissão Europeia procurou identificar uma IA confiável como ambição fundamental, a partir de uma estrutura clara e abrangente para alcançar sua confiabilidade, alinhada com aos valores fundamentais de respeito pelos direitos humanos, a democracia e o estado de direito. Trata-se de um pré-requisito para que as pessoas e as sociedades desenvolvam, implantem e usem sistemas de IA comprovadamente dignos de confiança.

Nestes termos, a Comissão Europeia ao propor as diretrizes multifacetadas e, principalmente, com nítido suporte ético no domínio da IA para que os riscos e outros impactos negativos associados e, assim, sejam geridos de forma adequada, colocando os cidadãos no centro dos seus esforços.

Em 20 de outubro de 2020 houve a publicação da Resolução do Parlamento Europeu, que contêm recomendações à Comissão Europeia sobre o regime relativo aos aspetos éticos da inteligência artificial, da robótica e das tecnologias conexas. De fato, objetivou-se o cuidado no

[17] Id. ibid.

desenvolvimento de uma IA ética, segura, de confiança e que garanta a proteção de princípios éticos, colocando em destaque o ser humano.[18]

Ainda, essa resolução trouxe recomendações sobre valores éticos, equidade, exatidão, confidencialidade e transparência na constituição da base destas tecnologias. Ao passo que, as operações de IA devem adotar uma forma que não gere resultados enviesados e que sejam avaliados adequadamente seus riscos. Apresenta uma lista cumulativa e exaustiva dos setores de alto risco[19] e das utilizações ou finalidades de alto risco[20] que encerram um risco de violação dos direitos fundamentais e das regras de segurança.

Denota-se, igualmente, a necessidade de que se utilizem sistemas de IA que possuam um certificado de conformidade de acordo com os requisitos regulatórios, sendo obrigatória àquelas situações que possuam um alto risco em seu uso. Por exemplo, onde há limite ao exercício de direitos fundamentais processuais importantes.[21] A partir desse propósito de avaliação de risco e manuseio de sistemas de IA de alto risco, a Comissão Europeia realizou uma audiência com pesquisadores da Universidade de Oxford, Inglaterra. Pois, tais pesquisadores desenvolveram um software denominado de "capAI", que realiza a avaliação de conformidade de sistemas de IA. O objetivo dessa ferramenta é garantir e demonstrar se está em conformidade com os requisitos regulatórios, ela possui três componentes: um protocolo de revisão interna para garantia de qualidade e gestão de riscos; uma ficha de dados resumida à futura base de dados

[18] PARLAMENTO EUROPEU. **Resolução do Parlamento Europeu, de 20 de outubro de 2020,** que contém recomendações à Comissão sobre o regime relativo aos aspetos éticos da inteligência artificial, da robótica e das tecnologias conexas. Disponível em: <https://www.europarl.europa.eu/doceo/document/TA-9-2020-10-20_PT.html#sdocta8f>. Acesso em: 30 mai. 2022.

[19] Emprego; educação; saúde; transportes; energia; setor público (asilo, migração, controlos nas fronteiras, sistema judicial e serviços da segurança social); defesa e segurança; finanças, banca, seguros; *in* ibid id.

[20] Recrutamento; classificação e avaliação de estudantes; atribuição de fundos públicos; concessão de empréstimos; negociação, corretagem, tributação, etc; tratamentos e procedimentos médicos; processos eleitorais e campanhas políticas; decisões do setor público com um impacto significativo e direto nos direitos e obrigações de pessoas singulares e coletiva; condução automatizada; gestão do tráfego; sistemas militares autónomos; produção e distribuição de energia; gestão de resíduos; controlo de emissões; *in* Id. ibid.

[21] Id ibid.

pública da União Europeia sobre sistemas de IA de alto risco em funcionamento; e uma tabela de desempenho externo, que pode ser disponibilizado aos clientes e outras partes interessadas do sistema de IA.[22] Entretanto, é importante não reduzir a ética aos sistemas de compliance, pois a tecnologia é mais rápida. Assim, incluir usuários na discussão ajudará a traçar melhores resultados.

2.2. *Artificial Intelligence: A Roadmap for California*

O Estado da Califórnia dos Estados Unidos da América (EUA) publicou, para o desenvolvimento de um plano estratégico sobre IA, o *Artificial Intelligence: A Roadmap for California*[23]. Trata-se de recomendações como forma de maximizar a competitividade e os resultados em sua economia, saúde pública, segurança, empregos, meio ambiente, bem como para proteção de valores fundamentais, como: autonomia, privacidade, transparência e responsabilidade.

Destaca-se no guia Californiano que já foi dada a largada na busca da superioridade da IA. Assim, traz importantes implicações sobre questões críticas, por exemplo, como o impacto nos empregos que não irão mais existir ou suas adaptações. O que sem dúvida afetará a estrutura da economia e atividades diárias. Daí, infere-se que o desafio será a necessidade de preservar o controle humano na utilização de uma IA construída para auxiliar no desenvolvimento do raciocínio.[24]

De fato, a Califórnia é um dos estados mais rico dos EUA, o que torna possível e oportuniza que desenvolvedores e engenheiros de softwares recebam incentivos de empresas privadas em abundância para o desenvolvimento de IA. Diante desse contexto, vale recordar a promulgação dos Princípios de IA durante a Conferência Asilomar de 2017, onde se buscou estabelecer diretrizes essenciais em prol de uma IA segura:

[22] UUk, Risto. **The EU AI Act Newsletter #4.** Future of Life Institute. Mar 28, 2022. Disponível em: <https://artificialintelligenceact.substack.com/p/the-eu-ai-act-newsletter-4?s=r>. Acesso em: 25 abr. 2022.

[23] LITTLE HOOVER COMISSION. **Artificial Intelligence: A Roadmap for California.** Milton Marks Commission on California State Government Organization and Economy. Report 245. November 2018. Disponível em: <https://lhc.ca.gov/sites/lhc.ca.gov/files/Reports/245/Report245.pdf>. Acesso em: 25 mar. 2022.

[24] Id. ibid.

1. Objetivo da Pesquisa deve ser benéfica; 2. Financiamento de Pesquisa para uso benéfico; 3. Intercâmbio entre Ciência e formuladores de políticas; 4. Cultura de Pesquisa de cooperação; 5. Evitar cortes de segurança; 6. Segurança; 7. Transparência de Falhas; 8. Transparência Judicial; 9. Responsabilidade; 10. Alinhamento de Valores; 11. Valores Humanos; 12. Privacidade Pessoal; 13. Liberdade e Privacidade; 14. Benefício Compartilhado; 15. Prosperidade Compartilhada; 16. Controle Humano: 17. Não subverter os processos sociais e cívicos; 18. Evitar uma corrida armamentista; 19. Evitar os limites superiores a capacidade de IA; 20. Importância no planejamento com cuidado de recursos proporcionais; 21. Mitigar riscos; 22. Auto-aperfeiçoamento recursivo; 23. Bem Comum.[25]

Assim como, o Estado da Califórnia também considera a necessidade de equilibrar o uso de algoritmos na decisão como forma de evitar o risco de erro e a parcialidade. Por outras palavras, será necessária a divulgação de dados relevantes, fontes e suposições de programação e quaisquer riscos de preconceito devido à demografia do ser humano – programadores, visando melhorias no design e na sua implementação, como forma de evitar discriminações. Por isso, é fundamental entender a informação contextual, sob pena de levar a resultados injustos ou mesmo imprecisos. Ademais, em casos de contratação do setor público, há de se ter regras específicas e o uso de código aberto em determinadas situações contratuais.[26]

Efetivamente, para o setor público, a Comissão do Estado da Califórnia fez diversas recomendações para auxiliar o Governador e o Poder Legislativo, tais como: a nomeação de um consultor especial de IA dentro do gabinete do Governador; Coordenar como contraparte da IA dentro do Estado e suas Agências locais, em escritórios de outros funcionários eleitos e instituições de ensino superior da Califórnia; criar um plano estratégico que incorpore a IA para melhorar e aumentar a realização de operações de serviços internos e externos. Além disso, supervisionar os benefícios na implantação da tecnologia de IA e aplicativos pelo setor público.

Do mesmo modo, referida Comissão fez outras recomendações ao Governador e ao Poder Legislativo, como: devem requerer de cada Agência

[25] FLI – FUTURE OF LIFE INSTITUTE. **Asilomar AI Principles.** 2017. Disponível em <https://futureoflife.org/ai-principles/?cn-reloaded=1>. Acesso em: 25 ago. 2020.

[26] LITTLE HOOVER COMISSION, op. cit.

Estadual ou Departamento autônomo a designação de um Oficial Chefe para questões ligadas a inteligência artificial, cuja posição deve reportar ao Secretário da Agência e ao Conselheiro Especial de IA do Governador; encorajar a nomeação de um Diretor de IA dentro de escritórios independentes para fazer parceria no desenvolvimento de um estratégia de IA em todo o Estado; exigir que cada Agência Estadual, Departamentos, Conselhos, Comissões e afins, desenvolvam planos estratégicos que incluam o uso e a implementação de tecnologia de IA e aplicativos para melhorar as operações internas e externas para fins econômicos, sociais e ambientais de forma ética.[27]

3. Reflexões da IA ética no âmbito brasileiro

O Conselho Nacional de Justiça da República Federativa do Brasil deu início sobre o tema, com a promulgação da Resolução n. 332, 21 de agosto de 2020[28], para tratar sobre ética, transparência e governança na produção e no uso de IA no Poder Judiciário, inclusive, fazendo referência a Carta Europeia de Ética sobre o uso da IA em sistemas judiciais e seus ambientes.

Certamente, dita resolução procurou estabelecer critérios de governança, ética e transparência. De modo a nortear o desenvolvimento de sistemas de IA com o cuidado de observância de garantias aos direitos fundamentais, de acordo com juízos éticos, com preocupação aos dados pessoais e a privacidade. Além disso, procurou orientar na submissão de cautelas essenciais quanto aos dados pessoais considerados sensíveis e em demandas que requeiram segredo de justiça.

Por exemplo, no tocante aos dados utilizados em processos de aprendizado de máquina, devem ser provenientes de fontes seguras, preferencialmente governamentais, passíveis de serem rastreados e auditados. Por outro lado, o método de tratamento dos dados deve adotar medidas eficazes contra riscos de destruição, modificação e transmissões não-autorizadas. Ainda, o desenvolvimento de modelos de IA deve garantir a segurança jurídica.

Por conseguinte, os modelos de IA devem ser homologados para aferir se houve influência de preconceitos ou generalizações em seu avanço. De

[27] LITTLE HOOVER COMISSION, op. cit.

[28] Brasil. Conselho Nacional de Justiça. **Resolução n. 332,** de 21 de agosto de 2020. Disponível em: <https://atos.cnj.jus.br/atos/detalhar/3429>. Acesso em: 25 jan. 2022.

forma idêntica, os padrões de IA usados para auxiliar na elaboração de decisão judicial devem demonstrar os passos que acarretaram o resultado. Em particular, deverá ter a previsão de análise de viés algorítmico e eventual descontinuidade da solução. De igual modo, é obrigatória a supervisão humana que utilizem modelos de IA como ferramenta no auxílio na elaboração de decisão judicial. De outra parte, há o desestímulo ao uso de sistemas de IA em matéria penal quanto à análise preditiva, exceto na automação de elementos relacionados ao cálculo na aplicação de sanções, triagem dos autos, mapeamentos, prescrição, dentre outros.

Pelo que, o uso da IA em desconformidade com os princípios e regras estabelecidos na citada resolução será objeto de apuração e, caso verificada, ocorrerá a punição dos responsáveis.

É necessário trazer, ainda, a Estratégia Brasileira de IA, instituída pela Portaria 4.617/21[29] do Ministério da Ciência, Tecnologia e Inovações, documento que procurou nortear as ações do Estado brasileiro em prol do fortalecimento da pesquisa, desenvolvimento e inovações de soluções em IA, bem como, garantir a inovação no ambiente produtivo e social nessa área através de princípios éticos.

Observa-se pela referida estratégia que, possui como objetivo o desenvolvimento de padrões éticos para o uso de IA: criação de conselhos, comitês ou força-tarefa para elaborar normas e regulamentos, para fundamentar o uso ético e o desenvolvimento da IA. Compreende, também, o financiamento específico para pesquisa ou programas piloto para criar IA explicável e transparente, em especial, nos campos de equidade/não-discriminação (*fairness*), responsabilidade/prestação de contas (*accountability*) e transparência (*transparency*).

3.1. Marco legal da IA

Com efeito, o Senado Federal do Brasil determinou a instalação de uma Comissão de Juristas destinada a subsidiar a elaboração de minuta substitutiva para instruir a apreciação dos Projetos de Lei nºs 5.051, de 2019, 21, de 2020, e 872, de 2021, os quais tratam sobre o Marco Legal da

[29] BRASIL. Ministério da Ciência, Tecnologia e Inovações. **Portaria GM 4.617, de 6 de abril de 2021.** Institui a Estratégia Brasileira de Inteligência Artificial e seus eixos temáticos. Disponível em: <https://www.in.gov.br/en/web/dou/-/portaria-gm-n-4.617-de-6-de-abril-de-2021-*-313212172>. Acesso em: 30 mai. 2022.

IA. O Relatório Final, apresentado por essa Comissão, abordou diversas preocupações éticas no desenvolvimento de sistemas de IA. Sendo que, foi proposto na referida minuta, com relação as sanções a serem aplicadas após procedimento administrativo, sejam considerados parâmetros e critérios, como a efetiva implementação de código de ética pelo infrator.[30]

Impende dizer, o PL 21/2020 sofreu censura por ser considerado generalista, pois não asseguraria os direitos dos humanos afetados pelos algoritmos, tratando-se de um texto principiológico muito embora atendesse o desenvolvimento científico, tecnológico e da inovação.[31] Decerto, há previsão de observância ao respeito à ética, aos direitos humanos e aos valores democráticos.

Da mesma forma, o PL 21/2020 foi alvo de severas críticas de um grupo de juristas civilistas, ao enviarem uma carta aberta ao Senado Federal do Brasil, diante da previsão do seu artigo 6º, inciso VI, que estabelece a responsabilidade civil subjetiva como regime padrão aplicável aos danos provocados por sistemas de inteligência artificial, o que colocaria em risco o direito das vítimas de buscar reparação.[32]

Segundo Fabiano Hartmann Peixoto e Marina de Alencar Araripe Coutinho asseveram sobre a necessidade de segurança jurídica e previsibilidade normativa sobre IA. No entanto, alegam que o PL5051/2019 não introduz qualquer inovação no ordenamento jurídico, "uma vez que há dispositivos constitucionais e infraconstitucionais que podem ser aplicados ao caso, sem a necessidade de uma lei específica para tanto."[33]

[30] COMISSÃO DE JURISTAS RESPONSÁVEL POR SUBSIDIAR ELABORAÇÃO DE SUBSTITUTIVO SOBRE INTELIGÊNCIA ARTIFICIAL NO BRASIL **Relatório Final**. Disponível: <https://legis.senado.leg.br/comissoes/mnas?codcol=2504&tp=4>. Acesso 21 jan. 2023.

[31] NOGUEIRA. Pablo. **Projeto de marco legal da IA no Brasil é pouco consistente e pode ser inútil, dizem especialistas.** Jornal da UNESP. 27.07.2021. Disponível em: <https://jornal.unesp.br/2021/07/29/projeto-de-marco-legal-da-ia-no-brasil-e-pouco-consistente-e-pode-ser-inutil-dizem-especialistas/>. Acesso em: 30 mai. 2022.

[32] REVISTA CONSULTOR JURÍDICO, 27 de outubro de 2021. **"Irresponsabilização generalizada."** Especialistas criticam responsabilidade subjetiva prevista no PL do marco da IA. Disponível em: <https://www.conjur.com.br/2021-out-27/especialistas-questionam-artigo-pl-marco-legal-ia>. Acesso em: 05 jun. 2022.

[33] PEIXOTO, Fabiano Hartmann; COUTINHO, Marina de Alencar Araripe. **Inteligência artificial e regulação.** Revista Em Tempo, [S.l.], v. 19, n. 1, aug. 2020. ISSN 1984-7858.

Dentre outros, vale citar a Lei de proteção de dados brasileira (LGPD) que possui mecanismos para regular IA, que em seu art. 20, disciplina o direito do titular dos dados pessoais à explicação das decisões tomadas unicamente com base em tratamento automatizado. Esse direito à explicação é uma consequência do princípio da transparência e direito à informação e os critérios da decisão, nos termos do art. 6º, VI da LGPD.[34]

Nessa senda, para Martin Tisné os formuladores de políticas devem regular a automação, começando com a caixa-preta de algoritmos que coletam e classificam dados e, assim, garantir uma responsabilização rígida.[35] Situação que é afastada pelo PL 21/2020 referente "aos processos de automação exclusivamente orientados por parâmetros pré-definidos de programação que não incluam a capacidade do sistema de aprender a perceber, interpretar e interagir com o ambiente externo a partir das ações e das informações recebidas.". Por aqui, Hartmann Peixoto e Coutinho colocam a necessidade do legislador deliminar a definição legal acerca do que é a IA e de como ela funciona, para evitar ambiguidades e, assim, fornecer segurança jurídica.

Por sua vez, o Projeto de Lei nº 872/2021 traz como fundamento o respeito à ética, aos direitos humanos, aos valores democráticos e à diversidade; a proteção da privacidade e dos dados pessoais; a transparência, a confiabilidade e a segurança dos sistemas; a garantia da intervenção humana, sempre que necessária.

4. Considerações finais

Neste texto, objetivou-se colocar em pauta como está o desenvolvimento da IA ética pela União Europeia e pela Califórnia (Estados Unidos da América), diante do papel estratégico (político e econômico) que exercem

Disponível em: <https://revista.univem.edu.br/emtempo/article/view/3129>. Acesso em: 05 jun. 2022.

[34] BRASIL. Planalto. **Lei n. 13.709,** de 14 de agosto de 2018. Disponível em: < http://www.planalto.gov.br/ccivil_03/_ato2015-2018/2018/lei/L13709compilado.htm>. Acesso em: 30 mai. 2022.

[35] TISNÉ, Martin, **The Data Delusion:** Protecting Individual Data Isn't Enough When The Harm is Collective. Cyber Policy Center. Disponível em: <https://cyber.fsi.stanford.edu/publication/data-delusion>. Acesso em: 05 jun. 2022.

no mundo e o atual estágio do Brasil na regulação de sistemas de IA, necessária para segurança jurídica.

O objetivo central do artigo foi compreender a IA ética e sua importância na regulação pelo Brasil. Denota-se que, o PL 21/2020 não teve um amplo diálogo entre diversos setores, essencial diante da complexidade técnica, política e jurídica na construção de sistemas de IA ética. No entanto, a Comissão de Juristas, em seu Relatório Final, trouxe diversas preocupações, inclusive, éticas no desenvolvimento de sistemas de IA.

De sorte que, o debate não pode ter como foco central apenas preocupações sobre a responsabilidade civil de sistemas de IA. É preciso traçar uma lista de situações de alto risco, com sua estrutura (causa, evento e consequência) e mecanismos de governança algorítmica (boas práticas) que assegurem sistemas de IA éticos. Nessa linha, se mostra pertinente a avaliação de conformidade de tais sistemas, desde a concepção tecnológica, para, devidamente certificada, garantir a transparência, a explicabilidade e a mitigação de vieses discriminatórios.

De fato, é possível afirmar que o Relatório Final apresentado pela Comissão de Juristas avançou na extensão do debate interdisciplinar na regulação da IA no Brasil, com importantes contribuições para estabelecer políticas e processos em prol de uma cultura de integridade, como a adoção de *sandboxes* regulatórios para apoiar organizações que estão desenvolvendo pesquisas sobre o tema.

Referências

BRASIL. Conselho Nacional de Justiça. **Resolução n. 332,** de 21 de agosto de 2020. Disponível em: <https://atos.cnj.jus.br/atos/detalhar/3429>. Acesso em: 25 jan. 2022.

_______. Ministério da Ciência, Tecnologia e Inovações. **Portaria GM 4.617, de 6 de abril de 2021.** Institui a Estratégia Brasileira de Inteligência Artificial e seus eixos temáticos. Disponível em: <https://www.in.gov.br/en/web/dou/-/portaria-gm-n-4.617-de-6-de-abril-de-2021-*-313212172>. Acesso em: 30 mai. 2022.

_______. Planalto. **Lei n. 13.709,** de 14 de agosto de 2018. Disponível em: < http://www.planalto.gov.br/ccivil_03/_ato2015-2018/2018/lei/L13709compilado.htm>. Acesso em: 30 mai. 2022.

_______. Senado Federal. **Projeto de Lei n. 21, de 2020.** Disponível em: <https://legis.senado.leg.br/sdleg-getter/documento?dm=9063365&ts=1653621171778&disposition=inline>. Acesso em: 30 mai. 2022.

COMISSÃO DE JURISTAS RESPONSÁVEL POR SUBSIDIAR ELABORAÇÃO DE SUBSTITUTIVO SOBRE INTELIGÊNCIA ARTIFICIAL NO BRASIL. **Relatório Final.** Disponível: <https://legis.senado.leg.br/comissoes/mnas?codcol=2504&tp=4>. Acesso 21 jan. 2023.

COMISSÃO EUROPEIA PARA A EFICÁCIA DA JUSTIÇA (CEPEJ). **Carta Europeia de Ética sobre o Uso da Inteligência Artificial em Sistemas Judiciais e seu ambiente adoptada pela CEPEJ na sua 31.ª reunião plenária.** (Estrasburgo, 3 e 4 de dezembro de 2018). Disponível em: <https://rm.coe.int/carta-etica--traduzida-para-portugues-revista/168093b7e0>. Acesso em: 30 mai. 2022.

DELOITEE DEVELOPMENT LLC. **AI ethics** – A new imperative for businesses, boards, and C-suites. 2019. Disponível em: <https://www2.deloitte.com/content/dam/Deloitte/us/Documents/regulatory/us-ai-ethics-a-new-imperative-for--businesses-boards-and-c-suites.pdf>. Acesso em: 25 mar. 2020.

DONEDA, Danilo; ALMEIDA, Virgílio A. F. ***What is algorithm governance*:** IEEE Internet Computing, v. 20, 2016.

EUROPEAN COMMISSION. **Ethics Guidelines For Trustworthy AI.** B-1049 Brussels. Document made public on 8 April 2019. Disponível em: <https://op.europa.eu/en/publication-detail/-/publication/d3988569-0434-11ea-8c1f-01aa75ed71a1>. Acesso em: Acesso em: 25 mai. 2022.

FLI – FUTURE OF LIFE INSTITUTE. **Asilomar AI Principles.** 2017. Disponível em: <https://futureoflife.org/ai-principles/?cn-reloaded=1>. Acesso em: 25 abri. 2022.

KALFOGLU, Yannis. **Artificial intelligence**: 60 thought leaders answer 17 questions about artificial intelligence. Editor George Krasadakis. First Edition 2022. Disponível em: <https://www.60leaders.com/ai>. Acesso em: 30 mai. 2022.

LITTLE HOOVER COMISSION. **Artificial Intelligence: A Roadmap for California.** Milton Marks Commission on California State Government Organization and Economy. Report 245. November 2018. <https://lhc.ca.gov/sites/lhc.ca.gov/files/Reports/245/Report245.pdf>. Acesso em: 25 mar. 2022.

MACCLOSKEY, Hanna Naima. **Six principles for AI etchis. Medium. Fearless Futures.** Disponível em <https://medium.com/fearless-futures/reflections-on--the-question-of-ai-ethics-459952bbf49f>. Acesso em: 22 mai. 2022.

MAGRANI, Eduardo. **Entre dados e robôs:** ética e privacidade na era da hiperconectividade. 2ª ed., Porto Alegre: Arquipélago Editorial, 2019.

MURRAY, Charlotte. **AI & Ethics:** With great power comes great responsibility. Medium. Data Driven Investor. Disponível em <https://medium.com/datadriveninvestor/https-medium-com-charlottemurray-ai-ethics-with-great--power-comes-great-responsibility-2f537fd6a8f8>. Acesso em: 11 jun. 2019.

NOGUEIRA. Pablo. **Projeto de marco legal da IA no Brasil é pouco consistente e pode ser inútil, dizem especialistas.** Jornal da UNESP. 27.07.2021. Disponível em: <https://jornal.unesp.br/2021/07/29/projeto-de-marco-legal-da-ia-no-brasil-e-pouco-consistente-e-pode-ser-inutil-dizem-especialistas/>. Acesso em: 30 mai. 2022.

PARLAMENTO EUROPEU. **Resolução do Parlamento Europeu, de 20 de outubro de 2020,** que contém recomendações à Comissão sobre o regime relativo aos aspetos éticos da inteligência artificial, da robótica e das tecnologias conexas. Disponível em: <https://www.europarl.europa.eu/doceo/document/TA-9-2020-10-20_PT.html#sdocta8f>. Acesso em: 30 mai. 2022.

_________. **Resolução do Parlamento Europeu, de 20 de outubro de 2020, que contém recomendações à Comissão sobre o regime de responsabilidade civil aplicável à inteligência artificial.** Disponível em: <https://www.europarl.europa.eu/doceo/document/TA-9-2020-10-20_PT.html#sdocta8f>. Acesso em: 30 mai. 2022.

PASETTI, Marcelo. **O acesso ao Judiciário mediado pela Inteligência Artificial:** algumas reflexões. Revista Brasileira de Direito Público – RBDP, Belo Horizonte, ano 17, n. 67, p. 209-221, out./dez. 2019.

PEIXOTO, Fabiano Hartmann; COUTINHO, Marina de Alencar Araripe. **Inteligência artificial e regulação.** Revista Em Tempo, [S.l.], v. 19, n. 1, aug. 2020. ISSN 1984-7858. Disponível em: <https://revista.univem.edu.br/emtempo/article/view/3129>. Acesso em: 05 jun. 2022.

PREECE, A. **Asking 'Why' in AI:** Explainability of intelligent systems – perspectives and challenges. *Intell Sys Acc Fin Mgmt.* 2018; 25: 63– 72. https://doi.org/10.1002/isaf.1422.

REVISTA CONSULTOR JURÍDICO, 27 de outubro de 2021. **"Irresponsabilização generalizada."** Especialistas criticam responsabilidade subjetiva prevista no PL do marco da IA. Disponível em: <https://www.conjur.com.br/2021-out-27/especialistas-questionam-artigo-pl-marco-legal-ia>. Acesso em: 05 jun. 2022.

SILVEIRA, Paulo Antônio Caliendo Velloso da. **Ética e Inteligência Artificial:** da possibilidade filosófica de Agentes Morais Artificiais. Porto Alegre, RS: Editora Fi, 2021. Disponível em: <https://www.editorafi.com/173etica>. Acesso em: 25 abr. 2022

TISNÉ, Martin, **The Data Delusion:** Protecting Individual Data Isn't Enough When The Harm is Collective. Cyber Policy Center. Disponível em: <https://cyber.fsi.stanford.edu/publication/data-delusion>. Acesso em: 05 jun. 2022.

UUk, Risto. **The EU AI Act Newsletter #4.** Future of Life Institute. Mar 28, 2022. Disponível em: <https://artificialintelligenceact.substack.com/p/the-eu-ai-act--newsletter-4?s=r>. Acesso em: 25 abr. 2022.

O RELATÓRIO DE IMPACTO NO PROJETO DO MARCO LEGAL DA INTELIGÊNCIA ARTIFICIAL E A SUA IMPORTÂNCIA NA MITIGAÇÃO DAS INCERTEZAS E OPACIDADES

Edson Pontes Pinto[1]

Resumo: Com o avanço da inteligência artificial nos diversos contextos do cotidiano, surgem desafios regulatórios e questões jurídicas quanto ao impacto dos agentes artificiais na interação com seres humanos. Nesse cenário, tramita no Congresso Nacional brasileiro projetos de lei que, conjuntamente, são denominados Projeto do Marco Legal da Inteligência Artificial, que estabelece fundamentos, princípios e objetivos para o desenvolvimento e a aplicação da inteligência artificial no Brasil, ao mesmo tempo em que traz diretrizes e instrumento para a proteção dos interessados. Baseado em comparações de regulações e legislações internacionais e nacionais, o presente artigo discorrerá sobre as disposições do Projeto de Marco Legal da Inteligência Artificial no Brasil, de modo a demonstrar como a regulação da tecnologia estrutura, conceitual e axiologicamente, o Relatório de Impacto com o objetivo de mitigar os riscos, incertezas e opacidades na proteção dos direitos fundamentais e liberdades civis dos cidadãos.

[1] Doutorando em Direito (Pontifícia Universidade Católica de Rio Grande do Sul). Mestre em Direito (Pontifícia Universidade de São Paulo). Professor Universitário (Faculdade Católica de Rondônia). Membro do conselho consultivo da The AI Robotics Ethics Society – AIRES/PUC-RS. Diretor Executivo da Escola Superior da Advocacia da OAB/RO. Presidente da Comissão de Proteção de Dados da OAB/RO. Advogado. E-mail: edson.pinto@fcr.edu.br

1. Introdução

Com o desenvolvimento das tecnologias de processamento de dados, e a constante inovação dos algoritmos de inteligência artificial, surgem desafios regulatórios e questionamentos jurídicos quanto aos impactos dos agentes artificiais na sociedade, bem como quanto aos dilemas éticos de sua utilização.

Nesse contexto da sociedade da informação,[2] diversas ferramentas são desenvolvidas para auxiliar a atividade humana. Ferramentas estas que, baseando-se em conjuntos de dados, são até mesmo capazes de emular o agir humano, assemelhando-se, ao seu exercício cognitivo.

Em um primeiro momento, então, a dificuldade de regulação da inteligência artificial cinge-se à própria compreensão do objeto que se busca regular. Não é consenso tanto na comunidade acadêmica, como nas regulações estrangeiras já existentes, acerca das características básicas, bem como dos limites daquilo que se chama *inteligência artificial*.

E tal situação se mostra importante a partir do momento em que a definição jurídica do instituto determinará o âmbito de incidência da norma, bem como delimitará os requisitos e exigências para o avanço e inovação no campo da inteligência artificial.

Além disso, e paralelamente à problemática conceitual, o aperfeiçoamento das tecnologias de inteligência artificial ocorre em velocidade incompatível com a compreensão do homem-médio – e, da mesma forma, do legislador – dificultando a criação de uma moldura legislativa capaz de prever as aplicações e estimar os riscos da atividade.

A necessidade de controlar e gerenciar as incertezas e riscos é comum às diversas áreas em que há uma regulação que evidencia o elemento *precaução*, como se verifica nas questões ambientais, e nas recentes discussões acerca da aplicação de novas técnicas na área da saúde, e o desconhecimento de seus resultados frente ao cenário de crise sanitária global.

O avanço da inteligência artificial desafia, assim, as estruturas normativas presentes até então, e impõe questões acerca do seu impacto ético e jurídico na sociedade.

[2] CASTELLS, Manuel. The rise of network society. 2nd ed. Wiley-blackwell, 2010.

Nesse cenário, recentemente foi aprovado na Câmara dos Deputados do Brasil o Projeto de Lei 21 de 2020[3], doravante denominado Projeto do Marco Legal da Inteligência Artificial, que estabelece fundamentos, princípios e diretrizes para o desenvolvimento e a aplicação da inteligência artificial no Brasil – proposta esta que hoje se encontra no Senado Federal, e juntamente a outras propostas,[4] é objeto de debate por uma comissão de juristas presidida pelo Ministro do Superior Tribunal de Justiça Ricardo Villas Bôas Cueva.[5]

O Projeto do Marco Legal da Inteligência Artificial traz princípios, fundamentos e objetivos do uso da inteligência artificial no Brasil, e objetiva criar um ambiente de desenvolvimento e inovação, ao mesmo tempo em que traz a atenção para questões que necessitam uma normatização mais delicada e apurada, como no caso de conflitos com direitos fundamentais, por exemplo.

Com isso, o presente trabalho trará linhas iniciais acerca dos conceitos e institutos trazidos no projeto de regulação, dando ênfase às exigências de controle, segurança e *accountability* impostas aos agentes de inteligência artificial, em especial à necessidade de criação de um Relatório de Impacto e sua utilização na mitigação dos riscos da tecnologia, buscando sempre a compatibilização do desenvolvimento e da inovação com a precaução necessária à defesa das liberdades civis e dos direitos fundamentais dos cidadãos.

2. Aspectos conceituais e comparativos da regulação da inteligência artificial

A dificuldade em delimitar o objeto de regulação, neste caso da inteligência artificial, pode ser ao mesmo tempo a criação de um *vácuo*

[3] BRASIL, Câmara dos Deputados. Projeto de Lei 21 de 2021: Estabelece princípios, direitos e deveres para o uso de inteligência artificial no Brasil, e dá outras providências. Brasília, DF: Câmara dos Deputados. Disponível em: https://www25.senado.leg.br/web/atividade/materias/-/materia/151547. Acesso em 22 de maio de 2022.

[4] Os projetos de lei 21/20, 872/21 e 5051/19 foram concentrados e são agora objeto de debate no Congresso Nacional para uma redação única e final do Marco Legal da Inteligência Artificial.

[5] Ver: https://www.stj.jus.br/sites/portalp/Paginas/Comunicacao/Noticias/18022022-Villas-Boas-Cueva-preside-comissao-de-juristas-que-ajudara-o-Senado-a-regulamentar-inteligencia-artificial.aspx. Acessado em 01 de junho de 2022.

hermenêutico (*vuoto ermeneutico*)[6] caracterizado pela imprecisão e inefetividade da norma. Ou, por um outro lado, pelo aprisionamento do sentido, restringindo as possibilidades criativas e inovativas de outras ciências, pelo uso da força do enquadramento jurídico desses sentidos em um conceito rígido, incapaz de permitir o avanço tecnológico.[7]

Por isso, nesse empenho conceitual, o Projeto do Marco Legal da Inteligência Artificial, define inteligência artificial como *sistema baseado em processo computacional que, a partir de um conjunto de objetivos definidos por humanos, pode, por meio do processamento de dados e de informações, aprender a perceber e a interpretar o ambiente externo, bem como a interagir com ele, fazendo predições, recomendações, classificações ou decisões* (art. 2º, *caput*).

A inteligência artificial surge, na delimitação legal do projeto brasileiro, como uma construção humana que pode realizar diversas atividades, interagindo com o ambiente em que se encontra (virtual ou fisicamente), e gerando resultados que possam ser descritos como decisórios, recomendatórios, preditivos ou classificatórios – sem avançar em questões mais complexas como os aspectos de personalidade, que envolvam, por exemplo, digressões morais.[8]

Para fins de comparação, a União Europeia se encontra também na fase de debates e propositura de uma regulação para o desenvolvimento e uso da inteligência artificial.

No documento *Proposta de regulamento que estabelece regras harmonizadas sobre inteligência artificial.* (*Proposal for a Regulation laying down harmonised*

[6] "[...] è allora ciò che produce una specie di vuoto ermeneutico, è la parola che assorbe, facendo collassare in se stesse tutte le possibili interpretazioni e rendendole quindi indifferenti, lasciandole sospese e pronte a precipitare nel baratro." (BELLAN, Alessandro. Davanti alla legge. La conoscenza impossibile in Franz Kafka. Disponível em: https://www.academia.edu/7527885/Davanti_alla_Legge._La_conoscenza_impossibile_in_Franz_Kafka. Acessado em 22 de maio de 2022).

[7] "It is tempting to hope that AI will fit seamlessly into existing rules, but laws designed to regulate the behavior of human actors often have unintended and negative consequences once machines start acting like people. Despite this, AI-centric laws have been slow to develop, due in part to a concern that an overly burdensome regulatory environment would deter innovation". (ABBOTT, Ryan. The Reasonable Robot: Artificial Intelligence and the Law. Cambridge Press, 2020. p. 3)

[8] Com relação às questões morais dos agentes artificiais: CALIENDO, Paulo. Ética e inteligência artificial: da possibilidade filosófica de agentes morais artificiais. Porto Alegre: Editora Fi, 2021.

rules on artificial intelligence), formulado pela Comissão Europeia, define-se no art. 3º, item 1, a inteligência artificial como *software que é desenvolvido com uma ou mais das técnicas e abordagens listadas no Anexo I e pode, para um determinado conjunto de objetivos definidos pelo homem, gerar resultados como conteúdo, previsões, recomendações ou decisões que influenciam os ambientes com os quais interagem.*[9]

Ademais, pela leitura da definição de inteligência artificial trazida pelo projeto europeu, verifica-se que o regulador menciona o Anexo I como elemento definidor das técnicas para o desenvolvimento dos sistemas de inteligência artificial, permitindo que o texto legal avance, com as devidas atualizações,[10] em conformidade com a tecnologia, garantindo com isso segurança jurídica, não só ao cidadão, como aos desenvolvedores e ao mercado.

Vê-se, com isso, que o projeto europeu utiliza técnica legislativa capaz de garantir que a constante evolução dos modelos e tecnologias de inteligência artificial esteja sempre em consonância com a norma e seus objetivos, bem como que o próprio conceito de inteligência artificial, emprestado da ciência da computação, possa se enquadrar na regulação.

Já o projeto brasileiro, apesar de definir as fases de estruturação e implementação de um sistema computacional de inteligência artificial, mostra-se superficial ao deixar de especificar as diversas características que podem estar presentes em um sistema de inteligência artificial,[11] o que

[9] Livre tradução de: "'artificial intelligence system' (AI system) means software that is developed with one or more of the techniques and approaches listed in Annex I and can, for a given set of human-defined objectives, generate outputs such as content, predictions, recommendations, or decisions influencing the environments they interact with;" (UE, União Europeia. Proposal for a Regulation laying down harmonised rules on artificial intelligence. 21 de abril de 2021. Disponível em: https://digital-strategy.ec.europa.eu/en/library/proposal-regulation-laying-down-harmonised-rules-artificial-intelligence. Acessado em 20 de abril de 2022).

[10] "Article 4. Amendments to Annex I. The Commission is empowered to adopt delegated acts in accordance with Article 73 to amend the list of techniques and approaches listed in Annex I, in order to update that list to market and technological developments on the basis of characteristics that are similar to the techniques and approaches listed therein." (UE, União Europeia. Proposal for a Regulation...).

[11] Nesse sentido ver a Nota técnica proposta pela AIRES – AI Ethics Robotics Society da Pontifícia Universidade Católica do Rio Grande do Sul. Disponível em: http://www.airespucrs.org. Acessado em 01 de junho de 2022.

pode fazer com a regulação em si não consiga acompanhar o desenvolvimento tecnológico, ou, por uma falta de aderência ao contexto, se torne um elemento dificultador à inovação no país.[12]

Por isso a necessidade de um quadro regulatório agnóstico tanto no aspecto técnico (*technology-agnostic* e *algorithm-agnostic*),[13] como na descrição de suas possíveis aplicações (*sector-agnostic*).[14] A importância dessa abertura e adaptação legislativa se mostra essencial pela própria estrutura de um algoritmo e seu respectivo processamento, sendo prudente evitar conceituações restritivas, considerando a velocidade com que progride.

Adentrando, assim, nas características técnicas de um sistema computacional – para além da previsão conceitual do projeto regulatório brasileiro – é interessante trazer o conceito de algoritmo delineado por Thomas Cormen, para quem pode ser definido informalmente como um

[12] "The notion of AI system should be clearly defined to ensure legal certainty, while providing the flexibility to accommodate future technological developments. The definition should be based on the key functional characteristics of the software, in particular the ability, for a given set of human-defined objectives, to generate outputs such as content, predictions, recommendations, or decisions which influence the environment with which the system interacts, be it in a physical or digital dimension. AI systems can be designed to operate with varying levels of autonomy and be used on a stand-alone basis or as a component of a product, irrespective of whether the system is physically integrated into the product (embedded) or serve the functionality of the product without being integrated therein (non-embedded). The definition of AI system should be complemented by a list of specific techniques and approaches used for its development, which should be kept up-to-date in the light of market and technological developments through the adoption of delegated acts by the Commission to amend that list." (UE, União Europeia. Proposal for a Regulation...)

[13] Conforme dispõe o quadro de governança da inteligência artificial de Singapura: "Algorithm-agnostic: It does not focus on specific AI or data analytics methodology. It applies to the design, application and use of AI in general. Technology-agnostic: It does not focus on specific systems, software or technology, and will apply regardless of development language and data storage method". (SINGAPURA, Personal Data Protection Comission. Model Artificial Intelligence Governance Framework. Second Edition. 2020. p. 10. Disponível em: https://www.pdpc.gov.sg/. Acessado em 06 de junho de 2022).

[14] "Sector-agnostic: It serves as a baseline set of considerations and measures for organisations operating in any sector to adopt. Specific sectors or organisations may choose to include additional considerations and measures or adapt this baseline set to meet their needs" (Id. Ibid.).

procedimento computacional que recebe algum valor, ou conjunto de valores (*datasets*), como entrada e produz algum valor, ou conjunto deles como resultado.[15] Um algoritmo é, portanto, uma sequência de comandos codificados que transformam os valores de entrada, interagindo com eles, e resultando nos valores de saída.[16]

Logo, sabe-se que os algoritmos de inteligência artificial são adaptáveis, e se aperfeiçoam além dos comandos programáticos determinados pelo desenvolvedor, se assemelhando, com isso, à própria capacidade humana de aprender e compreender, tornando a tecnologia em si tão complexa quanto a mente humana.

Por tais razões, tais sistemas classificam-se como algoritmos de aprendizagem de máquina, ou *machine learning*, e tem por mecanismo a utilização de dados de entrada (*inputs*), que, seguindo as regras inicialmente programadas, são por elas influenciadas, mas ao mesmo tempo retroalimentam seu próprio processo cognitivo, ampliando assim os resultados futuros de novas interações, para além da codificação estabelecida pelos desenvolvedores.

Como afirmam Stuart Russell e Peter Norvig na célebre obra *Artificial Intelligence: A modern approach*, um agente aprende com as observações do seu entorno, com a apropriação sensorial do seu contexto. Logo, se esse agente é um sistema computacional, surge então a aprendizagem de máquina, técnica pela qual o agente (neste caso, um computador) observa dados, processa em seu modelo,[17] e cria soluções/resultados baseadas nessa realidade apropriada.

[15] CORMEN, Thomas H. et al. Introduction to Algorithms. 3rd Ed. MIT Press, 2009. p. 5.

[16] "Algoritmo (algorithm), em sentido amplo, é um conjunto de instruções, tais como uma lista de tarefas, uma receita de bolo, ou instruções para se jogar um jogo, etc.. É uma sequência de regras ou operações que, aplicada a um número de dados, permite solucionar classes semelhantes de problemas". (REIS, Paulo Victor Alfeo. Algoritmos e o Direito. São Paulo: Almedina, 2020).

[17] "An agent is learning if it improves its performance after making observations about the world. [...] When the agent is a computer, we call it machine learning: a computer observes some data, builds a model based on the Machine learning data, and uses the model as both a hypothesis about the world and a piece of software that can solve problems." (RUSSELL, Stuart; NORVIG, Peter. Artificial Intelligence: a modern approach. 4th Edition. Pearson, 2021. p. 669).

Ou seja, nessa dinâmica computacional, nem mesmo os desenvolvedores podem ter certeza dos resultados, ou determinar com exatidão a influência do conjunto de dados e os parâmetros do algoritmo – sem que isso, por óbvio, signifique ausência de responsabilidade, mas apenas uma constatação fática e prática da tecnologia.[18]

Na maioria dos modelos, os desenvolvedores podem ter apenas uma aproximação estatística dos resultados obtidos no processamento dos algoritmos de aprendizagem de máquina, analisando e baseando-se, para tanto, na acurácia do resultado, sem referir e garantir as consequências do processamento do respectivo algoritmo de inteligência artificial – o que, dentre outros elementos, caracteriza o cenário de incerteza.

O conceito de inteligência artificial é, portanto, multifacetado, compreendendo diversas tecnologias que possuam tanto a estrutura de processamento de entradas (*inputs*) e resultados (*outputs*), como os modelos supervisionados e não supervisionados, incluindo em seu gênero também algoritmos de aprendizagem por reforço (*reinforcement learning*), mas sem que a elas fique adstrito, pois trata-se de um conceito aberto a permitir novas adaptações em decorrência da constante evolução das ciências computacionais, especificamente quanto ao desenvolvimento de agentes artificiais.[19]

[18] E mais: nessa zona cinzenta, embora os programadores não tenham a intenção de criar comandos normativos (*rulemaking*), ao desenvolver sistemas inteligentes acabam por estruturar substancialmente regras que afetam um grande número de pessoas, visto que os coloca diante de decisões realizadas por agentes autônomos, ou automatizados – o que se agrava com a dificuldade de compreensão e conhecimento, características da opacidade algorítmica. (CITRON, Danielle. Technological due process. Washington Law Review, 2008).

[19] "Apesar dos grandes avanços, a definição de o que é inteligência artificial ainda é objeto de um debate profundo entre pesquisadores e cientistas, especialmente porque a IA é uma família de técnicas e tecnologias que se encontra em acelerada expansão. Por esta razão, se o Poder Legislativo decidir adotar uma definição excessivamente "restrita" de IA, poderá causar uma futura situação de insegurança jurídica caso novas técnicas de IA sejam desenvolvidas de forma distinta da que conhecemos hoje, possibilidade plausível dada a aceleração de seu desenvolvimento nos últimos anos". (LEMOS, Alessandra; BUARQUE, Gabriela; et. al. Nota técnica substitutivo ao PL 21/2020. Laboratório de Políticas Públicas e Internet, 2021. p. 8).

3. Riscos, incertezas e a necessidade de precaução na regulação dos sistemas de inteligência artificial

Um dos grandes desafios na aplicação de sistemas computacionais no exercício de atividades públicas e privadas é garantir a transparência dos algoritmos, em especial ao permitir a explicação do seu funcionamento, de suas características e elementos, para que os cidadãos influenciados direta ou indiretamente por tais ferramentas possam compreender, minimamente, os impactos em seu cotidiano.

A esse fenômeno de incompreensão e zona cinzenta cognitiva denomina-se *opacidade algorítmica*.

Opacidade algorítmica é a inexistência de uma interface inteligível entre o agente artificial e o usuário/interessado, que dificulta, ou impossibilita,[20] a compreensão dos fatores, parâmetros, e demais elementos que influenciam e estruturam o processo decisório de um algoritmo. Em outras palavras, é a inexistência de transparência dos algoritmos tanto tecnicamente, como juridicamente, tornando difícil a compreensão de como funcionam e como geram os resultados demonstrados.[21]

Nesse cenário, o resultado e a utilidade dos sistemas podem ser conhecidos pelo público, porém as condições e critérios utilizados para se chegar a tal solução não se mostram claros ou, até mesmo, cognoscíveis, tornando esses sistemas verdadeiras *caixas pretas*,[22] nos quais não se é

[20] "A norm is known by the public and anybody can challenge it on the basis of other norms. However, this is rarely the case if behind the norm there are data and algorithms" (ZENO-ZENCOVICH, Vincenzo, Legal Epistemology in the Times of Big Data (May 5, 2019). Legal Epistemology in the Times of Big Data, in S. Faro, G. Peruginelli (eds.), Law Via the Internet 2018. Knowledge of the Law in the Big Data Age, IOS Press 2019).

[21] "Algorithmic opacity is defined as the lack of visible processes to scrutinize the inner workings and resulting applications of algorithms." (LU, Sylvia. Algorithmic Opacity, Private Accountability, and Corporate Social Disclosure in the Age of Artificial intelligence. In: Vanderbilt Journal of Entertainment & Technology Law, vol. 99, 2021).

[22] "In realtà, come si è visto per la motivazione in generale, anche la comprensione di cosa venga considerata una scatola nera richiede una chiarificazione su cosa si intenda per spiegazione. La scatola nera, infatti, si definisce proprio in opposizione a quello che è ritenuto spiegabile o spiegato, rispetto al quale la scatola nera, per la quale conosciamo solo gli stimoli in entrata (*input*) e le risposte in uscita (*output*), si presenta come un'unità le cui operazioni interne non possono essere oggetto di indagine". (SANTOSUOSSO, Amedeo. Intelligenza Artificiale e Diritto: Perché le tecnologie di IA sono una grande opportunità per il diritto. Mondadori, 2020).

possível aferir seus parâmetros de decisão e resultado, bem como as consequências de seu processamento,[23] por isso a importância da transparência algorítmica.

Transparência é, por excelência, a capacidade de descrever, inspecionar e reproduzir os mecanismos utilizados pelo modelo de inteligência artificial para realizar decisões, e segundo o art. 5º, inciso V do Projeto do Marco Legal da Inteligência Artificial, é o *direito das pessoas de serem informadas de maneira clara, acessível e precisa sobre a utilização das soluções de inteligência artificial, salvo disposição legal em sentido contrário e observados os segredos comercial e industrial.*

Tal princípio estabelece a necessidade de comunicação e informação acerca dos critérios gerais que orientam o funcionamento do sistema de inteligência artificial,[24] assegurados os segredos comercial e industrial, quando houver potencial de risco relevante para os direitos fundamentais (art. 5º, inc. V, alínea c),[25] e impõe a obrigação de indicar ao interessado quando estiver se comunicando diretamente com um sistema inteligente (art. 5º, inc. V, alínea a).[26]

A existência de um cenário de desconhecimento, assimetria informativa e opacidade algorítmica alimenta o crescente movimento reativo contra as grandes corporações tecnológicas, responsáveis pelo desenvolvimento

[23] "We have no clear idea of just how far much of this information can travel, how it is used, or its consequences" (PASQUALE, Frank. The black box society: the secret algorithms that control money and information. Harvard University Press, 2015).

[24] "An important dimension of transparency relates to the quality of the data used, including its accuracy, completeness, timeliness and update frequency, and uncertainty". (DIAKOPOULOS, Nicholas. Transparency. In: PASQUALE, Frank; et. al. The Oxford Handbook of Ethics of AI. Oxford Press, 2020. p. 202).

[25] Neste sentido, a recomendação de Dubai com as linhas gerais e princípios éticos da inteligência artificial determina que: "AI operator organisations should inform AI subjects when a significant decision affecting them has been made by an AI system" (EMIRADOS ÁRABES UNIDOS, Smart Dubai: AI Ethics principles & Guidelines. 2018. p. 27).

[26] No mesmo sentido prevê o projeto europeu: "Article 52 (Transparency obligations for certain AI systems) 1.Providers shall ensure that AI systems intended to interact with natural persons are designed and developed in such a way that natural persons are informed that they are interacting with an AI system, unless this is obvious from the circumstances and the context of use. This obligation shall not apply to AI systems authorised by law to detect, prevent, investigate and prosecute criminal offences, unless those systems are available for the public to report a criminal offence". (UE, União Europeia. Proposal for a Regulation...).

dos sistemas computacionais de inteligência artificial mais utilizados pelos cidadãos, denominado de *techlash*,[27] trazendo uma ameaça à inovação e ao progresso tecnológico, em especial àqueles advindos do setor privado.

É evidente que a aplicação, bem como o constante desenvolvimento da inteligência artificial geram dúvidas e incertezas de seus resultados e impactos aos direitos fundamentais e às liberdades civis dos interessados – e nesse cenário, utilizando os ensinamentos de Ulrich Beck, se tratando de risco, ninguém é especialista a ponto de compreendê-lo, nem mesmo os especialistas.[28]

O desenvolvimento da inteligência artificial navega no plano da incerteza,[29] caracterizada pela inexistência de elementos científicos[30] suficientes a determinar e avaliar os riscos exatos de seu processamento, afinal nem mesmo se mostram claras as características de seu processo

[27] ATKINSON, Robert. D. DRAKE, Doug. et. al. A Policymaker's Guide to the "Techlash" — What It Is and Why It's a Threat to Growth and Progress. Information Technology & Innovation Foundation. October 2019. Disponível em: https://itif.org/publications/2019/10/28/policymakers-guide-techlash. Acessado em 28 de maio de 2022.

[28] BECK, Ulrich. La Sociedad del riesgo global. Siglo XXI de España Editores, 2002. p. 91.

[29] "The meaning of 'uncertainty' is also more complex than might be apparent. Science and technology studies have shown that uncertainty can stem from more than a simple lack of data or inadequate models of risk assessment. Uncertainty might also exist in the form of indeterminacy (where we don't know all the factors influencing the causal chains), ambiguity (where there are contradictory certainties), and ignorance (where we don't know what we don't know). The precautionary principle can play an important role in addressing these multiple layers of uncertainty." (UE, Comissão Europeia. Science for Environment Policy. FUTURE BRIEF: The precautionary principle: decision-making under uncertainty. 2017. p. 5. Disponível em:https://ec.europa.eu/environment/integration/research/newsalert/pdf/precautionary_principle_decision_making_under_uncertainty_FB18_en.pdf. Acessado em 01 de junho de 2022.

[30] "Scientific uncertainty results usually from five characteristics of the scientific method: the variable chosen, the measurements made, the samples drawn, the models used and the causal relationship employed. Scientific uncertainty may also arise from a controversy on existing data or lack of some relevant data. Uncertainty may relate to qualitative or quantitative elements of the analysis." (UE, Comissão Europeia. *Opinion*. Communication from the Commission on the precautionary principle. 2000. Disponível em: Acessado em 24 de abril de 2022).

decisório, capazes de indicar os elementos passíveis de construir um cenário de perigo ao homem e à sociedade.

Logo, é imperioso que o princípio da precaução[31] imponha tanto ao Estado regulador/fiscalizador, como aos agentes de inteligência artificial (sejam desenvolvedores ou operadores), a necessidade de constantemente avaliar as incertezas, e os possíveis danos oriundos do desenvolvimento e utilização dos sistemas computacionais de inteligência artificial.

A precaução se faz presente diante das incertezas, caracterizadas pela falta ou fraqueza das evidências e conhecimentos científicos sobre uma determinada ação ou tecnologia desenvolvida.[32] Ao mesmo tempo, a precaução exige uma postura defensiva (e não proibitiva)[33] diante da falta de informações e, por consequência, de probabilidades do evento danoso, exigindo-se, com isso, medidas e salvaguardas capazes

[31] A organização Data Privacy Brasil em sua nota técnica sobre o PL 21/20 defende a necessidade de incluir os princípios da precaução e da prevenção dentro da legislação, de modo a evidenciar a presença de riscos e incertezas no desenvolvimento da tecnologia, e com isso exigir maior *accountability* dos agentes de inteligência artificial. "O rol de princípios apresentados no projeto de lei deve ser enriquecido e buscar contrabalancear os avanços econômicos e tecnológicos com os direitos fundamentais, de modo a garantir o desenvolvi mento e uso responsável da inteligência artificial. Desta forma, o primeiro princípio a ser incluído é o princípio da precaução. Este princípio gera a necessidade de avaliação da situação em que a tecnologia baseada em inteligência artificial será utilizada e até mesmo durante o seu desenvolvimento, dentro da lógica de "proteção de direitos by design". (DATA PRIVACY BRASIL. Contribuições do Data Privacy Brasil ao Projeto de Lei nº 21, de 04 de fevereiro de 2020. Disponível em: https://www.dataprivacybr.org/wp-content/uploads/2021/09/dpbr_notatecnica_pl21.pdf. p. 8-9. Acessado em 22 de maio de 2022).

[32] "O seu conteúdo normativo estabelece, em linhas gerais, que, diante da dúvida e da incerteza científica a respeito da segurança e das consequências do uso de determinada substância ou tecnologia, o operador do sistema jurídico deve ter como fio condutor uma postura precavida, interpretando os institutos jurídicos que regem tais relações sociais com a responsabilidade e a cautela que demanda a importância existencial dos bens jurídicos ameaçados. [...] O princípio da precaução opera justamente como um filtro normativo para prevenir tais situações, considerando a ausência de domínio científico em relação à determinada técnica ou substância" (SARLET, Ingo Wolfgang. Princípios do Direito Ambiental. 2ª Ed. São Paulo: Saraiva, 2017).

[33] MACHADO, Paulo Affonso Leme. Direito Ambiental Brasileiro. São Paulo: Malheiros, 2010. p. 80.

de afastar ou mitigar[34] o seu impacto, neste caso, ao ser humano e à sociedade.[35]

A redução da incerteza, então, se dará com o compartilhamento informativo, mediante procedimentos e modelos mais transparentes, mitigando, com isso, a opacidade dos algoritmos, e reduzindo assim a assimetria informativa entre os agentes interessados.

Tornar os algoritmos explicáveis é uma exigência fundamental[36] para o cumprimento dos valores presentes no princípio da *accountability*, bem como no princípio da transparência, sendo ambos complementares no propósito de garantir aos interessados nos sistemas de inteligência artificial a possibilidade de compreender os fatores, riscos e incertezas da sua utilização.

Sendo assim, diante da necessidade de *accountability* dos sistemas inteligentes, o princípio da precaução deve ser visto como expressão, tanto do princípio bioético da beneficência dos sistemas inteligentes – transposto por Luciano Floridi como a determinação de que os sistemas de inteligência artificial devam ser benéficos à humanidade –[37] como do dever de desenvolver sistemas computacionais centrados no humano, denominado de princípio do *design* centrado no humano (*Menschenzentriertes Design*)

[34] Em matéria ambiental a Convenção-Quadro das Nações Unidas sobre a Mudança do Clima descreve em seu art. 3º: "As partes devem adotar medidas de precaução para prever, evitar ou minimizar as causas da mudança do clima e mitigar seus efeitos negativos." (Decreto Federal n. 2652/1998 que promulga a Convenção-Quadro das Nações Unidas sobre Mudança do Clima, assinada em Nova York, em 9 de maio de 1992).

[35] "A incerteza requer que seja determinado se, ao momento de tomar a decisão, existe falta de conhecimento científico sobre a probabilidade de um dano grave e irreversível; e, em tal caso, conduzir as medidas de investigação para reduzi-la". (LORENZETTI, Ricardo Luis. Teoria Geral do Direito Ambiental. Revista dos Tribunais, 2010. p. 84)

[36] "Explainability is relevant for a number of reasons. For a researcher or developer, it is crucial to understand how their system or model is working in order to debug or improve it. For those affected by an algorithmic decision, it is important to comprehend why the system arrived at this decision in order to develop trust in the technology." (EBERS, Martin. Regulating AI and Robotics: Ethical and Legal Challenges. In: EBERS, Martin; NAVAS, Susan. Algorithms and Law. Cambridge University Press, 2020. p. 48)

[37] "Il principio per cui le tecnologie di ia sono create a beneficio dell'umanità [...] Nel suo insieme, la rilevanza della beneficenza sottolinea fermamente l'importanza centrale di promuovere il benessere delle persone e del pianeta con l'ia" (FLORIDI, Luciano. Etica dell'intelligenza artificiale: sviluppi, opportunità, sfide. Raffaello Cortina Editore, 2022).

que traz, pois, a orientação de que os sistemas computacionais foquem nas pessoas, sejam usuários ou por eles afetados, respeitando seus direitos, liberdades básicas, seu bem-estar físico, psíquico e emocional, e sua dignidade.[38]

Nesse sentido são as disposições do Projeto do Marco Legal da Inteligência Artificial ao determinar que o uso da inteligência artificial deve *buscar resultados benéficos para humanidade* (princípio da finalidade benéfica, art. 5º, inciso I), e da mesma forma deve a inteligência artificial, e sua aplicação, respeitar a dignidade humana, a privacidade e a proteção de dados pessoais e aos direitos trabalhistas (princípio da centralidade no ser humano, art. 5º, inciso II).

Impõe-se assim uma *abordagem antropocêntrica* à inteligência artificial, na qual o fim da tecnologia deve ser o bem-estar humano em suas diversas dimensões, mediante o desenvolvimento de soluções que levem em consideração a perspectiva humana em todas as suas fases[39] – afastando-se, com isso, sistemas inteligentes que afetem direta ou indiretamente direitos fundamentais e criem condições negativas ao ser humano.

Por tais razões, e reforçando a necessidade de *accountability*, o Projeto do Marco Legal da Inteligência Artificial, prevê a obrigação aos agentes de inteligência artificial de se adequar às normas, em um *compliance de inteligência artificial*, com a criação de um Relatório de Impacto de Inteligência Artificial.

[38] Da mesma forma determina o parecer da Comissão ética de dados da Alemanha: “Ein verantwortungsvoller Umgang mit algorithmischen Systemen sollte sich nach Auffassung der DEK an folgenden Grundsätzen orientieren: Menschenzentriertes Design: Systeme müssen den Menschen, der die Systeme anwendet oder von ihren Entscheidungen betroffen ist, seine grundlegenden Rechte und Freiheiten, sein körperliches und emotionales Wohlbefinden, seine Kompetenzentwicklung und seine Grundbedürfnisse in den Mittelpunkt stellen.” (ALEMANHA. Bundesministerium des Innern und für Heimat. Gutachten der Datenethikkommission. 2019. Disponível em: https://www.bmi.bund.de/SharedDocs/downloads/DE/publikationen/themen/it-digitalpolitik/gutachten-datenethikkommission.pdf. Acessado em: 10 de abril de 2022).

[39] “Human-centered design is a design and management framework that develops solutions to problems by involving the human perspective in all steps of the problem-solving process” RAYMOND, Anjanette H.; CONNELLY, Ciabhan. Governance of algorithms: Rethinking public sector use of algorithms for predictive purposes. In: BARFIELD, Woodrow (ed.). The Cambridge Handbook of The Law of Algorithms. Cambridge Press, 2021. p. 244).

4. Da avaliação e do relatório de impacto da inteligência artificial

Não é exclusivo ao desenvolvimento tecnológico,[40] como se sabe, a necessidade de precaver incertezas, perigos e riscos[41] que vem imposta por regulações de adequação que determinam, por sua vez, certas obrigações aos agentes produtores, como é o caso dos relatórios de impacto ambiental e de proteção de dados.

Considerando as incertezas que podem surgir no desenvolvimento da inteligência artificial, eleva-se, do mesmo modo, a obrigatoriedade de mecanismos de mitigação e gerenciamento de riscos e incertezas, prevalecendo os valores do princípio da precaução, como visto acima.

Trazendo o contexto europeu como exemplo, o *High-Level Expert Group on Artificial Intelligence* (HLEG), grupo de especialistas formado pela Comissão Europeia, editou um guia denominado *Linhas gerais éticas para uma inteligência artificial confiável (Ethics Guidelines for Trustworthy AI)*, no qual institui que os agentes de inteligência artificial devem possuir uma governança adequada, como auditoria dos algoritmos, de modo a identificar, notificar e a mitigar de forma proativa os impactos negativos dos sistemas de inteligência artificial com medidas destinadas a assegurar uma devida reparação.[42]

[40] Exemplo disso é o Princípio 15 da Declaração do Rio sobre Meio Ambiente e Desenvolvimento editada pelas Nações Unidas na Conferência das Nações Unidas sobre o Meio ambiente e o Desenvolvimento (CNUMAD): "Com o fim de proteger o meio ambiente, os Estados deverão aplicar amplamente o critério de precaução conforme a suas capacidades". (ONU, Nações Unidas. Declaração do Rio sobre Meio Ambiente e Desenvolvimento. Disponível em: https://www.un.org/en/development/desa/population/migration/generalassembly/docs/globalcompact/A_CONF.151_26_Vol.I_Declaration.pdf. Acessado em 15 de maio de 2022.

[41] A diferença entre riscos e incertezas está, de forma simplificada, no domínio ou conhecimento dos efeitos e resultados da atividade. Nos riscos se conhece, ou se tem noção dos efeitos, de seu potencial lesivo, como observa Ingo Sarlet: "O princípio da prevenção transporta a ideia de um conhecimento completo sobre os efeitos de determinada técnica e, em razão do potencial lesivo já diagnosticado, o comando normativo toma o rumo de evitar tais danos já conhecidos." (SARLET, Ingo Wolfgang. Princípios do Direito Ambiental. 2ª Ed. São Paulo: Saraiva, 2017).

[42] UE, União Europeia. High-Level Expert Group on AI. Ethics guidelines for trustworthy AI. Disponível em: https://digital-strategy.ec.europa.eu/pt/node/1950. Acessado em: 20 de maio de 2022.

Da mesma forma, o projeto de lei canadense que trata de inteligência artificial (*Bill C-27: The Artificial Intelligence and Data Act*) trazido inicialmente ao Parlamento em 16 de junho de 2022, dispõe que o responsável pelo sistema inteligente deve, em conformidade com a regulação do país, avaliar se se trata de um sistema de alto impacto,[43] e com isso estabelecer medidas para identificar, avaliar e mitigar os riscos de danos de resultados enviesados, que possam resultar da utilização do sistema.[44]

O Projeto do Marco Legal da Inteligência Artificial elenca como princípio para o desenvolvimento e aplicação da inteligência artificial no Brasil a segurança e prevenção, assim entendidas como a *utilização de medidas técnicas, organizacionais e administrativas, considerando o uso de meios razoáveis e disponíveis na ocasião, compatíveis com as melhores práticas, os padrões internacionais e a viabilidade econômica, direcionadas a permitir o gerenciamento e a mitigação de riscos oriundos da operação de sistemas de inteligência artificial durante todo o seu ciclo de vida e o seu contínuo funcionamento* (art. 5º, inciso VI).

Além disso, em uma demonstração de autorregulação regulada,[45] o Projeto do Marco Legal da Inteligência Artificial traz como fundamento do desenvolvimento e aplicação da inteligência artificial no Brasil, o estímulo

[43] "Section 7 A person who is responsible for an artificial intelligence system must, in accordance with the regulations, assess whether it is a high-impact system". (CANADÁ. Parliament of Canada. Bill C-27: An Act to enact the Consumer Privacy Protection Act, the Personal Information and Data Protection Tribunal Act and the Artificial Intelligence and Data Act and to make consequential and related amendments to other Acts. Disponível em: https://www.parl.ca/DocumentViewer/en/44-1/bill/C-27/first-reading. Acessado em 20 de maio de 2022).

[44] "Section 8 A person who is responsible for a high-impact system must, in accordance with the regulations, establish measures to identify, assess and mitigate the risks of harm or biased output that could result from the use of the system". (CANADÁ. Parliament of Canada. Bill C-27...).

[45] "Falo de autorregulação social regulada pelo Estado (ou autorregulação) – em suma: de autorregulação/regulação regulada – quando as autoridades públicas contam com os serviços de regulação prestados pelos membros da sociedade em (relativa) autonomia para a solução de problemas, mas trabalham de forma reguladora para garantir que o bem comum seja (também) observado ou especificamente perseguido. A ação do Poder Público visando à contenção legal da autorregulação pode ocorrer de diversas formas, por exemplo, na forma de diretrizes comportamentais ou incentivos, por meio da criação de estruturas – como as de natureza corporativa – ou viabilizando e apoiando sistemas funcionais sociais, como o mercado" (HOFFMAN-RIEM, Wolfgang. Teoria geral do direito digital: Transformação digital desafios para o Direito. Editora Forense, 2021. p. 155).

a adoção de guias de boas práticas e a adoção de códigos de conduta, conforme art. 4º, inciso VII.

Daí, portanto, surge a necessidade de um instrumento legal, que assim como o Relatório de Impacto à Proteção de Dados Pessoais (RIPD) na proteção de dados, e o EIA/RIMA na proteção ambiental, servirá para descrever o ciclo de vida de um sistema de inteligência artificial, buscando a transparência na relação, bem como o respeito à precaução por parte do agente de inteligência artificial, além de trazer as medidas, salvaguardas e demais mecanismos de gerenciamento e mitigação de riscos relacionados ao sistema.

Tal instrumento será aqui denominado de *Relatório de impacto de inteligência artificial*,[46] ou RIIA.

O RIIA é uma avaliação de impacto de inteligência artificial que tem por objetivo avaliar o sistema de inteligência artificial, identificar seus possíveis riscos e as incertezas do seu desenvolvimento, e indicar mecanismos de proteção e mitigação de eventuais danos aos interessados. É um requisito obrigatório aos agentes de inteligência artificial, sejam desenvolvedores ou operadores, e deverá ser adotado em respeito ao princípio da *accountability*, da segurança, da transparência, da explicabilidade, e todos os demais que exigem uma atuação baseada na precaução, que vise a proteção dos direitos fundamentais dos cidadãos.

Embora o projeto brasileiro não traga maiores descrições, e não determine de forma mais pormenorizada os requisitos mínimos para a elaboração deste documento[47] – o que poderá ser objeto de regula-

[46] A redação original do PL 21/20 trazia o seguinte dispositivo: "Art. 2º Para os fins desta Lei, considera-se: VI – relatório de impacto de inteligência artificial: documentação dos agentes de inteligência artificial que contém a descrição do ciclo de vida do sistema de inteligência artificial, bem como medidas, salvaguardas e mecanismos de gerenciamento e mitigação dos riscos relacionados a cada fase do sistema, incluindo segurança e privacidade".

[47] "Podemos tirar de aprendizado da criação e agora implementação das disposições da Lei Geral de Proteção de Dados que a criação de um instrumento de relatório de impacto que não esteja minimamente procedimentalizado pela lei traz insegurança jurídica e mais dificuldades para a sua materialização. Portanto, propomos que o Projeto de Lei incorpore uma disposição com uma definição mínima do que deve conter um relatório de impacto de inteligência artificial". (DATA PRIVACY BRASIL. Contribuições do Data Privacy Brasil ao Projeto de Lei nº 21, de 04 de fevereiro de 2020. Disponível em: https://www.dataprivacybr.org/wp-content/uploads/2021/09/dpbr_notatecnica_pl21.pdf. p. 15. Acessado em 22 de maio de 2022).

mentação posterior – é possível fazer uma comparação *formal* com a Lei Geral de Proteção de Dados e seu RIPD, ou com o *Data Protection Impact Assessment* (DPIA), na legislação europeia (GDPR), em razão de certo desenvolvimento prático e doutrinário acerca destes instrumentos.

O Relatório de Impacto da LGPD é a *documentação do controlador que contém a descrição dos processos de tratamento de dados pessoais que podem gerar riscos às liberdades civis e aos direitos fundamentais, bem como medidas, salvaguardas e mecanismos de mitigação de risco* (art. 5º, XVII), que a autoridade nacional poderá determinar ao controlador a sua elaboração, quando do tratamento de dados pessoais, inclusive dados sensíveis (art. 38).

O RIPD é um documento regulatório que tem por finalidade permitir à autoridade nacional controlar a atividade do agente de tratamento, e os riscos nela envolvidos, quando existir a necessidade de sua realização em conformidade com a lei.[48] Trata-se, assim, de relatório no qual o controlador descreve seu processo de tratamento de dados, bem como, a natureza da atividade, demonstrando as medidas adotadas pelo agente de tratamento para mitigar os riscos aos titulares.[49]

A GDPR determina, no que lhe concerne, que quando um tratamento de dados for suscetível de acarretar um alto risco a direitos e liberdade das pessoas naturais, deverá o agente de tratamento realizar uma avaliação de impacto do tratamento, a qual conterá: a descrição sistemática das operações de tratamento; a avaliação dos riscos;[50] e o detalhamento das medidas de segurança[51] e salvaguarda (art. 35, GDPR).

[48] PECK, Patrícia. Proteção de dados pessoais: Comentários à Lei n. 13.709/2018 (LGPD). Saraiva, 2021. p. 100.

[49] BIONI, Bruno Ricardo; LUCIANO, Maria. O princípio da precaução na regulação de inteligência artificial: seriam as leis de proteção de dados o seu portal de entrada? In: FRAZÃO, Ana. MULHOLLAND, Caitlin. Inteligência Artificial e Direito. Revista dos Tribunais, 2019. p. 217.

[50] Recital 84, 3: "Where a data-protection impact assessment indicates that processing operations involve a high risk which the controller cannot mitigate by appropriate measures in terms of available technology and costs of implementation, a consultation of the supervisory authority should take place prior to the processing".

[51] Recital 90: "1. In such cases, a data protection impact assessment should be carried out by the controller prior to the processing in order to assess the particular likelihood and severity of the high risk, taking into account the nature, scope, context and purposes of the processing and the sources of the risk. 2. That impact assessment should include, in particular, the

Em um guia de estruturação do *Data Protection Impact Assessment*, a Information Comissioner's Office (ICO), órgão britânico de proteção de dados, dispõe que o DPIA deve conter a descrição da natureza, escopo, contexto e objetivos do tratamento de dados. Descreverá também a necessidade, proporcionalidade e as medidas de conformidade adotadas pelo agente de tratamento, bem como os riscos aos indivíduos, sua gravidade e probabilidade, e as respectivas medidas de mitigação.[52]

Por sua vez, trazendo esse paralelo com o RIPD e com o DPIA, é possível descrever alguns elementos necessários ao RIIA.

A proposta de regulação na Europa se preocupou em definir o que é uma inteligência artificial de alto risco,[53] e nesse escopo delimitou as exigências de conformidade, dentre elas, e necessidade de manter um sistema contínuo de gerenciamento de riscos.[54]

De acordo com o artigo 9 deste projeto, o sistema de gerenciamento de risco deve consistir em um processo iterativo contínuo executado durante todo o ciclo de vida de um sistema de inteligência artificial de alto risco, exigindo uma atualização sistemática regular. Devendo compreender as seguintes etapas: 1. Identificação e análise dos riscos conhecidos e previsíveis associados a cada sistema de inteligência artificial de alto risco; 2. Estimativa e avaliação dos riscos que podem surgir quando o sistema de inteligência artificial de alto risco é usado de acordo com sua finalidade e

measures, safeguards and mechanisms envisaged for mitigating that risk, ensuring the protection of personal data and demonstrating compliance with this Regulation".

[52] REINO UNIDO, Information Commissioner's Office – ICO. Data protection impact assessments. Disponível em: https://ico.org.uk/for-organisations/guide-to-data-protection/guide-to-the-general-data-protection-regulation-gdpr/accountability-and-governance/data-protection-impact-assessments/. Acessado em 01 de junho de 2022.

[53] "Irrespective of whether an AI system is placed on the market or put into service independently from the products referred to in points (a) and (b), that AI system shall be considered high-risk where both of the following conditions are fulfilled: (a)the AI system is intended to be used as a safety component of a product, or is itself a product, covered by the Union harmonisation legislation listed in Annex II; (b)the product whose safety component is the AI system, or the AI system itself as a product, is required to undergo a third-party conformity assessment with a view to the placing on the market or putting into service of that product pursuant to the Union harmonisation legislation listed in Annex II" (Article 6. UE, União Europeia. Proposal for a Regulation...).

[54] UE, União Europeia. Proposal for a Regulation...

sob condições de uso indevido razoavelmente previsíveis; e 3. Avaliação de outros riscos que possam surgir com base na análise dos dados coletados.

Para além da regulação pública, vale mencionar um *framework* interessante a ser utilizado na análise e organização de uma avaliação de impacto de inteligência artificial é o disponibilizado pela *ECP – Platfom voor de InformatieSamenleving*, organização holandesa independente que reúne agentes de diversas áreas públicas, privadas e do terceiro setor para tratar de temas de impacto da sociedade digital.

Nesse documento[55] são indicadas as etapas para preparar um *Artificial Intelligence Impact Assessment* (AIIA), sendo elas: 1. Descrição do sistema inteligente: inicialmente devem ser descritas as características, atividades e finalidades do sistema, delimitando com isso as regras de negócio, bem como as fontes de dados utilizadas para estruturá-lo; 2. Benefícios dos sistemas: apontar os benefícios na utilização da inteligência artificial, tanto para as empresas, pessoas físicas e a sociedade de uma forma geral; 3. Atuação ética e justificável: aqui serão explicadas as finalidades do sistema, bem como quais são os seus interessados (*stakeholders*), e os valores (éticos e jurídicos) envolvidos ou atingidos no processamento do sistema inteligente; 4. Avaliação da confiança, segurança e transparência: nesta etapa o agente de inteligência artificial deverá descrever as medidas presentes que garantam a confiança e segurança do sistema, bem como se há mecanismos para casos com resultados e funcionamento imprevistos. 5. Considerações gerais: devem ser traçados, por fim, os detalhes finais da avaliação, com a confirmação se o sistema atinge sua finalidade com menor impacto possível, e se há eventualmente riscos residuais identificados e suas medidas de mitigação.

Adicionado aos passos desse *framework*, há a necessidade de examinar e descrever minuciosamente no relatório as condições, denominadas por Sonia K. Katyal,[56] de *ex ante* e *ex post*, tanto do algoritmo como do *dataset* por ele utilizado. No primeiro caso, analisam-se questões e correções que

[55] ECP – PLATFOM VOOR DE INFORMATIESAMENLEVING. Artificial Intelligence Impact Assessment. Disponível em: https://ecp.nl/wp-content/uploads/2019/01/Artificial-Intelligence-Impact-Assessment-English.pdf. Acessado em: 27 de maio de 2022.

[56] KATYAL, Sonia K. Private Accountability in an Age of Artificial Intelligence. In In: BARFIELD, Woodrow (ed.). The Cambridge Handbook of The Law of Algorithms. Cambridge Press, 2021. p. 88.

podem surgir nos dados estruturantes; no segundo caso, verificam-se informações imprescindíveis de modo a reavaliar o modelo, seus parâmetros e características, com o refinamento de sua acurácia, finalidade e transparência, sem descurar da análise constante das medidas técnicas de mitigação de riscos e incertezas do sistema.

Baseando-se nesses exemplos e experiências, é importante que o RIIA seja tratado e estruturado como um relatório *prévio* ao funcionamento do sistema inteligente, e, conforme os princípios descritos no projeto de lei, deve conter as seguintes características: descrição do funcionamento do sistema e seus objetivos (*finalidade*); a explicação de seu processamento e resultados (*transparência*); indicação dos impactos do sistema aos direitos fundamentais e liberdades civis dos interessados (*centralidade no ser humano* e *não discriminação*); detalhamento dos riscos envolvidos no processamento e operação do sistema, bem como os mecanismos de mitigação e; a indicação de salvaguardas e planos de contenção de incertezas e efeitos inesperados da inteligência artificial (*segurança e prevenção*).

Ou seja, da mesma forma que a análise do risco na proteção de dados não é um simples preenchimento de planilha, ou a demonstração vazia dos princípios inerentes à atividade, com a análise de risco na inteligência artificial não deve ser diferente.

É imperioso estruturar um relatório, especificando a sua metodologia, no qual se descreverá as obrigações dos agentes de inteligência artificial, de modo aderente aos direitos fundamentais e liberdades civis dos interessados/afetados pelos sistemas de inteligência, não podendo assim ser uma mera descrição abstrata, mas sim contextualizada com o ambiente e a população com a qual interage o sistema inteligente.[57]

A exigência contínua de um programa de *compliance*, com gerenciamento de riscos e incertezas, e a consequente documentação descrevendo sua finalidade e procedimentos, se mostra presente diante da exigência prevista no Projeto do Marco Legal da Inteligência Artificial, ao dispor que

[57] Nesse sentido, e tratando do impacto de inteligências artificiais no sul global, Chinmayi Arun adverte: "The institutional frameworks of Southern countries must be taken into account as we consider what impact AI might have on the South. Freedom depends not just on political and civil rights but also on other social and economic arrangement such as education and health care" (ARUN, Chinmayi. AI and Global South: Designing for Other Worlds. In: PASQUALE, Frank; et. al. The Oxford Handbook of Ethics of AI. Oxford Press, 2020. p. 602).

um dos princípios da legislação é o *estímulo à autorregulação, mediante adoção de códigos de conduta e de guias de boas práticas* (art. 4º, inciso VII).

Assim como a LGPD, a regulação da inteligência artificial no Brasil exigirá a estruturação de um programa de adequação à moldura legal a ser exigido, incluindo aqui o RIIA, tanto na estruturação como na operação de sistemas inteligentes, visando com isso o desenvolvimento tecnológico e a inovação (art. 4º, inciso I), a livre iniciativa e a livre concorrência (art. 4º, inciso II), mas ao mesmo tempo o respeito constante aos direitos humanos e direitos fundamentais daqueles que eventualmente possam se encontrar em situação de fragilidade diante da tecnologia (art. 4º, inc. III).

5. Conclusão

A dificuldade de compreensão dos modelos de inteligência artificial, caracterizada pela opacidade de seus algoritmos, demanda um maior controle e requisitos de segurança, e, da mesma forma, exige uma espécie de *transparência qualificada*,[58] a qual garantirá não só a mitigação da assimetria informativa entre os envolvidos na operação do sistema inteligente, mas também meios de reduzir os impactos e eventuais danos.

Presente, pois, a necessidade de um relatório de impacto da inteligência artificial aos agentes, estima-se que os *cidadãos-interessados* saibam como o sistema afeta sua personalidade, bem como outros atos de sua vida, além de permitir uma maior transparência e controle (*accountability*) em relação às decisões e processamentos, possibilitando, assim, compreender e avaliar sua relação com os respectivos direitos fundamentais e liberdades civis.[59]

É requisito elementar a qualquer agente de desenvolvimento ou operação de inteligência artificial, a estruturação de modelos de gestão baseada em risco e na precaução, nos quais a presença constante de instrumentos de avaliação de impacto, possa determinar as consequências e efeitos do sistema, de forma transparente e explicável ao interessado e à sociedade.

[58] BIONI, Bruno Ricardo; LUCIANO, Maria. O princípio da precaução na regulação de inteligência artificial: seriam as leis de proteção de dados o seu portal de entrada? In: FRAZÃO, Ana. MULHOLLAND, Caitlin. Inteligência Artificial e Direito. Revista dos Tribunais, 2019. p. 209.

[59] CHESTERMAN, Simon. We, the robots? Regulating Artificial Intelligence and the Limits of the Law. Cambridge University Press, 2021. p. 155.

Considerando, assim, a falência do determinismo tecnológico (na grande maioria) dos modelos de inteligência artificial, em especial das mais avançadas, é importante que a inovação tecnológica seja sedimentada no pilar da precaução, gerenciando riscos concretos, mas, principalmente, estruturando salvaguardas e mecanismos de mitigação de impactos e danos para situações incertas.

A mitigação das incertezas, com a criação de requisitos de segurança e *accountability*, visa evitar, portanto, que eventos desconhecidos cientificamente possam ameaçar ou causar danos ao ser humano, visto aqui na sua integridade e essência, obstando que efeitos inesperados, por menores que sejam, não se tornem capazes de gerar ou confluir em eventos mais drásticos, como em um *efeito borboleta*.[60] –[61]

Referências

ABBOTT, Ryan. The Reasonable Robot: Artificial Intelligence and the Law. Cambridge Press, 2020.

AIRES – AI Ethics Robotics Society da Pontifícia Universidade Católica do Rio Grande do Sul. Disponível em: http://www.airespucrs.org. Acessado em 01 de junho de 2022.

ALEMANHA. Bundesministerium des Innern und für Heimat. Gutachten der Datenethikkommission. 2019. Disponível em: https://www.bmi.bund.de/SharedDocs/downloads/DE/publikationen/themen/it-digitalpolitik/gutachten-datenethikkommission.pdf. Acessado em: 10 de abril de 2022).

[60] "La domanda chiave è dunque: come sarà l'evoluzione nel tempo di un certo sistema quando esso parte, ad un certo istante di tempo, da due condizioni iniziali che differiscono di pochissimo (meno dell'errore che possiamo misurare sperimentalmente)? [...] A questa dipendenza sensibile dalle condizioni iniziali si fa riferimento quando si parla di «effetto farfalla» per intendere il fatto che il battito di una farfalla in Brasile possa causare un tornado in Texas. In altre parole, una piccola incertezza, su scale di qualche centimetro, che caratterizza la nostra conoscenza dello stato dell'atmosfera in un certo momento (la farfalla che batte o no le ali, ecc.) cresce esponenzialmente nel tempo, provocando, dopo un certo intervallo, un altissimo grado d'incertezza sulle previsioni del sistema nel futuro su scale spaziali che possono raggiungere le migliaia di chilometri." (LABINI, Francesco Sylos. Rischio e previsione: Cosa può dirci la scienza sulla crisi. Sesta Edizione. Laterza, 2021. p. 22 e 23).

[61] Sobre a Teoria do Caos, ver o artigo seminal de Edward Lorenz "Predictability: Does the Flap of a Butterfly's Wings in Brazil Set off a Tornado in Texas?". Disponível em: https://www.ias.ac.in/article/fulltext/reso/020/03/0260-0263. Acessado em: 22 de abril de 2022.

ARUN, Chinmayi. AI and Global South: Designing for Other Worlds. In: PASQUALE, Frank; et. al. The Oxford Handbook of Ethics of AI. Oxford Press, 2020.

ATKINSON, Robert. D.; DRAKE, Doug. et. al. A Policymaker's Guide to the "Techlash" —What It Is and Why It's a Threat to Growth and Progress. Information Technology & Innovation Foundation. October 2019. Disponível em: https://itif.org/publications/2019/10/28/policymakers-guide-techlash. Acessado em 28 de maio de 2022.

BECK, Ulrich. La Sociedad del riesgo global. Siglo XXI de España Editores, 2002.

BELLAN, Alessandro. Davanti alla legge. La conoscenza impossibile in Franz Kafka. Disponível em: https://www.academia.edu/7527885/Davanti_alla_Legge._La_conoscenza_impossibile_in_Franz_Kafka. Acessado em 22 de maio de 2022.

BIONI, Bruno Ricardo; LUCIANO, Maria. O princípio da precaução na regulação de inteligência artificial: seriam as leis de proteção de dados o seu portal de entrada? In: FRAZÃO, Ana. MULHOLLAND, Caitlin. Inteligência Artificial e Direito. Revista dos Tribunais, 2019.

BRASIL, Câmara dos Deputados. Projeto de Lei 21 de 2021: Estabelece princípios, direitos e deveres para o uso de inteligência artificial no Brasil, e dá outras providências. Brasília, DF: Câmara dos Deputados. Disponível em: https://www25.senado.leg.br/web/atividade/materias/-/materia/151547. Acesso em 22 de maio de 2022.

BRASIL. Presidência da República. Decreto Federal n. 2652/1998 que promulga a Convenção-Quadro das Nações Unidas sobre Mudança do Clima, assinada em Nova York, em 9 de maio de 1992).

CALIENDO, Paulo. Ética e inteligência artificial: da possibilidade filosófica de agentes morais artificiais. Porto Alegre: Editora Fi, 2021.

CANADÁ. Parliament of Canada. Bill C-27: An Act to enact the Consumer Privacy Protection Act, the Personal Information and Data Protection Tribunal Act and the Artificial Intelligence and Data Act and to make consequential and related amendments to other Acts. Disponível em: https://www.parl.ca/DocumentViewer/en/44-1/bill/C-27/first-reading. Acessado em 20 de maio de 2022.

CASTELLS, Manuel. The rise of network society. 2nd ed. Wiley-blackwell, 2010.

CHESTERMAN, Simon. We, the robots? Regulating Artificial Intelligence and the Limits of the Law. Cambridge University Press, 2021.

CITRON, Danielle. Technological due process. Washington Law Review, 2008.

CORMEN, Thomas H. et al. Introduction to Algorithms. 3rd Ed. MIT Press, 2009.

DATA PRIVACY BRASIL. Contribuições do Data Privacy Brasil ao Projeto de Lei nº 21, de 04 de fevereiro de 2020. Disponível em: https://www.dataprivacybr.org/wp-content/uploads/2021/09/dpbr_notatecnica_pl21.pdf. Acessado em 22 de maio de 2022.

DIAKOPOULOS, Nicholas. Transparency. In: PASQUALE, Frank; et. al. The Oxford Handbook of Ethics of AI. Oxford Press, 2020.

ECP – PLATFOM VOOR DE INFORMATIESAMENLEVING. Artificial Intelligence Impact Assessment. Disponível em: https://ecp.nl/wp-content/uploads/2019/01/Artificial-Intelligence-Impact-Assessment-English.pdf. Acessado em: 27 de maio de 2022.

EMIRADOS ÁRABES UNIDOS, Smart Dubai: AI Ethics principles & Guidelines. 2018.

FLORIDI, Luciano. Etica dell'intelligenza artificiale: sviluppi, opportunità, sfide. Raffaello Cortina Editore, 2022.

HOFFMAN-RIEM, Wolfgang. Teoria geral do direito digital: Transformação digital desafios para o Direito. Editora Forense, 2021.

KATYAL, Sonia K. Private Accountability in an Age of Artificial Intelligence. In In: BARFIELD, Woodrow (ed.). The Cambridge Handbook of The Law of Algorithms. Cambridge Press, 2021.

LABINI, Francesco Sylos. Rischio e previsione: Cosa può dirci la scienza sulla crisi. Sesta Edizione. Laterza, 2021.

LEMOS, Alessandra; BUARQUE, Gabriela; et. al. Nota técnica substitutivo ao PL 21/2020. Laboratório de Políticas Públicas e Internet, 2021.

LORENZ, Edward. "Predictability: Does the Flap of a Butterfly's Wings in Brazil Set off a Tornado in Texas?". Disponível em: https://www.ias.ac.in/article/fulltext/reso/020/03/0260-0263. Acessado em: 22 de abril de 2022.

LORENZETTI, Ricardo Luis. Teoria Geral do Direito Ambiental. Revista dos Tribunais, 2010.

LU, Sylvia. Algorithmic Opacity, Private Accountability, and Corporate Social Disclosure in the Age of Artificial intelligence. In: Vanderbilt Journal of Entertainment & Technology Law, vol. 99, 2021.

ONU, Nações Unidas. Declaração do Rio sobre Meio Ambiente e Desenvolvimento. Disponível em: https://www.un.org/en/development/desa/population/migration/generalassembly/docs/globalcompact/A_CONF.151_26_Vol.I_Declaration.pdf. Acessado em 15 de maio de 2022.

PASQUALE, Frank. The black box society: the secret algorithms that control money and information. Harvard University Press, 2015.

PECK, Patrícia. Proteção de dados pessoais: Comentários à Lei n. 13.709/2018 (LGPD). Saraiva, 2021.

RAYMOND, Anjanette H.; CONNELLY, Ciabhan. Governance of algorithms: Rethinking public sector use of algorithms for predictive purposes. In: BARFIELD, Woodrow (ed.). The Cambridge Handbook of The Law of Algorithms. Cambridge Press, 2021.

REINO UNIDO, Information Commissioner's Office – ICO. Data protection impact assessments. Disponível em: https://ico.org.uk/for-organisations/guide-to-data-protection/guide-to-the-general-data-protection-regulation-gdpr/

accountability-and-governance/data-protection-impact-assessments/. Acessado em 01 de junho de 2022.

REIS, Paulo Victor Alfeo. Algoritmos e o Direito. São Paulo: Almedina, 2020.

RUSSELL, Stuart; NORVIG, Peter. Artificial Intelligence: a modern approach. 4th Edition. Pearson, 2021.

SANTOSUOSSO, Amedeo. Intelligenza Artificiale e Diritto: Perché le tecnologie di IA sono una grande opportunità per il diritto. Mondadori, 2020.

SARLET, Ingo Wolfgang. Princípios do Direito Ambiental. 2ª Ed. São Paulo: Saraiva, 2017.

SINGAPURA, Personal Data Protection Comission. Model Artificial Intelligence Governance Framework. Second Edition. 2020. Disponível em: https://www.pdpc.gov.sg/. Acessado em 06 de junho de 2022).

UE, Comissão Europeia. Science for Environment Policy. FUTURE BRIEF: The precautionary principle: decision-making under uncertainty. 2017. Disponível em:https://ec.europa.eu/environment/integration/research/newsalert/pdf/precautionary_principle_decision_making_under_uncertainty_FB18_en.pdf. Acessado em 01 de junho de 2022.

UE, Comissão Europeia. *Opinion*. Communication from the Commission on the precautionary principle. 2000. Disponível em: Acessado em 24 de abril de 2022).

UE, União Europeia. High-Level Expert Group on AI. Ethics guidelines for trustworthy AI. Disponível em: https://digital-strategy.ec.europa.eu/pt/node/1950. Acessado em: 20 de maio de 2022.

UE, União Europeia. Proposal for a Regulation laying down harmonised rules on artificial intelligence. 21 de abril de 2021. Disponível em: https://digital-strategy.ec.europa.eu/en/library/proposal-regulation-laying-down-harmonised-rules-artificial-intelligence. Acessado em 20 de abril de 2022.

ZENO-ZENCOVICH, Vincenzo, Legal Epistemology in the Times of Big Data (May 5, 2019). Legal Epistemology in the Times of Big Data, in S. Faro, G. Peruginelli (eds.), Law Via the Internet 2018. Knowledge of the Law in the Big Data Age, IOS Press 2019.

SOBRE A NECESSIDADE DE SE DISCUTIR A SÉRIO NEURODIREITOS: BREVES REFLEXÕES À LUZ DA CONSTRUÇÃO DA HIPÓTESE "METAVERSO"

Dayana de Carvalho Uhdre[1]

Resumo: Na era de revoluções tecnológicas que vivenciamos, a construção da hipótese Metaverso é assunto que tem nos despertado atenção. A hipótese é a de que estamos a ampliar nossa concepção de universo, e estendendo nossas identidades para um cenário crescentemente digital, conectado e baralhado ao que atualmente compreendemos ser realidade (tangível). Por justamente trata-se de um cenário/projeto ainda hipótetico, mas de forte potencialidade, está-se a trabalhar em inúmeras frentes, de cariz tanto tecnológico quanto sócio-cultural, para que o Metaverso se concretize. E, dentre as camadas de construção do Metaverso, a relativa a interface humana de acesso a esse ambiente estendido – digital nos chama a atenção. E nos chama em razão da potencialidade que elas (mormente as de natureza neural) terem acesso a dados relacionados a nossas atividades neurológicas, que uma vez tratados permitiria acesso às mais sensíveis informações de nossas mentes. E é justamente tal jaez de riscos que motivaram o presente texto. Nosso artigo é um alerta a necessidade e convite à discussão do tema afeto aos neurodireitos.

Sumário: 1. Introdução; 2. Breves notas sobre a "hipótese" Metaverso, suas camadas de construção e o papel da Inteligência Artificial nisso tudo; 3. Neurodireitos e a necessidade de se debatê-los desde já; 4. Conclusões: tendências e perspectivas no cenário brasileiro.

[1] Doutoranda pela Universidade Católica de Lisboa. Membro Associada da BABEL-Blockchains and Artificial intelligence for Business, Economics and Law (Universidade de Firenze). Procuradora do Estado, coordenadora do curso de pós-graduação em Direito dos Criptoativos da ESMAFE-PR, professora em cursos de pós-graduação, autora do livro "Blockchain, Tokens e Criptomoedas. Análise jurídica". E-mail para contato: contato@dayanauhdre.com.br

1. Introdução

O termo Metaverso ganhou notoriedade do grande público sobretudo em razão do anúncio feito, em outubro de 2021, por Mark Zuckemberg, então CEO do Facebook, de mudança de sua marca para Meta. Na ocasião fora esclarecido que tal movimento tinha por objetivo deixar assente a principal estratégia de posicionamento da marca nos anos vindouros: construir ambientes digitais tridimensionais, imersivos e realísticos como o próximo passo na conexão humana. É dizer, tendo em conta o propósito (declarado) do referido grupo empresarial, qual seja facilitar as interações sociais humanas, a aposta de Mark Zuckemberg é a de que a próxima etapa desse "relacionar-se" se dará justamente em ambientes "Metaverso", razão pela qual nada mais natural do que enveredar parte de seus esforços nesse sentido.

Se pararmos para refletir, tal hipótese faz bastante sentido. Indiscutivelmente o avançar tecnológico modificou de forma profunda a forma como nos relacionamos – tanto social como economicamente – hoje. Estudos revelam que 79% da "geração millenial" e 80% da "geração Z" são dependentes da tecnologia, considerando-a indispensável em suas atividades cotidianas[2]. Só para se ter uma dimensão do que estamos falando, estima-se que os brasileiros, já em 2017, passavam em média 9 horas diárias na Internet[3]. E, se olharmos para a curva ascendente de acesso[4] a essa tecnologia da informação e comunicação, estrutural e estruturante de muitas das mudanças de relacionamento sócio-econômicos, é de se intuir que cada vez mais nossa identificação como seres humanos estará conexa, até mesmo fluida, à tecnologia.

Como bem pontuado por Silvia Piva as tecnologias deixam de ser apenas ferramentas, mostrando-se como "verdadeiras forças que nos moldam"[5]. Assim é que somos tecno-dependentes, estando em verdadeira

[2] WUNDERMAN THOMPSON INTELLIGENCE. Into the Metaverse. Report, p. 12.

[3] MCKENSEY AND COMPANY (2019). Brazil Digital Report, 1ª edição, p. 33. Disponível em: https://www.mckinsey.com/br/~/media/McKinsey/Locations/South%20America/Brazil/Our%20Insights/Brazil%20Digital%20Report/Brazil-Digital-Report-1st-Edition_Portuguese-vAjustado.pdf. Acesso em 15 set. 2022.

[4] Em grande medida impulsionada pela pandemia do COVID-19 e sua exigência de isolamento social a acelerar a adoção e uso das tecnologias da informação e comunicação. Vide: UNCTAD (2021). COVID-19 and e-commerce: a global review.

[5] PIVA, Sílvia. Neurodireitos: proteger a mente humana dos efeitos das novas tecnologias? CONJUR, 11 jul. 2022. Disponível em: https://www.conjur.com.br/2022-jul-11/

(e cada vez mais) simbiose com as tecnologias. Arremata a autora, fazendo menção a Luciano Floriadi, que vivemos "onlife": *é a nossa experiência da vida interconectada, na qual não mais faz sentido perguntar se estamos "on-line" ou "off-line", pois estamos a todo instante "on-life".*

É nesse contexto, ou talvez em decorrência desse contexto, que a hipótese Metaverso deixa o altiplano do imaginário de tramas e enredos de ficção científica, e se mostra como potencialidade (virtualidade[6]) de uma realidade vindoura. E perceba que nos utilizamos propositadamente do termo "potencialidade", a indicar que se trata de hipótese ainda inexistente, mas que se encontra em construção. Retornaremos ao ponto na sequência, no desenvolvimento de nosso raciocínio, por ora, no entanto, o que há de se deixar assente é que a "hipótese" Metaverso faz bastante sentido. E o faz mormente se buscarmos colocar em perspectiva que os usuários desse universo serão sobretudo uma geração de nativos digitais, que não só se relacionam, desde já, em ambientes digitais gamificados, como consomem bens e serviços a eles inatos.

No entanto, ao passo que o erigimento de tal ideário social possa se mostrar excitante, é ao mesmo tempo preocupante. Preocupante porque muitas vezes o que estará em cheque será a possibilidade de acesso – não consciente e/ou autorizada – aos recônditos de nosso ser, aos nossos pensamentos, *loco* em que até então éramos livres para julgar, divagar, sonhar, sermos luz e sombra. No presente texto compartilha-se algumas das angústias que reflexões iniciais sobre o uso – *versus* limites – da Inteligência Artificial na concretização da "hipótese" Metaverso, despertaram na presente autora. O objetivo aqui é instigar os leitores a refletirem sobre questão fundamental, atrelada a presente efervescência tecnologia e de mudança de paradigmas sócio-econômico que vivemos: que sociedade queremos construir?

pensando-lapis-neurodireitos-proteger-mente-humana-efeitos-novas-tecnologias#_ednref2. Acesso em 14 set. 2022.

[6] Utilizamos o termo virtual tal qual concebido por Pierre Levy enquanto potencialidade. Isto é oposto a "atual", que é a resposta ao virtual (potencialidade), que lhe dá concretude, é dizer realidade possível em dada configuração de elementos, resolução da problemática relacionadas às realidades virtuais (latentes). LÉVY, Pierre. O que é virtual? 2ª ed. Editora 34: São Paulo, 2011.

2. Breves notas sobre a "hipótese" Metaverso, suas camadas de construção e o papel da Inteligência Artificial nisso tudo

> "As próximas plataformas e mídias serão ainda mais imersivas, uma internet palpável, onde estaremos na experiência, não apenas olhando para ela. Chamamos isso de metaverso"[7]

Rápida incursão no nascente e igualmente efervescente ambiente de estudos sobre Metaverso nos denuncia a coexistência de inúmeras concepções de, e mesmo tentativas de conceituar, tal fenômeno. E, nem poderia ser diferente: afinal, estamos em um momento de construção e mesmo identificação do que potencialmente poderá ser identificado por Metaverso. Assim é que, a par de não ser recomendável afastar, desde já, essa miríade de "intelecções" que o termo "Metaverso" desperta, é desde já possível sim afastar as dimensões em que podemos nos conectar ao núcleo do que ele (Metaverso) pode ser daquelas em que não podemos (essas últimas, aliás, que nada trazem além de mais caos e confusão não construtivas ao debate).

De toda forma, e é importante que se repita, ainda que nos afastemos de inúmeros ruídos que cercam o termo, não devemos ou mesmo ousamos esperar, neste momento da história, uma única definição de Metaverso. Coadunamos do entendimento de que "os esclarecimentos virão de forma orgânica" ao longo da jornada de erigimento do Metaverso e das rupturas que nesse e desse trilhar virão[8]. Principiemos pela semântica de sua etimologia (meta + [uni]verso). O prefixo de origem grega meta indica algo posterior (metaplasia), uma mudança (metamorfose) ou algo que transcende, que vai além de outra coisa (metafísica). Já universo, do latim "ūniversus", traz em si o sentido de carregar consigo toda a existência, as pessoas ou objetos; universal. Assim é que Metaverso traria, em seu sentido mais basilar, a concepção de algo transcendental a totalidade da existência (ao menos como atualmente a reputamos). Pelo *Collins English Dictonary*, o Metaverso, enquanto substantivo, deteria os seguintes significados:

[7] Mark Zuckerberg ."The Metaverse and How We'll Build It Together "Connect 2021.

[8] NAU D'DÊS (2022). Exploração Metaverso: mapeando implicações jurídicas, p. 12. Disponível em: https://conteudo.nauddes.com.br/ebook-exploracao-metaverso; Acesso em 25 ago 2022.

(1) uma versão proposta pela internet que incorpora ambientes virtuais tridimensionais; (2) um mundo virtual tridimensional; (3) o universo retratado em uma determinada obra de ficção[9].

Adentrando algumas tentativas de conceituações presentes aqui e acolá, isto é, em relatórios e/ou pesquisas capitaneadas por empresas líderes ou mesmo por pesquisadores imersos no ambiente de construção das bases do Metaverso, notamos justamente o caos e diversidade instauradas. Por certo que muitas das visões externadas tomam por ponto de partida visões que o interlocutor possui, visões essas muitas vezes enviesadas (em maior ou menor medida) consoante suas crenças, interesses e narrativas perseguidas. Não obstante, a fim de que avancemos nas reflexões afetas ao tema, é necessário que busquemos nos escorar em uma ou outra compreensão do que estamos a erigir como Metaverso. Nesse ínterim, trazemos alguns poucos entendimentos que reputamos interessantes de serem conhecidos.

Sílvia Piva identifica Metaverso como "Ciberespaço e Cibertempo voltado às experiências digitais imersivas, de expansão dos sentidos cognitivos sensoriais humanos e na produção da ciberlinguagem. É construído e mediado por dispositivos móveis e infraestrutura tecnológica, com acesso a partir de dispositivos preferencialmente móveis e atrelados à internet, mas que ainda dependem de hardwares para permitir esse acesso (GPU's). Agrega a combinação de outras camadas tecnológicas como realidade aumentada e expandida (para o sensorium e experiência) e blockchain (para transações e efeitos concretos, mas sem se limitar a essas). Busca convergência entre o mundo físico e o mundo expandido e também pode ser entendido como um processo de expansão da realidade física, que pode culminar, ou não, no retorno ao físico"[10].

Matthew Ball descreve o Metaverso como "uma rede massivamente dimensionada e interoperável de mundos virtuais 3D renderizados em tempo real que podem ser experimentados de forma síncrona e persistente por um número efetivamente ilimitado de usuários com um senso

[9] Na versão original: "(1)a proposed version of the internet that incorporates three-dimensional virtual environments; (2) a three-dimensional virtual world, esp in an online role-playing game; (3) the universe as portrayed in a given work of fiction». Disponível em: https://www.collinsdictionary.com/pt/dictionary/english/metaverse; Acesso em 30 ago 2022.

[10] NAU D'DÊS (2022). Exploração Metaverso: mapeando implicações jurídicas, p. 14-15. Disponível em: https://conteudo.nauddes.com.br/ebook-exploracao-metaverso; Acesso em 25 ago 2022.

individual de presença e com continuidade de dados, como identidade, histórico, direitos, objetos, comunicações e pagamentos"[11].

Já concepção interessante e que se mostra bastante útil foi a elaborada por Jon Radoff[12]. É útil em razão de nos possibilitar uma compreensão mais holística e didática do fenômeno, consubstanciado em uma imagem bastante esclarecedora. Destarte, referido autor explica o Metaverso a partir da descrição de sete camadas estruturantes. Seriam elas: experiência, descoberta, economia do criador, computação espacial, descentralização, interface humana e infraestrutura no centro dela.

Visualmente:

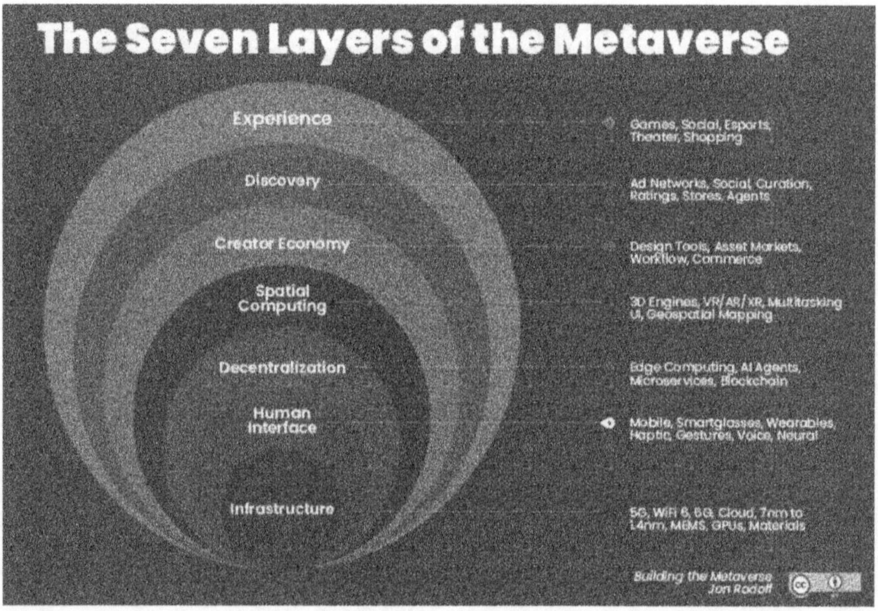

Fonte: Buiding the Metaverse, Jon Radoff – The value-chain

[11] BALL, Mathew. The Metaverse: And How it Will Revolutionize Everything (English Edition). PUBLISHERS WEEKLY BESTSELLER, 2022 [versão online]

[12] RADOFF, Jon. The Metaverse Value-Chain. In: Buiding the Metaverse. 2021. Disponível em: https://medium.com/building-the-metaverse/the-metaverse-value-chain-afcf9e09e3a7. Acesso em 15 set. 2022.

Pois bem, a "Infraestrutura Técnica conforma a própria base, o alicerce sobre o qual o Metaverso será construído. Para que as fronteiras geofísicas e digitais sejam de fato imperceptíveis, é primordial que tenhamos internet de altíssima velocidade a fim de se ter um bom processamento, armazenamento, conectividade e entrega dos dados. É nessa "camada" que observamos, dentre outros, a evolução do 5G para o 6G e consectários, o desenvolvimento da computação em nuvem e das redes de telecomunicações. O nível "Interface Humana" consubtancia a "porta de entrada" ao Metaverso. É por intermédio de equipamentos que a interação entre o "real" e o "digital" se torna possível. Logo, os *hardwares* para acessar o Metaverso são e serão peças fundamentais. É aqui que entram, por exemplo, os smartphone, smart glasses, luvas, acessórios para os pés, dispositivos inteligentes, tais como lentes de contato ou mesmo dispositivos cerebrais (*brain-machine interface*), todas tecnologias que visam levar a experiência sensorial, de forma imersiva, para o digital.

No nível "Descentralização" é trazida a preocupação do autor com a construção de um Metaverso aberto e distribuído, que não esteja na mão de poucas entidades (*BigTechs*), pois, caso contrário, elas dominarão a experiência como um todo. Isto faz da descentralização uma das características-chave do Metaverso. É nessa camada que se discute se os modelos de negócios que estão sendo construídos, o são a fim de criar um mundo sem intermediários, mais democrático, experimental e distribuído. O *blockchain*, assim como *smart-contracts* (chamados contratos inteligentes), plataformas de código aberto (*opensource*) e, eventualmente, a possibilidade de uma identidade digital auto-soberana, são peças fundamentais do processo de descentralização. De toda forma, é de se notar, desde já, que se atrelar descentralização como característica estrutural do Metaverso é antes de tudo uma opção ideológica do autor, de se posicionar a favor da Web3. Dito de outra forma, está-se a vivenciar, desde o nascedouro da hipótese Metaverso, uma batalha silenciosa entre a replicação do modelo de plataformas, hoje capitaneada pelas *BigTechs* no ambiente da Web2, e a estruturação de uma "Internet" descentralizada, e mais democrática, em que o poder, informações e ganhos sejam devolvidos aos indivíduos, a todos e a cada um dos componentes da comunidade (o ideal da Web3)[13]. Como

[13] Sobre a evolução até Web3, vide: PAL, Mukul. Web3 Alt. 19 Junho 2022. Disponível em: https://ssrn.com/abstract=4142743. Acesso em 15 set. 2022.

vimos, Radoff fez sua opção, a ponto de militar pela própria concepção de Metaverso como um ambiente estruturado de forma descentralizada. Não se trata, porém de ponto pacífico: Mathew Ball, por exemplo, preferiu identificar Metaverso antes pelas suas características técnicas, e deixar o debate Web2 *versus* Web3 em uma arena própria.

No âmbito da "Computação Espacial", vemos o desenvolvimento de tecnologias que visam tornar o ambiente "projetado" verdadeira prorrogação do real, corroendo as barreias entre o "mundo físico" e o "mundo ideal" tal qual a hipótese Metaverso exige. É nessa camada que se tem buscado desenvolver uma miríade de tecnologias que permitam projetar sistemas que atravessem os limites tradicionais da tela e do teclado, autorizando-nos a entrar e manipular espaços 3D, com a "simulação suave e bastante fidedigna de nossos gestos em referenciais geoespaciais". Isso inclui tecnologias de mapeamento e interpretação do mundo interno e externo, de reconhecimento de objetos, de voz e gestos, de integração de dados de dispositivos (Internet das Coisas) com biometria de pessoas, de interfaces (de usuário) de última geração para suportar fluxos de informações e análises simultâneas, etc.

É na camada da "Economia Criadora" que teremos as tecnologias que facilitarão a vida dos criadores de experiências no Metaverso. Essa a camada responsável por facilitar a construção das experiências socio-econômicas no ambiente imersivo do Metaverso, o que, por conseguinte, significa monetização do ecossistema e aquecimento do mercado. Ferramentas de *design*, novas tecnologias e formatos de vendas, e mesmo plataformas "low code", possibilitará qualquer um ser criador, sem a necessidade de possuir habilidades de programação.

"Descoberta" é a camada na qual os usuários descobrirão, seja por buscas próprias, seja por estratégias de *marketing*, a respeito de experiências do Metaverso. E, isso sem que a realidade seja dividida entre mundo físico e virtual. Ferramentas de compartilhamento de informações serão cruciais aqui: Radoff argumenta que o conteúdo orientado pela comunidade será mesmo imprescindível para o "*marketing* metaverso". Ainda, a presença em tempo real também será central para a descoberta. Assim é que, em vez de focar no que as pessoas gostam, trata-se do que as pessoas estão realmente fazendo neste momento. Isto é altamente relevante em um contexto em que muito do valor de experienciar o Metaverso virá da interação com os amigos através de experiências compartilhadas.

Já a "Experiência" é o ponto em que atingiremos a real "desmaterialização" entre físico e digital, e experienciaremos sensorialmente a imersão, e as emoções deflagradas das interações sociais. É de se destacar que, defende o autor que, ao contrário da crença popular, o Metaverso não será apenas uma versão 3D do mundo real, mas antes a última versão desmaterializada do espaço físico, dos objetos e da distância. E, na medida em que o espaço físico se desmaterializa, as restrições que a tangibilidade (o físico) traz serão levantadas. Daí porque conclui que o Metaverso nos proporcionará uma abundância de experiências que não somos capazes de desfrutar hoje, na nossa realidade atual.

Brevíssimo comentário merece ser feito – ou melhor, reforçado – relativamente a camada "Descentralização". Como mencionamos rapidamente quando a descrevemos, a camada "descentralização" está antes conectada a um posicionamento ideológico do autor – qual seja o de se erigir o Metaverso consoante um ideal de descentralização apregoado pelo que estamos convencionando chamar Web3 – do que uma verdadeira *conditio sine qua non* ao erigimento desse ambiente 3D digital, imersivo[14]. Em realidade, se analisarmos quais os principais atores que estão investindo tempo e recursos em projetos relacionados a cada uma das camadas suprareferidas, iremos perceber que são justamente as Big Techs, guardiãs do ambiente mais centralizado da Web2, as protagonistas[15]. Assim é que para além de questionável (por se fundamentar antes em razões ideológicas que técnicas), associar-se Metaverso e Web3 (descentralização) sequer parece, no atual estado da arte, factível.

Feitas essas considerações críticas, e a despeito delas, é na concepção de Jon Radoff que nos escoraremos para os fins do presente artigo. É que tal visão macro das camadas que estão a serem desenvolvidas para a construção do Metaverso facilita a compreensão do papel – fundamental- que a Inteligência Artificial (IA) desempenha nesse ínterim. Em realidade,

[14] Inclusive se nos ativermos aos dois outros conceitos de Metaverso, formulados por Silvia Piva e Mathew Ball e trazidos no início do presente tópico, descentralização é ponto que não está mencionado.

[15] Ver: RADOFF, Jon. Market Map of the Metaverse. In: Buiding the Metaverse. 2021. Disponível em: https://medium.com/building-the-metaverse/market-map-of-the-metaverse-8ae0cde89696. Acesso em 15 set. 2022.

consoante bem pontuado pelo mesmo Jon Radoff[16], a IA é tecnologia que traspassa todas as camadas, como se fosse verdadeira espinha dorsal, estruturante, portanto, de muitos dos avanços levados a efeito em cada uma das camadas. Nas palavras do próprio autor, "metaverso será possibilitado, povoado de e apoiado por IA. Ela impulsionará todas as sete camadas tecnológicas do metaverso".

No entanto, dado o diminuto escopo do presente texto, nos focaremos na camada de "Interface Humana". Nesse ponto a IA tem possibilitado a otimização dessa interface, ao possibilitar a melhora significativa no reconhecimento de gestos, pelos computadores, o que nos permitirá interagir mais naturalmente com outros computadores. Outro caso de uso interessante da IA na construção de interfaces imersivas de realidade virtual é o rastreamento ocular: os fotorreceptores de nossos olhos são mais densos em uma região chamada fóvea – que é onde nossa percepção de maior resolução existe-, sendo o restante nossa visão periférica. Assim é que as informações conformadoras da realidade virtual precisam ser fornecidas "onde" o olho está focando. A IA está sendo usada para prever onde seu olho irá olhar em seguida, mesmo piscando, para ajudar a preparar a melhor renderização com antecedência, e proporcionar experiências mais imersivas.

No entanto, aventa-se que a interface final será neural, que identificamos como *brain-machine* interface. E nessa dimensão, a IA desempenhará papel fundamental, haja vista que como o cérebro de cada um é diferente, terá ela a missão de aprender com cada indivíduo e adaptar-se à singularidade de cada um. Isso significaria acesso aos dados relacionados a nossas correntes neurológicas, o que pertimiria acesso às nossas mentes. E é justamente tal jaez de riscos, – aos recantos mais íntimos de nosso ser – que a potencialidade da utilização de neurotecnologias (*brain-machine interface*) para aprimoramento da experiência de acesso do usuário ao Metaverso despertam, que motivaram o presente texto. É necessário que discutamos a sério o tema dos neurodireitos!

[16] RADOFF, Jon. The Metaverse and Artificial Inteligence. In: Buiding the Metaverse. 2021. Disponível em: https://medium.com/building-the-metaverse/the-metaverse-and-artificial-intelligence-ai-577343895411. Acesso em 15 set. 2022.

3. Neurodireitos e a necessidade de se debatê-los desde já

> "Nossos pensamentos são o último refúgio da liberdade pessoal, mas os avanços na engenharia neural e nas técnicas de imagem do cérebro estão comprometendo a liberdade da mente. Propomos legislar um direito humano contra o uso coercivo ou invasivo de tais tecnologias, bem como proteger os aspectos físicos e mentais da mente contra possíveis danos."[17]

As palavras acima transcritas bem que podiam ter sido proferidas por militantes de direitos humanos, ou representantes de organismos internacionais vocacionados a defesa de direitos fundamentais ou mesmo por formadores de políticas públicas. No entanto, foram publicadas em uma revista científica, por um grupo de pesquisadores suíços, servindo-nos de alerta quanto a urgência e necessidade de se debater guias éticos e normatizar juridicamente os limites das investidas neurotecnológicas. Urgência em razão de se estar em terreno incerto, em que a velocidade de avanço é de difícil acompanhamento, e cujas consequências ao universo existencial humano (conexo às funções neurológicas) são desconhecidas. Afinal, e servindo-nos das precisas palavras de Roberto Andorno, "é sempre muito cedo para avaliar a tecnologia até que seja tarde demais"[18].

Estamos a ingressar em campo ainda pouco explorado, mas que vem ganhado cada vez maior relevância – inclusive com iniciativas de *status* constitucional[19] –, qual seja o dos neurodireitos. A fim de que possamos

[17] No original: "Our thoughts are the last refuge of personal freedom, but advances in neural engineering and brain imaging techniques are compromising the freedom of the mind. We propose to legislate a human right against the coercive or invasive use of such technologies, as well as to protect the physical and mental aspects of the mind from possible harm". LENCA Marcello; ANDORNO, Roberto (2017). Towards new human rights in the age of neuroscience and neurotechnology. Life Sciences, Society and Policy, 13 (1). Disponível em: https://www.discovermagazine.com/mind/new-human-rights-for-the-age-of-neuroscience. Acesso em 14 set. 2022.

[18] *"It›s always too early to evaluate technology until it›s too late"*. ANDORNO, Roberto. Glasgow Molecular Pathology Node. University of Glasgow website. Disponível em: https://www.gla.ac.uk/colleges/mvls/node/newsandevents/newsarchive/newsletterapril2018/headline_578957_en .html. Acesso em 11 setembro 2022.

[19] Refiro-nos a proposta de inclusão no âmbito da reforma constitucional chilena dos neurodiretos, como direitos fundamentais dignos de proteção jurídica. No entanto, a "Constituição" apresentada foi recentemente rejeitada pela população chilena.

bem compreender do que se está a falar, é necessário mencionar o que seriam neurotecnologias. Pois bem, consoante a definição que nos é dada pela *Neurorighs Foundation*, neurotecnologias seriam "qualquer tecnologia que registre ou interfira na atividade cerebral, especialmente as interface cérebro-computador"[20]. De forma semelhante, porém mais minudente, a OCDE identifica neurotecnologias como "dispositivos e procedimentos utilizados para acessar, monitorar, investigar, avaliar, manipular e/ou emular a estrutura e função dos sistemas neurais das pessoas naturais"[21].

É de se notar que, diferentemente de outros tipos de tecnologias emergentes, as neurotecnologias interagem diretamente no cérebro humano. Trata-se de um termo abrangente, para descrever um grande espectro de métodos, sistemas e instrumentos, que trazem conexão direta com o cérebro, cujas atividades possam ser registradas e influenciadas. É certo que os recentes avanços no campo da neurociência (alicerçados, dentre outros, em inteligência artificial, neuroimagens, neuroestimulação), e especificamente – ao que nos interessa mais de perto – nas pesquisas de interface «cérebro-máquina» visam sobretudo avançar na cura e/ou prevenção de doenças ou deficiências neuro-cerebrais[22]. No entanto, e é esse o ponto de preocupação levantado pelos cientistas, tal ferramental tecnológica – até para bem desempenhar aquelas funcionalidades – já possibilita aos pesquisadores interpretar, a partir de ressonâncias magnéticas funcionais, a atividade neurológica de uma pessoa, identificando que ela está a pensar em uma pessoa ao invés de um carro, por exemplo.

[20] No original: "Any technology that records or interferes with brain activity is defined as Neurotechnology. Neurotechnology, especially brain-computer interfaces , has the potential to foundationally alter society". Disponível em:https://neurorightsfoundation.org. Acesso em 15 set. 2022.

[21] No original: "Neurotechnology: devices and procedures used to access, monitor, investigasse, assess, manipulate and/or emulasse the structure and function of the neutral system of natural persons". OECD (2022), Recommendation of the Council on Responsible Innovation in Neurotechnology, OECD/LEGAL/0457. Disponível em:https://www.oecd.org/science/recommendation-on-responsible-innovation-in-neurotechnology.htm. Acesso em 18 set. 2022.

[22] YUSTE, Rafael; GOERING, Sara. *et al.* Four ethical priorities for neurotechnologies and AI. *Nature* 551, 159–163 (2017). Disponível em: https://www.nature.com/articles/551159a. Acesso em 15 set. 2022.

Com o avanço das pesquisas e aperfeiçoamento dos dispositivos, principalmente os cerebrais (*brain-machine interface*), a possibilidade não só de termos nossos pensamentos interpretados, como ainda manipulados a fim de modificar nossos comportamentos, emoções percepções e decisões, nos parece bastante factível. É certo que pode levar anos ou mesmo décadas até que dispositivos cerebrais e outras neurotecnologias façam parte de nosso cotidiano. Mas os desenvolvimentos tecnológicos nesse campo – em parte impulsionado pela recente "corrida Metaverso" – sinalizam que estamos rumo a um mundo no qual será possível possível decodificar os processos mentais das pessoas e manipular diretamente os mecanismos cerebrais subjacentes a suas intenções, emoções e decisões, permitindo, por exemplo, que os indivíduos interajam uns com os outros apenas "pensando", ou mesmo que suas habilidades mentais e físicas sejam grandemente aprimoradas[23].

Yuste, neurocientista da Columbia University e um dos fundadores do Neurorights Foundation, ao lado de outros cientistas, já em 2019, foram capazes de implantarem imagens diretamente no cérebro de ratos e controlarem seu comportamento[24]. Temos ainda o exemplo de escolas primárias na China, em que está sendo exigido o uso de dispositivos (*scanners* cerebrais), por parte dos alunos, para monitorar seus níveis de concentração[25]. Esses dados são armazenados pelo professor em um computador e compartilhado com os pais, sem o consentimento da criança. Ainda, recentemente Elon Musk anunciou que os primeiros testes em humanos do neuroimplante Neuralink devam ocorrer em breve[26], e que tal dispositivo poderá ajudar pessoas com lesões na coluna, além de possibilitar que nossos cérebros se conectem diretamente à internet. No Brasil, como nos recorda Silvia Piva[27], o Instituto Internacional de Neurociências Edmond e Lily Safra (IIN-ELS) desenvolve, desde 2006,

[23] Idem.

[24] Notícia disponível em: https://www.sciencedaily.com/releases/2019/07/190703150458.htm. Acesso em 15 set. 2022.

[25] Notícia disponível: https://www.aiplusinfo.com/blog/china-is-using-ai-in-classrooms/. Acesso em 15 set. 2022.

[26] Notícia disponível em: https://epocanegocios.globo.com/Tecnologia/noticia/2021/12/elon-musk-espera-implantar-chips-em-humanos-em-2022.html. Acesso em 15 set. 2022.

[27] PIVA, Sílvia. Neurodireitos: proteger a mente humana dos efeitos das novas tecnologias? CONJUR, 11 jul. 2022. Disponível em: https://www.conjur.com.br/2022-jul-11/

atividades de ensino, pesquisa e extensão em Macaíba (RN), com o intuito de formar e capacitar profissionais na pesquisa em neurociências e neuroengenharia, para linhas de pesquisa que vão desde a reabilitação, desenvolvimento de próteses e órteses, até a neurociência computacional, cognição e processamento de sinais biológicos.

É dizer, as pesquisas são várias e estão em franca expansão. E, a par de tais avanços poderem revolucionar o tratamento de muitas condições e/ou doenças, desde lesões cerebrais e paralisia até epilepsia e esquizofrenia, transformando a experiência humana para melhor, o uso do potencial de previsibilidade das intenções e escolhas das pessoas através da interpretação de registros cerebrais pode ter um lado obscuro. Referimo-nos a possibilidade de tais tecnologias oferecerem às corporações, *hackers*, governos, ou qualquer outra pessoa novas maneiras de explorar e manipular as pessoas. E é diante de tal prognóstico que surge a necessidade de abordar aquilo que tem sido identificado como Neurodireitos.

Em linhas gerais, neurodireitos podem ser definidos como "os princípios éticos, legais, sociais ou naturais de liberdade ou titularidade relacionados ao domínio cerebral e mental de uma pessoa; isto é, as regras normativas fundamentais para a proteção e preservação do cérebro e da mente humana"[28]. E o debate relacionado ao tópico começou a ganhar espaço recentemente junto à comunidade científica. Digno de menção foi a constituição voluntária do Grupo Morningside, que compreende neurocientistas, neurotecnólogos, clínicos, especialistas em ética e engenheiros de inteligência de máquina de várias partes do mundo[29]. Tal força-tarefa reuniu-se, em um workshop patrocinado pela US National

pensando-lapis-neurodireitos-proteger-mente-humana-efeitos-novas-tecnologias#_ednref2. Acesso em 14 set. 2022.

[28] No original: "Neurorights can be defined as the ethical, legal, social, or natural principles of freedom or entitlement related to a person's cerebral and mental domain; that is, the fundamental normative rules for the protection and preservation of the human brain and mind". IENCA, Marcello. On Neurorights. Front Hum Neurosci. 2021 Sep 24;15: 701258. doi: 10.3389/fnhum.2021.701258. Disponível em: https://pubmed.ncbi.nlm.nih.gov/34630057/. Acesso em 17 set. 2022.

[29] Estados Unidos, Canadá, Europa, Israel, China, Japão e Austrália. Y YUSTE, Rafael; GOERING, Sara. *et al.* Four ethical priorities for neurotechnologies and AI. *Nature* **551**, 159–163 (2017). Disponível em: https://www.nature.com/articles/551159a. Acesso em 15 set. 2022.

Science Foundation na Universidade de Columbia (Nova Iorque), em maio de 2017 para discutir a ética das neurotecnologias. Mais recentemente, parte desses especialistas uniram-se a outros na "Neurorights Foundation", cuja missão institucional declarada consiste em "engajar as Nações Unidas, organizações regionais, governos nacionais, empresas, empresários, investidores, cientistas e o público em geral para aumentar a conscientização sobre os direitos humanos e as implicações éticas da neurotecnologia".

Poder-se-ia pensar que a proteção de alguns direitos relacionados a indevida ingerência e/ou uso das informações mentais já estaria contemplada em nossos sistemas jurídicos (internacional e/ou nacional) vigentes, a partir de uma interpretação mais ampla de seus dispositivos. No entanto, consoante palavras próprias dos cientistas pioneiros desse movimento, "as diretrizes éticas existentes são insuficientes para este domínio"[30]. Estão a se referir, especificamente, à Declaração de Helsinque (declaração de princípios éticos estabelecida, pela primeira vez em 1964, para pesquisas médicas envolvendo sujeitos humanos), ao Relatório Belmont (declaração de 1979 elaborada pela Comissão Nacional para a Proteção de Sujeitos Humanos da Pesquisa Biomédica e Comportamental dos EUA) e à Declaração de Princípios de Precaução da Inteligência Artificial (IA) de Asilomar[31]. É de se ponderar, juntamente a Silvia Piva, que trazer a lume novos guias éticos nos parece proposta que tem por fundamento o fato de que algumas das questões levantadas com o avanço das neurotecnologias não foram necessárias em outras tecnologias, a exemplo da privacidade mental. Daí fazer todo o sentido erigir-se sim diretrizes éticas e normativas que visam direcionar e limitar as investidas neurotecnológicas *vis a vis* proteção ao (auto)domínio cerebral e mental humano[32].

[30] GOERING, Sara; YUSTE, Rafael. On the Necessity of Ethical Guidelines for Novel Neurotechnologies. *Cell*, Volume 167, Issue 4, novembro 2016, p. 882-885. Disponível em: https://www.cell.com/cell/fulltext/S0092-8674(16)31449-0?_returnURL=https%3A%2F%2Flinkinghub.elsevier.com%2Fretrieve%2Fpii%2FS0092867416314490%3Fshowall%3Dtrue#secsectitle0010. Acesso em 17 setembro 2022.

[31] YUSTE, Rafael; GOERING, Sara. *et al.* Four ethical priorities for neurotechnologies and AI. *Nature* **551**, 159–163 (2017).Disponível em: https://www.nature.com/articles/551159a. Acesso em 15 set. 2022.

[32] Outro ponto interessante do debate afeto aos neurodireitos é o relativo a liberdade pessoal na escolha de ser ou não o indivíduo protegido contra os avanços das neurotecnologias.

A fim de iniciar as reflexões necessárias a endereçar este déficit, Rafael Yuste et al.[33] identificaram serem em quatro as principais áreas de preocupação da comunidade: (i) privacidade e consentimento; (ii) agência e identidade; (iii) aumento da capacidade cerebral; e (iv) viéses. Em outra perspectiva, a *Neurorights Foundation* concretiza tais (quatro) pontos de atenção em cinco neurodireitos, cuja preservação se faz necessária face o avanço das neurotecnologias: (i) direito a privacidade mental; (ii) direito a identidade pessoal; (iii) direito de agência ou de livre pensamento e livre-arbítrio para escolher suas próprias ações; (iv) direito de acesso a benefícios e melhorias sensoriais a toda a população; e (v) direito a proteção contra vieses algorítmicos.

Apertada síntese, o direito à privacidade mental assegura que qualquer "neuro-dado" obtido através do uso de neurotecnologias deve ser mantido privado. Ainda, se armazenado, que seja garantido o direito de ser apagado, a pedido do proprietário. Já a comercialização (venda, transferência comercial e uso) desses dados neurais deverá ser objeto de regulamentação estrita. O direito à identidade pessoal visa salvaguardar que a tecnologia prejudique a própria identificação do "eu", é dizer, que a conectividade e interação dos dispositivos neurais a redes digitais baralhe a identificação do que "sou eu", e a minha consciência do que seriam "inputs" tecnológicos externos. O direito de agência ou de livre pensamento e livre-arbítrio, conexo ao anterior, tem por objetivo salvaguardar que a tomada de decisão final é própria, sem manipulações (desconhecidas pelo sujeito) engendradas pelas neurotecnologias (juízos externos). O direito de acesso a benefícios e melhorias sensoriais prega a necessidade de serem estabelecidas diretrizes, tanto em nível internacional quanto nacional, que regulem o acesso justo e igualitário ao uso de neurotecnologias de aprimoramento mental. Por fim, o direito a proteção contra vieses algorítmicos

Sobre vide: INGLESE, Silvia; LAVAZZA, Andrea. (2021). What Should We Do With People Who Cannot or Do Not Want to Be Protected From Neurotechnological Threats?. Frontiers in Human Neuroscience. 15. 10.3389/fnhum.2021.703092. Disponível em: https://www.researchgate.net/publication/353686682_What_Should_We_Do_With_People_Who_Cannot_or_Do_Not_Want_to_Be_Protected_From_Neurotechnological_Threats. Acesso em 18 set. 2022.

[33] YUSTE, Rafael; GOERING, Sara. *et al.* Four ethical priorities for neurotechnologies and AI. *Nature* **551**, 159–163 (2017). Disponível em: https://www.nature.com/articles/551159a. Acesso em 15 set. 2022.

ter por foco o desenvolvimento de estratégias e/ou contramedidas a fim de garantir que os algoritmos neurotecnológicos não insiram ou perpetuem preconceitos[34].

De se destacar que a comunidade jurídica internacional também iniciou os debates relativos ao tema. Já tivemos a oportunidade[35] de pontuar que uma das tendências que a digitalização da vida e das relações sócio-económicas tem imposto ao Direito é a sua globalização. Globalização não no sentido de existir um "direito supranacional" de observância necessária e obrigatória por parte dos Estados, mas sim de existir um movimento de busca por certa harmonização principiológica, através do desenvolvimento (dialogado) de diretrizes normativas em fóruns internacionais de debates. A Organização para a Cooperação e Desenvolvimento Econômico (OCDE), tem se mostrado como um dos principais *locus* em que tais direcionamentos principiológicos (*softlaw*) têm sido erigidos. Para os fins do presente artigo é de se pontuar que, em dezembro de 2019, referida organização traçou nove princípios globais sobre as recomendações a respeito das inovações, de forma responsável, em neurotecnologia[36]. Seriam eles: (i)promover a inovação responsável; (ii) priorizar a avaliação de segurança; (iii) promover a inclusão; (iv) promover a colaboração científica; (v) permitir a deliberação social; (vi) habilitar a capacidade de supervisão e órgãos consultivos; (vii) proteger dados cerebrais pessoais e outras informações; (viii) promover culturas de administração e confiança nos setores público e privado; e (ix)antecipar e monitorar o uso não intencional e/ou uso indevido potencial.

De se pontuar que tais diretrizes principiológicas são bastante amplas, e visam para além de direcionar estimular os países a implementarem suas orientações próprias, consoante as peculiaridades locais, regionais e/ou nacionais. É dizer, diferentes nações e pessoas de diferentes religiões, etnias, culturas, e origens sócio-econômicas terão necessidades e

[34] Disponível em: https://neurorightsfoundation.org/mission. Acesso em 18 set. 2022.

[35] UHDRE, Dayana de Carvalho. Realidade Digital, Tributação Indireta e Tendências Internacionais: o que a blockchain tem (ou pode ter) com isso? In: CRAVO, Daniela Copetti et al. Direito Público e Tecnologia. São Paulo: Editora Foco, 2022. p. 177-200.

[36] OECD (2022), Recommendation of the Council on Responsible Innovation in Neurotechnology, OECD/LEGAL/0457. Disponível em:https://www.oecd.org/science/recommendation-on-responsible-innovation-in-neurotechnology.htm. Acesso em 18 set. 2022.

perspectivas diferentes. De toda forma, a iniciativa serve de alerta aos governos sobre a urgência de se criar seus próprios órgãos deliberativos a fim de mediar o debate aberto envolvendo representantes de todos os setores da sociedade e determinar como traduzir essas diretrizes em políticas públicas, em leis e regulamentos específicos, que ao passo que permitam o desenvolvimento responsável das pesquisas e aplicações das neurotecnologias, também protejam os neurodireitos dos usuários.

4. Conclusões: tendências e perspectivas no cenário brasileiro

Atravessar a leitura do presente artigo nos faz perceber que cenários que até pouco tempo pareciam ser restritos a novelas de ficção científica, já estão diante – ou bastante próximos – de nós. Dentre a efervescência que presenciamos na atual era de revoluções tecnológicas, a construção da hipótese Metaverso é assunto que tem nos despertado atenção. Vimos que, aqui, o que está sendo erigido em última instância é ambiente em que o relacionar-se humano terá espaço. A hipótese é que ampliemos nossa concepção de universo e de extensão de nossas identidades para um cenário digital, conectado e baralhado ao que atualmente compreendemos ser realidade (tangível). Mas, percebam: trata-se de um cenário/projeto ainda hipótetico, mas de forte potencialidade[37]. Está-se a trabalhar em inúmeras frentes, de cariz tanto tecnológico quanto sócio-cultural, para que o desenvolvimento do Metaverso se concretize, deixando de ser apenas virtualidade.

Dentre as camadas de construção do Metaverso, a relativa a interface humana de acesso a esse ambiente estendido – digital nos chama a atenção. E nos chama em razão da potencialidade que elas (mormente as de natureza neural) terem acesso a dados relacionados a nossas atividades neurológicas, que uma vez tratados permitiria acesso às mais sensíveis informações de nossas mentes. E é justamente tal jaez de riscos que motivaram o presente texto. Nosso objetivo foi alertar sobre a necessidade e incitar a discussão do tema afeto aos neurodireitos. Não nos parece prudente considerar que o arcabouço vigente – mesmo as normas de natureza mais principiológicas – seja suficiente para nos proteger das investidas do avanço das neurotecnologias nos recônditos mais íntimos e privativos de nossas mentes. A própria comunidade cientifica tem exigido sejam

[37] Vide nota de rodapé nº 6.

debatidos e construídas diretrizes éticas aptas a direcionar as pesquisas, aplicação e "design" de tecnologias a fim de que se gerenciem efeitos positivos e negativos. É certo que o tema "regulação" e novas tecnologias perpassa o "dilema de Collingridge": impor limitações cedo demais pode asfixiar a inovação, mas deixar para depois pode ser tarde demais.

A comunidade científica, assim como a OCDE, parecem ter tomado suas decisões, optando por desde já pavimentar orientações principiológicas que visam de um lado, estimular uma "inovação responsável", e de outro traçar arcabouço protetivo dos neurodireitos – ao menos daqueles mais fundamentais, de riscos mais prementes. Mencionamos no tópico anterior que consoante a *Neurorights Foundation* seriam eles – os neurodireitos mais fundamentais – cinco: (i) direito a privacidade mental; (ii) direito a identidade pessoal; (iii) direito de agência ou de livre pensamento e livre-arbítrio para escolher suas próprias ações; (iv) direito de acesso a benefícios e melhorias sensoriais a toda a população; e (v) direito a proteção contra vieses algorítmicos. Logo, eventuais investidas normativas que visem endereçar os principais riscos que o desenvolvimento das neurotecnologias devem prever medidas protetivas a esses cinco "neurodireitos".

Olhando cenário Brasil, é de se mencionar que temos atualmente tramitando o PL 522/2022, apresentado, em março de 2022, na Câmara dos Deputados pelo Deputado Carlos Henrique Gaguim. Apertada síntese a iniciativa visa regulamentar a proteção do uso e do tratamento de dados neurais – ou seja, informações obtidas, direta ou indiretamente, da atividade do sistema nervoso central e cujo acesso é realizado por meio de interfaces cérebro-máquina (ou cérebro-computador), ou qualquer outra tecnologia, invasiva ou não-invasiva –, alterando dispositivos da nossa Lei Geral de Proteção de Dados (LGPD). Inspirado na proposta legal chilena – informação essa que consta na própria "Justificação" do projeto de lei –, a iniciativa, pautada na necessidade de consentimento (claro e expresso) do titular neurodados para tratamento dos mesmos, declara assegurar os direitos à privacidade mental, à identidade e autonomia pessoal, ao livre arbítrio e autodeterminação, ao acesso equitativo ao aumento cognitivo, e o direito à proteção contra a discriminação algorítmica ou as decisões tomadas. É dizer, busca endereçar todos os cinco neurodireitos fundamentais supra-mencionados.

As perspectivas *in terra brasilis*, portanto, são positivas: está-se a, desde já, buscar colocar o debate dos neurodireitos na pauta legislativa. Mas, é preciso que a proposta ganhe a repercussão merecida, sendo amplamente debatida pela sociedade brasileira. Fica aqui nossa provocação e convite final: o processo inovativo tende a seguir seu curso natural – e acelerado –, trazendo-nos novas ordens de desafios e preocupações, e o Direito buscará caminhar, ainda que a reboque, a fim de proteger as novas controvérsias que desses e nesses novos contextos emergirão. Analisar, divulgar, debater a presente proposta legislativa é uma grande oportunidade para que questões filosóficas, éticas e normativas afetas aos neurodireitos, e mais amplamente de acesso a dados sensíveis, sejam refletidas e enfrentadas, nos disciplinando a pavimentar iniciativas deste jaez nos novos desafios que se aproximam.

Referências

ANDORNO, Roberto. Glasgow Molecular Pathology Node. University of Glasgow website. Disponível em: https://www.gla.ac.uk/colleges/mvls/node/newsandevents/newsarchive/newsletterapril2018/headline_578957_en .html. Acesso em 11 setembro 2022.

BALL, Mathew. The Metaverse: And How it Will Revolutionize Everything (English Edition). PUBLISHERS WEEKLY BESTSELLER, 2022 [versão online]

GOERING, Sara; YUSTE, Rafael. On the Necessity of Ethical Guidelines for Novel Neurotechnologies. *Cell,* Volume 167, Issue 4, novembro 2016, p. 882-885. Disponível em: https://www.cell.com/cell/fulltext/S0092-8674(16)31449-0?_returnURL=https%3A%2F%2Flinkinghub.elsevier.com%2Fretrieve%2Fpii%2FS0092867416314490%3Fshowall%3Dtrue#secsectitle0010. Acesso em 17 setembro 2022.

INGLESE, Silvia; LAVAZZA, Andrea. (2021). What Should We Do With People Who Cannot or Do Not Want to Be Protected From Neurotechnological Threats?. Frontiers in Human Neuroscience. 15. 10.3389/fnhum.2021.703092. Disponível em: https://www.researchgate.net/publication/353686682_What_Should_We_Do_With_People_Who_Cannot_or_Do_Not_Want_to_Be_Protected_From_Neurotechnological_Threats. Acesso em 18 set. 2022.

LENCA, Marcelo; ANDORNO, Roberto (2017). Towards new human rights in the age of neuroscience and neurotechnology. Life Sciences, Society and Policy, 13 (1). Disponível em: https://www.discovermagazine.com/mind/new-human-rights-for-the-age-of-neuroscience. Acesso em 14 set. 2022.

LENCA, Marcello. On Neurorights. Front Hum Neurosci. 2021 Sep 24; 15:701258. doi: 10.3389/fnhum.2021.701258. Disponível em: https://pubmed.ncbi.nlm.nih.gov/34630057/. Acesso em 17 set. 2022.

MCKENSEY AND COMPANY (2019). Brazil Digital Report, 1ª edição, p. 33. Disponível em: https://www.mckinsey.com/br/~/media/McKinsey/Locations/South%20America/Brazil/Our%20Insights/Brazil%20Digital%20Report/Brazil-Digital-Report-1st-Edition_Portuguese-vAjustado.pdf. Acesso em 15 set. 2022.

NAU D'DÊS (2022). Exploração Metaverso: mapeando implicações jurídicas, p. 14-15. Disponível em: https://conteudo.nauddes.com.br/ebook-exploracao-metaverso; Acesso em 25 ago 2022.

OECD (2022), Recommendation of the Council on Responsible Innovation in Neurotechnology, OECD/LEGAL/0457. Disponível em:https://www.oecd.org/science/recommendation-on-responsible-innovation-in-neurotechnology.htm. Acesso em 18 set. 2022.

PAL, Mukul. Web3 Alt. 19 Junho 2022. Disponível em: https://ssrn.com/abstract=4142743. Acesso em 15 set. 2022.

PIVA, Sílvia. Neurodireitos: proteger a mente humana dos efeitos das novas tecnologias? CONJUR, 11 jul. 2022. Disponível em: https://www.conjur.com.br/2022-jul-11/pensando-lapis-neurodireitos-proteger-mente-humana-efeitos-novas-tecnologias#_ednref2. Acesso em 14 set. 2022

RADOFF, Jon. The Metaverse Value-Chain. In: Buiding the Metaverse. 2021. Disponível em: https://medium.com/building-the-metaverse/the-metaverse-value-chain-afcf9e09e3a7. Acesso em 15 set. 2022.

________. Market Map of the Metaverse. In: Buiding the Metaverse. 2021. Disponível em: https://medium.com/building-the-metaverse/market-map-of-the-metaverse-8ae0cde89696. Acesso em 15 set. 2022.

________. The Metaverse and Artificial Inteligence. In: Buiding the Metaverse. 2021. Disponível em: https://medium.com/building-the-metaverse/the-metaverse-and-artificial-intelligence-ai-577343895411. Acesso em 15 set. 2022.

UNCTAD (2021). COVID-19 and e-commerce: a global review.

UHDRE, Dayana de Carvalho. Realidade Digital, Tributação Indireta e Tendências Internacionais: o que a blockchain tem (ou pode ter) com isso? In: CRAVO, Daniela Copetti et al. Direito Público e Tecnologia. São Paulo: Editora Foco, 2022. p. 177-200.

WUNDERMAN THOMPSON INTELLIGENCE. Into the Metaverse. Report.

YUSTE Rafael; GOERING, Sara. *et al.* Four ethical priorities for neurotechnologies and AI. *Nature* **551**, 159–163 (2017). Disponível em: https://www.nature.com/articles/551159a. Acesso em 15 set. 2022.

A PERSPECTIVA EVOLUTIVA E O PROBLEMA DA RELAÇÃO CORPO-MENTE: QUAL O IMPACTO DA AUSÊNCIA DO INSTINTO, DAS EMOÇÕES E DO NÃO CONSCIENTE NO PROCESSO DECISÓRIO?

ADRIANA REIS DE ALBUQUERQUE[1]

HUGO DE BRITO MACHADO SEGUNDO[2]

Resumo: Com o avanço da tecnologia, e o desenvolvimento de sistemas mais aperfeiçoados, a contribuição de sistemas de inteligência artificial no processo de tomada de decisões por parte de seres humanos se faz cada vez mais significativa. É importante, então, conhecer como seres humanos decidem, a fim de que se possam projetar máquinas capazes de fazê-lo do mesmo modo, ou de maneira mais eficiente, ou mesmo para que se percebam as deficiências naturais ou essenciais de julgamentos artificiais, para corrigi-las ou evitá-las. Investigando-se o papel de

[1] Doutora em Direito pela UFC (Universidade Federal do Ceará). Mestre em Direito pela UFPE (Universidade Federal de Pernambuco). Especialista em Direito Tributário pelo IBET, em Integração Europeia e Direito Tributário Internacional pela ESAF/Universidade de Munster e em Administração Pública pela FGV. Procuradora da Fazenda Nacional. Membro do Comitê Executivo do "Tributos a elas" e membro do grupo de estudos "Tributação e gênero", da FGV/São Paulo. Professora.

[2] Doutor em Direito Constitucional pela UNIFOR (Universidade de Fortaleza). Mestre em Direito pela UFC (Universidade Federal do Ceará). Professor associado da faculdade de Direito da Universidade Federal do Ceará. Coordenador do grupo de pesquisas sobre "Democracia e Finanças públicas, da UFC. Professor do curso de mestrado em Direito do Centro Universitário Christus (UniChristus). Membro do Instituto Brasileiro de Direito Tributário - IBDT, da Associação brasileira de processo e do Instituto Cearense de estudos tributários - ICET. Visiting research scolar na Universidade de Viena (2012-2013; 2015-2016 e 2018)

emoções, instintos e demais elementos oriundos da corporalidade do ser humano, nas decisões tomadas por este, é possível considerar a interferência da falta de tais circunstâncias em sistemas artificiais, e, como consequências, em suas decisões. A constatação de que a construção do conhecimento humano se opera a partir do binômio corpo-mente e de que essa relação está intrinsecamente ligada à própria existência biológica, conduz à conclusão de que o conhecimento humano, visto em toda sua extensão e singularidade, é simplesmente inacessível às máquinas. Enquanto impassíveis de serem dotadas de um corpo biológico apto a interagir com o ambiente instável que as rodeiam, máquinas de inteligência artificial podem, quando muito, promover imitação de parcela deste conhecimento, mas nunca o reproduzir em sua integralidade.

1. Introdução

Questão de grande relevo diz respeito à utilização de sistemas de inteligência artificial para assistir a tomada de decisões por parte de agentes humanos, o que já é uma realidade no momento em que se escrevem estas linhas, no âmbito das mais diversas atividades, públicas e privadas.

Com o avanço da tecnologia, e o desenvolvimento de sistemas mais aperfeiçoados, a contribuição de tais agentes artificiais se faz cada vez mais significativa. Se há poucos anos a informática permitia a edição de textos, a colagem de trechos prontos e a localização e utilização de precedentes, ou a correção de erros ortográficos, hoje pode-se mesmo falar na tomada de decisões, ainda que apenas pela triagem de casos semelhantes, a serem submetidos à aplicação dos mesmos modelos de decisão. Mas cogita-se mesmo do dia em que tais agentes poderão substituir, inteiramente, o humano na tomada de decisões.

Assume importância, então, o conhecimento, em suas minúcias, de como seres humanos decidem, a fim de que se possam projetar máquinas capazes de fazê-lo do mesmo modo, ou de maneira mais eficiente, ou mesmo para que se percebam as deficiências naturais ou essenciais de julgamentos artificiais, para corrigi-las ou evitá-las.

No presente texto, almeja-se investigar o papel de emoções, instintos e demais elementos oriundos da corporalidade do ser humano, nas decisões tomadas por este, de modo a considerar a interferência da falta de tais circunstâncias em sistemas artificiais, e, como consequências, em suas decisões.

2. Corpo, comportamento e decisão

Em livro intitulado "E o cérebro criou o homem", Antonio Damásio[3] aponta que o surgimento de neurônios dotados de funcionalidade estratégica constitui o marco distintivo do processo de desenvolvimento do conhecimento humano, de modo que a capacidade do ser humano de adotar conduta problematizadora diante do mundo decorre do surgimento da mente consciente[4].

Todos os seres vivos, mesmo aqueles sem cérebro, inclusive os unicelulares, apresentam um comportamento aparentemente inteligente e deliberado, quando se concebe inteligência como a aptidão para se atingir objetivos. Noções como "vontade" e "desejo", normalmente associadas à existência de cérebros complexos e conscientes, já existiam há muito na escala evolutiva, ainda que compreendidas de forma diversa. Nos organismos mais elementares, a ideia de "vontade" se relaciona com as noções de sobrevivência e homeostase, nos termos das quais todo ser vivo, buscando sobreviver, se adapta continuamente com o propósito de atingir, manter ou retornar para uma faixa biológica na qual os parâmetros químicos necessários à preservação da vida se encontrem adequados, em equilíbrio.

Exatamente para manter a homeostase, os seres vivos, ao longo da evolução, passaram a conferir valor biológico ao que lhes permitia preservar e potencializar a vida. A manutenção da vida exigiu dos seres mais elementares que apresentassem uma política de resposta, um "conjunto de regras extremamente simples segundo as quais ele toma a decisão de mover-se quando certas condições são atingidas"[5]. Foi a partir da relação entre a sensibilidade para processar o ambiente ao redor, identificando eventuais ameaças, a *política de resposta a elas*, o *incentivo* para agir de

[3] DAMÁSIO, António R. **E o cérebro criou o homem**. Tradução de Laura Teixeira Motta. São Paulo: Companhia das Letras, 2011.

[4] DAMÁSIO, António R. **E o cérebro criou o homem**. Tradução de Laura Teixeira Motta. São Paulo: Companhia das Letras, 2011.

[5] DAMÁSIO, António R. **E o cérebro criou o homem**. Tradução de Laura Teixeira Motta. São Paulo: Companhia das Letras, 2011, p. 71.

uma dada forma e o *movimento* direcionado à homeostase que os seres vivos evoluíram, sendo capazes de transferir seus genes às gerações seguintes.

Mas é importante perceber que nada disso exigia, até aqui, a existência sequer de um cérebro, quiçá de um cérebro consciente.

O surgimento de um cérebro consciente apresenta intrínseca relação com o desenvolvimento dos neurônios e com a funcionalidade estratégica que lhes é ímpar: a de, via corrente elétrica, influenciar outras células do organismo e *mudar-lhes a condição.* Não necessários ao processo básico da vida, os neurônios existem em benefício de todas as outras células do corpo, com as quais têm intensa comunicação. Ao longo da evolução, se tornaram capazes de imitar a estrutura de partes do corpo ao qual pertencem, virando "dublês neurais" da estrutura física cuja gestão comandam. O tema dos neurônios é o corpo, e essa "referência perpétua é a razão pela qual a vontade de viver oculta nas células do nosso corpo pôde um dia traduzir-se em uma vontade consciente surgida na mente"[6]. A capacidade dos neurônios de influenciar outras células do corpo e modificá-las permitiu, ao longo do trajeto evolutivo, que a espécie humana produzisse não apenas uma política de resposta, como os demais seres vivos, mas sim uma "resposta diferencial", mudando o foco de sua homeostase da mera sobrevivência para o da obtenção de padrões de bem-estar.

A visão de Damásio traz à lume o denominado problema corpo-mente, no âmbito do qual se busca compreender os mecanismos neurológicos a partir dos quais, nos seres humanos, os corpos biológicos se refletem nas mentes conscientes.

3. O problema "corpo-mente" e decisões de agentes artificiais

Pode-se questionar porque se está a falar do problema corpo-mente em um trabalho voltado ao uso da Inteligência Artificial para assistir ou assessorar as decisões humanas, notadamente as tomadas por autoridades públicas. Há uma relação importante. Do entendimento do problema corpo-mente, exsurgem duas questões relativas à utilização da Inteligência Artificial (IA).

Em uma primeira perspectiva, a defesa de que o desenvolvimento de uma mente consciente requer a existência de um corpo biológico

[6] DAMÁSIO, António R. **E o cérebro criou o homem**. Tradução de Laura Teixeira Motta. São Paulo: Companhia das Letras, 2011, p. 57.

com o qual ela se relaciona de forma profunda impõe a conclusão, ainda que temporária, de que máquinas de Inteligência Artificial, porquanto desprovidas de corpo, seriam incapazes, por premissa, de reproduzir, em sua inteireza, a complexidade do cérebro humano. Neste primeiro enfoque, não ter um corpo biológico deve ser visto como um entrave a que máquinas de IA possam se equiparar àquele conhecimento que o ser humano é, teoricamente, capaz de produzir.

É preciso registrar que aqui não se discute se a utilidade das máquinas de IA, no mundo jurídico ou fora dele, depende efetivamente desta aptidão para substituir, em absoluta igualdade, a potência do humano. Ainda que não reproduzam de forma perfeitamente similar a amplitude do conhecimento que o ser humano é capaz de construir, máquinas de Inteligência Artificial podem e devem ser utilizadas em inúmeras atividades voltadas a facilitar o desempenho de tarefas hoje realizadas completa ou parcialmente por homens.

A objeção acima exposta se volta ao argumento de que, em um futuro não muito distante, esses sistemas seriam capazes de substituir completamente o humano, e até mesmo transcendê-lo, ultrapassando sua aptidão de produção e aplicação do conhecimento, dentro da ideia de "singularidade" desenvolvida por Ray Kurzweil[7]. Se a mente consciente demanda o corpo biológico, essa transcendência acima mencionada não seria possível e, nem mesmo, desejável. É que, em determinadas searas, a inexistência do corpo biológico tornaria os sistemas ditos inteligentes menos aptos a tomarem decisões que venham a ser consideradas socialmente adequadas.

Em uma segunda perspectiva, a relação corpo-mente abre espaço para debates referentes à (im) possibilidade de que a utilização de máquinas de Inteligência Artificial possa, ao contrário, reduzir os vieses implícitos existentes nas decisões judiciais.

4. Emoções e o processo decisório humano

Durante muito tempo, os estudos no campo das Ciências Sociais – e, portanto, também no Direito – assentavam-se na premissa de que, sendo um ser racional, o ser humano seria capaz de deliberadamente conter e afastar os seus instintos e emoções, avaliando objetivamente as situações e

[7] KURZWEIL, Ray. **The singularity is near.** When humans transcend biology. Penguin books, 2005.

escolhendo, dentre as alternativas possíveis, a considerada mais vantajosa, sem se deixar levar por suas pré-compreensões acerca da realidade. No âmbito desta concepção, o conhecimento humano deveria ser absoluta e completamente dissociado dos instintos e dos saberes comuns, sendo considerado uma evolução em relação a esses elementos.

No entanto, em respaldo à epistemologia evolutiva, recentes estudos sobre os mecanismos de tomada de decisões, especialmente oriundos de campos como a Biologia, a Física, a Economia e a neurociências têm demonstrado o quanto o agente decisor se encontra influenciado, ao longo do processo decisório, por elementos inconscientes que não apenas são essenciais para a tomada de decisão, como podem até mesmo minar sua capacidade de efetivamente decidir em qualquer direção[8].

Em "Rápido e Devagar: duas formas de pensar", o Economista Ganhador do Prêmio Nobel Daniel Kahneman[9] sustenta, a partir da construção de uma metáfora, que a mente humana funciona a partir de dois sistemas distintos: o sistema S1, emotivo, intuitivo, voltado para "julgamentos rápidos" e um outro sistema, denominado de sistema "S2", tendente à produção do pensamento devagar, racional, lógico e deliberativo.

Embora esta organização do cérebro nos permita desenvolver habilidades diversas e realizar tarefas complexas, não raras vezes ela nos conduz à prática de erros sistemáticos, quando a interação entre os dois sistemas não se dá de forma adequada. Assim, o sistema intuitivo termina se deixando influenciar por estereótipos e emoções, gerando distorções não corrigidas pela reflexão preguiçosa do sistema lógico, o que dá origem aos

[8] Inúmeros trabalhos de Psicologia Comportamental evidenciam o equívoco da tese de que o processo de tomada de decisão é exclusivamente ou eminentemente racional ao demonstrarem a forte influência, nesse processo, de elementos intuitivos e emocionais. Neste sentido: O'DOHERTY, John; HAMPTON, Alan; KIM, Hackjim. Model-Based fMRI and its application to reward learning and decision making. **Annals of the New York Academy of Sciences**, n. 1104: p. 35-53, 2007; KAHNEMAN, Daniel. **Rápido e devagar: duas formas de pensar**. Tradução de Cássio Arantes de Leite. São Paulo: Editora Objetiva, 2012, p. 384-385; MLODINOW, Leonard. **Subliminar**: como o inconsciente influencia nossas vidas. Tradução de Cláudio Carina. São Paulo: Zahar, 2014; TIERNEY, John. **Do you suffer from decision fatigue**?. New York Times (on line), 17 August 2011, disponível em < https://www.thesuppersprograms.org/content/do-you-suffer-decision-fatigue>.

[9] KAHNEMAN, Daniel. **Rápido e devagar**: duas formas de pensar. Tradução de Cássio Arantes de Leite. São Paulo: Editora Objetiva, 2012

denominados vieses[10]. Outras vezes, ao se deparar com situações difíceis, o sistema S2 provoca reduções de complexidade, promovendo o surgimento de atalhos mentais denominados de heurísticas, de modo a buscar apoio no sistema intuitivo[11].

Mas se assim o é, é possível defender que muitas das posições usualmente consideradas como consequência do exercício absoluto da razão, a partir de uma compreensão da mente como algo completamente dissociada do corpo, são, na verdade, bem mais influenciadas por fatores inconscientes (emoções, desejos, vontades) do que somos capazes de perceber[12]. E se o inconsciente do corpo biológico influencia a decisão da mente consciente de maneira muito mais profunda do que outrora imaginávamos, abre-se então o debate acerca da possibilidade de que a utilização de máquinas de Inteligência Artificial, porque desprovidas desse corpo, possam funcionar como uma alternativa para afastar ou ao menos reduzir esses vieses implícitos que terminam por afetar os processos decisórios.

Sob este segundo enfoque, o fato de máquinas de IA não terem um corpo biológico já não mais necessariamente funciona como um empecilho ao seu desenvolvimento/utilização.

Ao contrário, analisada apenas sob a ótica de sua relação com os vieses, a ausência do corpo poderia, em tese, representar até mesmo uma vantagem em relação ao processo de produção de conhecimento humano. Se estes vieses decorrem das emoções, desejos e vontades produzidas pela intensa, complexa e contínua ligação que se estabelece, em via dupla,

[10] De acordo com Raul Nepomuceno, vieses são "tendências psicológicas que produzem representações distorcidas de dados e eventos, consequência da influência de sentimentos na percepção e no raciocínio". São erros de percepção sistemáticos, normalmente despercebidos, que atuam para rapidamente preencher lacunas decorrentes das contingências da vida e auxiliar na tomada de decisão rápida". Heurísticas, por sua vez, são "atalhos mentais, simplificações que a mente elabora para que seja possível a compreensão rápida de eventos complexos, que envolvem incertezas, probabilidade e previsão, de modo a encontrar a solução adequada o mais rapidamente possível". NEPOMUCENO, Raul Carneiro. **O controle da subjetividade nas decisões judiciais em casos de colisão entre direitos fundamentais:** hermenêutica, método e a tensão entre o racional e o irracional. Tese de doutorado. Universidade Federal do Ceará. Programa de Pós-graduação em Direito, Fortaleza, 2019, 154f.

[11] KAHNEMAN, Daniel. **Rápido e devagar**: duas formas de pensar. Tradução de Cássio Arantes de Leite. São Paulo: Editora Objetiva, 2012

[12] DAMÁSIO, António R. **E o cérebro criou o homem**. Tradução de Laura Teixeira Motta. São Paulo: Companhia das Letras, 2011.

entre o corpo biológico e a mente consciente, a ausência do substrato bioquímico poderia, talvez, fazer com que máquinas de Inteligência Artificial pudessem produzir julgamentos mais objetivos, ainda que não necessariamente neutros. É propriamente nesta perspectiva que Juarez Feitas e Thomas Bellini Freitas defendem a possibilidade de que a inteligência artificial seja utilizada em uma perspectiva desenviesante, porquanto "podem salientar, de maneira clara, os vieses dos julgadores. Ao fazê-lo, a IA serve como ferramenta desenviesante e educativa[13]".

Assim, resta evidente como o problema corpo-mente impacta, de formas distintas, as discussões acerca da amplitude com que máquinas de IA podem auxiliar ou eventualmente substituir o humano.

Em Damásio, o problema corpo-mente tem por objetivo tentar identificar quais são os mecanismos neurológicos a partir dos quais o corpo humano é refletido na mente consciente que o gerencia.

De início, é importante enfatizar que o termo "corpo" é por ele utilizado para se referir tão somente ao corpo físico, excetuado o cérebro. Embora anatomicamente o cérebro componha o corpo físico, no âmbito do problema corpo-mente ele é considerado como uma parte específica e especial, separada, com a qual todas as outras se comunicam[14].

Segundo Damásio, via de regra, a dinâmica dessa relação entre o corpo e o cérebro é analisada a partir de três premissas por ele consideradas equivocadas, quais sejam: 1) a de que o corpo seria uma unidade, um pedaço de carne uniforme que se comunicaria com o cérebro através dos nervos; 2) a de que essa comunicação se estabeleceria tão somente entre os órgãos do corpo, normalmente reduzidos às vísceras, e o cérebro, adotando como mediador o sistema nervoso central; 3) a de que a comunicação se estabelece em apenas um sentido, do corpo para o cérebro, e nunca na via oposta[15].

Contrapondo-se a esta visão, Damásio sustenta que, muito longe de ser uma unidade, o corpo apresenta, na verdade, inúmeros compartimentos

[13] FREITAS, Juarez; FREITAS, Thomas Bellini. **Direito e Inteligência Artificial.** Em defesa do humano. Belo Horizonte: Fórum, 2020, p. 99.

[14] DAMÁSIO, Antônio; DAMÁSIO, Hanna. Minding the body. **Daedalus**, Summer, 2006, Vol. 135, No. 3, On Body in Mind (Summer, 2006), pp. 15-22, The MIT Press on behalf of American Academy of Arts & Sciences.

[15] DAMÁSIO, Antônio; DAMÁSIO, Hanna. Minding the body. **Daedalus**, Summer, 2006, Vol. 135, No. 3, On Body in Mind (Summer, 2006), pp. 15-22, The MIT Press on behalf of American Academy of Arts & Sciences

separados, todos igualmente relevantes para a adequada compreensão do problema corpo-mente. Sendo assim, seria impossível analisar a dinâmica da relação corpo-cérebro acaso se reduza a perspectiva do corpo tão somente aos seus órgãos viscerais, desconsiderando-se a relevância do coração, pulmões, boca, língua, garganta, e até da própria pele, seu órgão de maior extensão.

Ampliando a perspectiva, ele desconstrói a segunda premissa acima mencionada, ao enfatizar que a comunicação entre o corpo e o cérebro consciente não acontece apenas através do sistema nervoso central e não é, sequer, confinada aos próprios nervos, mas também envolve diversos canais de natureza química. Não há como desconsiderar que o ambiente químico no bojo do qual as células do corpo residem, do qual o sangue, por exemplo, é uma expressão, envia para o cérebro informações relevantes, como a intensidade das contrações musculares, os níveis de oxigênio e dióxido de carbono em determinadas regiões do corpo, sua temperatura ou PH.

Por fim, tão essencial quanto as informações que chegam ao cérebro a partir do corpo são as informações que o cérebro envia ao corpo em contrapartida. Enquanto os estados corporais estão sendo continuamente monitorados pelo cérebro, não se deveria perder a percepção de que também o cérebro estabelece contínua comunicação com o corpo que comanda, influenciando, através de mecanismos neurais e químicos, como ele deve se comportar[16].

No âmbito da relação corpo-mente, o mecanismo de processamento de informações permite ao cérebro receber do corpo subsídios contínuos e confiáveis acerca dos parâmetros necessários à vida, ao mesmo tempo em que também lhe permite devolver ao corpo físico informações que orientam a realização de contrações musculares, maior ou menor batimento cardíaco, secreção de hormônios, permitindo-lhe produzir um controle adequado de respostas. A este mecanismo da relação corpo-mente Damásio denomina de "*the body loop*"[17].

No entanto, tão relevante quanto o mecanismo acima descrito é a defesa, por Damásio, da existência de um segundo instrumental, por ele

[16] DAMÁSIO, Antônio; DAMÁSIO, Hanna. Minding the body. **Daedalus**, Summer, 2006, Vol. 135, No. 3, On Body in Mind (Summer, 2006), pp. 15-22, The MIT Press on behalf of American Academy of Arts & Sciences.

[17] DAMÁSIO, Antônio; DAMÁSIO, Hanna. Minding the body. **Daedalus**, Summer, 2006, Vol. 135, No. 3, On Body in Mind (Summer, 2006), pp. 15-22, The MIT Press on behalf of American Academy of Arts & Sciences.

denominado de "*as-if body loop*", que, em conjunto com o anterior, permite compreender o mecanismo de surgimento das emoções.

No âmbito do "*as-if body loop*", o cérebro humano é capaz de simular um determinado estado corporal antes mesmo que ele aconteça, fazendo com que haja a efetiva percepção de sua ocorrência por parte do corpo físico do indivíduo, ainda que esse estado jamais tenha existido.

A hipótese da existência do "*as-if body loop*" – a defesa de que o cérebro seria capaz de antecipar estados corporais antes que eles efetivamente ocorressem – ganhou força quando do surgimento do conceito de "neurônios-espelho", uma classe de células nervosas identificadas em experimentos realizados em macacos por Giacomo Rizolatti.

Na seara destes experimentos, após estarem os cérebros dos macacos ligados a eletrodos, restou possível constatar que, ao perceber que os cientistas realizavam determinadas ações, tais como mover a mão ou a boca, as regiões dos cérebros dos primatas correlacionadas com o mecanismo de movimentação destas áreas do corpo eram ativadas, ainda que eles não estivessem, de fato, as movimentando.

Damásio utiliza os experimentos realizados por Giacomo Rizolati para formular, então, a defesa de que apenas um cérebro que primeiramente foi capaz de simular estados mentais relativos ao próprio corpo que gerencia estaria apto a simular estados mentais relativos a outro indivíduo. É que realizar uma imitação requer, por premissa, que haja um bom conhecimento daquilo que será replicado. Desta forma, a descoberta dos neurônios-espelho ratificaria a sua tese acerca da existência do mecanismo do "*as-if body loop*"[18], no sentido de que o cérebro humano seria amplamente capaz de simular estados mentais correlacionados com ações realizadas por outros indivíduos como se dele fossem, e o faz não a partir de padrões sensitivos passivos, mas sim através da pré-ativação de estruturas motoras que induzem o indivíduo a permanecer pronto para agir, mesmo que ainda não autorizado a fazê-lo[19].

[18] DAMÁSIO, Antônio; DAMÁSIO, Hanna. Minding the body. **Daedalus**, Summer, 2006, Vol. 135, No. 3, On Body in Mind (Summer, 2006), pp. 15-22, The MIT Press on behalf of American Academy of Arts & Sciences.

[19] DAMÁSIO, Antônio; DAMÁSIO, Hanna. Minding the body. **Daedalus**, Summer, 2006, Vol. 135, No. 3, On Body in Mind (Summer, 2006), pp. 15-22, The MIT Press on behalf of American Academy of Arts & Sciences.

A contínua interação entre o "*the body loop*" e o "*as-if body loop*" constitui a base da teoria do marcador somático[20], que tem por escopo discutir qual o papel exercido pelos processos implícitos, não conscientes, decorrentes da própria marcha evolutiva, sejam eles instintos ou emoções, no mecanismo de tomada de decisões humanas.

E, então, é sempre preciso ter em mente: máquinas de inteligência artificial não apresentam – ao menos por enquanto – emoções, instintos, processos não conscientes.

Partindo da relação entre a mente consciente e o corpo físico, a teoria do marcador somático defende que a exposição do corpo biológico da espécie humana ao ambiente hostil do qual precisava se proteger permitiu, na constante busca pelo retorno à desejada homeostase, acrescentar, de forma não consciente, estados corporais aos marcadores somáticos da espécie, assegurando, no futuro, respostas mais adequadas e céleres quando da superveniência de situação semelhante[21], seja através do recurso automático aos instintos ou do uso das emoções.

Sob o controle do sistema nervoso central, os sistemas de percepção interna e externa do corpo humano (interoceptivo e exteroceptivo) passaram a monitorar constantemente as eventuais variações de estímulos existentes nos ambientes interno e externo, assegurando que, diante de gatilhos, fossem desencadeados "programas de ação" (esforços fisiológicos) que pudessem reestabelecer a situação de equilíbrio homeostático.

Os estímulos que desencadeiam os programas de ação às vezes se apresentam sobre a forma de instintos, tais como a fome, a sede, a libido, mas ora assumem também a forma de emoções, como o nojo, o medo, a

[20] DAMASIO, Antonio; CARVALHO, Gil. **The nature of feelings**: evolutionary and neurobiological origins. Perspectives. Disponível em: < https://is.muni.cz/el/1423/jaro2017/PSY461/um/The_nature_of_feelings_-_Damasio.pdf> Acesso em 12 de Janeiro de 2021; BECHARA, Antoine; DAMASIO, Antonio. The somatic marker hypothesis: A neural theory of economic decision. **Games and Economic Behavior 52** (2005) 336–372. Department of Neurology, University of Iowa, 200 Hawkins Drive, Iowa City, IA 52242, USA. Received 8 June 2004. Available online 23 September 2004. Disponível em: < https://www.semanticscholar.org/paper/The-somatic-marker-hypothesis%3A-A-neural-theory-of-Bechara-Damasio/8355b53e4491ff53972519fbb29704b08a7f7ef3

[21] DAMASIO, Antonio; CARVALHO, Gil. **The nature of feelings**: evolutionary and neurobiological origins. Perspectives. Disponível em: < https://is.muni.cz/el/1423/jaro2017/PSY461/um/The_nature_of_feelings_-_Damasio.pdf> Acesso em 12 de janeiro de 2021.

raiva, o orgulho, a admiração. Ao tempo em que os instintos via de regra decorrem de alterações percebidas pelo sistema interoceptivo, as emoções normalmente derivam, de início, da percepção ou da recordação de estímulos exteroceptivos que, uma vez reconhecidos pelo instrumental do "*as-if body loop*", se tornam capazes de impactar o sistema interno do organismo, preparando-lhe para a resposta diferencial.

Assim, a detecção interopercetiva da sede induz ações fisiológicas que fazem com que haja diminuição da urina e sensação de boca seca, impondo ao indivíduo, de forma automática, a ingestão de água. Da mesma forma, a visualização de um animal de grande porte (sistema exteroperceptivo) desencadeia ações fisiológicas que incluem aumento de frequência cardíaca, secreção de adrenalina e a contração de músculos faciais específicos.

Diante destes estados corporais, os neurônios existentes nas áreas do cérebro relacionadas com as emoções, tais como o córtex pré-frontal (vinculado à compaixão), o córtex insular anterior (nojo) e a amídala (medo) ativam regiões que normalmente mapeiam o estado do corpo e, como consequência, o preparam para agir, fazendo surgir, por fim, a expressão facial de medo[22].

As mudanças no estado corporal mapeadas pelo sistema interopercetivo, no entanto, nem sempre alcançam o âmbito da consciência, podendo permanecer inconscientes. Desta forma, o "medo" tanto pode se referir a uma emoção (o conjunto de ações fisiológicas inconscientemente programadas que decorrem da presença do gatilho), quanto a um sentimento (a experiência consciente do medo)[23]".

Na perspectiva da epistemologia evolutiva, a experimentação de emoções, porque comandada pelos neurônios, é também uma percepção mental como muitas outras, mas uma na qual os objetos que lhes dão origem e estão sendo mapeados não estão fora do corpo, como acontece com uma ameaça externa. Nas emoções, o mapeamento se dá sobre estados

[22] DAMASIO, Antonio; CARVALHO, Gil. **The nature of feelings**: evolutionary and neurobiological origins. Perspectives. Disponível em: < https://is.muni.cz/el/1423/jaro2017/PSY461/um/The_nature_of_feelings_-_Damasio.pdf> Acesso em 12 de janeiro de 2021.

[23] DAMASIO, Antonio; CARVALHO, Gil. **The nature of feelings**: evolutionary and neurobiological origins. Perspectives. Disponível em: < https://is.muni.cz/el/1423/jaro2017/PSY461/um/The_nature_of_feelings_-_Damasio.pdf> Acesso em 12 de janeiro de 2021.

endógenos ao próprio organismo no qual os sentimentos, que demandam consciência, se originam – tais como a secreção de adrenalina, o aumento da frequência cardíaca – o que faz com a "a emoção termine sendo sentida em nossa carne[24]". Emoções são, portanto, "o conjunto de mudanças nos estados do corpo e do cérebro desencadeadas em resposta aos conteúdos específicos de nossas percepções, reais ou recordadas[25], em relação a um determinado evento ou objeto[26]".

A percepção das emoções como estados corporais, bem como do corpo como algo indissociável do cérebro que o comanda, abre a discussão acerca do grau de interferência e da influência que emoções, desejos e vontades exercem sobre o nosso processo de conhecer e, como decorrência, de decidir.

Acaso se adote a perspectiva evolucionista como premissa, é preciso caminhar no sentido de defender que as emoções não são apenas importantes para o processo decisório humano como, em verdade, em

[24] DAMÁSIO, Antônio; DAMÁSIO, Hanna. Minding the body. **Daedalus**, Summer, 2006, Vol. 135, No. 3, On Body in Mind (Summer, 2006), pp. 15-22, The MIT Press on behalf of American Academy of Arts & Sciences, p. 20.

[25] Antoine Bechara e Antonio Damásio diferenciam os elementos indutores dos estados somáticos em indutores primários e secundários. Os indutores primários estão correlacionados com elementos externos, tais como encontrar um animal perigoso, receber a notícia de que recebeu um prêmio ou de que suas economias foram perdidas em uma quebra da bolsa de valores. De forma diversa, denominam de indutores secundários as memórias ou pensamentos relativos a indutores primários que, a despeito de não estarem efetivamente ocorrendo, induzem respostas somáticas no corpo através do acionamento do mecanismo do "as-if body loop". Via de regra, em um cérebro saudável, um mesmo estímulo pode fazer surgir concomitantemente indutores primários e secundários. BECHARA, Antoine; DAMASIO, Antonio. The somatic marker hypothesis: A neural theory of economic decision. **Games and Economic Behavior 52** (2005) 336–372. Department of Neurology, University of Iowa, 200 Hawkins Drive, Iowa City, IA 52242, USA. Received 8 June 2004. Available online 23 September 2004. Disponível em: < https://www.semanticscholar.org/paper/The-somatic-marker-hypothesis%3A-A-neural-theory-of-Bechara-Damasio/8355b53e4491ff53972519fbb29704b08a7f7ef3>

[26] BECHARA, Antoine; DAMASIO, Antonio. The somatic marker hypothesis: A neural theory of economic decision. **Games and Economic Behavior 52** (2005) 336–372. Department of Neurology, University of Iowa, 200 Hawkins Drive, Iowa City, IA 52242, USA. Received 8 June 2004. Available online 23 September 2004. Disponível em: < https://www.semanticscholar.org/paper/The-somatic-marker-hypothesis%3A-A-neural-theory-of-Bechara-Damasio/8355b53e4491ff53972519fbb29704b08a7f7ef3>

muitas circunstâncias, esse processo termina sendo efetivamente guiado por elas.

E se este for o caso, tem-se, então, que a defesa da completa retirada das emoções do jogo decisório – para além de impossível – não seria, sequer, desejável. E se não queremos um processo decisório desprovido de emoções, como então sustentar ser plenamente possível delegar completamente todo e qualquer processo decisório a sistemas inteligentes?

Em 2004, Antoine Bechara e Antonio Damasio já defendiam que "o conhecimento e a argumentação não são normalmente suficientes para que se tome decisões vantajosas e que o papel das emoções no processo decisório humano tem sido subestimado[27]".

De modo a comprovar sua hipótese, os autores conduziram um estudo que comparava o processo decisório de pacientes sem alterações neurológicas com o realizado por pacientes com lesões na amígdala ou no córtex pré-frontal ventromedial, aplicando a ambos os grupos o denominado "*Iowa Glambing test*". No Iowa Gambling test, os indivíduos são orientados a escolherem cartas de baralho, uma carta por vez, ao longo de 100 (cem) jogadas, dentre 4 (quatro) baralhos distintos – A, B, C e D, em um jogo que tem por escopo acumular o máximo de dinheiro possível. Dois dos baralhos conferem aos jogadores recompensas monetárias imediatas, mas lhe impõem perdas de médio e longo prazo. Os outros dois baralhos provocam perdas imediatas, mas produzem ganhos relevantes à medida que as rodadas avançam. Há uma sequência pré-programada de ganhos e perdas, a qual nenhum dos participantes tem acesso.

A comparação matemática do montante dos ganhos passíveis de serem obtidos em cada baralho ao final das 100 jogadas com o volume das perdas impostas por cada um deles permite concluir que os baralhos A e B seriam desvantajosos, ainda que gerem, de início, ganhos mais substanciais.

[27] BECHARA, Antoine; DAMASIO, Antonio. The somatic marker hypothesis: A neural theory of economic decision. **Games and Economic Behavior 52** (2005) 336–372. Department of Neurology, University of Iowa, 200 Hawkins Drive, Iowa City, IA 52242, USA. Received 8 June 2004. Available online 23 September 2004, p. 337. No original: "knowledge and reasoning alone are usually not sufficient for making advantageous decisions, and that the role of emotion in decision-making has been underestimated; Disponível em: < https://www.semanticscholar.org/paper/The-somatic-marker-hypothesis%3A-A-neural-theory-of-Bechara-Damasio/8355b53e4491ff53972519fbb29704b08a7f7ef3>.

Assim, à medida em que passam a compreender a dinâmica do jogo, o esperado seria que os participassem começassem a direcionar as suas escolhas para os baralhos C e D, ante o desenvolvimento da percepção de que são mais aptos a lhes conferir melhor resultado final.

No entanto, o estudo de Antoine Bechara e Antonio Damasio evidenciou que o comportamento acima descrito não se verificou em pacientes com lesões na amigdala ou no córtex pré-frontal ventromedial. À medida que o jogo avançava, pacientes normais, sem quaisquer lesões cerebrais, começaram a gerar uma resposta de condutância da pele (SCR), uma espécie de micro suor relacionado a mudanças de emoção, sempre que recebiam uma recompensa ou uma punição. Quando começaram a compreender a dinâmica dos ganhos e das perdas, esses pacientes passaram também a apresentar a SCR no período que antecedia a própria escolha da carta, ou seja, no período de tempo em que estavam decidindo qual baralho escolher[28].

O estudo demonstrou que o montante deste SCR era maior quando eles se aproximavam dos cartões de risco, A e B, quando comparados com os baralhos seguros, o "C" e o "D". No entanto, de forma distinta, os pacientes com lesões no córtex pré-frontal ventromedial apresentaram valores menores de SCR que os pacientes normais quando do recebimento de recompensas ou punições, ao passo em que aqueles com lesões na amígdala sequer foram capazes de produzir SCR. Quando analisada a produção de SCR no período que antecedia a escolha das cartas de baralho, a conclusão foi ainda mais interessante: nenhum dos pacientes com lesões, seja na amígdala, seja no córtex, produziu qualquer SCR antes da escolha dos baralhos[29].

[28] BECHARA, Antoine; DAMASIO, Antonio. The somatic marker hypothesis: A neural theory of economic decision. **Games and Economic Behavior 52** (2005) 336–372. Department of Neurology, University of Iowa, 200 Hawkins Drive, Iowa City, IA 52242, USA. Received 8 June 2004. Available online 23 September 2004. Disponível em: < https://www.semanticscholar.org/paper/The-somatic-marker-hypothesis%3A-A-neural-theory-of-Bechara-Damasio/8355b53e4491ff53972519fbb29704b08a7f7ef3>

[29] BECHARA, Antoine; DAMASIO, Antonio. The somatic marker hypothesis: A neural theory of economic decision. **Games and Economic Behavior 52** (2005) 336–372. Department of Neurology, University of Iowa, 200 Hawkins Drive, Iowa City, IA 52242, USA. Received 8 June 2004. Available online 23 September 2004. Disponível em: < https://www.semanticscholar.org/paper/The-somatic-marker-hypothesis%3A-A-neural-theory-of-Bechara-Damasio/8355b53e4491ff53972519fbb29704b08a7f7ef3>

Assim, enquanto os pacientes normais produziam SCR em nível mais elevado quando se aproximam dos baralhos desvantajosos, os pacientes com lesões cerebrais foram incapazes de demonstrar qualquer sinal de emoção à medida em que o jogo avançava. Porque não vivenciavam "na pele", no corpo físico, o temor da perda, eles continuaram a escolher os mesmos baralhos do início do jogo, desconsiderando os danos substanciais que passaram a ter que suportar. De acordo com Antoine Bechara e Antonio Damasio, o estudo permitiu constatar que:

> "as emoções são um fator importante na interação entre as condições ambientais e os processos de decisão humana, com esses sistemas emocionais (ativação do estado somático subjacente) fornecendo valioso conhecimento implícito ou explícito para tornar rápido e vantajoso esse processo"[30].

Assim, o processo de decisão vantajoso não seria "apenas lógico, mas também emocional[31]".

5. Decisões e o inconsciente

Em 2004, Ap Dijksterhuis publicou uma pesquisa que tinha por propósito investigar se o pensamento inconsciente afeta ou não a qualidade das escolhas complexas realizadas pelo ser humano. A hipótese por ele construída era a de que o inconsciente do ser humano assumiria um papel

[30] BECHARA, Antoine; DAMASIO, Antonio. The somatic marker hypothesis: A neural theory of economic decision. **Games and Economic Behavior 52** (2005) 336–372. Department of Neurology, University of Iowa, 200 Hawkins Drive, Iowa City, IA 52242, USA. Received 8 June 2004. Available online 23 September 2004, p. 368. No original: "Emotions are a major factor in the interaction between environmental conditions and human decision processes, with these emotional systems (underlying somatic state activation) providing valuable implicit or explicit knowledge for making fast and advantageous decisions" Disponível em: < https://www.semanticscholar.org/paper/The-somatic-marker-hypothesis%3A-A-neural-theory-of-Bechara-Damasio/8355b53e4491ff53972519fbb29704b08a7f7ef3>

[31] BECHARA, Antoine; DAMASIO, Antonio. The somatic marker hypothesis: A neural theory of economic decision. **Games and Economic Behavior 52** (2005) 336–372. Department of Neurology, University of Iowa, 200 Hawkins Drive, Iowa City, IA 52242, USA. Received 8 June 2004. Available online 23 September 2004, p. 368. Disponível em: < https://www.semanticscholar.org/paper/The-somatic-marker-hypothesis%3A-A-neural-theory-of-Bechara-Damasio/8355b53e4491ff53972519fbb29704b08a7f7ef3>

extremamente relevante especialmente quando o indivíduo se deparasse com a necessidade de realizar decisões complexas[32]. Por inconsciente, entenda-se o conjunto formado pelo instinto, pela intuição e também pelas emoções.

Para analisar sua hipótese, o autor formulou diversos experimentos em sede dos quais participantes, instados a decidirem acerca de qual apartamento comprar ou com qual pessoa dividir um quarto, por exemplo, recebiam inúmeras informações positivas e negativas acerca de cada opção.

Em todos os cenários, junto com a imensa quantidade de informações difíceis de serem completamente assimiladas e processadas, havia sempre uma opção mais adequada que a outra. Em alguns experimentos, os participantes foram chamados a simplesmente indicar sua preferência apontando qual tinha sido sua escolha, ao passo em que em outros foram compelidos a evidenciar suas impressões e avaliações em relação a cada uma das diversas opções existentes[33].

Os indivíduos foram divididos em três grupos. Ao primeiro grupo foram ofertadas as informações relevantes para a escolha, sendo-lhe requisitado que decidissem imediatamente, sem que tivessem qualquer tempo hábil para processá-las. Trata-se do grupo da escolha imediata. No segundo grupo – denominado de grupo da escolha consciente – os participantes receberam alguns minutos para pensar a respeito das informações a que foram expostos. Por fim, no terceiro grupo, os indivíduos também receberam a instrução de expressar sua escolha ou suas avaliações após alguns minutos, mas foram distraídos ao longo desse tempo com outras atividades, fazendo com que não pudessem pensar a respeito das informações que receberam conscientemente, mas apenas via recurso ao inconsciente. Tinha-se, aqui, o grupo do pensamento inconsciente.

[32] DIJKSTERHUIS, Ap. Think different: The merits of unconscious thought in preference development and decision making. **Journal of Personality and Social Psychology**, 2004, vol. 87, n. 05, p. 586-598.

[33] DIJKSTERHUIS, Ap. Think different: The merits of unconscious thought in preference development and decision making. **Journal of Personality and Social Psychology**, 2004, vol. 87, n. 05, p. 586-598.

Em um dos experimentos, 63 estudantes universitários da Universidade de Amsterdã foram divididos nos três grupos supra citados, tendo-lhes sido apresentadas informações acerca de quatro diferentes apartamentos, todos descritos com adjetivações positivas e negativas. Os indivíduos foram informados que ao final das apresentações seriam chamados a revelar suas impressões em relação a todos eles, conferindo aos imóveis uma nota que variava de 1 a 10. Foram-lhes então apresentados 12 atributos para cada apartamento, em um total de 48 slides, em ordem aleatória, ficando cada slide na tela por 4 segundos. O apartamento número 2 era o que possuía o maior número de atributos positivos (8), ao passo em que o apartamento de número 4 era o que tinha o menor número de atributos positivos (4) e o maior número de negativos[34].

Em seguida, os indivíduos que estavam no grupo 1, o da escolha imediata, foram instruídos a expressar suas avaliações acerca de cada apartamento de forma iminente, sem que lhes fosse dada qualquer chance de pensar a respeito. O segundo grupo – o da escolha consciente – recebeu um tempo de 3 minutos para que pudesse pensar com cautela acerca dos aspectos positivos e negativos de cada um. Neste intervalo de 3 minutos, a tela de projeção permaneceu vazia, em branco, havendo na sala tão somente um relógio que marcava o tempo. Por fim, os participantes do grupo 3 também foram instruídos a expressaram suas impressões após os mesmos 3 minutos fornecidos ao grupo 2, mas foram chamados a participar de um jogo de distração durante este tempo, com o propósito de evitar o pensamento consciente em relação às informações a que recentemente haviam tido acesso[35].

A análise matemática dos resultados evidenciou que "tanto os participantes alocados no grupo da escolha imediata quanto aqueles que compunham o grupo da escolha consciente não performaram bem", tendo o estudo demonstrado que "seus resultados não diferiram significativamente de zero, indicando não ter havido nenhuma

[34] DIJKSTERHUIS, Ap. Think different: The merits of unconscious thought in preference development and decision making. **Journal of Personality and Social Psychology**, 2004, vol. 87, n. 05, p. 586-598.

[35] DIJKSTERHUIS, Ap. Think different: The merits of unconscious thought in preference development and decision making. **Journal of Personality and Social Psychology**, 2004, vol. 87, n. 05, p. 586-598.

clara preferência pelo apartamento mais vantajoso"[36]. O apartamento mais vantajoso recebeu reiteradamente notas inferiores ou iguais aos apartamentos com maior número de atributos negativos. Por outro lado, os participantes que se encontravam no grupo do pensamento inconsciente se saíram substancialmente melhor"[37]. As notas distribuídas por esses indivíduos demonstraram claramente e de forma muito mais substancial a preferência pelo apartamento com o maior número de adjetivos positivos. Assim, em conclusão preliminar, a análise dos dados evidenciou que os participantes que puderam se valer do pensamento inconsciente se saíram melhor em suas avalições que aqueles compelidos a decidir de forma imediata ou induzidos a utilizar majoritariamente a razão. Nesse sentido, reforçou-se a hipótese acerca da importância do inconsciente para um vantajoso processo de tomada de decisão[38].

No segundo experimento, que seguiu uma dinâmica similar ao primeiro, outros 95 estudantes, também divididos nos três grupos já explicitados, foram igualmente chamados a avaliar quatro diferentes apartamentos, mas agora não mais para conferir notas a cada um deles. Diferentemente do primeiro experimento, na segunda simulação, os estudantes não deveriam avaliar individualmente cada imóvel, comparando-os através de notas entre si, mas tão somente indicar qual deles era o seu preferido. O esquema de fornecimento das informações também foi alterado. O escopo da nova simulação era analisar a hipótese de que o pensamento consciente seria incapaz de lidar com um grande volume de informações, tendo compelido, nessas circunstâncias, a priorizar algumas, desconsiderando as demais. Assim, na segunda simulação, as informações relativas a cada apartamento foram apresentadas todas de uma vez. Nos primeiros 12 segundos, os participantes puderam ver na tela uma lista com 15 características do

[36] DIJKSTERHUIS, Ap. Think different: The merits of unconscious thought in preference development and decision making. **Journal of Personality and Social Psychology**, 2004, vol. 87, n. 05, p. 586-598, p. 589.

[37] DIJKSTERHUIS, Ap. Think different: The merits of unconscious thought in preference development and decision making. **Journal of Personality and Social Psychology**, 2004, vol. 87, n. 05, p. 586-598, p. 589.

[38] DIJKSTERHUIS, Ap. Think different: The merits of unconscious thought in preference development and decision making. **Journal of Personality and Social Psychology**, 2004, vol. 87, n. 05, p. 586-598.

primeiro apartamento, ao final dos quais se acrescentou a lista das 15 informações relativas ao apartamento 2 também por 12 segundos, e assim sucessivamente. Passados 36 segundos, os participantes tinham expostas na tela as 4 listas referentes aos quatro apartamentos, tendo podido observá-las e compará-las também pelos mesmos 12 segundos. Encerrado o tempo, todos os indivíduos escolheram o apartamento de sua preferência, respondendo, ainda, se sua escolha teria sido orientada por um critério mais global ou pela valoração de características específicas. É importante salientar que dentre os 4 apartamentos, o apartamento 3 era o mais atrativo, porque recebeu 8 características positivas, 4 negativas e 3 neutras. Os outros três apartamentos receberam 5 características positivas, 6 negativas e 4 neutras[39].

A análise dos dados demonstrou que, assim como no primeiro experimento, os participantes que compunham o grupo do pensamento inconsciente foram os que melhor identificaram o apartamento com maior número de características positivas, tendo 59,3% deles escolhido o apartamento 3. Esse percentual caiu para 47,1% no grupo do pensamento consciente, majoritariamente racional, e para 36,4% no grupo da escolha imediata.

A forma como os participantes realizaram suas escolhas também se mostrou diversa entre os grupos. De acordo com o estudo, 42,4% dos indivíduos no grupo da escolha imediata afirmaram terem se baseado em uma percepção mais global dos imóveis, tendo esse percentual caído para apenas 26,5% no grupo do pensamento racional. No entanto, esse percentual novamente subiu no âmbito dos participantes inseridos no grupo do pensamento inconsciente, atingindo 55,6%. Assim, restou possível constatar que o recuso ao pensamento majoritariamente racional enfraqueceu a aptidão dos indivíduos em formular julgamentos mais globais.

Segundo o autor:

> "Quando os indivíduos foram colocados de frente com decisões complexas, alguns minutos de distração dentro dos quais puderam se envolver em

[39] DIJKSTERHUIS, Ap. Think different: The merits of unconscious thought in preference development and decision making. **Journal of Personality and Social Psychology**, 2004, vol. 87, n. 05, p. 586-598.

pensamento insconsciente – mas não em pensamentos conscientes[40] – levaram a decisões superiores em comparação com o contexto no qual lhes foi impossibilitado o acesso aos pensamentos inconscientes ou, ainda, com aquele no qual se valeram do pensamento consciente. Além disso, alguns minutos de reflexão consciente geralmente não levaram a melhores decisões em comparação com as condições nas quais os participantes não pensaram conscientemente. Esperava-se que a relativa inferioridade do pensamento consciente fosse consequência da baixa capacidade de processamento da própria consciência. Alguma evidência de suporte a essa ideia adveio do experimento de número dois. Nele, pensadores conscientes relataram que suas decisões eram muitas vezes baseadas em alguns atributos relevantes específicos, enquanto que pensadores inconscientes relataram formar um julgamento mais global com base em um maior volume de informações"[41].

Assim, de acordo com o estudo conduzido por Ap Djijksterhui, os participantes capazes de fazer julgamentos mais globais – o qual requer, por sua vez, o recurso ao inconsciente – se mostraram mais aptos a escolher o imóvel mais vantajoso, o que ratificaria a hipótese de que "o pensamento inconsciente aumenta a qualidade das decisões[42]".

Outros estudos já haviam encontrado conclusões semelhantes. Em 1991, Timothy Wilson e Jonathan Schooler pediram a um grupo de

[40] Necessário lembrar que nesse intervalo de tempo os participantes foram convocados a participarem de um lógico de lógica, voltado a impedir a realização de pensamento consciente em relação às informações a que recentemente haviam sido expostos.

[41] DIJKSTERHUIS, Ap. Think different: The merits of unconscious thought in preference development and decision making. **Journal of Personality and Social Psychology**, 2004, vol. 87, n. 05, p. 586-598, p. 596. No original: *"when people were faced with complex decisions, a few minutes of distraction during which people could engage in unconscious thought – but not in conscious thought – led to superior decisions compared with circumstances under which people could not engage in conscious thought. Moreover, a few minutes of conscious thought generally did not lead to better decisions compared with conditions where people did not consciously think. The relative inferiority of conscious thought was expected to be the consequence of the low processing capacity of consciousness. Some supporting evidence for this idea comes from experiment 2. Here, conscious thinkers reported that their decisions were often based on a few specific relevant attributes, whereas unconscious thinkers reported forming a more global judgment based on much more information".*

[42] DIJKSTERHUIS, Ap. Think different: The merits of unconscious thought in preference development and decision making. **Journal of Personality and Social Psychology**, 2004, vol. 87, n. 05, p. 586-598, p. 596.

estudantes universitários que escolhessem quais cursos gostariam de frequentar. Alguns desses estudantes não receberam nenhuma espécie de orientação acerca do que deveriam levar em consideração para fins de decisão (grupo controle). No entanto, alguns foram orientados a analisar as razões de suas escolhas, ao passo em que outros foram instruídos a tão somente avaliar os atributos de cada curso.

Posteriormente, as preferências de cada estudante foram comparadas com as decisões que eventualmente seriam tomadas por um especialista, se chamado a decidir a partir das mesmas informações que lhes foram disponibilizadas. A análise demonstrou que as decisões dos estudantes que foram instruídos a realizar qualquer espécie de análise ou avaliação corresponderam em muito menor proporção às escolhas dos especialistas que aquelas realizadas pelos estudantes que decidiram sem o peso de ter que submeter suas escolhas ao crivo preponderante da razão[43].

O motivo para esta conclusão pode estar na constatação de que, submetidos ao dever do pensamento "racional", os indivíduos podem se sentir inclinados a valorar de forma diversa atributos que intuitivamente não tiveram muita importância no processo de decisão, por considera-los "razões plausíveis" para fazer uma escolha em detrimento de outra. Da mesma forma, podem passar a descartar atributos que, de início, intuitivamente apresentaram importância considerável ao agora adjetiva-los como razões implausíveis para decidir[44].

Em termos de conclusão, Timothy Wilson e Jonathan Schooler sustentam que "nem sempre é uma boa ideia analisar as razões de nossas preferências de forma tão cuidadosa[45]", porque elas podem nos afastar de nossos reais desejos e vontades, ratificando o entendimento até aqui exposto de que as emoções e as intuições têm um papel relevante na qualidade do processo decisório.

[43] WILSON, Timothy; SCHOOLER, JONATHAN. Thinking too much: introspection can reduce the quality of preferences and decisions. **Journal of Personality and Social Psychology,** vol. 60, n. 02, p. 181-192.

[44] WILSON, Timothy; SCHOOLER, JONATHAN. Thinking too much: introspection can reduce the quality of preferences and decisions. **Journal of Personality and Social Psychology,** vol. 60, n. 02, p. 181-192.

[45] WILSON, Timothy; SCHOOLER, JONATHAN. Thinking too much: introspection can reduce the quality of preferences and decisions. **Journal of Personality and Social Psychology,** vol. 60, n. 02, p. 181-192.

É preciso ter em mente que os estudos acima mencionados não devem ser utilizados com o propósito de afastar a importância do pensamento racional para o processo decisório ou de estabelecer uma suposta supremacia do pensamento inconsciente, da intuição e das emoções sobre ele. Não se trata de definir qual modelo de pensamento deve preponderar abstratamente sobre o outro, o que é, de todo, impossível. Trata-se de compreender a dinâmica a partir da qual ambos influenciam o mecanismo de tomada de decisões e qual deve ser mais acionado, ou não, em cada contexto específico.

Assim, a menção à relevância do inconsciente e da intuição é feita com o propósito de alertar para as perdas decorrentes da desconsideração de sua importância para o resultado final do processo decisório e como a defesa de sua não utilização pode conduzir, a depender do cenário, a um resultado menos vantajoso. Com efeito, "uma maior compreensão acerca da natureza dual do nosso pensamento pode, por ela mesma, propiciar um melhor uso dos nossos recursos cognitivos limitados[46].

A percepção de que a construção do conhecimento humano decorre não apenas da mente consciente, mas também do corpo que ela procura adaptar e preservar na sua constante busca pela homeostase, constitui a chave da principal diferença entre humanos e máquinas de Inteligência Artificial no que tange à cognição.

O reconhecimento de que processos implícitos, não conscientes, podem impactar de forma relevante a forma como o ser humano decide tem influência significativa no debate acerca da transferência de função decisória para as máquinas. Se máquinas de Inteligência Artificial não possuem emoção nem intuição, e se tanto as emoções quanto a intuição são relevantes, em determinados contextos, para fins de produção de decisões vantajosas, como defender a transferência total e irrestrita do poder decisório de homens para máquinas?

No livro intitulado "The relativistic brain", Ronald Cicurel e Miguel Nicolelis defendem a incapacidade absoluta de que "máquinas de Turing" possam simular o cérebro humano em sua inteireza e, portanto, possam

[46] HOGARTH, Robin. **Deciding analytically or trusting intuition?** The advantages and disadvantages of analytic and intuitive thought. ICREA and Pompeu Fabra University, 2002, Barcelona, Spain, p. 35. No original: *"Great awareness of the dual nature of thought can, by itself, lead to better use of our limited cognitive resources"*.

decidir de forma semelhante a ele, a partir da utilização de argumentos matemáticos, computacionais, evolucionários e neurobiológicos[47].

Segundo os autores, as teorias computacionais – as que admitem essa simulação- partem da premissa de que informações são representadas de modo formal, abstrato e em mecanismo sintático, ao passo em que, em verdade, elas são exteriorizadas a partir de uma perspectiva física e semântica na imensa maioria dos sistemas biológicos[48].

A objeção de Ronald Cicurel e Miguel Nicolelis vai ao encontro das premissas aqui estabelecidas quando da exteriorização da perspectiva da epistemologia evolutiva e da ideia de um cérebro consciente que é diretamente influenciado pelo corpo no qual habita, percepção que se reflete na da defesa do cérebro como um "sistema integrado".

Organismos e mecanismos, tais como os computadores digitais, não poderiam jamais funcionar da mesma forma simplesmente porque mecanismos são idealizados e construídos a partir de um plano pré-existente, de um projeto, para fins de obtenção de um escopo, e é essa concepção preliminar que faz com que possam operar a partir de algoritmos codificados, capazes de espelhar o plano.

Organismos, por outro lado, exsurgem como resultado das etapas de um processo evolucionário que ocorre em múltiplos níveis e que não segue nenhum plano anterior previamente definido, mas tão somente a sistemática de seleção natural. Organismos existem no e a partir do ambiente no qual se desenvolvem e sobrevivem, em um processo que "vincula tanto a matéria orgânica como a informação em uma entidade singular irredutível"[49]. Assim, o conhecimento construído por um organismo só se desenvolve e "faz sentido" dentro do ambiente no qual exsurgiu, o que, em aplicação ao mundo do Direito, invoca a ideia de contexto. Máquinas de Inteligência Artificial, no entanto, caracterizadas pela adoção de plataformas determinísticas, não conseguem incorporar a ideia de ambiente/contexto de forma adequada.

[47] CICUREL, Ronald; NICOLELIS, Miguel. **The relativistic brain**: How it works and why it cannot be simulated by a turing machine. Kios Press, 2015.

[48] CICUREL, Ronald; NICOLELIS, Miguel. **The relativistic brain**: How it works and why it cannot be simulated by a Turing machine. Kios Press, 2015.

[49] CICUREL, Ronald; NICOLELIS, Miguel. **The relativistic brain**: How it works and why it cannot be simulated by a Turing machine. Kios Press, 2015, p. 71. Livre tradução. No original: *"This unique process binds both organic matter and information in an irreducible single entity"*.

Essa dificuldade é evidenciada por Ronald Cicurel e Miguel Nicolelis a partir de dois exemplos. Citando John Searle, aduzem que alguém pode simular a reação química que transforma dióxido de carbono em açúcar no bojo de um algoritmo, mas, como esta informação não está integrada ao ambiente, esta simulação jamais, em hipótese alguma, dará origem à fotossíntese.

Da mesma forma, utilizando-se de proposta formulada por Stephen Gould, propõem um cenário denominado de "A fita do experimento da vida", no âmbito do qual se tornasse possível parar e rebobinar uma fita contendo todos os eventos da evolução humana. Afirmam os autores que a chance de a sequência evolutiva ser exatamente a mesma que hoje conhecemos, produzindo também os mesmos resultados, é simplesmente inexistente, uma vez que a nova sequência de evolução, por estar ocorrendo em um ambiente completamente diferente, dotado de inúmeros eventos aleatórios impassíveis de serem antecipados em um plano, tornaria impossível a verificação da exata mesma sequência evolutiva[50].

Como consequência, há de se concluir que "é impossível aplicar modelos deterministas e irreversíveis para reproduzir um processo que emerge como uma sequência de eventos aleatórios[51]". Por esta razão, "qualquer modelo veiculado em uma máquina de Turing (uma entidade determinística) que se proponha a reproduzir o caminho evolucionário de nossa espécie vai divergir muito rapidamente do processo real do qual nossa espécie emergiu[52]".

Esse argumento evolutivo é complemento pelo argumento neurobiológico, desenvolvido a partir da diferenciação entre "informação tipo I, ou informação Shannon-Turing" e "informação tipo II ou informação

[50] CICUREL, Ronald; NICOLELIS, Miguel. **The relativistic brain**: How it works and why it cannot be simulated by a Turing machine. Kios Press, 2015.

[51] CICUREL, Ronald; NICOLELIS, Miguel. **The relativistic brain**: How it works and why it cannot be simulated by a Turing machine. Kios Press, 2015, p. 73. Livre tradução. No original: *"it is impossible to imply deterministic and reversible models to reproduce a process that emerges as a sequence of random events".*

[52] CICUREL, Ronald; NICOLELIS, Miguel. **The relativistic brain**: How it works and why it cannot be simulated by a Turing machine. Kios Press, 2015, p. 73. Livre tradução. No original: "any model running on a Turing Machine (a deterministic entity) that intends to track the evolutionary path of our species would diverge very quickly from the real process from which our species emerged".

Godel". Informações tipo I são aquelas passíveis de serem expressas em linguagem computacional, a partir da sintaxe propiciada por números e bytes. Informação tipo II é a relacionada à percepção subjetiva do agente cognoscente[53].

Ronald Cicurel e Miguel Nicolelis dão um exemplo que evidencia a incapacidade de máquinas de Turin reproduzirem a amplitude e complexidade do processo de construção de informação humana ao mencionarem um contexto no qual um paciente, com eletrodos ligados a seu cérebro, é instado a visualizar imagens que lhe desagradam. A visualização das imagens pode gerar tanta informação de tipo I, de natureza externa, qual seja a visualização da atividade cerebral pelo neurocientista que conduz a experiência, quanto informação de tipo II, interna, passível de ser obtida ao simplesmente se perguntar ao paciente como ele se sente diante das imagens[54].

Não raras vezes, as informações de tipo I e de tipo II são incongruentes entre si, sendo plenamente possível que a imagem da atividade cerebral evidencie uma situação que não se correlaciona com a "sensação", o sentimento expresso pelo paciente em sua resposta. Cérebros humanos conseguem processar os potenciais conflitos e incongruências existentes entre os dois tipos de informação – que podemos chamar de perspectiva racional ou determinística, e de perspectiva perceptiva – sem grandes dificuldades[55]. O mesmo não acontece com máquinas de inteligência artificial, que apresentam imensa dificuldade em realizar atividades que demandem a utilização de noções de senso comum exatamente porque via de regra essas noções são dependentes de experimentação/percepção/emoções.

[53] CICUREL, Ronald; NICOLELIS, Miguel. **The relativistic brain**: How it works and why it cannot be simulated by a Turing machine. Kios Press, 2015.

[54] CICUREL, Ronald; NICOLELIS, Miguel. **The relativistic brain**: How it works and why it cannot be simulated by a Turing machine. Kios Press, 2015.

[55] CICUREL, Ronald; NICOLELIS, Miguel. **The relativistic brain**: How it works and why it cannot be simulated by a Turing machine. Kios Press, 2015, p. 77-78. Ronald Cicurel e Miguel Nicoleli dão como exemplo o fenômeno do membro fantasma, no qual, mesmo tendo sido informado de que teve um membro do corpo amputado, ou seja, tendo acesso a esta informação racional, que pode, inclusive, ser verificada, o paciente que sofreu a amputação continua a ter a "sensação" da presença do membro faltante, gerando uma informação de tipo II que é incongruente com a informação de tipo II. Assim, provabilidade e sensação coexistem de forma harmônica no bojo do mesmo cérebro consciente.

6. Considerações finais

Se não "conhecemos" ou pensamos apenas com a "razão", mas também com vontades e emoções, com percepções, cumpre perquirir se a incapacidade das máquinas de possuírem seus próprios sentimentos, ou seja, a ausência desses elementos subjetivos no bojo das decisões tomadas pela IA é realmente algo desejável no âmbito do sistema de Direito ou, ainda, se não se torna essencial, ao menos, definir criteriosamente, espaços nos quais essa delegação deve ser, de todo, vedada.

Se o ser humano conhece através de um *self* que é incapaz de se dissociar completamente da estrutura de seus desejos, a retirada absoluta desses desejos do processo decisório é, de fato, algo a ser buscado? Qual o preço, em termos de perda sistêmica, imposto ao sistema de Direito como contraprestação à suposta maior objetividade obtida pelos julgamentos promovidos pela IA[56]?

No capítulo denominado "O mentiroso", do livro de ficção "Eu robô"[57], de autoria de Isaac Asimov, o robô Herbie, referindo-se a mente humana, se ressente de "não conseguir entender tudo porque a minha mente tem pouco em comum com elas....", ao tempo em que aduz que não se interessar pela ciência humana, sendo "a sua ficção que me interessa. Seus estudos sobre a interação dos motivos e das emoções humanas"[58].

Como se vê, até Herbie, em "Eu, robô", reconhece a influência e importância das emoções para o progresso da cognição, incomodando-se por ser apenas "uma máquina, a quem a imitação da vida foi dada apenas por conta da interação positrônica no meu cérebro...que é um dispositivo criado pelo homem"[59].

Partindo da premissa de que mentes dependem, como pré-requisito, da existência de organismos com vida (o que é uma decorrência da ideia "mente-corpo"), Margaret Boden sustenta que embora inexista uma

[56] HARARI, Yuval Noah. **Homo Deus**: Uma breve história do amanhã. 1. ed. São Paulo: Companhia das Letras, 2016, p. 396. Em "Homo Deus, Yuval Harari questiona: "Haverá algo no Universo que não possa ser reduzido a dados? Suponha que algoritmos não conscientes possam superar a inteligência consciente em todas as tarefas conhecidas de processamento de dados — o que se perderia, se é que se perderia, ao se substituir a inteligência consciente por algoritmos não conscientes superiores?"

[57] ASIMOV, Isaac. **Eu, robô**. 1. ed. São Paulo: Aleph, 2014, pg. 141.

[58] ASIMOV, Isaac. **Eu, robô**. 1. ed. São Paulo: Aleph, 2014, pg. 141.

[59] ASIMOV, Isaac. **Eu, robô**. 1. ed. São Paulo: Aleph, 2014, pg. 158.

definição universal de vida, via de regra organismos vivos devem apresentar ao menos as seguintes características: auto-organização, autonomia, emergência, desenvolvimento, adaptação, responsividade, reprodução, evolução e metabolismo.

Segundo argumenta, ao contrário das oito primeiras, o metabolismo é algo que pode até ser modelado por computadores, mas que não pode, jamais, ser iniciado por eles, exatamente porque se trata de algo irredutivelmente físico, ao pressupor o uso de substâncias bioquímicas e trocas energéticas para fins de criação e manutenção do organismo[60].

Assim, na medida em que mentes pressupõem vida, e a vida, por sua vez, demanda a existência de metabolismo, "vida artificial é impossível. E se vida é algo necessário para se ter uma mente, então a tão veiculada Inteligência Artificial capaz de reproduzir completamente a mente humana também é impossível. Não importa quão impressionante seja a performance de alguma futura Inteligência Artificial, ela não terá inteligência, na verdade[61].

Na mesma linha, Alfredo Marcos afirma que "o que a inteligência artificial tem de inteligente não é artificial, e o que tem de artificial não é inteligente. O nome, portanto, é desorientador[62]".

[60] BODEN, Margaret. **AI**: Its nature and future. London: Oxford University Press. 2016.

[61] BODEN, Margaret. **AI**: Its nature and future. London: Oxford University Press. 2016, p. 145. Livre tradução. No original: "Then strong A-Life is impossible. And if life is necessary for mind, then strong AI is impossible too. No matter how impressive the performance of some future AGI, it wouldn't have intelligence, really". Em sentido diverso, Melanie Mitchell discorre acerca do conceito de "algoritmos genéticos", trazendo a ideia de evolução para o âmbito da Inteligência Artificial. Nessa linha, defende a possibilidade de que algoritmos "evoluam", e possam desenvolver boas estratégias para a solução dos problemas que lhe são propostos a partir de sua relação com o mundo real, promovendo "trocas" com o ambiente, sem que para isso seja necessária a presença de um corpo. Há, portanto, a defesa da possibilidade de que haja vida e evolução ocorrendo *nos* computadores. Em complementação a esta ideia, a autora também sustenta a possibilidade de que, em alguma extensão, o fenômeno computacional aconteça na própria natureza, a partir da explicação do conceito de "autômato celular". MITCHELL, Melanie. **Complexity**, a guided tour. Oxford Oxford University Press, 2009. Para uma visão dos organismos vivos como algoritmos naturais: HARARI, Yuval Noah. **Homo Deus**: Uma breve história do amanhã. 1. ed. São Paulo: Companhia das Letras, 2016.

[62] MARCOS, Alfredo. **La inteligencia artificial y el efecto toy story**. Rede de investigaciones filosóficas José Sanmartin Espugles. Disponível em: < https://proyectoscio.ucv.es/articulos-filosoficos/la-inteligencia-artificial-y-el-efecto-toy-story-por-a-marcos/>. Acesso em 24 de abril de 2022.

A aceitação de que a construção do conhecimento humano opera a partir do binômio corpo-mente e de que essa relação está intrinsecamente ligada à própria existência biológica, tal como sustentado por Margaret Boden[63], conduz à conclusão de que o conhecimento humano, visto em toda sua extensão e singularidade, é simplesmente inacessível às máquinas. Como bem observa Paulo Caliendo[64], caso se repliquem no âmbito dos algoritmos as ideias de cooperação e não cooperação, que no âmbito da biologia fizeram evoluir os sentimentos morais, é possível que o mesmo se dê com as máquinas. O fato de tecnicamente isso não ser possível hoje não quer dizer que, em tese, não o seja. Mas, ainda assim, seria necessário que possuíssem corpo, e os demais aspectos, antes apontados, que interferem nos julgamentos humanos, e mesmo os viabilizam.

Enquanto impassíveis de serem dotadas de um corpo biológico apto a interagir com o ambiente instável que as rodeiam, máquinas de inteligência artificial podem, quando muito, promover imitação de *parcela* deste conhecimento, mas nunca o reproduzir em sua integralidade.

[63] BODEN, Margaret. **AI**: Its nature and future. London: Oxford University Press. 2016.

[64] Como observa Caliendo, algoritmos evolucionários, que exploram as ideias de cooperação e não cooperação para a solução de dilemas, podem, replicando algo que ocorreu com seres vivos no processo darwiniano, fazer com que emerjam normas morais. O fato de tecnicamente isso não ser possível hoje não quer dizer que, em tese, não o seja. SILVEIRA, Paulo Antônio Caliendo Velloso da. **Ética e Inteligência Artificial**. Da possibilidade filosófica de Agentes Morais Artificiais. Porto Alegre: Editora Fi. 2021, p. 176.

ATIVIDADE LEGISLATIVA, DIREITO COMPARADO E INTELIGÊNCIA ARTIFICIAL

BRUNA LIETZ[1]

Resumo: O objetivo do presente artigo é apresentar os transplantes jurídicos sob a perspectiva do Direito comparado como um ferramental importante para a atividade legislativa relacionada ao desenvolvimento tecnológico, especialmente a inteligência artificial. Assim, irá se definir elementos primários dos transplantes jurídicos dentro do Direito Comparado, para posteriormente expor as inter-relações entre o Direito o desenvolvimento tecnológico. Ao final conclui-se que os transplantes jurídicos apresentam importante instrumento para a renovação do sistema jurídico, especialmente pela possibilidade de encontrar no Direito estrangeiro modelos considerados "bem-sucedidos" ou de prestígio que regulamentam a inteligência artificial.

Sumário: 1. Introdução. 2. A atividade legislativa, transplantes jurídicos e Direito Comparado. 2.1. Algumas definições introdutórias sobre os transplantes jurídicos. 2.2. Os fatores de troca. 2.3. As formas e modelos objeto de circulação. 3. Inteligência artificial, circulação de modelos e produção legislativa. 3.1. A inovação como um novo fator de estímulo aos transplantes jurídicos. 3.2. A inteligência artificial, inovação e atividade legislativa. 3.3. A atividade legislativa em torno da inteligência artificial e o Direito Comparado. 4. Considerações finais.

[1] Professora e Advogada. Mestre em Fundamentos Constitucionais de Direito Público e Privado pela Pontifícia Universidade Católica do Rio Grande do Sul. Especialista em Direito do Estado (UFGRS), Direito Público (UNIASSELVI) e Direito Previdenciário (IMADEC). E-mail: brunalietz@gmail.com

1. Introdução

O intercâmbio de leis e instituições, bem como a influência de determinados sistemas jurídicos sobre outros, seja em âmbito pátrio como estrangeiro, remete a importância destas trocas e de estudar tais dentro do contexto do Direito Comparado.

Este estudo remete a indagação de quais elementos são inerentes a realização dos transplantes jurídicos, ou seja, nesta relação entre ordens quais elementos e fatores basilares podem ser extraídos e analisados pelo Direito para que haja uma melhor compreensão do tema.

Nesta perspectiva, a hipótese que pode ser levantada é de que a identificação dos fatores de troca, seus benefícios, assim como sua efetividade se mostram cruciais para a compreensão dos transplantes jurídicos dentro da dogmática jurídica, inclusive para apreciar trocas concretas realizadas entre sistemas. A abordagem do tema, deste modo, será ampla, envolvendo contornos gerais dos transplantes, notadamente em razão do tema possuir literatura escassa na doutrina brasileira.

Para verificar tal perspectiva, inicialmente realiza-se no primeiro capítulo algumas definições introdutórias sobre os transplantes jurídicos onde são trazidas ideias iniciais sobre o tema, bem como sobre os fatores e modelos relacionados as trocas. Em capítulo posterior, aborda-se questões relacionadas a inteligência artificial e a inovação, trazendo como esta última constitui um fato de estímulo aos transplantes jurídicos e como a circulação de modelos pode auxiliar na atividade legislativa em torno da inteligência artificial.

Para realizar tal trabalho será utilizado o método de abordagem dedutivo, sendo os métodos de procedimento o histórico, funcionalista e comparativo, tendo como objeto de pesquisa a teórico-documental. Ainda, cabe considerar que os termos transplantes jurídicos, transplantes legais e circulação de modelos serão utilizados como sinônimos.

Assim, definidas tais premissas passa-se adentrar no tema buscando trazer exposições quanto aos objetivos dos transplantes jurídicos diante do Direito Comparado, assim como considerações reflexivas sobre o tema.

2. A atividade legislativa, transplantes jurídicos e Direito Comparado

A atividade legislativa está associada às funções centrais do Estado, como o estabelecimento das instituições jurídicas e a tutela de direitos fundamentais. Cada País possui soberania, estabelecendo sua estrutura conforme as características e escolhas que forem feitas em um contexto temporal. O desenvolvimento de uma positivação normativa, que integra um determinado sistema jurídico, nem sempre é uma criação exclusiva do determinado Estado, podendo ter sido buscada na experiência estrangeira.

As normas jurídicas estão relacionadas ao contexto social em que são formadas, todavia há diversos problemas e questões que transcendem os limites nacionais e estão presentes na realidade de países diversos. Deste modo, o intercâmbio de leis e instituições, bem como a influência de determinados sistemas jurídicos sobre outros, seja em âmbito pátrio como estrangeiro, remete a importância de estudar as trocas jurídicas entre os sistemas sob a perspectiva do Direito Comparado.

O estudo das trocas legais existentes entre diferentes sistemas jurídicos ou ordem jurídicas se destaca na medida que crescem os formatos de relações que transcendem o âmbito nacional – como pontua-se no presente trabalho os novos formatos de relações decorrentes do tecnológico e do desenvolvimento da inteligência artificial. Neste escopo, passa-se a tecer algumas definições em torno dos transplantes jurídicos, seus fatores de troca, formas e modelos de circulação, para, em momento posterior, realizar uma análise destes traços diante ao contexto tecnológico.

2.1. Algumas definições introdutórias sobre os transplantes jurídicos

Os empréstimos de institutos jurídicos estão presentes desde a antiguidade, observando nesta perspectiva Pound em 1938 (apud PERJU, 2012, p. 1304) que a "history of a system of law is largely a history of borrowings of legal materials from other legal systems and of assimilation of materials from outside of the law". As primeiras trocas entre sistemas jurídicos foram realizadas com base nos conhecimentos advindos do senso comum, sendo que o tema passou a ter sua cientificidade no âmbito do Direito Comparado nas últimas cinco décadas[2].

[2] O Brasil é um país que não tem por tradição o estudo do Direito Comparado, não obstante, como expõe Tavares (2006, p. 67), se fizermos uma análise das diversas fases da construção do nosso sistema jurídico, ficará visível a receptividade de conhecimento do direito de outros países assim como à adoção de muitos elementos de fontes jurídicas alienígenas. Nesse sentido os diversos exemplos de importação de modelos jurídicos em nossa ordem como observa autores como Moreira (2001, pp. 180-184) e Tavares (2007) e (2010).

Dentre os eventos que marcaram o início[3] dos estudos dos empréstimos jurídicos destaca-se a dedicação de uma das sessões do congresso promovido pela *International Academy of Comparative Law* em 1970 para o tema "The global receptions of foreign law", sendo que, quatro anos após este evento, o autor Alan Watson[4] escreveu destacando este tema nos estudos jurídicos comparativos, adotando a terminologia transplantes jurídicos para designar os empréstimos[5], conceituando tais "as the moving of a rule or a system of law from one country to another, or from one people from another" (1974, p. 21 apud RUDOLFO 2017, p. 80)[6].

Há uma grande relevância nos transplantes jurídicos, observando Sacco (2001, pp. 165-169) que nas mutações dos modelos jurídicos haverá as que podem ser qualificadas como propriamente originais (que implicam no nascimento de um modelo original) e outras como imitações[7]. Deste modo, os transplantes jurídicos são os instrumentos utilizados na modificação das ordens jurídicas, observando Fedtke (2006, p. 434) que embora tais datem desde a antiguidade, tais aumentaram drasticamente nas últimas décadas por diversos fatores, sendo os a forma mais recorrente de alterações legislativas.

[3] Cabe observar que há precedentes, estudos e escritos anteriores. Nesta perspectiva faz Graziadei (2008, p. 442) referência a conferência sobre "Reception of Foreign Law in Turkey" realizada em 1955 pela International Association of Legal Sciences in Instabul.

[4] A obra escrita por Watson é um livro denominado "Legal Transplants: An Approach to Comparative Law", sendo a primeira edição publicada em Edinburgh por Scottish Academic Press em 1974.

[5] O autor Graziadei (2008, p. 443) realiza uma análise da terminologia utilizada, colocando que "the term 'transplant' is baseado on a metaphor that was chosen *faute de mieux*, ill-adapted to capturing the gradual diffusion of the law or the continuous nature process that sometimes leads to legal changes througth the appropriation of foreign ideas". Expõe ainda a autora que uma terminologia alternativa que vem ganhando aceitações, especialmente fora dos sistemas de common law, é "circulação de modelos legais". Este tempo é utilizado por Sgarbossa e Jensen (2008), no âmbito do direito brasileiro, sendo utilizado pelo doutrinador italiano Sacco (2001, p. 170) o termo recepção.

[6] A definição dos transplantes jurídicos na doutrina brasileira é dada como "o extenso fenômeno da exportação e importação de modelos jurídicos entre diferentes sistemas jurídicos" (Sgarbossa & Jensen, 2008, p. 152).

[7] Observa Sacco (2001, p. 169) quanto este tópico que "a mutação genética equivale sempre a uma inovação (e jamais a uma recepção) jurídica. E a recepção jurídica (diferentemente da inovação) faz pensar não tanto numa língua que muda, mas antes numa comunidade que se propõe a usar uma língua até então estrangeira".

A difusão dos transplantes jurídicos se dá não somente pela dificuldade de se criar inovações jurídicas, mas por ser mais fácil e barato copiar uma regra existente do que reinventar a roda (FEDTKE, 2006, p. 434). Ademais, observa Fedtke, que na grande maioria das vezes os modelos jurídicos adotados são oriundos de sistemas jurídicos externos cuja qualidade é reconhecida. Nesta perspectiva expõe Siems (2014, p. 191) que "legal transplants are typically thought of as a smart way of choosing a foreign legal model that has proven to work well".

Na atualidade, observa Facchini Neto (2017, p. 03) com base em Esin Örücü que quase nenhuma legislação é promulgada sem antes envolver uma cuidadosa pesquisa comparativa, praticamente inexistindo áreas do direito deixadas às forças criativas de um único Estado.

O estudo do Direito comparado ainda acelera o desenvolvimento do Direito, uma vez que favorece a circulação de modelos jurídicos (SACCO, 2001, pp. 42-43), que tem, inclusive, a possibilidade de suprirem lacunas legislativas decorrentes do surgimento de novos institutos jurídicos após a edição de determinada norma ou então por não se ter conhecimento de determinadas ideias já conhecidas em outros ordenamentos.

Deste modo, os transplantes jurídicos enquanto objeto do Direito comparado apresentam uma grande relevância na análise de um determinado sistema jurídico, eis que permitem uma melhor compreensão deste (DAVID, 2014, p. 05), assim como a recepção de novas normas jurídicas que regem, muitas vezes, de forma bem sucedida problemas que são comuns as mais diversas ordens.

Ademais, em um mundo cada vez mais conectado, cujas distâncias tem se diminuído, a importância da circulação de modelos está crescendo, estando neste contexto a necessidade de atividade legislativa diante as alterações sociais provocadas pela incorporação das tecnologias nas relações. A compreensão dos fatores que levam as trocas dos modelos jurídicos mostra-se fundamental para a compreensão deste processo na atualidade.

2.2. Os fatores de troca

As trocas entre os sistemas jurídicos são influenciadas por diversos fatores, que, por sua vez, estão ligados aos diversos contextos históricos e sociais. Deste modo, nas primeiras trocas havia razões diversas das atuais para que uma ordem jurídica adotasse um instituto de outra. Neste sentido, as razões para os quais haja os transplantes apresentam contornos relacionados a realidade da época, sendo que decisões políticas, influências morais, filosóficas, religiosas, econômicas e outras podem mudanças jurídicas com a adoção de novos modelos.

Um dos primeiros fatores de troca existentes, que data deste a antiguidade, está relacionado a imposição normativa, notadamente decorrente de contextos relacionados à empreitada colonial e de conquistas ou da expansão militar[8]. Esta ideia de transplante jurídicos por imposição, conforme observa Graziadei (2008, p. 457), pode ser uma experiência dramática, mas transitória, com ampla oportunidade para a rejeição final do modelo imposto, entretanto, tal processo pode ser apoiada pelo controle político ou militar permanente do poder dominante.

Ademais, observa o autor, que os transplantes derivados da pura força são reversíveis e cessam quando a relação de força se modifica, sendo que a dominância não produz adesão espontânea aos modelos culturais sendo dependente da aplicação da força e frequentemente desaparece com ela. Todavia, as imposições também podem ser adotadas na estrutura jurídica do País após a sua reconstrução (SACCO, 2001, p. 183). Na atualidade observa Fedtke (2006, p. 435) a intervenção militar com a seguida da reconstrução das sociedades é um cenário que favorece os transplantes legais e o uso de princípios jurídicos "importados".

Estas causas revelam a mudança legal em decorrência de imposição direita, entretanto grande parte dos transplantes realizados ocorre de forma consensual. Nesta perspectiva, traz Sacco que o desejo de apropriar-se de formatos considerados "bem-sucedidos" também constitui fator para que os modelos jurídicos circulem, trazendo que "em geral, o elemento mais encontrado à base da recepção é o desejo de apropriar-se das atribuições de outrem quando estas carreguem uma qualidade que não sabemos como chamar, a não ser como o 'prestígio'" (2001, p. 184). Observa Facchini Neto que:

[8] Nesta perspectiva observa Graziadei (2008, p. 450) que na Idade Média a expansão militar dos governantes islâmicos ampliou o alcance da lei islâmica, sendo que no século XX exemplos são a extensão da lei alemã à Áustria após Anschluss de 1938, a sovietização da lei na Europa Central e Oriental após a Segunda Guerra Mundial, o crescimento dos impérios coloniais na África, nas Américas, na Ásia e na Oceania que trouxeram consigo a importação de modelos ocidentais, sendo que contemporaneamente operações militares em diferentes partes do mundo ainda provocam transplantes legais que afetam várias dimensões da lei.

> "a circulação não se trata mais de uma exportação desejada por países colonialistas ou imperialistas, mas sim de uma importação buscada por alguns países, em busca de soluções jurídicas que se revelaram adequadas, econômicas, racionais, funcionais, em outras nações. Ou seja, trata-se de uma recepção voluntária por parte de um País, oriunda do prestígio do País exportador da solução importada" (2017, p. 04).

Nesta perspectiva, a circulação de modelos que inicialmente se dava por uma imposição passa a ocorrer pela voluntariedade. Não obstante a alteração de perspectiva em todo período das trocas impostas e voluntárias coexistiam[9]. Observa Graziadei (2008, p. 458) que o prestígio[10] motiva a imitação, sendo que tal difere do domínio em muitos aspectos, notadamente por terem uma adesão espontânea e não dependem do uso da força para sua aplicação[11]. Sobre tal fator expõe o autor:

> "Legal change induced by the influence of a prestigious source often involves a variety of elements. A prestigious model may influence the development of the law by shaping legal ideals, institutions, categories, and rules. At least at the initial stage, those who are trying to replicate a prestigious model may be tempted to identify themselves with prestige" (GRAZIADEI, 2008, p. 458).

Nestes termos, os modelos de prestígio influenciam mudanças legais no País receptor na medida que moldam ideias legais, instituições, categorias

[9] Assim observa Siems (2014, p. 220) colocando que atualmente os transplantes legais são mais voluntários que no passado, não se devendo, entretanto, negar possa haver elementos de involuntariedade, uma vez que na atualidade é possível países se sentirem sob pressão política ou econômica internacional para implementar determinada política.

[10] Observa Graziadei que (2008, p. 458) o prestígio é um fato social bem conhecido, expondo que sua perspectiva, neste ponto, diverge de outros autores que entendem tal como "ideia quase vazia".

[11] No âmbito da circulação de modelos no direito estrangeiro, realiza Eugênio Facchini Neto (2013) análise de um exemplo notável da circulação de modelo jurídico, que é o *Code Civil* Francês de 1804. Traz também Moreira (2001, pp. 177 - 178) diversos casos de importação de modelos jurídicos, dentre os quais destaca-se os realizados pelo Japão durante o período do imperador Meiji, que empenhado em a modernizar o País e integra-lo na sociedade internacional importou modelos franceses e alemães e da importação do Código Civil da Suíça no período do imperador Mustafá Kemal que tinha a perspectiva de "ocidentalizar" o País.

e regras, sendo que as fontes de prestígio frequentemente envolvem uma variedade de elementos.

Ao tratar dos transplantes jurídicos, é interessante observar que nas últimas décadas a produção de normas uniformes ou harmonizadas em nível internacional se tornou uma das principais forças que estimulam os transplantes legais em todo o mundo (GRAZIADEI, 2008)[12], tanto na esfera do direito público quanto na do direito privado[13], havendo instituições atuando nesta perspectiva como a *United Nations Commission On International Trade Law*[14] e *International Institute for the Unification of Private Law*[15].

Mudanças legais em grande escala também pode ser encontrada em razão de programas de reformas legais lançados nas últimas décadas por instituições financeiros internacionais como o Banco Mundial, assim como acordos da Organização Mundial do Comércio (GRAZIADEI, 2008, p. 459). Neste panorama é possível identificar que pressões[16] econômicas

[12] Observa também autor referido no texto que algumas dessas organizações têm uma dimensão regional, citando como por exemplo, a Organização para a Harmonização da África do Direito dos Negócios que visa reformar as leis contratuais e comerciais de dezesseis países africanos. Expõe, ademais, que muitas iniciativas públicas e privadas visam áreas ou setores geográficos específicos, sendo um exemplo disto os projetos de integração regional que envolvem frequentemente a promulgação de legislação uniforme ou harmonizada, como é o caso do Tratado da Comunidade Europeia.

[13] Observa Graziadei (2008, p. 450) que no âmbito do direito público a elaboração contínua de instrumentos de direitos humanos é um aspecto fundamental deste movimento de estimulação dos transplantes legais, afetando o direito constitucional em nível nacional. Ademais, expõe que são partes deste mesmo movimento leis uniformes e modelos em relação às leis privadas e comerciais. A questão de direitos humanos e transplantes jurídicos tem reflexões no âmbito nacional sendo neste sentido as considerações de Hoffman (2007).

[14] Tal entidade (UNCITRAL) é um órgão jurídico do sistema das Nações Unidas no âmbito do direito empresarial internacional, tendo como objetivo principal modernizar a harmonizar as regras do comércio internacional.

[15] A UNIDROIT é uma organização intergovernamental independente cujo objetivo é estudar as necessidades e os métodos para modernizar, harmonizar e coordenar o direito privado e, em particular, comercial, entre Estados e grupos de Estados e formular instrumentos, princípios e regras uniformes de direito para alcançar esses objetivos.

[16] Nesta perspectiva expõe Fedtke (2006, p. 436) “finally, a legal transplant is most likely to succeed in its new environment if it was chosen and introduced without external pressure”.

criam incentivos para a introdução de mudanças baseadas na lei comercial estrangeira (FEDTKE, 2006, p. 435)[17].

Na concepção exposta, há um relacionamento entre o econômico e instituições jurídicas, uma vez que a busca pela eficiência econômica é um fator importante na produção de transplantes legais, uma vez que transplantes legais poderiam melhorar o desempenho econômico através da adoção de instituições mais eficientes (GRAZIADEI, 2008, p. 455).

Expõe ainda Graziadei, que os transplantes facilitam o desenvolvimento de instituições legais eficientes, sendo que a ascensão de instituições jurídicas semelhantes em diferentes sociedades pode estar relacionada a redução de custos de transação[18] considerando, todavia, que a noção de eficiência que explica sua difusão permanece problemática eis que o fator crucial na avaliação das chances de sucesso de uma mudança legal proposta parece ser o caráter do processo de transferência, e não a natureza da lei em questão.

As considerações trazidas sob o ponto de vista econômico não se mostram desassociadas do contexto que tem se desenvolvido nos últimos anos, uma vez que para acesso em massa de determinadas tecnologias está intimamente ligado as instituições domésticas. Em dada medida, os sistemas jurídicos apresentam-se como fator de eficiência para o desenvolvimento tecnológico.

A circulação de modelos jurídicos, pelo exposto, pode ocorrer por fatores diversos, estando atualmente associada a uma ideia de voluntariedade e buscar modelos considerados de prestígio. Todavia, a adoção de um novo modelo perpassa uma dimensão política, de conhecimento local, bem como questão de práticas e prescrições de modelos. Deste modo, estabelece-se algumas considerações em torno de como os transplantes jurídicos funcionam.

[17] Traz Siems (2014, p. 192) que "In 2005 the People's Republic of China enacted a new Companies Act that allowed shareholders to file a claim on behalf of the company against its directors ('derivative action'). Since these new rules were, to a large extent, based on the model of US law.

[18] O surgimento de instituições jurídicas semelhantes em diferentes sociedades pode estar relacionado à sua capacidade de reduzir os custos de transação, substituindo, destarte, formas legais anteriores que geraram custos de transação mais altos (GRAZIADEI, 2008, p. 460).

2.3. As formas e modelos objeto de circulação

As trocas entre sistemas jurídicos mostram-se fundamentais para o desenvolvimento do Direito, especialmente pela possibilidade de utilizar de experiências e modelos jurídicos bem-sucedidos de outro sistema alienígena. Ainda, a caracterização dos diversos fatores demonstra as mudanças das motivações que levam as trocas de modelos. Neste contexto de análise – da importância das trocas e fatores; leva o pesquisador a uma análise do objeto da circulação de modelos, que pode corresponder a todo o qualquer conteúdo normativo passível de ter seus preceitos incorporados em outro ordenamento jurídico.

Deste modo, pode se falar de circulação de modelos cuja recepção será global, ou seja, um ordenamento inteiro ou parte importante deste, como um código inteiro, são recepcionados em um outro ordenamento globalmente; poderá também a recepção ser parcial, sendo aquela que se verifica quando o sistema jurídico nacional recepciona apenas parte do outro, como, por exemplo, institutos e regras; sendo ainda, por fim, possível uma recepção eclética que ocorrerá quando esta torna modelos de dois ou mais ordenamentos estrangeiros (SGARBOSSA & JENSEN, 2008).

As recepções ainda podem se dar de forma *inter* ou *intra* sistêmica dependendo de serem o ordenamento importador e exportador pertencem a diferentes sistemas jurídicos em sentido amplo (famílias)[19] naquela e da mesma nesta. Enquanto recepções operadas dentro de uma mesma família, por sua similitude estrutural tende a ser mais fácil[20], entre diferentes a

[19] Observa Tavares (2009, pp. 98-99) que "alguns autores propugnavam pela inutilidade de estudos comparativos entre direitos de natureza extremamente diversa, considerando-se que os elementos de aperfeiçoamento mútuo seriam raros e de duvidoso interesse, dadas as bases heterogêneas dos sistemas jurídicos em questão. [...]. Todavia, grande parte dos que se dedicam às investigações comparativas não se detêm ante diferenças expressivas, buscando ora os elos de fundo nas soluções dos distintos sistemas, dadas aos mesmos problemas, ora as semelhantes entre institutos de mesma finalidade, existentes em famílias distintas de direitos [...]".

[20] Observa Graziadei (2008) que aqueles que estudam o Direito Comparado tentam dividir o mundo em famílias e tradições registrando padrões legais que cruzam fronteiras políticas, sendo que esses padrões são principalmente o efeito de transplantes e recepções, ao invés de uma evolução paralela independente causada pela agência uniforme de fatores extra legais.

recepção é por vezes dificultosa e mais propensa a gerar efeitos imprevistos, inadaptações e disfunções[21].

Nesta perspectiva, observa Sacco (2001, p. 185) que sistemas jurídicos similares tem uma tendência de produzir influências e imitações (unilaterais e recíprocas) mais intensa que aqueles muito diferentes, sendo que em sistema totalmente diferentes é mais fácil uma recepção global do que uma imitação capilar de modelos. Observa o referido autor que o ordenamento jurídico pode ser decomposto em uma séria de regras, generalizações, noções jurídicas das quais pode se depreender três ordens de formantes: formante legal, formante doutrinária e formante judicial/jurisprudencial, sendo que a solução de um problema jurídico pode ser regulada por uma única regra de direito ou então por uma pluralidade de regras jurídicas (como regras legais e regras judiciais ou jurisprudenciais concorrentes e não raro antagônicas), razão pelo qual quando de realiza a importação de um modelo jurídico deve se ter em consideração tais perspectivas[22].

Aliás, os modelos são recepções de ideias e práticas que se são efetivados por todos os juristas cujas competências para as quais os transplantes jurídicos existam incumbam. Assim, os transplantes são realizados não somente pelo legislador, mas também no âmbito doutrinário e jurisprudencial. Assim traz Fedtke (2006, p. 434) que tecnicamente os transplantes podem ocorrer em diferentes níveis de um sistema legal e por uma variedade de razões, muito embora frequentemente sejam resultado de decisões legislativas.

[21] Observa Sacco (2001, p. 185) ao expor sobre o cognoscibilidade do modelo a imitar que alguns modelos são mais fáceis de observar e compreender, como, por exemplo, o modelo legal que o consuetudinário. Expõe, ademais, que o conhecimento do modelo a ser imitado pode veicular a imitação, não obstante, do ponto de vista da realidade, muitas vezes a imitação precede, ao invés de seguir, o conhecimento do modelo.

[22] Exemplificando traz Sacco (2001, pp. 69-70) o exemplo dos contratos coletivos na Itália são previstos em nível constitucional, assim dispondo seu art. 39: "Os sindicatos registrados (...) podem (...) estipular contratos coletivos de trabalho com eficácia obrigatória para todos (...)", entretanto, não obstante a definição constitucional, o registro nunca é feito, portanto, os contratos coletivos não tem força vinculante, legislativamente falando, sendo a prática jurisprudencial, ao contrário, constantemente afirma a vinculabilidade dos contratos coletivos. Existe, então, uma desarmonia entre o direito legal e o direito jurisprudencial.

Na perspectiva de Sgarbossa e Jensen (2008) trazem que a recepção legislativa refere-se à adoção de normas pelo meio legislativo[23], sendo a teórico-doutrinária dada por trabalhos de estudiosos do direito que compulsando o direito estrangeiro incorpora construções teóricas e dogmáticas de origem alienígena correspondendo, por fim, a judicial aquela onde o direito estrangeiro é incorporado nas decisões proferidas[24].

A multiplicidade de formas de incorporação de modelos estrangeiros no Direito do receptor apresenta elementos peculiares que são inerentes a cada uma daquelas. Neste sentido, a recepção judicial é mais comum e menos dificultosa[25] que aquela que se realiza por meio legislativo[26], eis que depende de um procedimento formal conduzido por não juristas como a que se dá por meio legislativo[27]. Já a recepção teórico-doutrinária[28] e judicial vem exercendo um impacto maior no direito interno, além de

[23] Entendido de forma ampla, ou seja, realizado através dos órgãos com capacidade legiferante.

[24] É necessário estabelecer a distinção entre as recepções materiais da aplicação da lei internacional que é própria do direito internacional privado. Neste sentido expõe Sgarbossa e Jensen, 2008, que os transplantes correspondem ao reenvio material, eis que as disposições são incorporadas no direito pátrio, sendo que o reenvio formal é típico do direito internacional privado eis que não há incorpora os dispositivos baseados no direito estrangeiro, ao contrário, remete-se a solução de determinadas relações a determinado direito alienígena.

[25] Algumas análises das recepções realizadas pelo Supremo Tribunal Federal podem ser encontradas em Rudolfo (2017) no âmbito dos direitos fundamentais e processo penal; Rosenblatt e Adriani (2018) e Giacomuzzi (2010) na perspectiva tributária e Tavares (2007).

[26] As recepções legislativas, que dá-se a inserção no ordenamento jurídico nacional pelo meio legislativo, podem ser verificadas nos exemplos trazidos por Moreira (2001, pp. 177 - 178), assim como diante das diversas exemplificações trazidas por Sgarbossa e Jensen (2008, pp. 225-267) dentro os quais se insere o mandado de injunção e decisão de apelo (*Appelentscheidung*); o controle misto de constitucionalidade das leis; entre outros.

[27] As recepções legislativas estão presentes na ordem jurídica brasileira, sendo possível afirmar que o legislador brasileiro tem uma vocação para a realização de transplantes jurídico (CAPPELLETTI, SIQUEIRA, 2016).

[28] Um exemplo de recepção teórico-doutrinária é a relativização do nexo de causalidade e a responsabilização da indústria do fumo traz invocabilidade de doutrinas e práticas jurisprudenciais que vem sendo adotadas em outros países, no que diz respeito à prova do nexo de causalidade diante da circulação de modelos jurídicos exposta por Facchini Neto (2016). Outros trabalhos também no sentido de verificar recepções doutrinárias podemos citar Hoffman (2007), Sgarbossa e Jensen (2008, pp. 225-267) e Vieira (2018).

serem de mais difícil controle, em face de sua fluidez[29] (SGARBOSSA & JENSEN, 2008).

Ademais, observam Sgarbossa e Jensen (2008) que os transplantes podem ocorrer conscientemente quando a exportação é realizada de forma consciente pelo importador ou por mimetismo jurídico[30] ou então inconsciente, que correspondem aquelas que podem ser verificadas embora não deliberadamente planejadas, normalmente sendo realizadas paulatinamente, afetando concepções de onde resulta o conceito de contaminações jurídicas[31].

As considerações trazidas em torno da circulação de modelos demonstram a sua existência ao se incorporar em ordenamento jurídico preceitos de conteúdo normativo de outro, podendo esta inserção ocorrer de modo mais formal - pelo processo legislativo; ou mais fluído - doutrinária e jurisprudencial. Ademais, a introdução de preceitos normativos pode transferir um conjunto normativo inteiro ou então parcial, com apenas algumas regras ou institutos.

O estudo das definições em torno dos transplantes jurídicos na atualidade mostra-se fundamentais, especialmente diante as novas questões e controvérsias que surgem frente a incorporação das tecnologias digitais

[29] Nesta multiplicidade de espécies de recepções é interessante observar que em certas circunstâncias pode haver conflito entre uma recepção de direito pela via judicial e a via legislativa, por exemplo. Nada impede de a primeira superar a segunda (assim como na colisão ou incongruência entre formante legal e judicial, onde esta última prepondera em regra). Há uma lógica em pensar em uma supremacia da recepção legislativa uma vez que se baseia no *caráter vinculante* e *geral das normas legais*. Ainda, a recepção operada pelo legislador tem em regra uma maior *visibilidade* e *uniformidade*, ou antes, *uma menor equivocidade*, sendo mais facilmente constatável, diversamente da recepção judicial ou doutrinária que pode ter uma jurisprudência mais vacilante e posições contrárias na doutrina (inidôneo buscar sustentar a recepção do direito por posição isolada ou minoritária). Decisões judiciais - ganham relevo quando em caráter paradigmático em relação as demais decisões, seja por força dos instrumentos de uniformização de jurisprudência ou súmula vinculante (Sgarbossa & Jensen, 2008).

[30] Conforme os autores, refere-se quando se procura copiar ou imitar (mimetismo jurídico) elementos de determinado sistema importando-os (importação consciente que gerará a recepção legislativa)

[31] Em regra, as importações conscientes encontram-se vinculada principalmente à recepção legislativa. A recepção inconsciente encontra-se vinculada principalmente a recepção doutrinária e jurisprudencial.

emergentes no contexto dos mais diversos Países. A tecnologia, tem transformado gradualmente as sociedades que compõe os Estados, todavia não há uma linearidade nas transformações, de forma com que alguns Países com um maior desenvolvimento tecnológico já possuem maiores instrumentos normativos frente as transformações das relações sociais.

O desenvolvimento tecnológico e a incorporação tecnológica estão pautado atualmente no aperfeiçoamento de tecnologias já existentes e em tecnologias inovadoras e disruptivas, que permitem novos modos de realizar determinadas atividades. A inteligência artificial pode ser tida como uma tecnologia que traz novos formatos para a execução de diversas atividades, outrora consideradas exclusivamente humanas ou até impossíveis para o cérebro humano. A regulamentação desta tecnologia encontra-se em pauta no âmbito nacional de diversos Países, assim como internacionalmente, de forma que realizar uma exposição de como o Direito comparado e os transplantes jurídicos podem se interligar com este contexto mostra-se de importante valia.

3. Inteligência artificial, circulação de modelos e produção legislativa

As inovações tecnológicas, especificamente as associadas à quarta revolução industrial[32] estão presentes desde a solução de complexos problemas à resolução de tarefas inerentes à rotina diária das pessoas[33]. Klaus Schwab (2018, p. 36) observa que as tecnologias que compõem a quarta revolução – inteligência artificial, o blockchain, a internet das coisas e outras – já estão influenciando e orientando os sistemas em que os indivíduos estão inseridos, como o social e o econômico.

A incorporação das tecnologias digitais emergentes nas relações existentes na sociedade traz influxos para o Direito, assim como a ordem jurídica traz para o desenvolvimento e a adoção tecnológica. Em outra perspectiva, os novos formatos de relação podem trazer novos

[32] Steibel, Vicente e Jesus (2019, p. 54) consideram que a quarta revolução industrial envolve sistemas ciberfísicos, havendo uma interação entre humanos e máquinas e também entre estas em si. Para os autores a grande interação entre o mundo físico, biológico e digital é que difere a quarta das demais revoluções industriais.

[33] Nick Bostrom (2018) aponta que tecnologias como a inteligência artificial que impactarão o mundo nos próximos cinco ou dez anos já estão em uso de forma limitada, sendo que aquelas que remodelarão o mundo em menos de quinze anos provavelmente já existem em laboratórios em forma de protótipo.

questionamentos sobre as dimensões de direitos já estabelecidos ao mesmo tempo que o sistema jurídico pode propiciar uma maior abertura as inovações ou não.

No panorama trazido, mostra-se importante destacar que ao mesmo tempo que a inovação traz novas reflexões para a ordem jurídica nacional em razão das mudanças sociais que realiza, ela também constitui um fator de estímulo a circulação de modelos jurídicos entre os ordenamentos.

3.1. A inovação como um novo fator de estímulo aos transplantes jurídicos

A circulação de modelos jurídicos encontra diversas motivações, estando associadas estas ao contexto histórico em que for analisado. No contexto atual, os transplantes jurídicos encontram-se ligados a voluntariedade do legislador, do julgador ou do doutrinador, que pode buscar no direito estrangeiro ferramentais ou institutos valorosos para o direito nacional.

As mudanças sociais ocorridas nas últimas décadas, bem como as transformações promovidas pela 4ª revolução industrial e a difusão da internet, têm aproximado muito os indivíduos. Em verdade, tais mudanças além de romper as fronteiras da comunicação e aproximar os indivíduos, também constituem fatores que tomam a vida dos indivíduos muito parecidas.

A inteligência artificial e suas aplicações, como no reconhecimento facial, é um exemplo do contexto acima descrito. É possível identificar desde artigos em jornais de grande circulação até artigos científicos de diversos países casos onde algoritmos apresentaram um viés discriminatório, tornando-se a regulamentação deste tipo de tecnologia um desafio compartilhado por diversas nações.

Nesta perspectiva, a disseminação da tecnologia traz para os indivíduos de diversos países desafios semelhantes. Dito de outro modo, a disseminação das tecnologias emergentes e sua incorporação no cotidiano criam problemas jurídicos semelhantes, sendo o Direito chamado a regular ou regulamentar tais questões em diferentes sistemas jurídicos.

Fedtke (2006, p. 435) comenta que "finally the global spread of increasingly similar working and living conditions has raised equally similar legal problems in societies all over the word, and – in their wake – a trend towards similar and often even identical legislative and judicial responses". As inquietações jurídicas trazidas pelas tecnologias digitais emergentes tem se dado de forma global, eis que incorporação destas está presente nas diversas sociedades.

As tecnologias, conforme exposto anteriormente, trazem novos contextos sociais e problemas jurídicos semelhantes para as ordens jurídicas. Ao mesmo tempo, o Direito também reflete sobre as inovações tecnológicas, sendo que as estruturas jurídicas de um ordenamento permeiam ou estimulam estas, o que denomina Hoffmann-Riem (2015, posição 312-317) como a "abertura do direito" as inovações.

A interrelações existentes entre o Direito e as inovações tecnológicas demonstra por vezes a necessidade de uma atividade legislativa que promova a proteção dos Direitos dos indivíduos, regulamente algumas relações existentes em sociedade e que esteja atenta aos impactos que tem sobre desenvolvimento das inovações. A atividade legislativa direcionada as tecnologias emergentes não surge de forma concomitante em todos os ordenamentos jurídicos, havendo países com experiências mais lastras e que pode ser utilizada como referência ou incorporada no direito nacional.

A circulação de modelos[34] na perspectiva exposta obtém uma maior importância, uma vez que um País pode adotar estruturas jurídicas já presentes em outras sociedades que fomentem ou inibam as inovações ou então que regulamentem problemas que são comuns a sociedades que já as desenvolveram.

As mudanças sociais decorrentes da incorporação tecnológica e os influxos que o Direito passa a sofrer estão associados a uma atividade normativa, tendo o Direito comparado[35] uma relevância destacada para a aceleração do desenvolvimento do Direito. A posição de destaque dada aos Direito comparado está associada a possibilidade de conhecer como lacunas foram suprimidas no ordenamento estrangeiro.

Ao comentar especificamente sobre o desenvolvimento tecnológico, observa Hoffmann-Riem que:

[34] Cabe referir, neste aspecto, que programas de reforma de lei adotados ou suportados por instituições internacionais que promovem trocas legais em uma escala global.

[35] O estudo do Direito Comparado traz consciência de circulação de modelos jurídicos, ajuda a explicar as peculiaridades de cada sistema indicando suas origens e permite o questionamento de sua consistência, a superação do positivismo legalista, constitui auxílio para o legislador, é fundamental ferramenta hermenêutica e também proporciona um maior conhecimento do próprio direito, além de possibilitar o suprimir lacunas, como observa Facchini Neto (2016, p. 13) e Sacco (2001, p. 185).

> "Sociedades que não são capazes de desenvolver inovações tecnológicas consideráveis podem-se utilizar dos resultados já alcançados por outras, por meio da aquisição de patentes e de direitos autorais ou, eventualmente, mediante a aquisição de imitações, estas possivelmente ilegais. As inovações tecnológicas estão geralmente disponíveis em todos os lugares. Em contraste, as inovações sociais devem ser adaptadas às culturas específicas da sociedade a menos que elas tomem em conta os problemas decorrentes das características regionais, locais, ou étnicas, devendo-se ter em consideração as tradições sociais, os valores específicos ou as estruturas sociais estabelecidas. Cada sociedade deve encontrar por si mesma seu próprio caminho, mas pode, também, aprender com o desenvolvimento ocorrido em outras" (Hoffmann-Riem, 2015, posição 297-302).

Na linha posta pelo autor, as inovações tecnológicas encontram-se difundidas, sendo que algumas sociedades podem se valer de inovações tecnológicas conquistas por outras. Em outra perspectiva, as inovações sociais estão associadas ao contexto em que são desenvolvidas, não obstante possa também aprender com o desenvolvimento ocorrido em outros lugares. Deste modo, o desenvolvimento tecnológico e social por se dar dentro da própria sociedade ou então utilizado o de outras.

O desenvolvimento legislativo, doutrinário e jurisprudencial para questões decorrentes da inovação tecnológica e social também assume as feições trazidas por Hoffmann-Riem. Um Estado ao mesmo tempo que pode desenvolver dentro de sua ordem jurídica institutos jurídicos novos para solucionar as tensões, pode aprender com modelos jurídicos estrangeiros.

Os transplantes jurídicos, no contexto das inovações tecnológicas, constituem um ferramental de Direito comparado fundamental para o desenvolvimento da atividade legislativa, doutrinária e jurisprudencial na ordem jurídica interna dos Estados.

3.2. A inteligência artificial, inovação e atividade legislativa

O advento tecnológico e a quarta revolução industrial têm impactado nas relações e nas atividades insertas no contexto social, que tem passado por diversas modificações. A inteligência artificial é uma tecnologia inovadora e as suas aplicações práticas têm o potencial para trazer alterações substanciais, especialmente se utilizada como auxiliar ou na tomada de decisão.

A inteligência artificial tem recebido diversas definições[36] pelos seus pesquisadores. No presente trabalho esta tecnologia está relacionada a um ramo da ciência da computação que se ocupa da automação do comportamento inteligente, que está baseado em "(...) estruturas de dados usadas na representação do conhecimento, os algoritmos necessários para aplicar esse conhecimento e as linguagens e técnicas de programação usadas na sua implementação" (LUGER, 2013, p. 01).

Na atualidade, a difusão da inteligência artificial (IA) com sua aplicação em diversas situações fáticas do dia a dia dos indivíduos tem representado uma alteração na forma como determinadas atividades eram realizadas. Diante disto, o emprego da IA como solução tecnológica além de trazer inovação, mostra-se também disruptiva, eis que traz novas formas para se realizar determinadas tarefas já existentes.

O potencial das aplicações da inteligência artificial traz para esta um grande destaque dentre as tecnologias desenvolvidas nos últimos tempos. Erik Brynjolfsson e Andrew McAfee (2020, p. 20) consideram que a IA corresponde à tecnologia de âmbito geral mais importante da nossa época, já estando presente em diversos âmbitos da vida dos indivíduos[37].

Lee (2019, p. 131), em uma visão que vai além do momento presente, propõe que a revolução completa da IA levará um tempo e acontecerá em quatro ondas – IA de internet, IA de negócios, IA de percepção e IA autônoma. Ao expor sobre a segunda onda, qual seja, a da IA de negócios, comenta sobre o exercício de inferências e a capacidade humana:

> "A IA de negócios faz a mineração desses bancos de dados para correlações ocultas que muitas vezes escapam ao olho nu e ao cérebro humano. Baseiam-se em todas as decisões e resultados históricos dentro de uma organização e usa dados rotulados para treinar um algoritmo que pode superar até mesmo os humanos mais experientes. Isso porque os humanos, em geral. Fazem predições com base em *preditores fortes*, um punhado de

[36] Há pesquisadores, como Rich (1988), que defendem a ideia de máquinas que agem como pessoas, em contraponto à visão de Luger (2013, p. 01), segundo a qual as as mesmas agiriam de forma racional. Existem ainda outros autores se afiliam à ideia de inteligência artificial como um sistema que pensa seja como pessoas ou racionalmente (WINSTON, 1988).

[37] Sobre as diversas aplicações da inteligência artificial ver Fry (2019), Domingos (2017), Souza e Oliveira (2019, pp. 69-77).

> pontos de dados altamente correlacionados a um resultado específico, quase sempre em uma clara relação de causa e feito. [...]. Os algoritmos realmente incorporam essas características fortes, mas também analisam milhares de outras *características fracas*: pontos de dados periféricos que podem parecer não ter relação com o resultado, mas contêm algum poder de predição quando combinados em dezenas de milhões de exemplos. Essas correlações sutis são muitas vezes impossíveis para qualquer humano explicar em termo de causa e efeito: por que quem toma um empréstimo na quarta-feira paga mais rapidamente? Mas algoritmos que podem combinar milhares desses preditores fracos e fortes – muitas vezes usando relações matemáticas complexas indecifráveis a um cérebro humano – superarão até mesmo os melhores seres humanos em muitas tarefas de negócios analíticas". (LEE, 2019, p. 136).

As considerações postas pelo autor demonstram que a inteligência artificial corresponde a um ferramental que permite a execução de tarefas de forma inovadora e disruptiva já no estágio atual. Atualmente há um grande desenvolvimento de modelos de negócios, produtos e serviços que empregam a tecnologia em comento, havendo uma tendência ao surgimento de novas técnicas e aplicações.

A incorporação da inteligência artificial na vida dos indivíduos e nas diversas relações existentes na sociedade traz mudanças para todo o contexto social, que passa a ter novos formatos de relação e novas realidades. O sistema jurídico, por sua vez, recebe estímulos nas mudanças sociais de forma com que a incorporação da inteligência artificial traz influxos para o Direito.

O desenvolvimento e a implementação de sistemas inteligentes ao mesmo tempo que mostra potencialidades futuras, também estão permeados riscos e novos desafios a direitos consagrados na ordem jurídica. Nesta perspectiva, em razão das alterações fáticas promovidas pela aplicação da IA irradiar reflexos no plano jurídico advém a atividade legislativa, como elemento necessário à sua regulação.

A inteligência artificial, assim como as tecnologias digitais emergentes, ao serem incorporadas modificam o contexto social trazem traz influxos para a ordem jurídica. A ordem jurídica vigente nem sempre apresenta soluções no plano das regras para as novas questões oriundas as alterações sociais recentes, tornando necessária, por vezes, um redesenho de propriedades na ordem jurídica – que pode ser elaborado internamente ou com base no direito estrangeiro.

3.3. A atividade legislativa em torno da inteligência artificial e o Direito Comparado

O desenvolvimento tecnológico e o Direito apresentam diversas interrelações e influxos, dito de outro modo, o elo entre os sistemas jurídicos e as tecnologias desenvolvidas apresentam aspectos diversos.

Em uma primeira nuance, verifica-se que a inteligência artificial, enquanto tecnologia já incorporada nas relações sociais, provoca novos formatos de relação que não foram pensadas pelo legislador, demandando do mesmos soluções e regulações diante à nova realidade.

Um outro ponto que pode observar-se, é o fato de a inteligência artificial constituir um ferramental à disposição do legislador para a atividade legislativa, assim como já tem sido verificada em diversos tribunais e na elaboração de políticas públicas.

A regulação da tecnologia, especialmente a inteligência artificial, através de um sistema jurídico pode apresentar um grande impacto para a mesma, uma vez que as inovações legislativas podem coibir ou estimular o seu desenvolvimento. Neste sentido, pode-se verificar na proposição de novas regras e ações destinadas feitas pela Comissão Europeia (2021) visando garantir os direitos fundamentais ao mesmo tempo que reforça o investimento, a inovação e a utilização da inteligência artificial.

A necessidade de regular as aplicações da inteligência artificial aos interesses da sociedade e dos seus membros tem sido pauta discutida em diversos países e também pode órgãos supranacionais. Nos termos anteriormente defendidos no presente trabalho, a inteligência artificial e as tecnologias emergentes encontram-se presentes nas mais diversas sociedades e trazendo problemas comuns a estas – assim como fomentando a possibilidade de trocas de modelos jurídicos.

A regulação da inteligência artificial não se mostra exclusividade de um Estado, mas um desafio presente em diversos países. Nesta perspectiva, o Direito Comparado, especialmente os transplantes jurídicos, apresentam-se intimamente relacionados a atividade legislativa relacionada a regulação da IA.

Na atualidade, a regulação das aplicações da inteligência artificial pode ser relacionada com dois sistemas: o ético e o jurídico, conforme observa

Mulholland (2019, p. 08). No plano regulatório ético (*soft regulation*) a governança da inteligência artificial é baseada em princípios que formam um conjunto de recomendações, havendo a criação "[...] guias deontológicos que serão constituídos como a razão prima face e o fundamento para o desenvolvimento da IA." (Mulholland, 2019, p. 08). Na atualidade, há vários guias de recomendações éticas, como os elaborados a nível de União Europeia (2018a; 2018b; 2019) e pela Organização para a Cooperação e Desenvolvimento Econômico (OECD, 2019).

No plano regulatório jurídico (*hard regulation*) há a criação de restrições que impõe padrões de coerção para a aplicação da inteligência artificial (Mulholland, 2019, p. 08). Novais e Freitas (2018, p. 29) relatam que inexiste uma abordagem normativa holística a nível da União Europeia, sendo a questão da inteligência artificial descortinadas em textos legais dispersos. No Brasil há projetos legislativos[38] visando ao estabelecimento de princípios, direitos e deveres para o uso da inteligência artificial.

No âmbito global há hoje inúmeros instrumentos que buscam regular a inteligência artificial, seja mediante guias éticas ou por meio instrumentos legais que se inserem no contexto regulatório jurídico. Neste sentido é a pesquisa realizada pelo grupo de pesquisadores da AI Robotics Ethics Society (AIRES) (2022) que apresentaram uma revisão sistemática de 200 documentos relacionados à ética e governança da IA.

A existência de diversos guias éticos e de instrumentos normativos regulando a inteligência artificial por diversos Estados e em diversas fases de desenvolvimento demonstra um contexto de desenvolvimento da atividade regulatória, notadamente a relacionada a atividade legislativa. Além disto, se tem diversas experiências e institutos no direito estrangeiro que podem constituir um intercâmbio de normativo.

No âmbito brasileiro, pode-se considerar que por tradição o estudo da ciência do Direito Comparado, não obstante, haja a aplicação de instrumentos jurídicos importados de outras ordens jurídicas. Tavares (2006, p. 67) expõe que se fizermos uma análise das diversas fases da construção do nosso sistema jurídico, ficará visível a receptividade de conhecimento do Direito de outros países assim como à adoção de muitos elementos de fontes jurídicas alienígenas. Nesse sentido os diversos exemplos de

[38] Neste sentido são os projetos legislativos 5051/2019, 21/2020 e 240/2020.

importação de modelos jurídicos em nossa ordem como observa autores como Moreira (2001, pp. 180-184) e Tavares (2007) e (2010).

No ano de 2018, no Brasil houve a sanção Lei 13709/2018 que é a Lei Geral de Proteção de Dados Pessoais vigente atualmente. O instrumento normativo brasileiro ao ser editado pelo poder legislativo teve por base o Regulamento Geral sobre a Proteção de Dados da União Europeia, trazendo a lei vigente no Brasil diversos aspectos deste regulamento. Nesta perspectiva, pode-se se perceber um exemplo de intercambio normativo e sua importância no processo de renovação legislativa.

Ao estabelecer diretrizes e normas jurídicas sobre a inteligência artificial, atualmente o legislador possui a faculdade de buscar no Direito estrangeiro, especialmente da mesma família, institutos jurídicos considerados como "bem-sucedidos". Neste sentido, ao abordar questões jurídicas novas para uma determinada ordem jurídica interna, o legislador pode buscar a criação de novos mecanismos jurídicos, mas ao mesmo tempo pode buscar em outra ordem jurídica formatos que entender por adequados.

Diferentemente do meio legislativo, onde há uma formalidade na adoção de modelos jurídicos, existem formas mais fluidas quando a adoção de ideias e formatos de outras ordens jurídicas, notadamente através da jurisprudência e da doutrina. Neste sentido, atualmente no Brasil tramita projetos legislativos sobre a regulamentação da inteligência artificial ao mesmo tempo em que há diversas obras doutrinárias abordando o tema e o seu tratamento do direito estrangeiro.

Assim, um modelo considerado de prestígio e que regule as tecnologias digitais emergentes pode ser consensualmente incorporado na ordem jurídica doméstica por uma atividade legislativa. Todavia, sempre se torna necessária a análise das diversas nuances do contexto onde a norma importada está inserida, uma vez que a recepção pelo ordenamento é complexa.

A inserção de modelos de prestígio influencia mudanças legais no país receptor eis que moldam ideias legais, instituições, categorias e regras, sendo que as fontes de prestígio frequentemente envolvem uma variedade de elementos. Deste modo, um determinado modelo ou instituição ao ser transplantando terá diferentes repercussões, se comparado ao ordenamento de onde foi retirado.

A circulação de modelos jurídicos constitui um importante instrumental para a renovação dos sistemas jurídicos. A relevância das transferências diante ao contexto atual trazido pelo desenvolvimento tecnológico mostra-se na medida em que outras ordens jurídicas já possuem instrumentos e modelos para regular situações novas, além de trazer o conhecimento advindo da experiência na construção dos modelos já adotados.

Ao se regular a inteligência artificial os Estados podem se valer da experiência estrangeira, buscando nelas modelos que podem serem considerados como bem sucedidos ou então incorporar formatos que consonância com organismos internacionais associados ao País. Deste modo, no contexto tecnológico a experiência estrangeira apresenta como uma ferramenta à disposição do legislador ao estabelecer a ordem interna, ao doutrinador e ao julgador ao abordarem a temática.

4. Conclusão

Os transplantes jurídicos e sua análise pelo Direito Comparado mostra-se um dos temas mais relevantes na atualidade jurídica por permitir a análise científica de fenômenos que ocorrem desde a antiguidade e são responsáveis em grande parte pelas renovações que ocorrem nos ordenamentos jurídicos.

A análise dos transplantes demonstra os fatores que levam estes a ocorrerem, permitindo refletir sobre tais, assim como verificar suas modificações e redefinições, como a imposição imposta através da colonização e na atualidade por pressões externas de ordem econômica, estando entre tais o prestígio cuja consensualidade seria marca.

Os fatores de troca, ademais, mostram ligação com os benefícios aspirados por aqueles que realizam os transplantes, eis que em casos de prestígio e consensualidade se pressupõe que o país importador tenha razões para proceder de tal modo, assim como o país exportador no caso de imposições.

Ademais, ambas as perspectivas se interligam com a efetividade destes, assim como as formas e modelos objetos de recepção o que torna a formulação de considerações sobre tais elementos fundamentais para que possa se estabelecer uma visão da adoção de institutos estrangeiros observando os preceitos e valores inerentes ao Direito Comparado.

O tema dos transplantes tem sido analisado pela doutrina pátria, de forma ainda muito tímida, somente com relação a casos onde a importação de um modelo jurídico foi realizada, havendo uma omissão quanto a estudos teóricos sobre as circulações de modelos, que se apresenta um tema de grande riqueza e debates.

Deste modo, especialmente diante das mudanças sociais que leva a contextos mais globais compreender os transplantes e aprender com experiências advindas direito estrangeiro mostra-se uma das formas mais inteligentes, desde que seja acompanhada de uma visão crítica que demanda o conhecimento da temática na perspectiva do direito comparado.

Referências

BOSTROM, Nick. **Superinteligência**. Barueri: Darkside Editora, 2018. *E-book*.

BRASIL. Câmara dos Deputados. **Projeto de lei nº 21/2020**. Estabelece princípios, direitos e deveres para o uso de inteligência artificial no Brasil, e dá outras providências. Brasília-DF: Câmara dos Deputados, 2020a. Disponível em: https://www.camara.leg.br/proposicoesWeb/fichadetramitacao?idProposicao=2236340&ord=1. Acesso em: 17 nov. 2022.

BRASIL. Câmara dos Deputados. **Projeto de lei nº 240/2020**. Cria a Lei da Inteligência Artificial, e dá outras providências. Brasília-DF: Câmara dos Deputados, 2020b. Disponível em: https://www.camara.leg.br/proposicoesWeb/fichadetramitacao?idProposicao=2236943. Acesso em: 17 nov. 2022.

BRASIL. Senado Federal. **Projeto de lei nº 5051/2019**. Estabelece os princípios para o uso da Inteligência Artificial no Brasil. Brasília-DF: Senado Feeral, 2019. Disponível em: https://legis.senado.leg.br/sdleg-getter/documento?dm=8009064&ts=1656528536348&disposition=inline. Acesso em: 17 nov. 2022.

BRYNOLFSSON, Erik; MCAFEE, Andrew. O negócio da inteligência artificial. *In*: AGRAWAL, Ajay; BERINATO, Scott; BRYNOLFSSON, Erik. **Inteligência Artificial**: visões fundamentais Harvard Business Review. Tradução: Carla Pedro. Braga: Actual, 2020. p. 19-38.

CAPPELLETTI, Monica. SIQUEIRA, Julio Pinheiro Faro Homem de. Transplantes jurídicos ou análise comparativa de direitos, qual a vocação do legislador brasileiro no processo de elaboração de suas leis? In: **Revista Interesse Público**, v. 18, n. 99, p. 15–35, set./out., 2016.

DAVID, René. **Os grandes sistemas jurídicos contemporâneos**. São Paulo: Martins Fontes, 2014.

DOMINGOS, Pedro. **A revolução do algoritmo-mestre: como a aprendizagem automática está a mudar o mundo**. Tradução: Francisco Silva Pereira. 1. ed. Lisboa: Manuscrito, 2017.

FACCHINI NETO, Eugênio. A relativização do nexo de causalidade e a responsabilização da indústria do fumo – a aceitação da lógica da probabilidade. In: **Revista Civilistica**, a. 5, n. 1, p. 1-41, maio 2016.

FACCHINI NETO, Eugênio. Dutry to mitigate the loss. Cheapest cost avoider. Hand Formula: Aplicação judicial brasileira de doutrina e jurisprudência estrangeiras. O positivismo jurídico em um mundo globalizado. In: **Revista de Direito Civil Contemporâneo**, vol. 13, p. 249-279, out./dez.2017.

FEDTKE, Jörg. Legal transplants. In: SMITS, Jan M. (Ed.). **Elgar Encyclopedia Of Comparative Law**. Cheltenham/UK: Edward Elgar Ed., 2006.

FRY, Hannah. **Olá futuro: como ser humano na época dos algoritmos**. Lisboa: Planeta Editora, 2019.

GIACOMUZZI, José Guilherme. Nota Crítica sobre a Interpretação Constitucional e o Mau Uso do Direito Comparado no Caso da Progressividade Tributária: nova chance ao Supremo Tribunal Federal afirmar sua legitimidade política. In: **Revista do Ministério Público do RS**, n. 65, jan. 2010 – abr. 2010, p. 139-152.

GRAZIADEI, Michele. Comparative Law as the study of transplants and receptions. In: REIMANN, Mathias. ZIMMERMANN, Reinhard. **The oxford handbook of comparative law**. Oxford/US: Oxford University Press, 2006, p. 441-475.

HOFFMANN, Florian Fabian. A transplantabilidade em matéria de Direito Humano: reflexões acerca de um conceito clássico do Direito Comparado. In: **Direito, Estado e Sociedade**, n. 30, p. 156-166, jan./jun. 2007.

HOFFMANN-RIEM, Wolfgang. Direito, tecnologia e inovação. *In*: MENDES, Gilmar; SARLET, Ingo Wolfgang; COELHO, Alexandre Zavaglia. **Direito, inovação e tecnologia**. São Paulo: Saraiva, 2015. *E-book*.

LEE, Kai-Fu. **Inteligência artificial: como os robôs estão mudando o mundo, a forma como amamos, nos comunicamos e vivemos**. Tradução: Marcelo Barbão. Rio de Janeiro: Globo Livros, 2019.

AI ROBOTICS ETHICS SOCIETY. **Worldwide AI Ethics**. Porto Alegre, RS: Pontifícia Universidade Católica do Rio Grande do Sul, 2022. Disponível em: https://www.airespucrs.org/worldwide-ai-ethics. Acesso em 17 nov. 2022.

LUGER, George F. **Inteligência Artificial**. Tradução: Daniel Vieira. 6 ed. São Paulo: Pearson Education do Brasil, 2013. *E-book*.

MOREIRA, José Carlos Barbosa. A Importação de Modelos Jurídicos. In: **Direito Contemporâneo: estudos em homenagem a Oscar Dias Corrêa**. MARTINS, Ives Gandra da Silva; (Coord.). Rio de Janeiro: Forense, 2001, p. 175-186.

MULHOLLAND, Caitlin. Responsabilidade civil e processos decisórios autônomos em sistemas de inteligência artificial (IA): autonomia, imputabilidade e responsabilidade. *In*: FRAZÃO, Ana; MULHOLLAND, Caitlin (cood.). **Inteligência artificial e Direito:** ética, regulação e responsabilidade. São Paulo: Revista dos Tribunais, 2019. p. 325-348

NOVAIS, Paulo; FREITAS, Pedro Miguel. **Inteligência Artificial e regulação de algoritmos**. Brasília, DF: Ministério da Ciência, Tecnologia, Inovações e Comunicações, 2018. Disponível em: http://www.sectordialogues.org/documentos/proyectos/adjuntos/49f7d3_Intelig%C3%AAncia%20Artificial%20e%20Regula%C3%A7%C3%A3o%20de%20Algoritmos.pdf. Acesso em: 27 fev. 2021.

ORGANISATION FOR ECONOMIC COOPERATION AND DEVELOPMENT. **Recommendation of the Council on Artificial Intelligence**. Paris, 201a. Disponível em: https://one.oecd.org/document/C/MIN(2019)3/FINAL/en/pdf. Acesso em: 03 mar. 2021.

PERJU, Vlad. Constitutional Transplants, Borrowing, and Migrations. In: ROSENFELD, Michel; SAJÓ, András. **The Oxford Handbook of Comparative Constitutional Law**. Oxford/US: Oxford University Press, 2012.

RICH, Elaine. **Inteligência artificial**. Tradução: Newton Vasconcellos. São Paulo: Mc Graw Hill, 1988.

ROSENBLATT, Paulo. ANDRIANI, Lorrane Torres. Transplantes jurídicos pelo Supremo Tribunal Federal em matéria tributária: uma crítica à ausência de método comparativo. In: **Revista Jurídica da Presidência**, v. 20, n. 122, out. 2018/jan. 2019, p. 691-715. http://dx.doi.org/10.20499/2236-3645.RJP2018v20e122-1554

RUDOLFO, Fernanda Mambrini. **O Modelo Garantista Na Interpretação E Na Aplicação Dos Direitos Fundamentais: Um Estudo Comparado Do Posicionamento Processual Penal Do Supremo Tribunal Federal Brasileiro Em 2015 E 2016. 2017**. 433 f. Tese (Doutorado em Direito) - Universidade Federal de Santa Catarina, Florianópolis, 2017.

SACCO, Rodolfo. **Introdução do Direito Comparado.** São Paulo: Editora Revista dos Tribunais, 2001.

SCHWAB, Klaus. **Aplicando a quarta revolução industrial**. Tradução: Daniel Moreira Miranda. São Paulo: EDIPRO, 2018.

SGARBOSSA, Luis Fernando. JENSEN, Geziela. **Elementos de Direito Comparado: Ciência, política legislativa, integração e prática judiciária**. Porto Alegre: Sério Antônio Fabris Editor. 2008.

SIEMS, Mathias. **Comparative Law**. Cambridge/UK: Cambridge University Press, 2014.

STEIBEL, Fabro; VICENTE, Victor Freitas; JESUS, Diego dos Santos Vieira. Possibilidades e potenciais da utilização da Inteligência Artificial. In: FRAZÃO, Ana; MULHOLLAND, Caitlin (coord.). Inteligência artificial e Direito: ética, regulação e responsabilidade. São Paulo: Revista dos Tribunais, 2019. p. 65-82.

SOUZA, Carlos Affonso Pereira de. OLIVEIRA, Jordan Vinícius de. Sobre os ombros de robôs? A inteligência artificial entre fascínios e desilusões. *In*: FRAZÃO, Ana. MULHOLLAND, Caitlin (cood.). **Inteligência artificial e Direito: ética, regulação e responsabilidade**. São Paulo: Revista dos Tribunais, 2019. p. 65-82.

TAVARES, Ana Lúcia Lyra. Identidade do sistema jurídico brasileiro, recepções de direito e função do direito comparado. In: **Revista Brasileira de Direito Comparado**, n. 31, p. 60-85, jul./dez. 2006

______. A tradição jurídica brasileira. In: **Revista Brasileira de Direito Comparado**, n. 33, p. 139-154, jul./dez. 2007

______. O direito comparado na história do sistema jurídico brasileiro. In: **Revista Brasileira de Direito Comparado**, n. 36, p. 161–195, 2010.

UNIÃO EUROPEIA. Comissão Europeia para a Eficácia da Justiça. **Carta ética da União Europeia para o Uso da Inteligência Artificial em Sistemas Judiciais e seu ambiente**. Estrasburgo: Comissão Europeia para a eficácia da justiça, 2018a. Disponível em: https://rm.coe.int/carta-etica-traduzida-para-portugues--revista/168093b7e0. Acesso em 17 nov. 2022.

UNIÃO EUROPEIA. Comissão Europeia. **Orientações éticas para uma IA de confiança**. Bruxelas: Comissão Europeia, 2018b. Disponível em: https://ec.europa.eu/digital-single-market/en/news/ethics-guidelines-trustworthy-ai. Acesso em 17 nov. 2022.

UNIÃO EUROPEIA. Comissão Europeia. **Proposal for a Regulation of the European Parliament and of the Council** – LAYING DOWN HARMONISED RULES ON ARTIFICIAL INTELLIGENCE (ARTIFICIAL INTELLIGENCE ACT) AND AMENDING CERTAIN UNION LEGISLATIVE ACTS. Bruxelas: Comissão Europeia, 2021. Disponível em: https://ec.europa.eu/newsroom/dae/redirection/document/75788. Acesso em: 17 nov. 2022.

UNIDROIT. **About UNIDROIT**. Disponível em: https://www.unidroit.org/about--unidroit/overview. Acesso em 17 nov. 2022.

VIEIRA, Renato Stanziola. O que vem depois dos "legal transplants"? Uma análise do processo penal brasileiro atual à luz de direito comparado. In: **Revista Brasileira de Direito Processual Penal**, Porto Alegre, vol. 4, n. 2, p. 767-806, mai./set. 2018. https://doi.org/10.22197/rbdpp.v4i2.133

WINSTON, Patrick Henry. **Inteligência artificial**. Tradução: Carlos Octávio Pavel. Rio de Janeiro: LTC-Livros Técnicos e Científicos, 1988.

APRENDIZADO DE MÁQUINA E OS DIREITOS FUNDAMENTAIS DO CONTRIBUINTE

Paulo Caliendo[1]

Resumo: O presente artigo pretende verificar a aplicação dos sistemas inteligentes, com especial atenção para o aprendizado de máquina (*machine learning*) no Direito Tributário. O estudo investiga inicialmente a crescente utilização da inteligência artificial na fiscalização tributária e delimita a definição de aprendizado de máquina. Em seguida, analisa os casos de uso de IA no Direito estrangeiro e no Direito Tributário nacional. Por fim, se questiona o uso de mecanismos de construção de perfis dos contribuintes, por meio de sistemas de inteligência artificial e de sua conformidade com com os direitos fundamentais do contribuinte. Ao final, se demonstra que toda a utilização de mecanismos de inteligência artificial deve levar em conta os direitos constitucionais estabelecidos e a proteção dos contribuintes.

[1] Professor de Direito na Pontifícia Universidade Católica (PUC/RS). É graduado pela Universidade Federal do Rio Grande do Sul (UFRGS), Mestre em Direito pela UFRGS e Doutor em Direito Tributário pela PUC/SP. Foi também pesquisador visitante na Ludwig-Maximilians Universität no Center for Researcher on European and International Tax Law, em Munique na Alemanha. Escreveu "Curso de Direito Tributário", em sua quarta edição e o livro finalista do Prêmio Jabuti "Direito Tributário e Análise Econômica do Direito". Árbitro na lista brasileira do Tribunal Arbitral Ad Hoc do Mercosul, como decidido no Protocolo de Olivos.

1. Introdução

A sociedade está sendo e será alterada profundamente pelo uso da Inteligência Artificial (IA). Dificilmente poderemos prever com exatidão em até que ponto a sociedade será transformada pelo uso intensivo de IA na economia, na sociedade e no Direito.

A cada momento nos deparamos com mais uma notícia do avanço tecnológico em IA ou a sua disseminação progressiva e veloz para todos as esferas sociais. O presente artigo tem por objetivo destacar a análise do uso da técnica do aprendizado de máquina (*machine learning*) no âmbito da fiscalização tributária. Assim, podemos questionar se essa tecnologia acarreta ou acarretará riscos aos direitos fundamentais dos contribuintes. O presente texto tem por objetivo incluir a defesa do Contribuinte, perante o poder fiscal artificial e inteligente, como uma das facetas da centralidade do humano, nos debates sobre Inteligência Artificial.

Por fim, iremos verificar algumas propostas de regulação, barreira ou mitigação às possíveis ofensas computacionais ao Estatuto do Contribuinte.

2. Dos desafios da Inteligência Artificial para os direitos fundamentais

A revolução do século XXI é ainda mais profunda do que as revoluções industriais e científicas precedentes. Um dos grandes desafios é posto pela junção entre duas grandes transformações: o avanço em IA e em biotecnologia. Tratam-se de mudanças qualitativamente superiores aos progressos técnicos em engenharia a vapor, às dinâmicas locomotivas, a estonteante eletricidade e toda eletrônica juntas[2]. O imenso poder dessas novas técnicas, nem de perto se comparam ao que está em curso. As revoluções anteriores ampliavam as capacidades humanas de fazer. A atual ameaça a própria capacidade humana em ser. Estaria o humano fadado à obsolescência, à substituição por máquinas precisas e mais inteligentes, mesmo que sem emoções? O potencial destrutivo desses novos tempos exige, de modo imperativo, a responsabilidade no trato desses desafios presentes e futuros.

A IA foi descrita pela Organização para Cooperação e Desenvolvimento Econômico (OCDE) como o sistema de máquina capaz de influenciar o seu ambiente por o ambiente produzindo um resultado

[2] HARARI, Y. N. Reboot for the AI revolution. Nature News 550, p. 324-327, 2017, p. 327.

(previsões, recomendações ou decisões) para um determinado conjunto de objetivos[3].

É reconhecido pela OCDE que o uso de IA pode garantir a expansão da proteção e efetividade dos direitos fundamentais, mediante um uso correto e seguro. Podemos imaginar políticas governamentais para o combate à fome, epidemias, diagnóstico de doenças, predição de novos tratamentos médicos, dentre uma infinidade de soluções que se espalham por todo o tecido social. A automatização inteligente de previsões e recomendações permitirá a tomada mais adequada de decisões em políticas públicas.

Por outro lado, a IA pode ser um grave desafio aos direitos fundamentais. A utilização abusiva de sistemas inteligentes pode ampliar, aprofundar e agravar a violação aos direitos existentes, de modo acidental ou deliberado. Governos podem utilizar-se da tecnologia para perseguir grupos de oposição, discriminar setores e pessoas, bem como manter um aparato opressivo e autoritário distópico. Não menos importantes são os casos de violações acidentais de direitos, por meio de erros na arquitetura ou eficiência dos sistemas existentes. Um dos casos mais relatados na literatura são os algoritmos enviesados, que podem massificar os abusos e ofensas.

As possibilidades positivas e os possíveis impactos negativos implica na necessidade de uma regulação séria, consistente, abrangente e antecipada dos possíveis impactos da IA sobre os direitos fundamentais. O objetivo da regulação deve ser claro, tornar a IA meio para a realização da dignidade da pessoa humana. O alinhamento dos sistemas inteligentes com os valores humanos é a diretriz fundamental, que determina os limites e a essência dos seus objetivos.

A comunidade internacional está rapidamente elaborando os princípios para uma IA Ética. Dentre os mais diversos, destacam-se cinco: transparência (*transparency*), justiça (*justice and fairness*), da não-maleficência (*non-maleficence*), responsabilidade (*responsibility*) e privacidade (*privacy*)[4].

[3] *"An AI system is a machine-based system that is capable of influencing the environment by producing an output (predictions, recommendations or decisions) for a given set of objectives"* "OECD. Artificial Intelligence in Society, OECD Publishing, 2019. http://dx/doi.org/10.1787/eedfee77-en".

[4] JOBIN, Anna, IENCA, Marcello e VAYENA, Effy. "The Global Landscape of AI Ethics Guidelines." *Nature Machine Intelligence*, 1, 9, 2019, p. 389-99. Disponível em https://doi.org/10.1038/s42256-019-0088-2, dia 05.06.2022.

A OCDE, por sua vez, apresenta uma listagem mais ampla, incluindo: crescimento inclusivo e sustentável (*inclusive growth, sustainable development and well-being*); valores humano-centrados e equidade (*human-centred values and fairness*); transparência e explicabilidade (*transparency and explicability*); robustez e segurança (*robusteness, security and safety*) e acessibilidade (*accountability*)[5].

O estabelecimento seguro de princípios aplicáveis à IA permitirá a elaboração de uma regulação coerente e consistente, que permita utilizar todo o potencial positivo dessa tecnologia disruptiva. Eles devem orientar todas as instituições públicas (Executivo, Legislativo e Judiciário), bem como as organizações civis e empresas.

É absolutamente necessário se pensar em termos de alinhamento e coordenação nacional e internacional, entre a esfera pública e privada, sob pena de se ampliarem os riscos de impactos negativos não-intencionais, decorrentes da complexidade dos sistemas inteligentes.

A palavra-chave em ética computacional, em termos algoritmos, é consistência, ou seja, casos que possuem características relevantes devem resultar em decisões similares. Tratar os mesmos casos da mesma forma, quando presentes as mesmas condutas e circunstâncias é um requerimento essencial para uma ética normativa.

Tratar de modo consistente respostas morais é algo relativamente consensual em análises isoladas de casos. Tal situação muda drasticamente em ambientes complexos onde respostas são consistentes em um campo da vida humana, mas absolutamente distintos em outro. Maquiavel já demonstrava que as virtudes individuais na vida privada, quando transportadas para o aspecto público poderiam redundar em grandes fracassos públicos. Retrataria *Shakespeare*, na peça *Júlio César*, como alguém com tão questionáveis qualidades pessoais poderia ser um grande líder. César seria um grande paradoxo[6].

[5] Recommendation of the Council on Artificial Intelligence. OECD/LEGAL/0449, adotada em 21/05/2019. Disponível em https://legalinstruments.oecd.org/en/instruments/OECD-LEGAL-0449. Acesso em 05.06.2022.

[6] O conflito entre a majestade de César e suas debilidades físicas e morais aparece no discurso de Cássio: "*muito me espanta, ó deuses! Ver que um homem de uma constituição assim tão fraca tenha passado a frente neste mundo majestoso e, sozinho, obtido palma*"; *in* SHAKESPEARE, W. Júlio César. Disponível em http://www.ebooksbrasil.org/adobeebook/cesar.pdf, acesso dia 05.05.2022.

O conjunto de dimensões envolvidas em contextos complexos não só aumenta a possibilidade de inconsistências, como as torna pouco perceptíveis imediatamente. Pense-se nos múltiplos papeis que uma pessoa desenvolve como pai, filho, neto, trabalhador, investidor, consumidor, contribuinte e outra multiplicidade de funções e características.

Devem ser entendidos como pontos cruciais a determinação de requerimentos mínimos de proteção, identificação de contextos de risco elevado (*high-risk contexts*), bem como de grupos vulneráveis ou comunidades.

A existência de riscos sérios, imediatos ou não, exigem a implementação de mecanismos de proteção, revisão, controle e cessação de atividades.

A União Europeia por meio do *IA Act* cria um quadro jurídico uniforme para o desenvolvimento, a comercialização e a utilização da inteligência artificial em conformidade com os valores da União. Há a utilização um conceito dinâmico de IA, que acompanhe o espantoso e acelerado desenvolvimento tecnológico. O conceito de IA, apesar de abrangente, que menciona mecanismos inteligentes capazes de gerar *conteúdos, previsões, recomendações ou decisões, que influenciam os ambientes com os quais interage*, é desenvolvido por diversas técnicas ou abordagens ilustrativas. De outro lado, se limita aos sistemas com objetivos definidos por seres humanos. Seria possível que o próprio sistema de modo autônomo evoluísse para determinar os seus próprios objetivos? Teoricamente, no atual estágio é impraticável e improvável, sendo impossível de ser vislumbrado um horizonte capaz de se imaginar tal capacidade autônoma.

Dentre as técnicas citadas no Anexo I do *EU AI Act* estão:

a) Abordagens de aprendizagem automática, incluindo aprendizagem supervisionada, não supervisionada e por reforço, utilizando uma grande variedade de métodos, designadamente aprendizagem profunda;

b) Abordagens baseadas na lógica e no conhecimento, nomeadamente representação do conhecimento, programação (lógica) indutiva, bases de conhecimento, motores de inferência e de dedução, sistemas de raciocínio (simbólico) e sistemas periciais e;

c) Abordagens estatísticas, estimação de Bayes, métodos de pesquisa e otimização.

O Anexo I do *EU AI Act* lista em primeiro lugar, talvez, o principal caso de aplicação disseminada dos sistemas inteligentes que é o aprendizado de máquina (*machine learning*).

Destaca-se a menção à técnica do *aprendizado profundo* (*deep learning*), em que há o uso de crítico de redes neurais. Outra técnica a ser destacada são os motores de inferência e de dedução, sistemas de raciocínio (simbólico) e sistemas periciais, que são importantes no Direito.

3. Aprendizado de Máquina (*machine learning*)

Aprendizado de Máquina (*machine learning*) é o setor de Inteligência Artificial que lida com dois problemas conexos: i) como sistemas de máquina podem se aperfeiçoar pela experiência e ii) quais são as leis informacionais que governam o aprendizado, inclusive das máquinas?[7]

Um *algoritmo de aprendizagem* (*learning algorithm*) possui todos os desafios que caracterizam qualquer problema de aprendizagem, tais como a acurácia na análise de dados, a margem de erro nos modelos gerados e na eficiência do aprendizado[8]. Obviamente existem problemas específicos na elaboração do algoritmo, tais como o tratamento dos dados, a parametrização e arquitetura do modelo, o uso de técnicas computacionais entre outras questões.

O surgimento de um oceano de dados de todas as áreas da vida social (saúde, economia, indústria, etc.) tornou a demanda por algoritmos de aprendizado de máquina o mais requisitado dos desejos de pesquisadores, estrategistas, planejadores e outros organizadores sociais. Finalmente o sonho de ter modelos precisos, robustos e confiáveis permitiriam a automatização de cálculos, inferências e outras maravilhas estatísticas se tornaria realidade.

Russel e Norvig afirmam que um agente aprende quando aprimora a sua performace sobre tarefas futuras fazendo observações sobre o mundo[9]. Mas por que iríamos programar agentes artificiais que aprendem? Existem diversas razões.

A primeira delas é que o agente pode antecipar respostas e assim poderia resolver problemas com base em experiência anterior. Isso economizaria a formulação de hipóteses e algoritmos para casos hipotéticos.

[7] JORDAN, M. I. *et* MITCHELL, T. M. Machine learning: Trends, perspectives, and prospects. Science 349, p. 255-260, 2015, p. 255.

[8] JORDAN, M. I. *et* MITCHELL, T. M. Machine learning: Trends, perspectives, and prospects. Science 349, p. 255-260, 2015, p. 257.

[9] Cf. "*agent is learning if it improves its performance on future tasks after making observations about the world*", *in* RUSSELL Stuart J. *et* NORVIG, Peter. Artificial Intelligence. A Modern Approach. Third Edition. New Jersey: Prentice Hall Series, 2020, p. 693.

Assim um robô poderia aprender sobre o ambiente e determinar a sua localização e direção, sem depender de novos dados do programador. Ele poderia também aprender com as mudanças e variações do ambiente, tal como um agente artificial que atua no investimento em mercado de ações. Também o programador pode nem ter ideia de um problema futuro ou da solução para aquele problema, sem novos dados e informações completas. Algoritmos de aprendizagem podem ser muito úteis para diversos sistemas inteligentes, mas principalmente para agentes autônomos como drones, robôs e outros mecanismos inteligentes.

Esses algoritmos possuem três tipos de *feedbacks*: i) *não-supervisionado* (*unsupervised learning*); ii) *supervisionado* (*supervised learning*) e iii) *com reforço de aprendizagem* (*reinforcement learning*).

No modelo *não-supervisionado* (*unsupervised learning*) o agente aprende padrões mesmo que nenhum *feedback* (*retorno*) tenha sido explicitamente alimentado. Ele geralmente é utilizado para detecção de padrões. No caso do modelo *supervisionado* (*supervised learning*) são fornecidos padrões e classes de exemplos de entrada. Se o *feedback* prove uma resposta correta para a entrada, então teremos um modelo supervisionado. Poder-se-ia apresentar o caso de um agente de mobilidade que passa a desenvolver o conceito de tráfego bom ou ruim, conforme padrões e dados de entrada, mesmo que estes conceitos não apareçam explicitamente no início do programa. No aprendizado por reforço o agente aprende com sinalizações no sistema, que indicam resultados positivos (prêmios) ou negativos (punições)[10].

As árvores de decisão (*decision tree*) é uma das formas mais simples e bem-sucedidas de aprendizado de máquina. Nesse tipo de algoritmo, uma classe de exemplos é fundamental para a construção da árvore. Ela consiste em testes de atributos nos nós interiores, valores de atributos nos ramos, e os valores de saída nos nós foliares[11].

[10] RUSSELL Stuart J. et NORVIG, Peter. Artificial Intelligence. A Modern Approach. Third Edition. New Jersey: Prentice Hall Series, 2020, p. 695.

[11] *"Note that the set of examples is crucial for constructing the tree, but nowhere do the examples appear in the tree itself. A tree consists of just tests on attributes in the interior nodes, values of attributes on the branches, and output values on the leaf nodes"*; *in* RUSSELL Stuart J. et NORVIG, Peter. Artificial Intelligence. A Modern Approach. Third Edition. New Jersey: Prentice Hall Series, 2020, p. 706.

Uma característica relevante e distintiva das árvores de decisão é que existe a possibilidade controle dos dados de entrada, a arquitetura do sistema, a parametrização dos dados, a análise dos nós e dados esperados na saída. Tais características estão ausentes em redes neurais[12].

Outro modelo distinto e importante é dado por algoritmos e sistemas que tentam mimetizar o cérebro humano, com sistemas inteligentes baseados em redes neurais (*neural networks*)[13]. O modelo de IA em redes neurais é conhecido igualmente como conexionista, em distinção ao modelo de IA simbólica, estruturado em árvores de decisão.

Uma rede neural é apenas uma coleção de unidades em conjunto, com propriedades determinadas por sua topologia e semelhança com os neurônios. Um caso mais complexo ocorre com a presença de múltiplas camadas de decisão em redes neurais. Cabe ressaltar que o desempenho dos algoritmos de aprendizado é medido pela curva de aprendizado, e esta depende do conjunto de teste.

Esse volume de dados exige a elaboração de algoritmos cada vez mais consistentes, para processar adequadamente uma montanha de informações.

Novas classes de dados se tornaram cada vez mais desejáveis e a volúpia por novos dados assemelha-se ao famoso personagem mítico do *Leviathan* de Thomas Hobbes. Para este filósofo, o Estado seria uma criatura artificial dos seres humanos, que ao imitar a natureza teriam concebido esse "*animal político*"[14-15]. Eis que novamente estamos a criar um "*animal artificial*" e inteligente.

[12] RUSSELL Stuart J. et NORVIG, Peter. Artificial Intelligence. A Modern Approach. Third Edition. New Jersey: Prentice Hall Series, 2020, p. 707.

[13] RUSSELL Stuart J. et NORVIG, Peter. Artificial Intelligence. A Modern Approach. Third Edition. New Jersey: Prentice Hall Series, 2020, p. 728.

[14] "*Do mesmo modo que tantas outras coisas, a natureza (a arte mediante a qual Deus fez e governa o mundo) é imitada pela arte dos homens também nisto: que lhe é possível fazer um animal artificial*"; *in* HOBBES, Thomas. Leviatã ou matéria, forma e poder de um Estado eclesiástico e civil. Tradução de João Paulo Monteiro e Maria Beatriz Nizza da Silva. Disponível em http://www.dhnet.org.br/direitos/anthist/marcos/hdh_thomas_hobbes_leviatan.pdf. Acesso dia 05.06.2022.

[15] HOBBES, Thomas. Leviatã ou matéria, forma e poder de um Estado eclesiástico e civil. Tradução de João Paulo Monteiro e Maria Beatriz Nizza da Silva. Disponível em http://www.dhnet.org.br/direitos/anthist/marcos/hdh_thomas_hobbes_leviatan.pdf. Acesso dia 05.06.2022.

Hobbes havia assistido as maravilhas da técnica, que com membros artificiais imitava o movimento autônomo; com cordas fazia-se por nervos e tendões e mesmo apresentavam uma sincronia maravilhosa de movimentos, tal como um relógio sofisticadíssimo.

Os riscos de um sistema inteligente que aprende pela experiência com o seu ambiente e que possa realizar predições, recomendações e mesmo tomar decisões é um desafio grave e preocupante.

O desafio do presente artigo é verificar os desafios uso do aprendizado de máquina no âmbito tributário, em especial na fiscalização de tributos.

Outro aspecto importante é o uso intensivo da mineração de dados ou garimpagem (*data mining*) em face da grande quantidade de dados (*big data*) necessários, para a extração de informações relevantes. Dentre as diversas funções da *data mining* podemos citar os mecanismos de associação (análise e cruzamento de inscrições no Cadastro Nacional de Atividades Econômicas – CNAE); classificação (árvores de decisão e redes neurais); descoberta de sequência (análise de processos de arrecadação e fiscalização); modelagem (regressão linear e não linear), entre outros.

A mineração de dados pode permitir diversos casos de padrões e detecção de anomalias.

Definida a relevância da IA e suas diversas técnicas e seu impacto para os direitos fundamentais, cabe verificar a sua aplicação no Direito Tributário e sobre os direitos fundamentais do contribuinte.

4. Aprendizado de máquina e a fiscalização de tributos

O Direito Tributário e a arrecadação dos tributos sofrem por diversos problemas claramente diagnosticados, tais como: elevado estoque de processos, demora nos julgamentos, inconsistência nas decisões, impacto das decisões em estruturas de mercado, falta de infraestrutura ou de pessoal para verificação e julgamento de pedidos administrativos de contribuintes.

Considerando essa situação difícil o uso de tecnologia que automatize processos, auxilie na decisão, promova classificação de dados, minere dados ocultos de possibilidade de fraudes, atividades suspeitas e outras formas de detecção de anomalias, permita modelagem e parametrização da massa de dados informados pelos contribuintes aparecem como um auxílio inestimável à administração tributária.

A Receita Federal do Brasil procedeu a uma verdadeira revolução com a instituição do Sistema Público de Escrituração Digital (SPED)[16], com base nas premissas de padronização, digitalização e compartilhamento das informações contábeis e fiscais.

Os resultados positivos para as administrações tributárias têm se demonstrado surpreendentes, com a redução, racionalização e uniformização das obrigações acessórias, celeridade na detecção e combate à fraudes fiscais, mediante o amplo cruzamento de dados.

As vantagens para os contribuintes são igualmente relevantes, tais como a redução dos custos de cumprimento de obrigações acessórias, eliminação de papel e locais para o seu adequado armazenamento, facilitação no controle e simplificação no cumprimento dos deveres formais, rapidez no acesso às informações. Os contadores são igualmente beneficiados como as vantagens do novo sistema, como aumento de produtividade, troca de informações entre contribuintes, entre tantos outros casos de benefícios.

O número e a qualidade dos documentos contábeis digitais aumentou de modo drástico e positivo, onde podemos destacar: *Central de Balanços, Conhecimento de Transporte Eletrônico* (CT-e); *Escrituração Contábil Digital* (ECD); *Escrituração Fiscal Digital* (EFD); *Escrituração Fiscal Digital* (EFD) de Contribuições, de ICMS IPI; de operações financeiras (*e-Financeira*); de obrigações sociais do empregador (eSocial); Manifesto Eletrônico de Documentos Fiscais (MDF-e); Nota Fiscal eletrônica e Nota Fiscal eletrônica ao Consumidor, Nota Fiscal eletrônica de Serviços, entre outros casos.

A breve descrição dos múltiplos documentos fiscais eletrônicos hoje utilizados no Brasil já demonstra a robustez do processo de transformação das administrações fiscais em um patamar e em uma velocidade impressionantes. Trata-se de um movimento inexorável e muito bem-visto pelo Fisco e mesmo pelo contribuinte. O volume gigante de dados que são criados a cada dia permite um manancial de informações muito preciosas, que poderão orientar a inteligência fiscal artificial dos governos e dos contribuintes.

A possibilidade de cruzamento de informações oriundas dos mais diversos documentos fiscais eletrônicos, somada a vasta e cada vez maior base de dados eletrônicos. Alguns exemplos de cruzamentos seriam a

[16] Decreto nº 6.022, de 22 de Janeiro de 2007.

pesquisa de empresas com um sócio apenas ou em decorrência de sócio falecido; empresas "*noteiras*", com faturamento advindo de uma empresa apenas; uso de deduções de despesas médicas duvidosas; empresas com uso de CNAE equivocado; cotejo entre CPF e CNPJs, entre tantas as outras possibilidades.

A possibilidade de análise preditiva de dados da receita já era uma realidade prevista e tende a se tornar ainda mais relevante. Antigamente falava-se no cruzamento de milhões de dados, hoje certamente podemos mencionar a casa dos bilhões de eventos registrados. As possibilidades positivas no âmbito da auditoria são indescritíveis, bem como para o planejamento dos negócios, possibilitando a determinação de possíveis correlações e resultados esperados, com base em uma relação de causalidade esperada.

Todos os mecanismos de inteligência artificial anteriormente descritos, podem ser utilizados de modo muito adequado ao modelo de predição, tal como: a análise preditiva é usada para examinar grandes quantidades de árvores de decisão, regressão linear, redes neurais, algoritmos genéticos, *text mining* (para os arquivos de XML em Notas Fiscais eletrônicas), entre outras.

O uso de inteligência artificial fiscal pode ser útil igualmente para as recomendações na esfera da administração tributária. O próprio fisco pode receber sugestões inteligentes de normatizações, de novas políticas fiscais e de como proceder com o tratamento para setores específicos.

Por sua vez, o uso de decisões inteligentes e automatizadas é algo que exige uma atenção redobrada e muito cuidadosa. Seria possível substituir as decisões de agentes fiscais por decisões de máquinas? Haveria violação aos direitos fundamentais do Contribuinte, caso ocorresse a negativa de crédito, lançamento ou imputação de infração fiscal, por meio de um algoritmo fiscal?

5. O problema do perfilamento dos contribuintes

O uso de sistemas de aprendizado de máquina é uma realidade e uma grande promessa no setor fiscal. Existem já experiências positivas e consolidadas no Brasil e no exterior, e o seu catálogo de exemplos certamente seria numeroso. Para evitar uma descrição enfadonha, apresentar-se-ão alguns casos emblemáticos. O primeiro oriundo do direito estrangeiro e o segundo na experiência nacional.

O tribunal holandês decidiu um caso que pode se tornar comum e é certamente emblemático. O governo havia criado um sistema para combater a fraude no campo dos benefícios, subsídios e impostos, denominado de Indicação de Risco do Sistema (SyRI). Ele era utilizado para detecção por inteligência artificial de casos de fraudes. O tribunal holandês entendeu que nesse caso a lei que criou o sistema n não cumpre o artigo 8 da Convenção Europeia sobre Direitos Humanos (CEDH).

A questão em análise estava vinculada ao "equilíbrio justo" entre o interesse social servido pela legislação e a invasão na vida privada. Entendeu o Tribunal que a Holanda tem uma responsabilidade especial ao aplicar novas tecnologias, com base artigo 8 da CEDH. De toda forma há a necessidade de se equilibrar os benefícios do uso dessas tecnologias contra a interferência que tal uso pode causar com o direito ao respeito pela vida privada.

O Tribunal entendeu que o sistema de prevenção e o combate à fraude no interesse do bem-estar econômico viola as regras de proteção da vida privada que a legislação representa. Outro argumento trazido para a corte e que orientou a decisão é de que a legislação é insuficientemente transparente e verificável no que diz respeito ao uso do SyRI.

A decisão demonstrou de modo inequívoco o uso de sistemas de aprendizado de máquina podem provocar danos aos direitos fundamentais e exigem cuidado, atenção e regulamentação.

O Brasil utiliza de modo consistente o uso de aprendizado de máquina no sistema O *Sistema de Seleção Aduaneira por Aprendizado de Máquina* (SISAM). O mecanismo permite à Receita Federal do Brasil (RFB) a analisar, processar e investigar os despachos aduaneiros de importação (DIs) com o propósito de se averiguar o cumprimento das exigências legais de cumprimento das regras aduaneiras.

Conforme descrição, o mecanismo de aprendizado de máquina do Sisam é automático e nenhuma regra de seleção ou regra de estimativa de risco precisa ser criada por pessoas, conforme descrição da metodologia do sistema. Dessa forma, o sistema não regre o preenchimento ou a alimentação de orientações de aprendizagens pelo sistema. Este aprende conforme o estoque de retificações das que se baseia nas retificações das DIs. As vantagens inerentes ao sistema se relacionam com a diminuição dos custos de conformidade, treinamento e uniformização das decisões[17].

O SISAM é considerado o primeiro sistema de inteligência artificial baseado em aprendizado de máquina com uso generalizado na RFB. Estando disponível de modo online em todas as unidades aduaneiras da RFB e atinge a totalidade das declarações de importações nacionais. Pode-se afirmar que é a primeira e mais extensiva experiência de utilização de IA no setor fiscal nacional. Sua aplicação possui como base milhões dados decorrentes de DIs acumuladas desde 1997. O sistema pode comparar tanto da DI original quanto a Declarada, de tal modo que pode testar os erros corrigidos e retificados de uma para a outra de modo muito seguro e estabelecer um padrão de raciocínio, capaz de prever futuros erros[18]. O Sisam foi treinado em dados decorrentes de 5.509.000 DIs, das quais 88% foram desembaraçadas em canal verde.

Um dos grandes desafios dessa imensa base de dados está na criação de perfis dos contribuintes com base na imensa base de dados fiscais do contribuinte (*fiscal data*). Tal situação que foge ao controle do contribuinte e sem a devida transparência é um dos grandes desafios de nosso tempo.

Existem diversas técnicas de processamento de dados, tais como o *Data Warehouse, o Data Mining, o Online Analytical Processing (OLAP), o Scoring e o Big Data, o Profiling*[19]. Essas técnicas podem ser, inclusive, utilizadas em conjunto e possuem em comum a preocupação da substituição de uma pessoa por uma representação virtual (MENDE). O conjunto de dados do contribuinte, processados conforme técnicas de aprendizado de

[17] JAMBEIRO FILHO, JORGE EDUARDO DE SCHOUCAIR. Inteligência Artificial No Sistema de Seleção Aduaneira Por Aprendizado de Máquina. BRASIL: Secretaria da Receita Federal do Brasil – 14º Prêmio RFB – 2015. Disponível em https://repositorio.enap.gov.br/bitstream/1/4622/1/1%C2%BA%20lugar%20do%2014%C2%BA%20Premio%20RFB.pdf, acesso dia 19.06.2022.

[18] JAMBEIRO FILHO, JORGE EDUARDO DE SCHOUCAIR. Inteligência Artificial No Sistema de Seleção Aduaneira Por Aprendizado de Máquina. BRASIL: Secretaria da Receita Federal do Brasil – 14º Prêmio RFB – 2015, p. 24. Disponível em https://repositorio.enap.gov.br/bitstream/1/4622/1/1%C2%BA%20lugar%20do%2014%C2%BA%20Premio%20RFB.pdf, acesso dia 19.06.2022.

[19] MENDES, Laura Schertel. Privacidade, proteção de dados e defesa do consumidor: linhas gerais de um novo direito fundamental. São Paulo: Saraiva, 2014. Série IDP – Linha de Pesquisa Acadêmica. Vital Source Bookshelf Online.

máquina permitirão a formulação precisa das preferências individuais do contribuinte e de suas possíveis escolhas[20].

O estabelecimento de perfilhamento de contribuintes exige controle, transparência, informação ao contribuinte e regras de revisão e responsabilização pelo seu uso irregular.

Em sentido diverso encontramos a regulação britânica de proteção de dados, que determina que existem duas exceções à legislação de proteção de dados. De um lado, quando se está prevenindo a detecção de um crime (*the prevention and detection of crime*) e na fiscalização de tributos (*the assessment or collection of a tax or duty or an imposition of a similar nature*). Nesses dois casos não há a necessidade do titular dos dados ser informado (*the right to be informed*) e da notificação da quebra ou uso de dados (*notifying individuals of personal data breaches*). Contudo, mantém-se o direito de não receber um decidão automatizada (*automated individual decision-making*), nem permite o perfilhamento (*profiling*)[21].

O uso de mecanismos de aprendizado de máquina com modelos não supervisionados, foram mapeados pela OCDE em diversos casos, dentre os quais se destacam a caso australiano de identificação de deduções incorretas no imposto sobre a renda; o sistema irlandês de identificação de declarações errôneas da renda; o sistema sueco de verificação das declarações de renda, entre outros[22].

Existem diversas questões sobre o entendimento dos dados fiscais como sendo dados pessoais protegidos; sobre o equilíbrio entre o interesse público e o interesse pessoal na proteção de dados. Mas de modo geral é necessário de avançar na proteção dos direitos fundamentais do contribuinte no século da informação.

[20] SANTIAGO, Marcus Firmino *et* LUPI, Andre Lipp Pinto Basto. Transformações Na Ordem Social E Econômica e Regulação. XXVII Congresso Nacional do Conpedi Porto Alegre –RS. Disponível em https://www.academia.edu/49128296/A_RECONSTRU%C3%87AO_DA_TORRE_DE_BABEL_PELOS_CONTRUTORES_DA_GOVERNAN%C3%87A. Acesso 24.06.2022.

[21] Data Protection Act 2018 (the exemption) – Schedule 2, Part 1, Paragraph 2. Disponível em https://www.legislation.gov.uk/ukpga/2018/12/schedule/2/enacted, acesso dia 24.06.2022.

[22] OECD. Advanced Analytics for Better Tax Administration. Organisation for Economic Co-operation and Development, 2016. Disponível em https://www.oecd.org/publications/advanced-analytics-for-better-tax-administration-9789264256453-en.htm. Acesso em 26.06.2022.

Tem sido defendido quatro pilares da proteção aos direitos do contribuinte na proteção de seus dados fiscais, de modo bastante prudente[23]. Seriam eles: existência de base legal para o seu uso (*need for a legal basis*), existência de propósito legítimo (*need for a legitimate purpose*), proporcionalidade na sua utilização (*need for a proportionality assessment*) e respeito ao devido processo (*procedural rights*).

Assim, se uma investigação estiver em curso e determinado contribuinte desejar informações, não haveria a necessidade do fisco informar os detalhes, se tal conduta conduzisse ao fracasso da investigação.

Indubitavelmente, contudo, se traduz em um grande desafio fiscal e político, dado que o seu uso por um governo malicioso pode implicar em grave ofensa aos ditames constitucionais e sociais.

6. Considerações finais

O uso crescente e inexorável de sistemas inteligentes no âmbito da fiscalização tem ampliado a listagem de efeitos positivos para a administração tributária, incluindo a simplificação e automatização de procedimentos repetitivos; redução de custos e melhora na prestação de serviços públicos; criação de uma sólida base de dados dos contribuintes e outras informações fiscais.

Torna-se imprescindível combinar a proteção dos direitos fundamentais do contribuinte, quanto ao uso de seus dados fiscais, de modo constitucional, proporcional e justificado; com a realização do interesse público.

Por outro lado, são fortes as preocupações sobre as possíveis violações aos direitos fundamentais dos contribuintes. O uso de dados pessoais para a construção de perfis dos pagadores de tributos, predição de comportamentos, cruzamento massivo de informações sem conhecimento dos detentores dos dados pessoais, ausência de transparência sobre os algoritmos e sua utilização pela administração fiscal, são apenas alguns dos grandes desafios na proteção dos contribuintes no século XXI.

[23] WÖHRER, Victoria. Data Protection and Taxpayers' Rights: Challenges Created by Automatic Exchange of Information. European and International Tax Law and Policy Series n. 10. Amsterdam: IBFD, 2018.

Referências

DONEDA, Danilo. Da privacidade à proteção de dados pessoais. Rio de Janeiro: Renovar, 2006.

HARARI, Y. N. Reboot for the AI revolution. Nature News 550, p. 324-327, 2017.

HOBBES, Thomas. Leviatã ou matéria, forma e poder de um Estado eclesiástico e civil. Tradução de João Paulo Monteiro e Maria Beatriz Nizza da Silva. Disponível em http://www.dhnet.org.br/direitos/anthist/marcos/hdh_thomas_hobbes_leviatan.pdf. Acesso dia 05.06.2022.

JOBIN, Anna, IENCA, Marcello e VAYENA, Effy. "The Global Landscape of AI Ethics Guidelines." Nature Machine Intelligence, 1, 9, 2019, p. 389–99. Disponível em https://doi.org/10.1038/s42256-019-0088-2, dia 05.06.2022.

JORDAN, M. I. et **MITCHELL**, T. M. Machine learning: Trends, perspectives, and prospects. Science 349, p. 255–260, 2015.

MACHADO, Fernando Inglez de Souza. Privacidade e proteção de dados pessoais na sociedade da informação: profiling e risco de discriminação. Dissertação de mestrado. Disponível em: <http://tede2.pucrs.br/tede2/bitstream/tede/8002/2/DIS_FERNANDO_INGLEZ_DE_SOUZA_MACHADO_CONFIDENCIAL.pdf>. Acesso em 01 jun. 2018.

MASSIGNAN, Fernando Bortolon. Deveres Colaborativos da Fiscalização Tributária. 1ª. ed. Porto Alegre: Elegantia Juris, 2016.

MENDES, Laura Schertel. Privacidade, proteção de dados e defesa do consumidor: linhas gerais de um novo direito fundamental. São Paulo: Saraiva, 2014. Série IDP – Linha de Pesquisa Acadêmica. Vital Source Bookshelf Online.

MENDES, Laura Schertel. Privacidade, proteção de dados e defesa do consumidor: linhas gerais de um novo direito fundamental. São Paulo: Saraiva, 2014. Série IDP – Linha de Pesquisa Acadêmica. Vital Source Bookshelf Online.

MILLER, Arthur R. Tax Compliance Versus Privacy: A Conflict Between Social Objectives. In: Income Tax – Compliance. Report of the ABA Section of Taxation 356. Invitational Conference on Income Tax Compliance. Edited by Phillip Sawicki, Reston, Vancouver, 1983.

MILLER, Arthur R. Tax Compliance Versus Privacy: A Conflict Between Social Objectives. In: Income Tax – Compliance. Report of the ABA Section of Taxation 356. Invitational Conference on Income Tax Compliance. Edited by Phillip Sawicki, Reston, Vancouver, 1983.

OECD. Artificial Intelligence in Society, OECD Publishing, 2019. http://dx/doi.org/10.1787/eedfee77-en.

OECD. Advanced Analytics for Better Tax Administration. Organisation for Economic Co-operation and Development, 2016. Disponível em https://www.oecd.org/publications/advanced-analytics-for-better-tax-administration-9789264256453--en.htm. Acesso em 26.06.2022.

OECD. Article 29 Working Party (2017). Guidelines on Automated individual decision-making and Profiling for the purposes of Regulation 2016/679. As last Revised and Adopted on 6 February 2018, Retrieved from https://ec.europa.eu/newsroom/article29/document.cfm?action=display&doc_id=49826

OECD. Recommendation of the Council on Artificial Intelligence. OECD/LEGAL/0449, adotada em 21/05/2019. Disponível em https://legalinstruments.oecd.org/en/instruments/OECD-LEGAL-0449, em 05.06.2022.

RUSSELL Stuart J. et **NORVIG**, Peter. Artificial Intelligence. A Modern Approach. Third Edition. New Jersey: Prentice Hall Series, 2020.

SANTIAGO, Marcus Firmino et LUPI, Andre Lipp Pinto Basto. Transformações Na Ordem Social E Econômica e Regulação. XXVII Congresso Nacional do Conpedi Porto Alegre –RS. Disponível em https://www.academia.edu/49128296/A_RECONSTRU%C3%87AO_DA_TORRE_DE_BABEL_PELOS_CONTRUTORES_DA_GOVERNAN%C3%87A. Acesso 24.06.2022.

SCARCELLA, L. Tax compliance and privacy rights in profiling and automated decision making. Internet Policy Review, 8(4), 2019. https://doi.org/10.14763/2019.4.1422.

TURBAN, E.-Business Intelligence: um enfoque gerencial para a inteligência do negócio. São Paulo: Bookman, 2009.

WÖHRER, Victoria. Data Protection and Taxpayers' Rights: Challenges Created by Automatic Exchange of Information. European and International Tax Law and Policy Series n. 10. Amsterdam: IBFD, 2018.

BIG DATA, INTELIGÊNCIA ARTIFICIAL E *SECRET COMPARABLES* NOS PREÇOS DE TRANSFERÊNCIA

JONATHAN BARROS VITA[1]

Resumo: A aplicação dos preços de transferência vem sendo substancialmente alterada com o advento de novas tecnologias, sendo especialmente importante a utilização de inteligência artificial e *big data* para produção de operações parâmetro. Nessa perspectiva, o grande risco que se corre é construir operações baseadas nos chamados *secret comparables*, algo que deve ser evitado. O trabalho foi dividido em três grandes partes, sendo a primeira uma análise a partir da Teoria das Provas para produção de operações parâmetro. Secundariamente, tem-se o desenho da doutrina clássica dos *secret comparables*. Final e terciariamente, foi analisado como novas tecnologias são utilizadas para a construção automatizada e a partir de uma montanha de dados de operações parâmetro e as dificuldades de compreender tal processo o que pode gerar *secret comparables*. Para analisar tal problemática, utilizou-se o método empírico dialético, com ferramentas de pesquisa bibliográfica e jurisprudencial e chegou-se a conclusão de que a tecnologia lastreada em inteligência artificial e *big*

[1] Advogado, Consultor Jurídico e Contador. Especialista em Direito Tributário pelo Instituto Brasileiro de Estudos Tributários - IBET-SP, Mestre e Doutor em Direito pela Pontifícia Universidade Católica de São Paulo - PUC-SP e Mestre em Segundo Nível em Direito Tributário da Empresa pela Universidade Comercial Luigi Bocconi - Milão - Itália. Estágio de pós-doutorado como Senior visiting research fellow na WU (Wirtschaftsuniversität Wien) - Viena - Áustria. Coordenador e professor titular do Mestrado e Doutorado em Direito da UNIMAR. Professor de diversos cursos de pós-graduação no Brasil e exterior. Conselheiro do Conselho Municipal de Tributos de São Paulo. Ex-Conselheiro do CARF - Conselho Administrativo de Recursos Fiscais. Ex-Juiz do Tribunal de Impostos e Taxas do Estado de São Paulo. Ex-Secretário da Comissão Especial de Direito Tributário do Conselho Federal da OAB.

data será uma ferramenta a reduzir os custos de *compliance*, mas não pode produzir *secret comparables* não auditáveis pelos contribuintes.

Sumário: 1. Introdução; 2. Teoria das Provas e a determinação das operações comparáveis; 3. Uma síntese da teoria clássica dos *Secret comparables*; 4. *Big data*, inteligência artificial e *Secret comparables*; 5. Conclusões.

1. Introdução

O campo da intersecção entre os preços de transferência e as novas tecnologias é extremamente fértil, pois há uma multiplicidade de modelos de negócios com suas respectivas monetizações e lucros, que possuem poucos comparáveis, além da necessidade de uma correta atribuição de lucros no campo transnacional, sem olvidar as questões documentais com grandes volumes de dados disponíveis[2].

Nesse sentido, faz-se um recorte neste artigo para analisar o tema da relação entre big data e os preços de transferência, que segue na mesma linha de uma publicação que lida com a questão da relação entre LGPD e preços de transferência[3].

Naquele artigo, eram investigados os problemas derivados do fato de o fisco utilizar-se de ferramentas tecnológicas (algoritmos/*bots*) para minerar dados e criar operações parâmetro, com uso intensivo de análise de *big data*, conglobando dados e metadados sensíveis dos contribuintes que são tratados sem grandes preocupações com sua necessária proteção.

Como anverso deste tema, cabe analisar detidamente como essa produção de operações parâmetro nos métodos primários (ou estabelecimento de margens de lucratividade dos métodos secundários) por parte do fisco a partir de bases anonimizadas, por exemplo, é vista como lícita ou ilícita dentro da doutrina clássica dos *secret comparables* dos preços de transferência.

[2] A versão original deste texto foi publicada em: VITA, Jonathan Barros. Big Data, Inteligência Artificial e Secret Comparables nos Preços de Transferência. In: Priscila de Souza. (Org.). XVIII Congresso Nacional de Estudos Tributários: meio século de tradição. 1ed.São Paulo: Noeses, 2021, v. , p. 799-816.

[3] VITA, Jonathan Barros. Preços de transferência, privacidade de dados e comparabilidade *In: Direito Tributário e Interdisciplinaridade: Estudos em homenagem a Paulo Ayres Barreto.* São Paulo: Noeses, 2021 (no prelo).

Mais ainda, com essas novas tecnologias, tal identificação pormenorizada de cada um desses elementos componentes das transações sob exame está sendo terceirizada para algoritmos sofisticados que se utilizam de *big data analitics* para agir, quase que impedindo que seres humanos consigam identificar esse processo, vez que se baseiam em uma racionalidade distinta da humana.

De forma análoga e, curiosamente, (até mesmo) as empresas estão se utilizado de tais mecanismos de mineração e tratamento de dados a partir do uso intensivo de big data e inteligência artificial com o fim de produzir suas documentações dos preços de transferência e suas correspondentes operações parâmetro ou alocações de lucros, o que leva a necessidade de revisitar o citado conceito dos *secret comparables*.

Antes de avançar ao plano de trabalho deste artigo, importante estabelecer a premissa de como ocorre o processo de produção de operações parâmetro a partir do sistema de referência proposto[4].

Especificamente, existe um processo de parametrização, em que os elementos/notações básicas das operações sob controle são identificados, seguido de uma busca por comparáveis nos mercados sob exame (comparabilidade) ao qual se acopla a equalização, na qual as operações comparáveis são ajustadas para se adequarem aos parâmetros estabelecidos genericamente e para as circunstâncias específicas do caso concreto.

Dentro de tal campo é que as provas começam a ter sua importância revelada, bem como a correta identificação do que está sendo utilizado como substrato para cada uma destas etapas.

Para cumprir os objetivos desse trabalho, inicialmente será realizada uma análise de como a Teoria das Provas visualiza a construção de operações comparáveis.

Secundariamente, a teoria clássica dos *secret comparables* será declinada para que, no último tópico, seja realizada a análise de como as novas tecnologias vem afetando tal conceito.

Finalmente e sob o ponto de vista epistemológico, para atingir os objetivos traçados nesse artigo, o método aplicável é o empírico-dialético, utilizando-se de técnicas de pesquisa bibliográfica e legislativa, e o

[4] VITA, Jonathan Barros. Parametrização, comparabilidade e equalização: premissas teóricas para construção de operações parâmetro nos preços de transferência e na valoração aduaneira. *In: Revista da Receita Federal – estudos tributários e aduaneiros*, v. 2, p. 39-60, 2015.

sistema de referência utilizado[5] é formado da conjugação entre a Teoria dos Sistemas de Niklas Luhmann[6], o Construtivismo Lógico-Semântico de Barros Carvalho[7] e ferramentas específicas do *Law and Economics*[8-9-10].

2. Teoria das Provas e a determinação das operações comparáveis

Sinteticamente, sendo a Teoria das Provas[11-12] uma forma de determinação de alinhamento entre uma realidade linguística construída e sua admissibilidade condicionada pelas estruturas jurídicas, tem-se que tal teoria é de fundamental importância no estudo dos preços de transferência, dada a necessidade de investigação de dados/elementos situados em extratos linguísticos que devem ser multifacetados para permitir a operação deste instituto.

Nesse sentido, as provas são o mais comum meio circulante/ condicionante que denota os índices dos fatos jurídicos, pois ambos são dados linguísticos que se pressupõem reciprocamente, combinando-se para permitir a criação da realidade jurídica.

A partir de tal perspectiva e, sob ângulo pragmático da análise dos preços de transferência e a Teoria das Provas, há a necessidade de determinar as formas de provas como suporte da comparabilidade, que

[5] Para a visão mais global deste sistema de referência proposto: VITA, Jonathan Barros. *Teoria Geral do Direito: Direito Internacional e Direito Tributário*. São Paulo: Quartier Latin 2011.

[6] LUHMANN, Niklas. *Law as a social system*. Oxford: Oxford University Press, 2004.

[7] CARVALHO, Paulo de Barros. *Direito Tributário: linguagem e método*. 5ª edição. São Paulo: Noeses, 2013.

[8] Como representação do texto clássico sobre o tema: POSNER, Richard A. *Economic Analysis of Law*. 9a ed. New York: Wolters Kluwer, 2014.

[9] Como exemplos de coletâneas que representam os clássicos autores do tema: ROEMER, Andrés. *Derecho y economía: uma revisión de la literatura*. Cidade do México: ITAM, 2000; ZYLBERSZTAJN, Décio; STAJN, Rachel. *Direito e economia: análise econômica do direito e das organizações*. Rio de Janeiro: Campus juridico, 2005.

[10] Como exemplos bem acabados de um sistema de referência baseado nos clássicos autores americanos aplicados ao direito tributário: CALIENDO, Paulo. *Direito tributário e análise econômica do direito: uma visão crítica*. Rio de Janeiro: Elsevier, 2009; e CARVALHO, Cristiano Rosa de. *Teoria do sistema jurídico: direito, economia, tributação*. São Paulo: Ed. Quartier Latin, 2005.

[11] Como versão original do texto aqui atualizado: VITA, Jonathan Barros. *Preços de transferência*. São Paulo: Fiscosoft/Revista dos Tribunais/Thomson Reuters, 2014.

[12] Para mais sobre a Teoria das Provas dentro de uma visão similar do sistema de referência: TOMÉ, Fabiana Del Padre. *A prova do direito tributário*. São Paulo: Noeses, 2006.

(re)criam uma operação parâmetro presumida que será a substituta eventual da operação praticada entre as partes vinculadas, com suas correspondentes equalizações.

Nesse sentido, sob o ângulo das provas, para a composição dos custos e preços médios, uma série de regras são estabelecidas pelos sistemas jurídicos para sua aferição.

Obviamente, lembra-se que, sob o aspecto objetivo das provas, cada um dos métodos possui certas especificidades adicionais em relação aquelas aqui apresentadas, afetando as provas e contraprovas aceitas e seu procedimento de produção.

De qualquer forma, de forma geral, a comprovação dos custos e preços médios é permitida através da análise de alguns suportes físicos:

- publicações ou relatórios oficiais do governo do país do comprador ou vendedor ou declaração da autoridade fiscal, especialmente nas trocas de informações, relações de reciprocidade ou assistência administrativa recíproca;
- pesquisas ou publicações técnicas efetuadas por empresa, instituição ou organismo nacionais ou internacionais de notório conhecimento técnico;
- dados constantes das bolsas de valores nacionais ou internacionais quando globalmente reconhecidas;
- dados/documentos internos (contábeis ou não) as empresas vinculadas, especialmente, na determinação dos custos para os métodos das margens, como os constantes dos contratos de compra e venda e de câmbio registrados ou dados do SISCOMEX, NOVOEX e SISCOSERV (extinto) (estas bases no caso do direito brasileiro), sobre os quais serão realizadas algumas observações no item do *secret comparables*, *infra*; ou
- dados/documentos internos (contábeis ou não) de empresas não vinculadas que fornecerem os dados dos preços de revenda ou, ainda, os seus custos de produção para serem comparados e equalizados em comparação com os custos das empresas vinculadas, sob os mesmos suportes físicos mencionados acima.

Inicialmente, como critério de admissibilidade das publicações, pesquisas, relatórios oficiais, além de todos os outros elementos mencionados, tem-se o fato de que devem ter sido realizados com observância de métodos de avaliação internacionalmente adotados e se referirem a período contemporâneo com o de apuração da base de cálculo do imposto de renda.

Ainda, para que as publicações ou estudos técnicos realizados por organismos, empresas ou instituições devem, para serem considerados como válidos, especificar o setor, o período, as empresas pesquisadas e a margem encontrada, bem como identificar estes dados coletados e trabalhados distribuindo-os por empresa, unidade individual.

Obviamente, o problema da elucidação semântica dos métodos de avaliação internacionalmente reconhecidos é uma premissa que parte, nitidamente, dos princípios contábeis do IFRS.

Cite-se que a avaliação da admissibilidade destes supracitados dados, além dos critérios denotados, deve ser realizada em parecer fundamentado/motivado e seguindo os princípios do devido processo legal, ampla defesa, contraditório e publicidade, declinando os motivos da inidoneidade de tais suportes físicos, o que normalmente deve vir publicizado através dos atos do poder executivo.

De qualquer forma, a desconsideração de documentos é pressuposto de arbitramento dos custos e preços médios pela inidoneidade das provas é uma prerrogativa do executivo e, permite, por decorrência lógica,[13] a construção dos fatos jurídicos correspondentes.

3. Uma síntese da teoria clássica dos *Secret comparables*

A produção probatória deve ser pautada nos princípios constitucionais da publicidade, ampla defesa e contraditório e, paralelamente, a produção da operação parâmetro dos preços de transferência é pautada na determinação de transações comparáveis utilizando o maior número de variáveis de parametrização possível para permitir uma real alocação da equalização[14-15].

[13] Em sentido parcialmente similar: TÔRRES, Heleno Taveira. *Direito tributário internacional: planejamento tributário e operações transnacionais*. São Paulo: Revista dos Tribunais, 2001.

[14] Como versão original do texto aqui atualizado: VITA, Jonathan Barros. *Preços de transferência*. São Paulo: Fiscosoft/Revista dos Tribunais/Thomson Reuters, 2014.

[15] Como importante marco da doutrina nacional no estudo deste instituto, inclusive com certos dados do direito comparado: SCHOUERI, Luís Eduardo. Considerações sobre o

Nesse contexto, o tema dos *secret comparables*,[16] surge como um importante ponto de tensão no campo da aplicação dos preços de transferência, pois, com o uso destes, há uma impossibilidade de acessar plenamente os dados das operações que servirão como prova/suporte para a construção da operação parâmetro.

Interessantemente, nota-se que o termo adotado para definir essa situação já poderia ser considerado uma contradição em termos, pois o procedimento de comparação deve ser público sob pena de se ferir o supracitado princípio da publicidade na administração pública.

Além disso, a realização de um procedimento desta natureza pela administração pública pode ferir, efetivamente, a ampla defesa e contraditório, pois a comparação nos preços de transferência representa um processo operado entre dois sistemas sociais (direito e economia), mas que exige uma alimentação recíproca de informações entre os sujeitos ativo e passivo tributários.

Sendo essa alimentação recíproca e todos os procedimentos administrativos necessariamente públicos, há a necessária implicação de todos os princípios processuais para condicionar a validade do seu resultado.

É dizer, todo procedimento (entendido como etapa de um processo) deve se submeter aos princípios relativos à sua classe o que, no caso específico do processo administrativo, implica atender aos princípios gerais do processo e aos princípios específicos do processo administrativo.

Prosseguindo, os *secret comparables* são um tema pouco estudado e se estabelecem como um interessante ponto de entrecruzamento entre a Teoria das Provas em seus aspectos objetivo, ou seja, do objeto/conteúdo e admissibilidade das provas, e subjetivo, no contexto dos sujeitos produtores das mesmas, sob o ângulo da viabilização dos processos de comparabilidade, criando operações parâmetro.

Essa utilização destes comparáveis secretos carrega dentro de si uma importante ambiguidade, pois há o segredo sobre o objeto desta construção da operação parâmetro, o que impede determinação de

princípio *arm's length* e os *secret comparables*. *Homenagem a Paulo de Barros Carvalho*. São Paulo: Quartier Latin, 2008.

[16] Comparáveis secretos em tradução livre, entretanto esta expressão traduzida não será utilizada por não ser usual na doutrina que permanece utilizado a expressão original em inglês.

qualidade, etc. (fatores de equalização) e o segredo vinculado aos fatores de precificação das operações utilizadas como suporte para a construção da transação parâmetro.

Nessa perspectiva, historicamente, países como a China o abraçam diretamente, enquanto EUA e Áustria, por exemplo, as rechaçam explicitamente, como bem-posto no relatório do *The Platform for Collaboration on Tax*.[17].

Esse relatório também aponta, alinhado ao *UN Practical Manual on Transfer Pricing* e ao *OECD Transfer Pricing Guidelines* (e o report da PwC sobre o tema[18]), além do *OECD Paper on Transfer Pricing Comparability Data and Developing Countries*, que essas situações se relevam mais fortemente no uso de bases de dados aduaneiras para fins de preços de transferência[19] e tem tido forte problematização em casos julgados.[20]

Utilizando-se o direito brasileiro como parâmetro de análise dos *secret comparables*, historicamente vem ocorrendo um uso desmedido de informações do SISCOMEX[21] para determinação de uma base de dados de comércio exterior, reiterando que este uso de sistemas informacionais deve ser realizado com bastante parcimônia para evitar distorções nas precificações de operações parâmetro, a exemplo.[22]

De qualquer forma, a base de dados do SISCOMEX despersonifica/desindividualiza as operações, produzindo uma artificial redução de

[17] The Platform for Collaboration on Tax (International Monetary Fund (IMF), Organisation for Economic Co-operation and Development (OECD), United Nations (UN) and World Bank Group (WBG)). *A Toolkit for Addressing Difficulties in Accessing Comparables Data for Transfer Pricing Analyses*. 2017.

[18] Esse report foi chamado de: Putting a comparability analysis and search for comparables into perspective.

[19] Com mais comentários sobre tais circunstâncias: VITA, Jonathan Barros. *Relações entre valoração aduaneira e preços de transferência*. São Paulo: Thomson Reuters, 2014.

[20] Para casos judiciais sobre o assunto, tem-se pelo menos duas fontes importantes: https://tpcases.com/tag/secret-comparables/ e MUYAA, E. Transfer Pricing Comparability Adjustments: The Pursuit of "Exact" Comparables. *In: International Transfer Pricing Journal 2014 (Volume 21), No. 5*. Amsterdã: IBFD, September/October 2014.

[21] Não se farão menções a partir daqui ao NOVOEX e a o SISCOSERV, pois estes não são ainda tão utilizados com este fim, entretanto as observações trazidas ao SISCOMEX podem ser extendidas a estes dois mecanismos.

[22] Como importante texto que reitera este alerta: WCO. *Guidelines on the development and use of a national valuation database as a risk assessment tool*. Bruxelas: WCO, 2012.

complexidades e generalização não congruente dos dados de mundo, retirando os elementos necessários à equalização das operações, especialmente, por não conter dados sobre marca, qualidade, quantidades e curva de economia de escala, entre outros.[23]

Logo, o SISCOMEX não pode ser considerado como instrumento plenamente idôneo à verificação/comprovação de operações praticadas entre partes não vinculadas.

Sumarizando, o uso do SISCOMEX pela administração tributária como única base de dados perfaz uma espécie de informação unilateral, privilegiada, sigilosa e inexata, pois inexistem: o acesso das partes não vinculadas sujeitas a controle pelos preços de transferência; nem uma base de dados sobre os aspectos materiais das operações sobre controle.

Secundariamente, importante é mencionar que o uso destes comparáveis às cegas não permitem que haja uma verificação dos fatores de precificação das transações, especialmente, sob o ângulo das posições de mercado dos participantes, pois a generalização provocada pelo uso do SISCOMEX acaba por dar como resultado meros dados estatísticos, sem uma determinação específica de todos os elementos da transação.

Tal constatação é reforçada pela obrigatoriedade do sigilo contida neste sistema, derivante do art. 198 do CTN, que é dada aos participantes das transações que serão utilizadas como provas para a produção da operação parâmetro.

Outrossim, recorda-se que estes dados genéricos não preenchem as condições dadas ao uso dos dados de publicações técnicas, a exemplo, pois não há indicação do período, empresas pesquisadas, critérios utilizados e margens praticadas nestas operações.[24]

Da mesma forma, o uso destas informações deve ser extremamente cuidadoso, pois pode ser manipulado de forma artificial pelo sujeito que está autorizando o uso de seus dados, impedindo a livre concorrência.

[23] Com críticas semelhantes: CARVALHO, Paulo de Barros. Preços de transferência no Direito Tributário brasileiro. *Revista de Direito Tributário Internacional*. São Paulo: Quartier Latin, v. 3, ano 1, nº 3, p. 185-203, jun. 2006; e TÔRRES, Heleno Taveira. *Direito tributário internacional: planejamento tributário e operações transnacionais*. São Paulo: Revista dos Tribunais, 2001.

[24] Novamente, com críticas semelhantes: CARVALHO, Paulo de Barros. Preços de transferência no Direito Tributário brasileiro. *Revista de Direito Tributário Internacional*. São Paulo: Quartier Latin, v. 3, ano 1, nº 3, p. 185-203, jun. 2006.

É dizer, na precificação das operações uma única observação externa é realizada pelos atores do mercado, ou seja, o uso de dados sigilosos e internos representa um desvio da livre concorrência e segredos comerciais, pois não replica as condições *at arm's lenght*.[25]

Por fim, deve ser reiterado o problema da impossibilidade da surpresa no uso dos dados de outros contribuinte, pois as informações necessárias a construção das operações parâmetro devem ser, como dito, utilizadas de forma recíproca e colaborativa pelo fisco e contribuinte sujeito às regras dos preços de transferência.[26]

Outrossim, importante é mencionar que os *secret comparables* (nacionais ou internacionais) são a negação do princípio da publicidade, ampla defesa e contraditório necessários à constitucionalidade da produção probatória, do que devem ser considerados como não admissíveis no sistema jurídico, a não ser quando tal anonimização não seja evitável, como será visto no próximo item.

4. *Big data*, inteligência artificial e *Secret comparables*

Antes de tudo cabe estabelecer alguns parâmetros mínimos a respeito da definição dos conceitos de big data, mineração de dados, análise preditiva, inteligência artificial, entre outros que serão úteis neste subitem.[27-28-29]

Dentro desta perspectiva, as chamadas novas tecnologias tem um papel fundamental na digitalização da economia, assim como, na automatização de procedimentos, utilizando-se de uma montanha de dados e metadatos

[25] Com as mesmas críticas: SCHOUERI, Luís Eduardo. Considerações sobre o princípio *arm's length* e os *secret comparables*. *Homenagem a Paulo de Barros Carvalho*. São Paulo: Quartier Latin, 2008.

[26] Em sentido semelhante: SCHOUERI, Luís Eduardo. Considerações sobre o princípio *arm's length* e os *secret comparables*. *Homenagem a Paulo de Barros Carvalho*. São Paulo: Quartier Latin, 2008.

[27] Como versão original do texto aqui atualizado: VITA, Jonathan Barros. *Preços de transferência*. São Paulo: Fiscosoft/Revista dos Tribunais/Thomson Reuters, 2014.

[28] Como importante marco da doutrina nacional no estudo deste instituto, inclusive com certos dados do direito comparado: SCHOUERI, Luís Eduardo. Considerações sobre o princípio *arm's length* e os *secret comparables*. *Homenagem a Paulo de Barros Carvalho*. São Paulo: Quartier Latin, 2008.

[29] Como autor clássico que lida com várias dessas definições: PERELMUTER, Guy. *Futuro Presente*. 1. ed. São Paulo: Editora Nacional, 2019.

(*big data*)[30] que são minerados (extraídos) para realizar decisões preditivas informadas através de processos de aprendizado de máquina, que fará uma varredura dos sistemas/dados e conseguirá gerar, através de algoritmos de inteligência artificial, um resultado, no caso, uma operação parâmetro, alocação de lucros ou documentação dos preços de transferência.

É dizer, com a evolução tecnológica e as ferramentas sofisticadas que se baseiam em análise preditiva e inteligência artificial[31], houve um movimento, por tanto por parte do fisco, como, mais fortemente, por parte das empresas, de usar *big data* para otimizar o processo de aderência as regras dos preços de transferência.

Nessa perspectiva, normalmente os *secret comparables* eram vistos apenas do lado do fisco, quando este se utilizava de dados aduaneiros ou de bases não 100% públicas para (re)criar as operações parâmetro.

No caso brasileiro, por exemplo, o uso dos dados do SISCOMEX e outras bases de dados governamentais era considerada como um dos grandes problemas na produção de provas no direito brasileiro no campo dos preços de transferência[32].

Polarmente, o movimento dos particulares em tentarem utilizar-se de ferramentas sofisticadas de análise e mineração de dados para (re)criar suas documentações de preços de transferência com suas correspondentes operações parâmetro ou alocações de lucros, através de bases de dados próprias e anonimizadas (ou não), as quais incluem, em muitos casos, operações submetidas a segredo comercial.

[30] Para uma melhor definição do tema: RAUTENBERG, Sandro; DO CARMO, Paulo Ricardo Viviurka. Big data e ciência de dados. *Brazilian Journal of Information Science*: research trends, v. 13, n. 1, p. 56-67. 2019.

[31] Como autores brasileiros que lidam de forma genérica com a relação entre inteligência artificial e tributação: CALIENDO, Paulo. Tributação e Inteligência Artificial. In: AFONSO, José Roberto; SANTANA, Hadassah Laís (Coord.). *Tributação 4.0*. São Paulo: Almedina, 2020, p. 465-475; MACHADO SEGUNDO, Hugo de Brito. Tributação e Inteligência Artificial. *Revista RJLB*, n. 1, 57-77. 2020; e ZILVETI, Fernando Aurelio. As repercussões da inteligência artificial na teoria da tributação. *Revista de Direito Tributário Atual*, São Paulo, ano 37. IBDT, p. 484-500. 2019.

[32] Nesse contexto, analisando especificamente a questão da similaridade entre produtos: BELLAN, Daniel Vitor; RIBEIRO, Ricardo Pereira. Conceito de similaridade para efeito de controle fiscal dos preços de transferência. In: FERNANDES, Edison Carlos (Coord.). *Preços de transferência*. São Paulo: Quartier Latin, 2007. p. 115-140.

Da mesma forma, a automatização dos processos de coleta de dados permitem que os *local files*, *master files* e os *country by country reports* sejam feitos de forma muito mais sofisticada, com muito mais dados e com uma rapidez e precisão inigualáveis pelos humanos, pois os dados coletados, normalmente, são simulacros das versões reais, mais pobres linguisticamente pela inferior capacidade cognitiva dos humanos.

Portanto, para compreender os novos processos de monetização e as potenciais alocações de lucros através dos métodos secundários como *Profit Split Method* (PSM), e sua variante *Residual Profit Split Method* (RPSM) e sua contraparte *Transactional Net Margin Method* (TNMM), há a necessidade tanto do fisco como dos contribuintes utilizarem big data e inteligência artificial e análise preditiva dos lucros alocáveis.

Tais exemplos de aplicação de novas tecnologias aos preços de transferência indicam uma bilateralidade do uso de comparáveis secretos tanto pelo fisco como pelos contribuintes o que gera uma correspondente crise conceitual ou erosão semântica dos *secret comparables* nesse contexto.

Concretamente, cabe indagar se as clássicas oposições ao uso desses comparáveis secretos ainda deve ser reafirmada com ilícita no sistema jurídico, vez que ambas as partes (fisco e contribuintes) as vêm utilizando.

Mais ainda, os problemas dos *secret comparables* agora se iniciam quando a varredura de dados ocorre de maneira indiscriminada e anonimizada e são potencializados quando o algoritmo é do tipo *black box*, em que se sabe (parcialmente) os dados inseridos e o resultado, entretanto, a compreensão humana não consegue compreender o processo utilizado pelo algoritmo do robô para chegar aquele resultado, impedindo sua auditoria e avaliação de acountability.

De outro lado, a situação se complica quando os dados podem ser gerados por uma lógica não linear (*fuzzy logic*) e em uma forma não compreensível para os humanos, mas, tão somente, para os sistemas.

Complementarmente, com o uso de *big data*, montanhas de dados e metadados podem ser analisados e processados, deixando-se de reduzir complexidades para o seu tratamento por humanos.

Curiosamente, a partir de tal perspectiva, tem-se a possibilidade do diálogo de inteligências artificiais do fisco e dos contribuintes para, cooperativamente ou não, construírem as operações parâmetro (ou estabelecem margens de lucratividade) e chegar a um mínimo denominador comum.

A partir de tal hipótese, os *secret comparables* são um subproduto não só aceitável como natural de tais processos, chegando à possibilidade do que aqui se chama de *high frequency taxation*[33], em que máquinas dos contribuintes conversam com as máquinas/inteligência artificial do fisco e alocam milissegundo a milissegundo a correta carga tributária a cada uma das transações.

5. Conclusões

1. A construção da operação parâmetro nos preços de transferência envolve os processos de parametrização, comparabilidade e equalização, que permitem, a partir dos dados da operação sob investigação e dos parâmetros legalmente estabelecidos, investigar a validade dos fatos jurídicos produzidos e, caso seja necessário, criar a operação substitutiva.
2. A Teoria das Provas é fundamental para compreender os processos envolvidos na arrecadação de documentos para comprovar tanto quais as operações comparáveis, como determinar os sujeitos responsáveis pela sua produção e infirmar as margens de lucratividade projetadas por aquele sistema jurídico.
3. Classicamente, no plano internacional e comparado, não se considera como válido o uso do chamados *secret comparables*, como corroborado nos relatórios da ONU, OCDE e PCT e em um grande contencioso internacional, sendo a grande exceção desta posição aquela chinesa.
4. O Brasil, mais veladamente, faz uso dessa prática através de construções de operações de forma desfundamentada com base nos dados do SISCOMEX, NOVOEX e do revogado SISCOSERV.
5. Atualmente, o conceito de *secret comparables* ganha um aspecto bilateral, pois é aplicável tanto ao fisco como aos contribuintes, que se utilizam de ferramentas sofisticadas de mineração e análise de big data através de inteligência artificial para produzir *local files, master files* e os *country by country reports.*

[33] O termo é uma corruptela do *high frequency trading* utilizado hoje nas bolsas de valores, em que máquinas/robôs/inteligência artificial realizam operações em milissegundos com ganhos ínfimos, mas que, pela velocidade de compra e venda, permitem lucratividade nas transações.

6. Da mesma forma, essa análise de big data preditiva por inteligência artificial também é utilizada para criar operações parâmetro dos métodos primários ou estabelecer alocações de lucratividade nos métodos secundários.
7. O futuro será de uso intensivo de ferramentas de mineração tanto por parte do fisco como dos contribuintes e terá como resultado uma forma de alocação e arbitragem de tributos utilizando-se do diálogo entre inteligências artificiais (do fisco e dos contribuintes) para produzir o quantum tributário ou o ajuste de transações de velocidade hipersônica.

Referências

ANDRADE, Paulo Roberto. Valoração aduaneira e preços de transferência no Brasil: uma comparação objetiva. *Revista de Direito Tributário Internacional.* São Paulo: Quartier Latin –, v. 1, ano 1, nº 1, p. 121-145, out. 2005.

BARRETO, Paulo Ayres. *Imposto sobre a renda e preços de transferência.* São Paulo: Dialética, 2001.

BELLAN, Daniel Vitor; RIBEIRO, Ricardo Pereira. Conceito de similaridade para efeito de controle fiscal dos preços de transferência. In: FERNANDES, Edison Carlos (Coord.). *Preços de transferência.* São Paulo: Quartier Latin, 2007. p. 115-140.

CALIENDO, Paulo. *Direito tributário e análise econômica do direito: uma visão crítica.* Rio de Janeiro: Elsevier, 2009.

CALIENDO, Paulo. Tributação e Inteligência Artificial. In: AFONSO, José Roberto; SANTANA, Hadassah Laís (Coord.). *Tributação 4.0.* São Paulo: Almedina, 2020, p. 465-475.

CARVALHO, Cristiano Rosa de. *Teoria do sistema jurídico: direito, economia, tributação.* São Paulo: Ed. Quartier Latin, 2005.

CARVALHO, Paulo de Barros. *Direito Tributário: linguagem e método.* 5ª edição. São Paulo: Noeses, 2013.

CARVALHO, Paulo de Barros. Preços de transferência no Direito Tributário brasileiro. *Revista de Direito Tributário Internacional.* São Paulo: Quartier Latin, v. 3, ano 1, nº 3, p. 185-203, jun. 2006.

FLUSSER, Vilém. Para uma teoria da tradução. *Revista Brasileira de Filosofia.* São Paulo: Instituto Brasileiro de Filosofia, v. XIX, Fascículo 73, jan.-mar. 1969.

LUHMANN, Niklas. *Law as a social system.* Oxford: Oxford University Press, 2004.

MACHADO SEGUNDO, Hugo de Brito. Tributação e Inteligência Artificial. *Revista RJLB,* n. 1, 57-77. 2020.

MAISTO, Guglielmo. Cross-border valuation for income tax, customs duties and VAT. *IBFD Bulletin.* Amsterdam: IBFD, p. 107-113, mar. 2001.

MUYAA, E. Transfer Pricing Comparability Adjustments: The Pursuit of "Exact" Comparables. *In: International Transfer Pricing Journal 2014 (Volume 21), No. 5.* Amsterdã: IBFD, September/October 2014.

PERELMUTER, Guy. *Futuro Presente.* 1. ed. São Paulo: Editora Nacional, 2019.

POSNER, Richard A. *Economic Analysis of Law.* 9a ed. New York: Wolters Kluwer, 2014.

RAUTENBERG, Sandro; DO CARMO, Paulo Ricardo Viviurka. Big data e ciência de dados. *Brazilian Journal of Information Science:* research trends, v. 13, n. 1, p. 56-67. 2019.

ROEMER, Andrés. *Derecho y economía: uma revisión de la literatura.* Cidade do México: ITAM, 2000.

SCHOUERI, Luís Eduardo. Considerações sobre o princípio *arm's length* e os *secret comparables. Homenagem a Paulo de Barros Carvalho.* São Paulo: Quartier Latin, 2008.

The Platform for Collaboration on Tax (International Monetary Fund (IMF), Organisation for Economic Co-operation and Development (OECD), United Nations (UN) and World Bank Group (WBG)). *A Toolkit for Addressing Difficulties in Accessing Comparables Data for Transfer Pricing Analyses.* 2017.

TOMÉ, Fabiana Del Padre. *A prova do direito tributário.* São Paulo: Noeses, 2006.

TÔRRES, Heleno Taveira. *Direito tributário internacional: planejamento tributário e operações transnacionais.* São Paulo: Revista dos Tribunais, 2001.

VICENTE, Marcelo Alvares. *Controle fiscal dos preços de transferência.* 2007. Dissertação (mestrado em direito) – Faculdade de Direito, PUC, São Paulo.

VITA, Jonathan Barros. Parametrização, comparabilidade e equalização: premissas teóricas para construção de operações parâmetro nos preços de transferência e na valoração aduaneira. *In: Revista da Receita Federal – estudos tributários e aduaneiros,* v. 2, p. 39-60, 2015.

VITA, Jonathan Barros. Preços de transferência, privacidade de dados e comparabilidade *In: Direito Tributário e Interdisciplinaridade: Estudos em homenagem a Paulo Ayres Barreto.* São Paulo: Noeses, 2021 (no prelo)

VITA, Jonathan Barros. *Preços de transferência.* São Paulo: Fiscosoft/Revista dos Tribunais/Thomson Reuters, 2014.

VITA, Jonathan Barros. *Relações entre valoração aduaneira e preços de transferência.* São Paulo: Thomson Reuters, 2014.

VITA, Jonathan Barros. *Teoria Geral do Direito: Direito Internacional e Direito Tributário.* São Paulo: Quartier Latin 2011.

WCO. *Guidelines on the development and use of a national valuation database as a risk assessment tool.* Bruxelas: WCO, 2012.

ZILVETI, Fernando Aurelio. As repercussões da inteligência artificial na teoria da tributação. *Revista de Direito Tributário Atual,* São Paulo, ano 37. IBDT, p. 484-500. 2019.

ZYLBERSZTAJN, Décio; STAJN, Rachel. *Direito e economia: análise econômica do direito e das organizações.* Rio de Janeiro: Campus juridico, 2005.